수학과 서술형 · 논술형 평가의 실제

: 중학교 2학년

노선숙, 김래영, 김구연, 김민경
고정숙, 권해란, 김기영, 김도희, 김민연
박미영, 박석순, 박지원, 이민희, 이선비
이아름, 이일웅, 이현희, 전지훈, 정빛나 지음

KM 경문사

머리말

현대 사회의 특징을 나타내는 주요 키워드 중 하나는 '빅데이터'입니다. Deloitte Consulting(장영재, 2013에서 재인용)에 따르면 인류가 생긴 이래 2003년까지 만들어낸 데이터의 양은 5엑사바이트($=5\times10^{18}$) 정도인데, 현재 같은 양의 데이터가 만들어지는 데는 약 이틀의 시간만이 필요하다고 합니다. 종래의 방법으로는 수집·저장·검색·분석이 어려워진 방대한 데이터가 생성되는 빅데이터 시대를 사는 학생들에게는 정보를 논리적, 효율적으로 판단하여 합리적인 의사결정을 하는 능력과, 나아가 창의적인 아이디어를 정보에 담아 유익한 지식으로 재구성하고 적합한 표현방법을 통해 모든 사회구성원과 소통하고 나누는 인성 함양이 동시에 요구됩니다.

오늘날 학교교육의 목표 역시 학문적, 실제적으로 쌓여진 기반지식을 학교현장에 일방적으로 전달하는 것이 아니라, 학생들 스스로 유용한 정보를 유추해내고 그것을 타인에게 설득력 있게 전달하는 소통능력을 함양하는 것으로 변화되고 있습니다. 이러한 교육목표 변화에 의해 일차적으로 학교현장에서의 교수-학습 방법의 개선이 요구되고 있고 아울러 학생 평가의 방법과 관점의 전환이 필요합니다.

이러한 변화에 부응하여 학교수학의 교육과정은 학생들의 문제해결능력, 추론능력, 의사소통능력 등을 아우르는 통합적인 수학적 사고능력 신장을 목표로 삼고 있습니다. 그러나 실제 평가에서는 학생들이 축적한 수학적 지식과 기술의 양을 가늠하는 데 초점을 둔 경우가 많았습니다. 이에 창의·인성교육을 지향하는 2009 개정 수학교육과정에서는 선택형 위주의 평가를 지양하고 다양한 평가방법을 활용한 종합적인 수학평가를 권장하고 있으며, 각 급 학교에서도 가르칠 수학내용, 가르치는 방법, 가르친 학습자평가에 있어서 개선노력을 기울이고 있습니다. 특히 2010년부터는 선택형·단답형 중심의 평가체제에서 서술형·논술형 중심의 평가체제로 전환하기 위한 노력을 하고 있습니다.

이렇듯 변화하는 국내·외 사회적·교육적 요구와 함께 학생들의 인성교육에도 도움이 될 좋은 수학 평가문항을 만들어 교육현장에 적용하려는 뜻 있는 교사들의 요구에 부응하여, 이화여자대학교, 서강대학교, 현장교사들이 힘을 합해 2011년부터 교육과학기술부, 한국연구재단 지원으로 "창의·인성교육 구현 및 미래인재육성을 위한 학교수학의 서술·논술형 평가체제 구축연구(과제번호: NRF-2011-32A-B00216)" 과제를 2년간 수행하였습니다.

본 저서 시리즈는 연구 산출물 중 하나로 개발된 초·중등학교 서술형·논술형 좋은 문항에, 연구에 기반 한 평가기준을 추가하여 현장에 효과적으로 적용하고 여러 교수 - 학습자들과 공유할 목적으로 집필되었습니다. 초등학교, 중학교 수학학습을 위해 개발한 문항으로 구성되며, 초등학교의 경우 3학년, 5학년 전 내용영역에 맞춘 서술형 평가문항과 평가기준, 중학교의 경우 2학년, 3학년 전 내용영역별로 서술·논술형 평가문항과 평가기준을 함께 제시하고 있습니다. 중학교 저서 시리즈는 학년별로 서술형 평가를 전반부에 제시하고 논술형 평가를 후반부에 제시하여 독자들이 필요에 따라 찾아볼 수 있도록 구성하였습니다.

2009 개정 교육과정으로부터 평가 요소를 추출하고 제작한 평가문항들은 우선 내용영역으로 분류하고 이를 핵심개념별로 구성하였으며, 평가에 관한 국내·외 연구동향을 파악하고 학교현장과 연구물들의 장·단점을 분석하여 현장에서 효과적으로 사용할 수 있도록 평가기준 및 채점기준을 포함하여 제시하였습니다. 또한 문항의 난이도와 선생님 팁(tip)을 포함하고 있어 학교 현장에서 실제로 문항을 어떻게 활용하고 변형할 수 있는지 정보를 제공하였으며, 문항 제작보다 채점에서의 어려움이 훨씬 큰 학교수학의 특성을 반영하여 수준별로 학생들의 실제 예시답안을 제시하였습니다. 이를 통해 학교현장의 교사들이 평가 및 채점기준을 쉽게 설계하고 활용할 수 있기를 기대하며, 특히 문항별로 학생들의 오답이나 오개념을 미리 탐색함으로써 수업적용과 실제평가에도 도움이 되고자 하였습니다.

본 저서의 서술·논술형 평가문항을 적절히 활용한다면 학생들이 수학개념과 원리를 상황에 따라 바르게 적용하여 문제를 해결하고, 정확한 수학적 표현능력을 향상시킬 수 있을 것으로 기대합니다. 또한 교사들은 학생들의 성취수준을 파악하는 것만이 아니라 학생들의 사고과정에 대한 보다 구체적이고 실질적인 정보를 얻을 수 있을 것입니다. 그 결과, 학생들의 이해를 촉진시키는 수업을 구성하는데 있어 구체적인 가이드가 될 것이라 기대합니다.

본 저서에 담긴 모든 결과는 공동 노력의 결실로 맺어진 것으로, 이 책을 통해 현장과 공유하고 소통함으로써 초·중등 수학교육의 공정한 평가체제 구축 및 확산에 기여하는 것이 목적입니다. 이 책을 통해 현장 교사가 학생들의 창의성·인성 함양을 목적으로 문제해결 능력과 추론 능력을 향상시켜 궁극적으로는 융합인재, 즉 합리적인 사고능력을 가진 미래인재양성에 기여할 수 있도록 수학수업의 질적 개선을 추구하는 데 도움이 되고자 합니다. 학부모와 학생들에게는 이 책에서 제시하는 다양한 수학 평가문항 학습을 통해 수학지식에 대한 개념적, 과정적 이해를 스스로 터득할 수 있도록 새로운 아이디어와 지속적인 노력의 장이 되기를 희망합니다. 교육정책가와 연구자들에게는 최근 평가 동향에 대한 목표 이해와 새롭게 변화하는 평가 체제 및 실제에 대한 아이디어와 결과를 공유하면서, 현장의 합리적이고 효율적인 평가체제를 구축, 확산하는 데 공동의 노력을 하는 장이 될 것으로 기대합니다. 모든 분들의 관심과 피드백으로 더 좋은 평가체제를 구축해 나가는데 협력해 주실 것을 부탁드립니다.

이 책이 이제 막 시작 단계인 학교 현장에서의 서술·논술형 평가의 효과적인 정착에 작은 보탬이 되길 바랍니다. 이를 통해 교사, 학생, 학부모, 교육전문가 모두가 힘을 합해 다양한 배경을 가지고 한 교실에 모여 공부하게 될 우리의 미래 인재들에게 평등한 수학교육 기회가 제공될 수 있도록 연구하고 노력할 것입니다.

그동안 본 기초연구를 지원해 준 한국연구재단, 함께 연구를 수행한 모든 공동연구원, 아낌없는 조언과 자문으로 협조해 주신 학교 현장의 선생님들께 큰 감사의 뜻을 전합니다. 연구에서 개발된 초·중등 서술·논술형 평가 체제 확산을 통한 현장의 수학교육개선이라는 연구목적에 뜻을 같이하셔서 출판을 수락해 주신 경문사 박문규 사장님 외 관계자 여러분께도 심심한 감사의 말씀을 전합니다.

저자 일동

"창의·인성교육 구현 및 미래인재육성을 위한
학교수학의 서술·논술형 평가체제 구축연구" 연구팀

차례

Ⅰ. 학교수학의 서술·논술형 평가체제 구축 연구

01 | 서술·논술형 평가 개발의 배경

(1) 서술형

지식기반 정보화 사회는 창의적 인재를 필요로 하는 사회이다. 이러한 사회적 흐름에 부합하는 인재 양성을 위해 학교 현장에서는 수많은 정보들 중에서 자신이 필요로 하는 정보를 선택하고 활용할 수 있어야 하며 나아가 새로운 지식을 창출할 수 있는 능력을 함양하도록 교육 기회를 제공하는 것이 중요하다. 수학교과에서도 수학적 개념, 원리, 법칙을 이해하여 수학적으로 사고하는 능력, 즉 수학적 문제해결력, 추론능력, 의사소통 및 표현 능력, 비판적 사고, 분석적이고 종합적 사고 능력을 함양하는 것을 통해 미래 사회가 요구하는 창의적 인재를 양성할 수 있다. 따라서 단순 암기나 알고리즘 위주의 수학 학습이 아닌 학습자의 고등 수학적 사고력을 향상시키고 교사에게는 학생들의 학습 정도를 명확히 파악할 수 있는 정보를 제공하기 위한 방안을 탐색해 보아야 한다.

2009 개정 수학과 교육과정은 학생들의 고등 수학적 사고를 자극하고 능력을 향상시키며 나아가 창의적 인재 양성을 위한 방향으로 개정되었다(교육과학기술부, 2011). 교육과정을 개정하고 이에 따른 교수·학습을 실행하는 것을 통해 학생들에게 학습기회를 제공하는 것도 중요하지만 교육과정과 일관성있게 평가를 시행하는 것 또한 중요하다(NCTM, 2009). 평가가 효과적인 학습을 유도하기 위해 학생들에게 제공되는 학습 요소인 동시에 교사들에게는 양질의 교수활동을 할 수 있도록 정보를 제공하는 교수 요소도 되기 때문에 평가를 통해 나타나는 정보들은 학습자의 사고과정이 양적으로 많아야 하며 질적으로 다양한 것들이어야 한다(Kaur & Wong, 2011). 이렇게 교수·학습에 중요한 정보를 제공하기 위해 적합한 평가는 어떤 형태가 되어야 할 것인지 생각해 볼 필요가 있다. Fan(2011)은 이러한 평가로 대안적 평가를 강조하였으며 대안적 평가의 유형으로 포트폴리오 평가, 일지쓰기, 프로젝트 평가, 학생 면담, 관찰, 자기 평가 그리고 학생 주도 구성형 평가 방법들을 제시하였다. 이 중 학생 주도 구성형 평가는 수학 학습의 인지적 측면을 평가하는 것으로 과제에서 주어진 정보를 이해하여 적절히 사용하며, 학습자의 추론과정, 분석적이고 종합적인 사고와 표현과정, 창의적 해결 능력 등을 평가할 수 있는 서술형·논술형 평가와 맥을 같이한다고 할 수 있다. 이러한 필요성과 부합되도록 각 시·도 교육청에서는 서술형·논술형 평가를 확대 실시하고 있으며 교사들에게 연수 기회도 제공하고 있다.

따라서 본 저서는 중학교 수학 교사들이 서술형 · 논술형 평가를 효과적으로 실행하기 위한 정보를 제공하여 학교 현장에서 양질의 교수 · 학습이 이루어지는 데 도움이 되도록 개발되었다. 또한 본 저서에는 수학교과에서 중요하게 다루는 인지적 측면을 포함하는 것은 물론이고 수학에 대한 흥미나 관심을 유도할 수 있으며 인성 교육적 측면을 내포하는 문제 상황을 제공하는 문항들이 수록되었다. 본 저서를 통해 학교 현장에서 효율적으로 서술형 · 논술형 평가를 실시하는 데 도움이 되기를 기대한다.

(2) 논술형

현 7차 개정 교육과정에서는 창의성 교육에 많은 초점을 두고, 창의성 개발을 교육의 목표로 두고 있다. 창의성이란 당면한 문제를 해결하기 위해 관념에서 탈피하여 참신하면서도 유용한 아이디어를 이용하는 능력을 의미한다. 그러나 지금까지 우리나라에서 이루어지고 있는 평가를 통해서는 이러한 목표를 이루기 어려운 실정이다. 주로 학생들이 얼마나 많은 개념이나 정보를 기억하고 재생할 수 있는지에 더 많은 비중을 두고 있기 때문이다(남승인, 2007; 박배훈, 2003). 또한 문항에 구체적으로 특정절차를 사용하도록 명시되어 있거나, 수학적 개념, 법칙, 공식 등과 근본적인 의미 연결을 요구하고 있지 않다. 이러한 평가문항은 학생들의 문제해결 과정과 고등 수학적 사고기능을 평가하기 어렵다(박배훈, 2003; 배종수 · 오은영, 2005). 즉, 학생의 문제해결능력 향상이라는 수학교육의 목표를 이루기 어려울 것이다. 따라서 이제는 문항을 해결하기 위해서 학생들이 스스로 탐구하고 추측하며, 검증하도록 하는 형식의 문항을 개발해야 한다. 또한, 이러한 문항을 통해 학생들의 문제해결 과정, 수학적 의사소통 등을 측정 및 향상시키고 창의성을 발전시킬 수 있는 논술형 평가가 이루어져야 한다(National Council of Teachers of Mathematics, 2000).

김상정 · 권영민 · 배종수(2010)의 연구에서는 논술형 평가문항과 같은 개방형 문항이 학습자의 수학적 창의성과 긍정적인 학습 성향, 두뇌 활동의 효율성을 높이는 데 효과적인 평가 유형이라고 언급하고 있다. 또한 논술형 평가문항은 어떤 수학적 능력을 가진 학생이라도 자신의 수학적 능력을 발휘할 수 있는 기회를 제공할 수 있을 것이다. 그뿐만 아니라 논술형 평가는 학생들에게 단순 암식에 의존한 지식을 기억해내는 것에서 머무르지 않고, 학생들의 수학 개념 및 사고를 자극하고 확장하며 자주적이고 창의적으로 문제를 해결할 수 있는 기회를 제공할 것이다(변은진 · 전평국, 2001; 배종수 외, 2005).

NCTM(1995)에서 평가의 궁극적인 목적은 평가를 시행함으로써 교사가 학생들의 상태나 성취수준을 파악하고, 이를 통해 교사 자신의 수업을 수정 및 보완하는 것이라 언급하고 있다. 학생들을 평가하고, 이를 통해 알게 된 학생들의 부족한 부분과 수업에 대한 미흡함을 보충하는 선순환 과정을 통해 교사는 학생들에게 보다 효과적인 수업을 제공할 수 있을 것이다.

따라서 본 저서는 본래 수학교육의 목적을 이루고, 학교 현장에서 논술형 평가를 유용하게 이용할 수 있도록 개발되었다. 본 저서에 수록된 문항들과 다양한 자료들을 통해 점수매기기 위주의 평가가 아닌 학생들의 수학적 사고 및 발전과정을 교사가 인식하고, 학생들의 수학적 사고와 논리성을 발달시킬 수 있기를 기대한다. 또한 논술형 문항을 통한 학교 평가방식의 변화, 그리고 수업에서 논술형 문항을 활용하며 학교 수학수업이 학습자가 중심이 되는 활동적인 수업으로 변화할 수 있기를 기대한다.

02 | 서술·논술형 개념 및 관련연구

(1) 서술형

서술형 평가는 기존의 선택형 문항 평가방식의 문제점이 나타나면서 대안으로 부각되고 있는 평가방식이다. 선택형 평가는 학생들의 성취 결과를 수치화하기 쉽고 채점에 있어 교사들에게 부담을 주지 않기 때문에 선호되었던 방식이다. 그러나 이는 학생들의 고등 수학적 사고력이 강조되고 있는 수학교육 흐름에 역행하는 평가방식이다. 이에 수학교육 연구에서도 선택형 문항 평가를 보완할 수 있는 평가방식으로 서술형 평가를 강조하였다(노선숙·김민경·조성민·정연숙·정윤아, 2008). 따라서 이 장에서는 수학교과에서의 서술형 평가의 개념을 이해하고 수학교육에서의 서술형 평가 연구의 배경 및 동향을 소개하고자 한다.

서술형 평가의 정의 및 개념에 대한 연구로는 용어의 사전적 의미를 중심으로 정의한 경우, 학생들이 서술해야 할 답의 길이를 중심으로 정의한 경우, 학생들의 고등 인지적 사고의 측면에서 정의한 경우 등이 있다. 용어의 사전적 의미 중심으로 정의한 경우, 남미선·박만

구(2008)는 서술형 평가는 흔히 주관식 검사라고 하는 것으로 문제의 답을 선택하는 것이 아니라 학생들이 직접 서술하는 평가라 정의하였다. 또 서울특별시교육청·서울특별시교육정보연구원(2011)도 서술형 평가는 학생으로 하여금 출제자가 제시한 답을 선택하도록 하는 것이 아니라 학생이 문제풀이과정을 서술하는 평가라고 정의하였으며 김남준·배종수(2006) 역시 학생들이 답이라고 생각되는 지식이나 의견을 서술하는 것이라고 정의하였다. 반면, 경기도 교육청(2010)에서는 반응의 자유도가 높으면서 응답해야 할 분량이 많은 평가라고 정의하며 학생들이 서술해야 할 응답의 길이 측면을 중심으로 정의하기도 하였다. 학생들의 고등인지적 사고 측면을 강조한 정의의 경우로, 노선숙 외(2008), 김영숙·방정숙(2009), 김민경·조미경·주유리(2012)의 연구에서는 학생들이 문제해결 과정을 직접 서술하는 과정에서 학생들의 비판력, 판단력, 종합력, 정보 수집 및 분석력, 창의력 등 고등 수학적 사고 기능을 평가하는 것으로 서술형 평가를 정의하였다. 같은 맥락으로 김래영·김구연·노선숙·김민경·전지훈·김기영·이민희(2012)는 학생들의 다양한 수학적 사고를 하도록 하는, 이른바 수학은 하는 것(doing mathematics)을 기반으로 하여 학생들의 사고 능력과 수행 능력을 파악하는 것을 목적으로 하는 평가를 서술형 평가라고 설명하였다. 이러한 연구 배경과 동향 중 선택형 문항 평가의 단점을 보완할 수 있고 학생들의 고등 사고력을 향상시키며 평가할 수 있는 서술형 평가와 본 저서에서 정의하는 서술형 평가 개념이 같은 맥락이라 할 수 있다.

따라서 본 저서에서는 다양한 정의 중 학생들의 문제를 이해하고 그 과정에서 논리적 사고, 비판력, 분석 및 종합 능력, 창의력, 정보 이해력, 표현 능력을 평가하는 기능을 가진 것을 서술형 평가라 정의한다. 이러한 고등 수학적 사고를 평가하고 실질적으로 사용할 수 있는 문항들을 문헌 연구와 여러 차례의 현장 적용을 통한 검증 과정을 거쳐 개발하였으며 학교 현장에서 교사들이 손쉽게 활용할 수 있도록 도움을 제공하고자 한다.

(2) 논술형

평가는 교사들이 학생들의 상태나 발전과정을 알기 위해서도 이루어지며, 이를 통해 학생들의 성취수준도 판단하기 위한 목적으로 이루어진다. 또한 평가를 통한 학생들의 문제해결력을 관찰하고 이를 수업 구성에 중요한 자료로 이용할 수 있다(NCTM, 1995). 이러한 목적을 가진 평가의 많은 유형 중 객관식과 서술형 평가문항은 우리에게 익숙하며 그 구분이 명확하게 이루어진다. 그러나 서술형 문항과 논술형 문항에 대해서는 명확한 구분 없이 비슷한 것으로 간주되어 왔다. 이 때문에 서술형 문항과 논술형 문항을 구분하기 위한 많은 의견들과 연구들이 이루어졌다. 이런 연구들을 통해서 논술형 평가문항은 학생들의 문제해결력을 평가할 수 있는 것으로 판단하였다. 즉, 논술형 평가문항은 학생들의 추측을 수학적으로 정당화시켜 논리적인 글쓰기를 하도록 하는 문항라고 정의하였다 (National Reaserch Council, 2001; 강현석 · 박찬혁, 2006).

논술형 평가문항을 정의하기 위한 또 하나의 기준으로 문항(Task)의 인지 수준에 대해서도 살펴보았다. Stein, Smith, Hennigngsen & Silver(2000)의 연구에서는 문항의 인지 수준을 크게 High level과 Low level로 나누고 있다. High level에 속하는 문항은 학생들이 문항을 해결하기 위해 현재 새롭게 배우고 있는 개념뿐만 아니라 이전 학년에서 학습한 수학 개념과 융합하여 해결할 수 있는 문항을 의미한다. 또한 High level의 문항은 단답형이 아닌 학생들의 수학적 사고 과정 및 풀이를 이용하여 해결할 수 있는 문항을 의미하며 오직 한 개의 풀이방법이 아닌 다양한 풀이방법이 존재하는 문항이다. 이러한 문항을 통해 학생들의 상태와 사고과정 및 성취수준 파악이라는 평가의 목적을 달성할 수 있을 것이다.

따라서 본 연구에서는 학생들의 판단이 포함되고 수학적 개념과 과정을 어떻게 조직하고 논리적으로 설명하였는가를 평가하는 문항을 논술형 평가문항이라고 정의하였다. 또한 이러한 논술형 평가문항을 학교 수학에서 어떻게 이용하고, 학생들을 평가할 것인지를 연구하였다.

그동안 평가에 관한 연구는 주로 바람직한 평가의 방향 제시, 현직 교사들의 평가에 대한 인식 및 어려움, 대안적 평가에 대한 것들이 대부분이었다(박경미 · 김동원, 2011; 도주원 · 오지연 · 공정인 · 주미정 · 김미영 · 이대현 · 박만구, 2009; 김영숙 · 방정숙, 2009; 도종훈, 2007; 김민경, 권점례, 노선숙, 주유리, 유해진, 2008; 노선숙 · 김민경 · 조성민 · 박해진, 2008; 노선숙 외, 2008; 박미숙 · 류희찬, 1999; 홍지연 · 김민경 · 노선숙 · 권점례, 2008).

우리나라 수학교육의 문제점을 해결하기 위해서는 교육과정의 실질적 활용을 위한 인프라 구축, 즉 학생들의 창의성과 탐구력을 신장시킬 수 있는 수업을 설계해야 한다(박경미 외, 2011). 이를 위해 학생들의 수학적 사고력을 향상시키고 탐구력을 발전시킬 수 있는 평가가 이루어져야 할 것이다.

도주원 외(2009), 김민경 외(2008)의 연구에서는 초등 교사들의 수학과 서술형 평가에 대한 인식을 조사하였다. 교사들은 서술형 평가를 학생들의 수학적 사고력을 향상시킬 수 있다고 인식하고 있었으며, 실제적으로 90% 이상의 교사들이 학교 현장에서 실시하고 있는 것으로 나타났다. 중등 교사를 대상으로 서술형 평가에 대한 인식을 조사한 연구에서도 초등 교사들과 마찬가지로 서술평 평가에 대한 긍정적인 인식을 갖고 있었다. 하지만 채점과정에서의 객관성 확보 어려움, 평가문항 개발의 어려움 등이 서술형 평가와 관련한 문제점으로 조사되었다(노선숙 외, 2008). 즉, 학교 교육에서 실질적으로 활용할 수 있는 논술형 평가문항과 채점 기준표를 개발하고, 이를 학교에 보급하는 것이 필요할 것이다. 초등·중등 수학과 교사들은 대부분이 학생들의 사고력을 증진시킬 수 있는 평가에 대한 필요성을 인식하고 있지만 평가문항 개발, 채점방식의 어려움 등의 이유로 서술형·논술형 평가 시행에 한계가 있었기 때문이다(도주원 외, 2009; 김민경 외, 2008, 노선숙 외, 2008). 따라서 본 연구에서는 각 단원별로 구체적인 논술형 문항과 채점 기준표를 제시하도록 하겠다.

03 | 서술·논술형 평가 개발의 절차

(1) 서술형

서술형 평가문항과 평가기준 개발의 절차는 크게 세 단계인 문헌연구 및 조사연구, 설계 및 개발, 적용 및 개선의 단계로 이루어진다.

첫 번째 단계는 문헌연구 및 조사연구 단계로 국내외 서술형 평가관련 연구물들의 탐구 및 분석, 국내외 교육과정 및 평가체제 분석, 다양한 교과서 분석이 이루어진 단계이다. 이 단계의 연구를 통해 본 저서에서 제공하는 평가문항과 평가기준의 방향을 구성하였다.

두 번째 단계는 서술형 평가의 설계 및 개발 단계로 수학 교과의 각 영역과 단원별 핵심개념을 선정하여 실생활 속의 어떤 상황에 어떤 지식을 어떻게 적용하는지 아는 지식인 맥락적 지식(Contextual Knowledge), 단순히 개념을 암기하는 것이 아니라 개념이 가진 의미를 이해하고 다른 개념들과 연결망을 형성할 수 있는 지식인 개념적 지식(Conceptual Knowledge), 문제를 해결하는 각 과정과 그 이유를 이해하는 절차적 지식(Procedural Knowledge)이 포함되도록 문항 개발을 하였다. 또한 학생들의 문제 이해 및 해결 과정, 표현 및 의사소통, 추론의 과정을 평가할 수 있도록 하였다. 개발된 문항들은 수학교육 전문가 자문회의, 현장교사의 검토로 내용타당도를 확보하였다.

세 번째 단계는 적용 및 개선의 단계로 개발된 문항들은 학교 현장에 예비 적용하여 학생들의 응답 분석을 통해 문항들을 수정·보완하였으며 중복 채점을 통해 채점기준을 학교 현장에서 활용하기 쉽도록 수정하여 최종적으로 문항 개발이 완성되었다. 이들의 절차를 간단히 나타내면 다음과 같다.

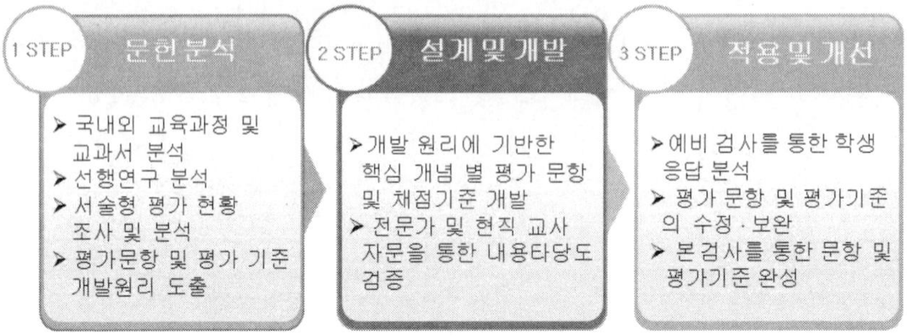

〈서술형 평가문항 및 평가기준 개발 절차〉

(2) 논술형

논술형 평가문항의 개발 절차는 교육과정분석 및 국내·외 문헌연구 단계, 논술형 평가문항 설계 및 개발 단계 그리고 논술형 평가문항의 도입 및 개선, 응용의 단계이다. 교육과정분석 및 국내·외 문헌연구 단계에서는 지금까지 주로 시행된 서술형 평가문항과 논술형 평가문항의 경계를 정하기 위하여 국내·외 평가관련 논문들을 연구하여 논술형평가의 정의와 내용, 그리고 2007 개정 교육과정과 2009 개정 교육과정의 구성 특징을 살펴보았다.

논술형 평가문항 설계 개발 단계에서는 교육과정을 분석하고 선행연구 및 관련연구들을 검토하여 서술형 평가와 구별되는 논술형 평가의 정의를 확정하고, 이를 토대로 논술형 평가문항을 단원별로 상, 중, 하의 난이도로 문항을 개발한 후, 1. 수와 연산, 2. 문자와 식, 3. 함수, 4. 확률과 통계, 5. 기하를 중심으로 문항을 구분하였다.

논술형 평가문항의 도입 및 개선, 응용의 단계에서는 우선 서울과 경기도 내의 중학교에서 2011년 진도에 맞춰 각 단원의 수업이 끝난 후 위에서 개발된 문항을 제한시간 내에 예비검사를 실시하여 학생들이 작성한 답안지를 수거하여 채점하고, 현직 선생님들의 자문을 받아 문항, 난이도, 채점기준 등을 수정·보완하였다. 다음해인 2012년, 전년도와 같은 방법으로 본 검사를 시행하고 학생들의 답안지를 수거하고 채점하면서 문제의 난이도와 채점기준 등을 수정·보완하여 최종문항을 완성하였다. 논술형 평가문항과 채점기준의 구체적인 개발과정은 〈그림 1〉에서 제시한다.

	논술형 평가문항 개발	논술형 문항의 평가기준 개발
교육과정 및 문헌연구	-선행연구 논술형 문항 분석 -국내·외 교과서 분석	-국내·외 평가기준 문헌 분석 -평가영역 추출
⇩	⇩	⇩
논술형 문항의 설계 및 개발	-영역별 논술형 문항개발 -전문가를 통한 문항의 타당도 검증	-평가기준 범주 구체화 -문항별 예시답안 작성
⇩	⇩	⇩
논술형 문항의 도입 및 개선, 응용	-예비검사·본검사 시행 -현직교사·전문가를 통한 논술형 문항의 수정 및 보완 -논술형 문항의 최종문항 개발	-예비검사·본검사의 학생들 답안지 평가 -현직교사·전문가를 통한 평가기준 수정 및 보안 -논술형 문항의 평가기준 최종 개발

〈그림 1〉 논술형 평가문항과 평가기준의 개발 과정

04 | 서술·논술형 평가문항 및 평가기준 개발

(1) 서술형

❚ 평가문항 개발

1) 평가문항 개발 원리 도출

2009 개정 교육과정에서 제시하는 수학교과의 목표는 수학적 개념, 원리, 법칙을 이해하고 수학적으로 사고하고 의사소통하는 능력을 길러 여러 가지 현상과 문제를 수학적으로 관찰함으로써 합리적이고 창의적으로 해결하며 수학 학습자로서 바람직한 인성과 태도를 기르는 것이라 제시하고 있다(교육과학기술부, 2011). 한편 PISA2012에서 강조하고

있는 '수학 소양(mathematical literacy)'이란 다양한 맥락에서 수학을 형식화하고 이용하고 해석하는 개인적 능력으로 어떤 현상을 설명하며 예측하기 위해 수학적 추론과 수학적 개념, 절차, 사실, 도구를 사용하는 것을 포함하는 것이다(조지민 · 김수진 · 이상하 · 김미영 · 옥현진 · 임해미 · 박연복 · 이민희 · 한희진 · 손수경, 2011). 이와 같이 우리나라 수학교육은 국제적 동향과 흐름을 같이 하고 있기 때문에 이 책에서 제공하는 평가문항이 갖추어야 할 원리는 수학의 중요한 핵심 개념을 내포하고 있고 실생활 맥락이나 다양한 수학적 지식이 연결되어야 하며 고등수학적 사고 과정이 발현될 수 있도록 하는 것을 원리로 도출하였다.

2) 평가문항 개발의 범위

교육과정에서 제시하고 있는 중학교 2학년 교수 · 학습 내용을 기반으로 각 단원별 핵심 개념을 중심으로 학생들의 수준을 고려하여 상 · 중 · 하 수준별로 개발하였다. 개발된 문항들은 수학교육 전문가와 현장교사에 의해 검토되었으며 수정 · 보완된 문항들은 예비 검사를 통하여 재수정한 후 본 검사를 실시하여 최종 완성된 문항들이다. 서술형 평가문항의 개발 범위는 다음과 같다.

학년	영역	문항 수
2학년	수와 연산, 문자와 식, 함수	22문항
	확률과 통계, 기하	25문항

3) 평가문항 개발의 실례

교육과정에서 제시하고 있는 중학교 2학년 각 단원별 학습내용과 목표를 토대로 핵심 개념을 추출하여 그 개념을 포함하고 있으며 고등수학적 사고가 나타날 수 있도록 문항을 개발하여 다음과 같이 문항 카드를 작성하였다. 문항 카드는 대상 학년, 난이도(상 · 중 · 하), 내용영역(대영역 · 중영역), 평가영역(문제이해 · 추론과 증명 · 문제해결 · 의사소통과 표현), 핵심개념을 포함하며 문항이 어떤 의도로, 무엇에 초점을 두어 개발되었는지에 대한 설명을 기술한 [해설] 부분도 포함하여 제시한다.

〈문항 카드〉

중학교 2학년 서술형 평가 문항

학　년	중2		난이도	중
내용영역	대영역	수와 연산	중영역	유리수와 순환소수
평가영역	문제이해	★★	추론과 증명	★
	문제해결	★★★	의사소통과 표현	★
핵심개념	유한소수의 조건			

[문제]

가인이와 수현이는 사다리 게임을 하고 있다. 가, 나, 다, 라, 마 중 가인이와 수현이가 각각 하나씩 선택할 수 있고 선택에 따라 받게 되는 선물도 다르다. 단계별로 주어진 유리수가 유한소수이면 옆길로 가고 유한소수가 아니면 직진하는 방식으로 게임을 계속한다. 두 사람이 각자 선택을 자유롭게 하였을 때 받게 되는 선물이 무엇인지 쓰고 그 과정을 단계별로 서술하시오.

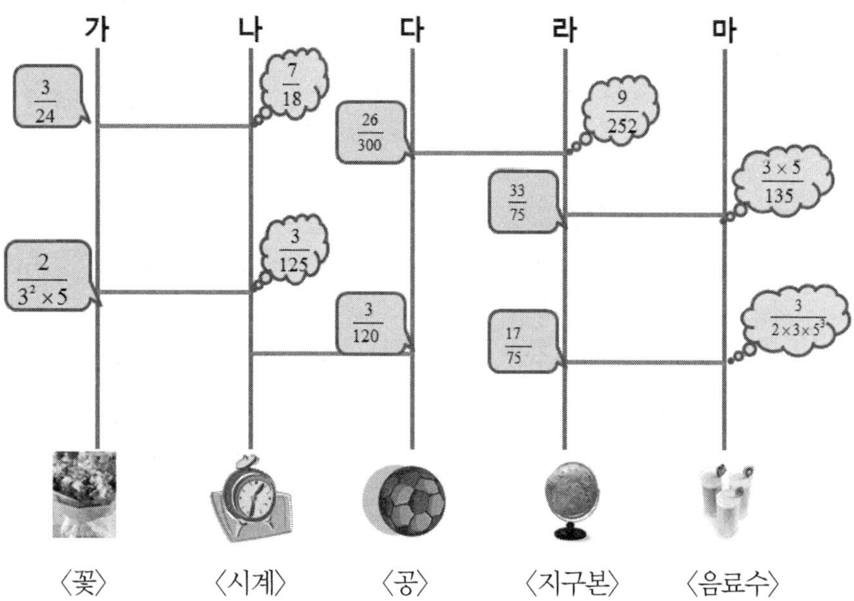

[해설]

- 유한소수가 되는 조건을 이해하고 이를 적절히 사용하여 해결할 수 있는지 평가하는 문항이다.

이와 같이 개발된 문항들은 수학교육 전문가 2인, 중학교 2학년을 지도하고 있는 현직 교사 2인의 자문 및 검토를 통해 내용타당도를 확보하였다. 자문 내용을 중심으로 수정·보완된 문항들은 실제 중학교 2학년 3개 학급을 대상으로 예비 검사를 실시하여 문항의 현장 적용 가능성을 검토하였으며 다시 수정·보완하여 최종 완성되었다.

위에서 제시한 〈문항카드〉의 예시 문항은 '수와 연산'에 해당되는 문항으로 학생들의 유한소수가 되는 조건을 이해하고 적용하여 해결할 수 있는지를 평가하는 문항으로 학생들의 흥미를 자극할 수 있는 상황을 제공하여 개발된 문항이다.

❚ 평가기준 개발

1) 평가기준 개발의 원리 도출

평가문항을 개발할 때 어떤 규준에 맞추어야 할 것인지를 잘 결정해야 좋은 문항이 될 수 있으므로 평가 기준을 개발하는 것은 중요하다(Kulm, Wilson, & Kitchen, 2010). 2009 개정 교육과정에서는 수학적 추론, 수학적 문제해결, 수학적 의사소통과 같은 수학적 과정을 강조하는 교수·학습을 권장하였다. 또한 PISA 2012에서도 기본 수학 능력으로 의사소통, 수학화, 표현, 추론과 논증, 문제해결을 위한 전략 고안, 상징적·형식적 ·기법적인 언어와 조작의 사용 등을 강조하였다. 따라서 본 저서에서는 문제이해, 문제해결, 추론과 증명, 의사소통과 표현이라는 수학적 능력을 평가기준으로 선정하여 틀을 완성하였다.

2) 평가기준의 구체화 및 실례

각 문항의 점수는 총점 4점으로 설정하였다. 개발된 평가기준은 기존의 분석적 채점 방식에 맞추기 보다는 학생들의 다양한 응답을 가능한 한 모두 포함할 수 있도록 현장 적용 가능한 총체적 채점 방식으로 개발되었다. 큰 틀은 총체적이지만 현장교사들의 조언과 면담을 통해 학교 현장에서 교사들이 쉽게 사용할 수 있도록 수정·보완하여 완성하였다. 개발된 문항들 중 평가기준 항목의 중요도에 따라 채점기준이 결정되도록 하였으며 각 문항의 특성에 따른 세부기준을 제시하여 교사들이 활용하기 편하도록 평가기준의 틀을 구성하였다.

예를 들어, 문제 이해, 문제해결, 추론과 증명, 의사소통과 표현의 순서로 중요도가 결정되는 확률 문항의 경우 다음과 같은 틀을 작성하였으며 그 세부기준도 함께 제시하였다. 평가기준 중 문항 점수가 구분되는 기준의 경우 밑줄을 그어 한 눈에 평가기준을 파악할 수 있도록 했기 때문에 구체적인 평가기준 및 채점기준을 교사들이 쉽게 활용할 수 있을 것으로 기대한다.

〈평가기준에 기반한 채점기준의 예〉

채점기준	세부기준	점수
• 문제에서 제공하는 정보를 바르게 이해하고 정확하게 문제를 해결하였으며, 그 과정에서 논리적인 근거를 충분히 제시하여 올바른 풀이과정과 정확한 표현으로 서술했다.	• 늦지 않게 도착하는 경우의 수를 구하기 위해 각 유형별로 구분하여 표현하고 이유를 타당하게 설명했다.	4
• 문제에서 제공하는 정보를 바르게 이해하고 정확하게 문제를 해결하였으나, 그 과정에서 논리적인 근거 혹은 표현이 미흡하다.	• 경우의 수를 바르게 구하고 각각의 경우를 모두 나타냈으나, 설명이 부족하다. • 경우의 수를 바르게 구하고 각각의 경우를 모두 나타냈으나, 표나 항목별 분류를 이용하지 않았다.	3
• 문제에서 제공하는 정보를 바르게 이해하고 정확하게 문제를 해결하려 노력하였으나, 그 과정에서 실수 혹은 오류가 있거나 올바른 답을 구하지 못했다.	• 문제를 해결하는 모습을 보이나 시간을 계산하는 과정에서 실수가 있어 답이 틀렸다. • 실수로 한두 개의 버스 시간을 빼먹거나 혹은 더 추가하였다. • 늦지 않게 갈 수 있는 모든 경우를 자세히 나타내었으나, 경우의 수를 구하지 않았다.	2
• 문제를 해결하기 위한 시도를 하였지만, 문제에서 제공하는 정보를 바르게 이해하지 못했다. • 풀이 과정 없이 답만 옳게 썼다.	• 버스정류장까지 이동하는 시간을 계산하지 않고 표에 제시된 시간표로 구하고자 했다. • 버스타고 걸리는 시간의 정보를 잘못 이해하여 시간 계산을 잘못했다. • 경우의 수만 썼다.	1
• 무응답 또는 오답을 썼다.	• 무응답 또는 오답을 썼다.	0

(2) 논술형

NRC(2001)에 따르면 바람직한 수학 학습은 이해(understanding), 추론(reasoning), 적용(applying), 계산(computing), 그리고 태도(engaging)라는 다섯 가지 기준을 만족시켜야 한다고 언급하고 있다. 또한, NCTM(2000)에서도 역시 문제해결(problem solving), 추론 및 정당화(reasoning and proof), 의사소통(communication), 연결(connections), 표현(representation)의 다섯 가지 기준을 제시하였다. NRC(2001)와 NCTM(2000)에서 언급된 각각의 다섯 가지 기준은 서로 독립적인 것이 아니라 항상 서로 강하게 연결되어 있어야 바람직한 수학 학습이 이루어진다고 할 수 있다.

따라서 우리는 학생들의 수학의 개념, 원리, 법칙을 이해하고 기능을 습득하여 주변의 여러 가지 현상을 수학적으로 관찰하고 해석하는 능력을 기르고, 수학적 문제 상황을 수리·논리적 사고를 통하여 합리적으로 해결하는 능력과 태도를 기르고자 하는 수학교육의 목표에 부합하기 위해 위에 언급된 다섯 가지 기준을 지표로 하여 논술형 평가문항을 개발하였다(교육과학기술부, 2011a).

뿐만 아니라 논술형 문항 개발에 있어서 서술형 문항과의 차별화할 수 있는 문항을 개발하기 위해 연구하였다. 단순히 풀이과정만 묻는 문항이라면 서술형 문제와 경계가 모호해지고 고등학교처럼 과학지식과 관련된 범교과적인 내용을 다루면 너무 어려워지므로 고민을 많이 하였다. 따라서 문제에 상황을 부여하고 상황에 맞는 조건들을 제시한 후 학생들이 조건을 이용하여 주어진 상황을 판단하고 판단 근거를 글과 수학적 기호를 사용하여 제시하도록 하는 것에 중점을 두고 개발했다. 때문에 학생들은 단순하게 풀이과정과 답만 쓰는 것이 아니다. 이런 이유로 자신의 주장을 합리화시키기 위하여 문장과 수학적 기호를 사용하여 논리적인 근거를 제시하는 능력이 향상될 것으로 기대된다.

실제 문항 제작은 중학교 2, 3학년의 교과서와 익힘책에 나온 수학 개념들을 중심으로 만들려고 노력했다. 각 단원의 내용을 핵심내용으로 하고 이전 학년에서 배운 수학 개념들도 복합적으로 사용하는 문제들을 개발했다. 각 단원별로 상, 중, 하 난이도로 한 문제씩, 총 3개의 문제를 개발했다. 각 단원별로 3～5개의 문항을 개발한 후, 서울지역과 경기지역의 중학교 수학교사 각각 1명씩의 자문을 받아 상, 중, 하로 분류하였다. 지역과 학생들의 수준에 따라 조금씩 차이가 있으므로 학생의 수준을 가장 잘 알고 있는 교사들이 판단하여 적절한 수준을 사용하면 될 것이라 생각한다.

논술형 평가기준을 개발하기 위하여 국내·외에서 사용하고 있는 서술형 평가의 채점기준표(Rubrics)를 분석하였다. 개발된 논술형 문항의 모든 채점기준표는 총체적(Holistic) 채점방식으로 구성하였다. 학생들의 수학의 개념, 원리, 법칙을 이해하고 기능을 습득하여 주변의 여러 가지 현상을 수학적으로 관찰하고 해석하는 능력을 기르고, 수학적 문제 상황을 수리·논리적 사고를 통하여 합리적으로 해결하는 능력과 태도를 기르고자 하는 논술형 평가문항의 목적에 적합하다고 판단했기 때문이다. 따라서 우리는 학생들의 계산이 맞고 틀림에 중점으로 두지 않고, 문제를 해결하기 위한 전략 및 해결 방법이 수학적으로 논리적이고 타당한지에 더 중점을 두어 평가기준을 구성하였다. 또한 논술형 평가문항을 개발하는 데 기준이 되었던 (1) 이해(Understanding), (2) 연산(Computing), (3) 적용(Applying), (4) 추론(Reasoning), (5) 태도(engaging)로 구성된 Mathematical proficiency의 다섯 가지 요소를 평가기준으로 하였다(NRC, 2001). 또한 자신의 생각을 논리적으로 설명할 수 있는 글쓰기 능력이 중요하다고 판단하여 글쓰기 능력을 평가기준에 포함하였다(NCTM, 1996; NCTM, 2003).

0점에서 4점까지 총 5개 단계로 평가기준을 개발하였으며 구체적인 각 단계의 특징은 다음 〈표 1〉과 같다.

〈표 1〉 채점기준표

점수	평가기준	비고
4	• 문제를 이해하였다. • 문제해결에 필요한 적절한 수학적 지식과 전략을 찾았다. • 찾은 수학적 지식과 전략을 올바르게 적용하였다. • 계산상의 실수가 없다. • 글쓰기가 논리적이다.	
3	• 문제를 이해하였다. • 문제해결에 필요한 적절한 수학적 지식과 전략을 찾았다. • 찾은 수학적 지식과 전략을 올바르게 적용하였다. • 계산과정에서 생략이 있고 논리적인 설명이 미흡하다.	• 판단근거가 명확하나 단순한 연산 실수가 있는 경우도 포함한다.
2	• 문제를 이해하였다. • 문제해결에 필요한 적절한 수학적 지식과 전략을 찾았다. • 찾은 수학적 지식과 전략을 바르게 적용하지 못하였다. • 제시한 의견이 바르지 못하고, 논리적인 설명이 미흡하다.	• 수학적 개념 외적으로 논리적인 판단을 한 경우도 포함한다.
1	• 문제를 이해하였다. • 문제해결을 위해 수학적으로 노력한 흔적은 보이나 그 방법이 적절하지 못하다.	
0	• 문제의 조건들을 단순히 옮겨 적었거나 아무것도 적지 않았다.	

위의 평가기준은 예비검사와 현직 교사들의 자문, 그리고 본검사를 통해 지속적으로 수정된 결과이다. 4점은 NRC(2001)에서 언급한 Mathematical proficiency의 다섯 가지 요소와 논리적인 글쓰기를 모두 만족 시킨 경우이고, 3점은 이해, 연산, 적용, 추론, 태도 중 연산 영역과 글쓰기 영역이 부족한 경우로 분류하였다. 2점은 이해, 연산, 적용, 추론 태도 중 연산과 적용, 글쓰기 영역이 부족한 경우, 1점은 연산, 적용, 추론 및 글쓰기 영역이 부족한 경우로 분류하였다. 마지막으로 0점은 이해, 연산, 적용, 추론, 태도, 글쓰기에 대한 모든 영역에서 미흡한 경우이다. 특히 직접 연구자들이 채점을 하면서 학생들이 문항을 해결할 때에 수학적으로 풀이를 적지 않은 경우와 수학적으로 문제를 풀었지만 그 방법이 적절하지 못한 경우가 있었다. 이런 경우는 적어도 학생이 문항을 해결하고자 하는 노력(태도)을 보였다고 판단하여 1점에 배정하였다.

교사들이 가장 어려워하는 부분이 논술형 문항의 채점에 대한 부분이므로 채점표는 너무 자세한 채점기준이 아닌 큰 틀의 기준만을 제시하여 교사들이 실제 학교현장에서 적용하는 데 있어서 융통성을 많이 가질 수 있도록 만들었다. 개발된 채점 기준표에는 점수 체제를 0점에서부터 4점까지 부여하였지만 학교현장에서 상황에 적절하게 교사들이 자유롭게 조정할 수 있으리라 생각된다. 또한 본검사 후 수거된 학생들의 답안을 교사와 연구자들이 직접 채점하면서 각 점수에 해당하는 학생들의 대표답안 예시를 각 문항의 채점 예시로 첨부하였으니 현장에서 교사들에게 도움이 되길 바란다.

II. 서술형 평가 개발의 실제

이 장의 구성

이 장에 제시된 서술형 평가문항은 중학교 2학년 수와 연산, 문자와 식, 함수 영역 43문항과 확률과 통계, 기하 영역 35문항이 각 단원별로 채점기준과 함께 제시되어 있는데 이 문항들은 2009 개정 수학과 교육과정, 2007 개정 수학과 교육과정, NCTM에서 제공하는 자료 및 국내·외 교과서, 서술형 평가 관련 문헌 탐구 및 분석을 통하여 개발되었다.

각 문항은 크게 세 부분으로 구성되어 있다. 첫째 부분에서는 평가문항에 대한 기본 정보를 제공한다. 문항과 함께 그에 해당되는 대단원명과 중단원명, 핵심개념을 제시하여 교사들이 필요한 단원 및 내용에 맞는 문항을 손쉽게 찾을 수 있도록 구성하였다. 또한 문항의 난이도 및 출제의도에 맞는 해설, 선생님 Tip을 제공하여 문항을 알맞게 변형하거나 활용할 수 있도록 하였다.

대단원명•

01 | 수와 연산

•문항난이도

문항별로 난이도를 상, 중, 하 3단계로 제공하여 학생들의 수준에 맞는 문제를 선택할 수 있도록 도와줍니다.

중단원명•

유리수와 순환소수

평가문항•

상 중 하

문 제

가인이와 수현이는 사다리 게임을 하고 있다. 가, 나, 다, 라, 마 중 가인이와 수현이가 각각 하나씩 선택할 수 있고 선택에 따라 받게 되는 선물도 다르다. 단계별로 주어진 유리수가 유한소수이면 옆길로 가고 유한소수가 아니면 직진하는 방식으로 게임을 계속한다. 두 사람 선택을 자유롭게 하였을 때 받게 되는 선물이 무엇인지 쓰고 그 과정을 단계별로 서

꽃 시계 공 지구본 음료수

•핵심개념

문항에서 평가하고자 하는 핵심개념을 제공하여 문항을 평가하고자 하는 내용이 무엇인지 한눈에 알아볼 수 있습니다.

핵심개념 유한 소수의 조건

•해설

문항을 통하여 무엇을 평가하고자 하였는지 출제 의도를 제공하여, 학생들이 이 문항을 통하여 무엇을 성취할 수 있는지 알 수 있습니다.

해 설 유한소수가 되는 조건을 이해하고 이를 적절히 사용하여 해결할 수 있는 문항이다.

선생님 Tip•

선생님들이 실제로 문항을 활용하거나 변형하여 활용하고자 할 경우, 주의해야 할 점이나 강조되어야 할 점 등을 제공합니다.

선생님 TIP

이 문항에서 제공하는 유리수를 더 복잡하게 구성하면 '상' 수준으로, 사다리의 개수를 줄이면 '하' 수준으로 문제를 변형할 수 있습니다.

둘째 부분에서는 그 문항의 풀이와 채점 기준을 제공한다. 학생들의 응답을 어떻게 평가해야 하는지에 대한 전체적 기준이 되는 채점기준과 이에 해당하는 각각의 세부기준을 제공하여 교사들이 정확한 기준을 가지고 평가할 수 있도록 하였다.

셋째 부분에서는 문항에 대한 학생들의 실제 응답을 점수별로 구분하여 제시함과 동시에 채점근거를 제공함으로써 본 저서에서 제시하는 채점기준을 더욱 명확히 이해할 수 있도록 하였다.

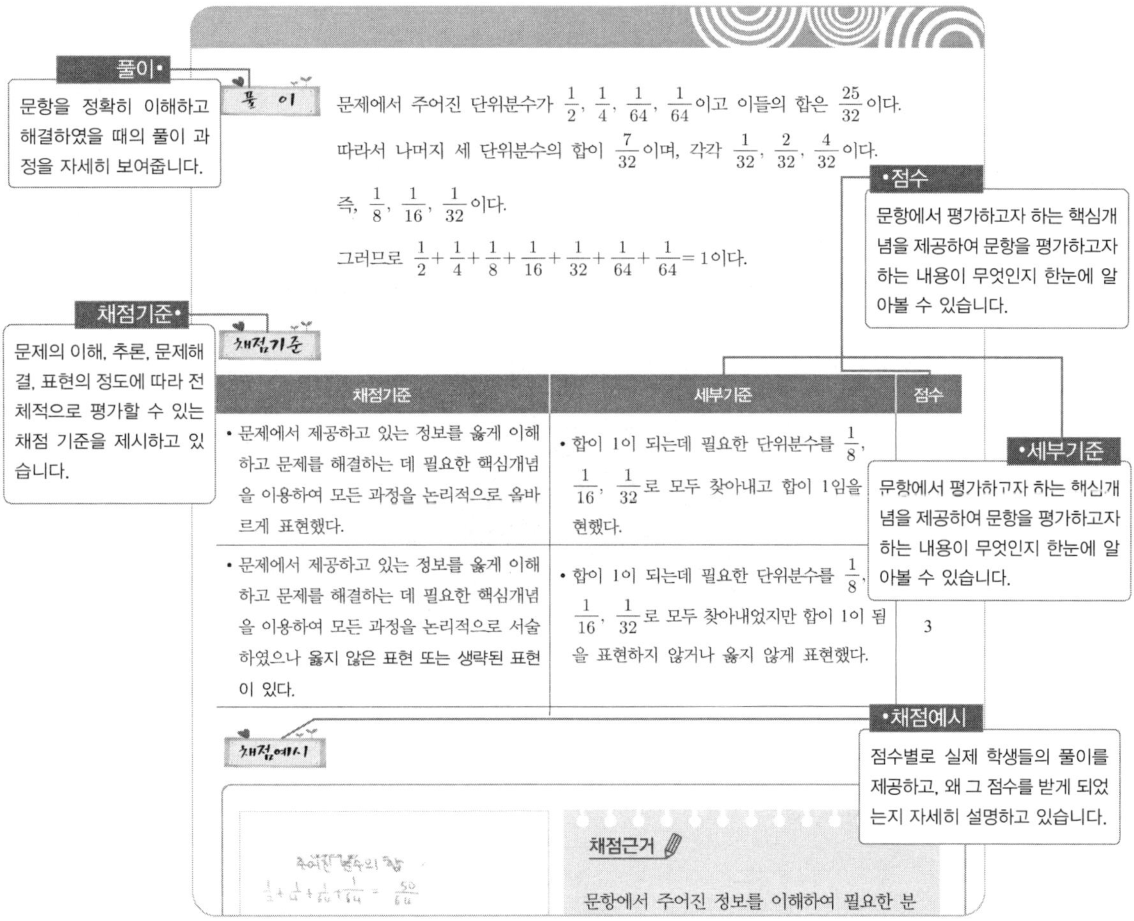

01 | 수와 연산

유리수와 순환소수

문 제 (상 중 하)

이집트 사람들은 예전부터 분수를 사용할 때 $\frac{1}{2}$, $\frac{1}{3}$, $\frac{1}{4}$ …와 같은 분자가 1인 분수를 사용하였다고 한다. 호루스 눈 전체를 1이라고 할 때, 후각은 $\frac{1}{2}$을, 시각은 $\frac{1}{4}$을, $\frac{1}{64}$은 촉각을, 나머지 세 부분은 생각, 청각, 미각을 상징한다. 또한 호루스의 눈을 치유해 주는 지식과 달의 신은 $\frac{1}{64}$을 의미한다. 문제에서 제시하지 않은 분자가 1인 분수 3개를 근거를 제시하여 찾고, '호루스'의 눈을 7개의 분자가 1인 분수의 합으로 표현하여 나타내시오.
(예: $\frac{1}{2}+\frac{1}{3}+\frac{1}{6}=1$과 같이 표현한다.)

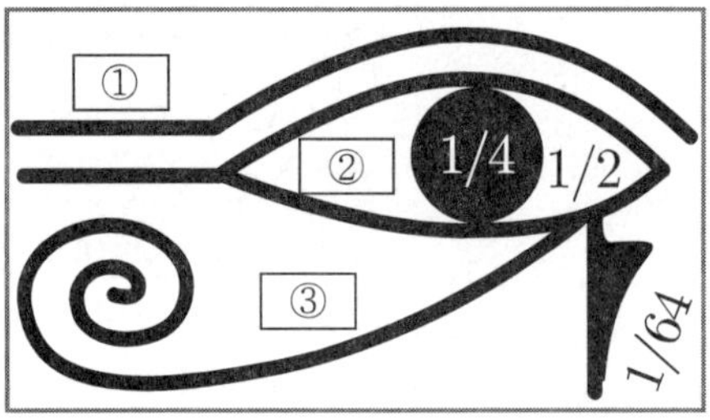

핵심개념 유리수의 성질

해 설 유리수를 이해하고 합이 1이 되도록 하는 단위분수들을 추론할 수 있는지 평가하는 문항이다.

선생님 TIP

창의적 문제해결을 초점으로 하여 합이 1이 되도록 단위분수를 추론하여 찾을 수 있으며 역사적 사실과 수학을 연결지어 학생들에게 다양한 정보를 제공할 수 있습니다.

풀 이

문제에서 주어진 단위분수가 $\frac{1}{2}$, $\frac{1}{4}$, $\frac{1}{64}$, $\frac{1}{64}$이고 이들의 합은 $\frac{25}{32}$이다. 따라서 나머지 세 단위분수의 합이 $\frac{7}{32}$이며, 각각 $\frac{1}{32}$, $\frac{2}{32}$, $\frac{4}{32}$이다. 즉 $\frac{1}{8}$, $\frac{1}{16}$, $\frac{1}{32}$이다. 그러므로 $\frac{1}{2}+\frac{1}{4}+\frac{1}{8}+\frac{1}{16}+\frac{1}{32}+\frac{1}{64}+\frac{1}{64}=1$이다.

채점기준

채점기준	세부기준	점수
• 문제에서 제공하고 있는 정보를 옳게 이해하고 문제를 해결하는 데 필요한 핵심개념을 이용하여 모든 과정을 논리적으로 올바르게 표현했다.	• 합이 1이 되는 데 필요한 단위분수를 $\frac{1}{8}$, $\frac{1}{16}$, $\frac{1}{32}$로 모두 찾아내고 합이 1임을 표현했다.	4
• 문제에서 제공하고 있는 정보를 옳게 이해하고 문제를 해결하는 데 필요한 핵심개념을 이용하여 모든 과정을 논리적으로 서술하였으나 옳지 않은 표현 또는 생략된 표현이 있다.	• 합이 1이 되는 데 필요한 단위분수를 $\frac{1}{8}$, $\frac{1}{16}$, $\frac{1}{32}$로 모두 찾아내었지만 합이 1이 됨을 표현하지 않거나 옳지 않게 표현했다.	3
• 문제에서 제공하고 있는 정보를 옳게 이해하고 핵심개념을 이용하여 문제를 해결하고 올바른 표현을 하였으나 논리적으로 약간의 오류가 있거나 논리적 근거가 부족하다. • 문제에서 제공하고 있는 정보를 옳게 이해하고 문제를 해결하는 데 필요한 핵심개념을 이용하여 논리적으로 올바르게 표현하여 해결하려 하였으나 풀이과정에서의 실수로 옳지 않은 답을 서술했다.	• 합이 1이 되는 데 필요한 단위분수를 $\frac{1}{8}$, $\frac{1}{16}$, $\frac{1}{32}$로 모두 찾아내었지만 논리적 근거가 부족하다. • 문제에서 주어진 분수들의 합이 $\frac{50}{64}$인데 이것을 잘못 계산하여 옳지 않은 답을 하였지만 그 외의 모든 과정이 옳다.	2
• 문제에서 제공하고 있는 정보를 옳게 이해하고 핵심개념을 이용하여 문제를 해결하였으나 논리적 근거가 생략 혹은 옳지 않고 표현도 옳지 않거나 생략했다. • 답만 옳게 제시했다.	• 합이 1이 되는 데 필요한 단위분수를 $\frac{1}{8}$, $\frac{1}{16}$, $\frac{1}{32}$만 옳게 찾았으나 논리적 근거와 표현이 옳지 않은 경우 또는 답만 옳게 제시했다.	1
• 무응답 또는 오답을 썼다.	• 무응답 또는 오답을 썼다.	0

채점예시

4점

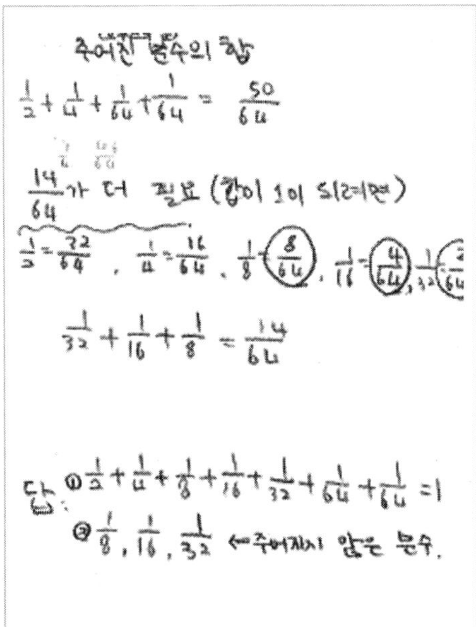
주어진 분수의 합

$\frac{1}{2}+\frac{1}{4}+\frac{1}{64}+\frac{1}{64}=\frac{50}{64}$

$\frac{14}{64}$가 더 필요 (합이 1이 되려면)

$\frac{1}{2}=\frac{32}{64}$, $\frac{1}{4}=\frac{16}{64}$, $\frac{1}{8}=\frac{8}{64}$, $\frac{1}{16}=\frac{4}{64}$, $\frac{1}{32}=\frac{2}{64}$

$\frac{1}{32}+\frac{1}{16}+\frac{1}{8}=\frac{14}{64}$

답: ① $\frac{1}{2}+\frac{1}{4}+\frac{1}{8}+\frac{1}{16}+\frac{1}{32}+\frac{1}{64}+\frac{1}{64}=1$

② $\frac{1}{8}, \frac{1}{16}, \frac{1}{32}$ ← 주어지지 않은 분수.

채점근거

문항에서 주어진 정보를 이해하여 필요한 분수의 합을 찾은 후, 이들을 단위분수의 합으로 옳게 표현하며 근거도 논리적으로 제시하였다.

즉, 문제를 바르게 이해하고 논리적인 근거를 제시하며 옳은 표현을 나타내며 옳게 해결한 경우이다.

3점

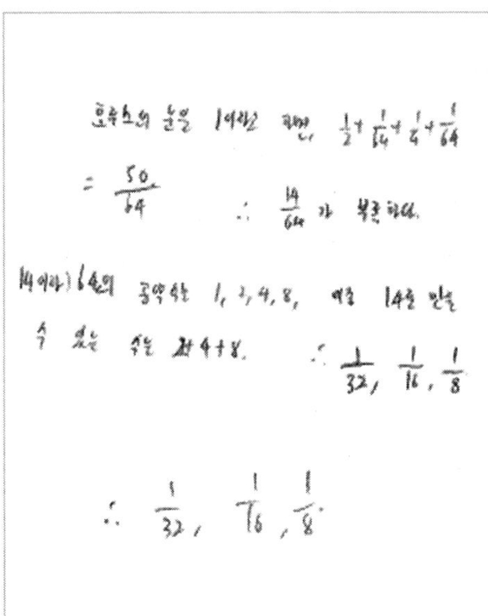
호루스의 눈을 1이라고 하면, $\frac{1}{2}+\frac{1}{64}+\frac{1}{4}+\frac{1}{64}=\frac{50}{64}$ ∴ $\frac{14}{64}$가 부족하다.

14 이하 64의 공약수는 1, 2, 4, 8, 여기서 14를 만들 수 있는 수는 2+4+8. ∴ $\frac{1}{32}, \frac{1}{16}, \frac{1}{8}$

∴ $\frac{1}{32}, \frac{1}{16}, \frac{1}{8}$

채점근거

합이 1이 되는 유리수들을 옳게 근거를 제시하여 찾았으나 최종적으로 단위분수들의 합이 1이 됨을 표현하지 않았다.

즉, 근거를 제시하며 옳게 해결하였으나 문제에서 요구하는 표현이 미흡한 경우이다.

채점예시

2점

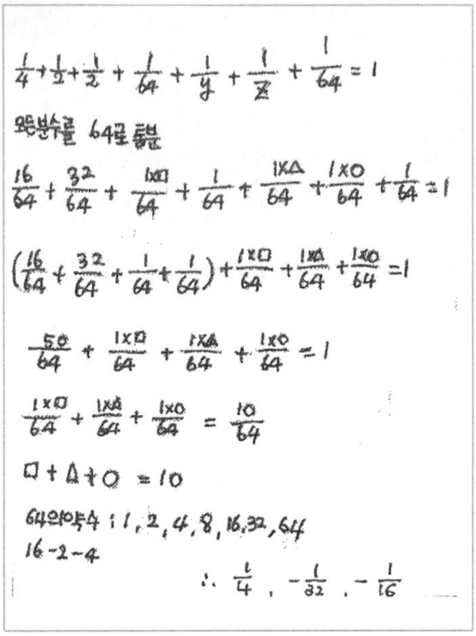
$\frac{1}{4}+\frac{1}{2}+\frac{1}{2}+\frac{1}{64}+\frac{1}{y}+\frac{1}{x}+\frac{1}{64}=1$

모든분수를 64로 통분

$\frac{16}{64}+\frac{32}{64}+\frac{1\times\square}{64}+\frac{1}{64}+\frac{1\times\triangle}{64}+\frac{1\times\bigcirc}{64}+\frac{1}{64}=1$

$\left(\frac{16}{64}+\frac{32}{64}+\frac{1}{64}+\frac{1}{64}\right)+\frac{1\times\square}{64}+\frac{1\times\triangle}{64}+\frac{1\times\bigcirc}{64}=1$

$\frac{50}{64}+\frac{1\times\square}{64}+\frac{1\times\triangle}{64}+\frac{1\times\bigcirc}{64}=1$

$\frac{1\times\square}{64}+\frac{1\times\triangle}{64}+\frac{1\times\bigcirc}{64}=\frac{10}{64}$

$\square+\triangle+\bigcirc=10$

64의약수 : 1, 2, 4, 8, 16, 32, 64

16-2-4

$\therefore \frac{1}{4}, -\frac{1}{32}, -\frac{1}{16}$

채점근거

문제에서 주어진 분수들의 합을 잘못 계산하여 옳지 않은 답을 구하였지만 그 외의 다른 과정은 옳게 서술하였다.

즉, 문제를 이해하여 논리적 근거를 제시하며 해결하려 하였으나 해결 과정에서 계산을 실수를 제외하고 과정이 바르게 서술된 경우이다.

1점

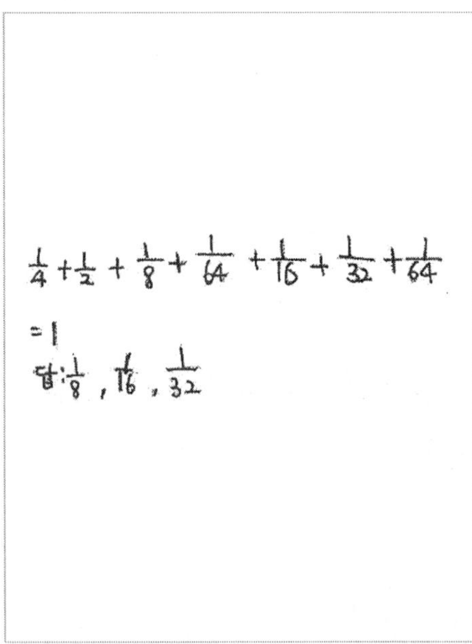
$\frac{1}{4}+\frac{1}{2}+\frac{1}{8}+\frac{1}{64}+\frac{1}{16}+\frac{1}{32}+\frac{1}{64}=1$

답: $\frac{1}{8}, \frac{1}{16}, \frac{1}{32}$

채점근거

단위분수의 합이 1이 되기 위해 필요한 유리수들을 옳게 찾아내었으나 근거를 제시하지 않고 문제에서 요구하는 표현을 하지 않았다.

즉, 문제를 바르게 해결하였으나 해결 과정에서 어떤 추론을 사용하였는지 알 수 없고 표현도 미흡한 경우이다.

유리수와 순환소수

문 제

상 중 하

가인이와 수현이는 사다리 게임을 하고 있다. 가, 나, 다, 라, 마 중 가인이와 수현이가 각각 하나씩 선택할 수 있고 선택에 따라 받게 되는 선물도 다르다. 단계별로 주어진 유리수가 유한소수이면 옆길로 가고 유한소수가 아니면 직진하는 방식으로 게임을 계속한다. 두 사람이 각자 선택을 자유롭게 하였을 때 받는 선물이 무엇인지 쓰고 그 과정을 단계별로 서술하시오.

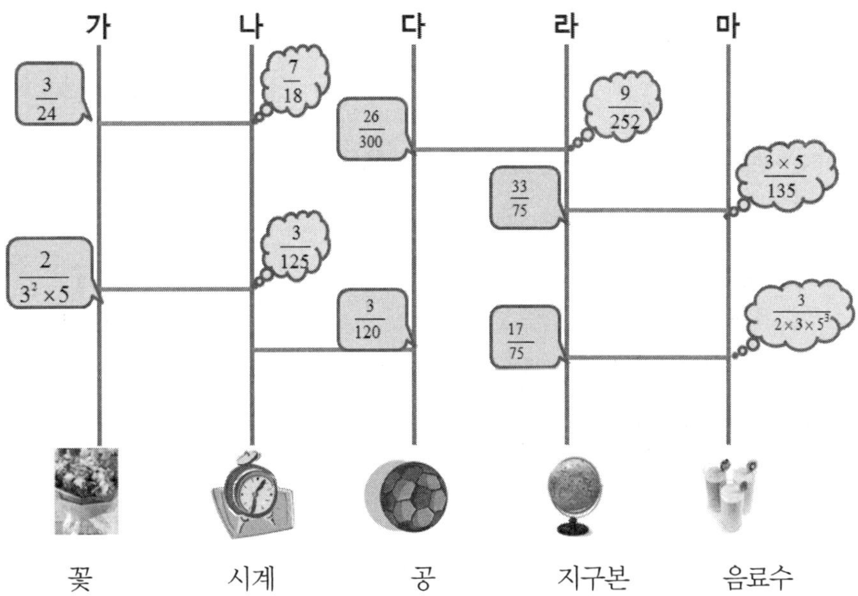

핵심개념 유한소수의 조건

해 설 유한소수가 되는 조건을 이해하고 이를 적절히 사용하여 해결할 수 있는지 평가하는 문항이다.

선생님 TIP

이 문항에서 제공하는 유리수를 더 복잡하게 구성하면 '상' 수준으로, 사다리의 개수를 줄이면 '하' 수준으로 문제를 변형할 수 있습니다.

풀 이

① (가)를 선택한 경우

$\frac{3}{24}=\frac{1}{8}=\frac{1}{2^3}$은 유한소수이므로 옆길 선택 → $\frac{7}{18}=\frac{7}{2\times3^2}$은 유한소수가 아니므로 직진 → $\frac{3}{125}=\frac{3}{5^3}$은 유한소수이므로 옆길 선택 → $\frac{2}{3^2\times5}$는 유한소수가 아니므로 직진 → 꽃을 받게 된다.

② (나)를 선택한 경우

$\frac{7}{18}=\frac{7}{2\times3^2}$은 유한소수가 아니므로 직진 → $\frac{3}{125}=\frac{3}{5^3}$은 유한소수이므로 옆길 선택 → $\frac{2}{3^2\times5}$는 유한소수가 아니므로 직진 → 꽃을 받게 된다.

③ (다)를 선택한 경우

$\frac{26}{300}=\frac{13}{150}=\frac{13}{3\times5^2\times2}$는 유한소수가 아니므로 직진 → $\frac{3}{120}=\frac{1}{5\times2^3}$은 유한소수이므로 옆길 선택 → 시계를 받게 된다.

④ (라)를 선택한 경우

$\frac{9}{252}=\frac{1}{28}=\frac{1}{2^2\times7}$은 유한소수가 아니므로 직진 → $\frac{33}{75}=\frac{11}{25}=\frac{11}{5^2}$은 유한소수이므로 옆길 선택 → $\frac{3\times5}{135}=\frac{1}{9}=\frac{1}{3^2}$은 유한소수가 아니므로 직진 → $\frac{3}{2\times3\times5^3}=\frac{1}{2\times5^3}$은 유한소수이므로 옆길 선택 → $\frac{17}{75}=\frac{17}{3\times5^2}$은 유한소수가 아니므로 직진 → 지구본을 받게 된다.

⑤ (마)를 선택한 경우

$\frac{3\times5}{135}=\frac{1}{9}=\frac{1}{3^2}$은 유한소수가 아니므로 직진 → $\frac{3}{2\times3\times5^3}=\frac{1}{2\times5^3}$은 유한소수이므로 옆길 선택 → $\frac{17}{75}=\frac{17}{3\times5^2}$은 유한소수가 아니므로 직진 → 지구본을 받게 된다.

(*) : 다섯 가지를 모두 구한 경우임

채점기준

채점기준	세부기준	점수
• 문제에서 제공하는 정보를 바르게 이해하고 문제가 요구하는 핵심개념을 이용하여 문제를 옳게 해결하며, 그 과정에서 논리적인 근거를 충분히 제시하여 풀이과정과 표현을 옳게 서술했다.	• 두 가지 경우를 선택하고 선택한 두 가지 경우 받게 되는 선물을 옳게 결정하고 그 이유를 옳게 제시했다.	4
• 문제에서 제공하는 정보를 바르게 이해하고 문제가 요구하는 핵심개념을 이용하여 문제를 해결하였으나 그 과정에서 논리적인 근거를 미흡하게 제시했다. • 문제에서 제공하는 정보를 바르게 이해하지 못하였으나 그 외의 풀이과정, 논리적 근거, 표현이 모두 옳다.	• 두 가지 경우를 선택하고 선택한 두 가지 경우 받게 되는 선물을 옳게 결정하였지만 그 이유를 제시할 때 부분적 생략이 있다. • 다섯 가지 모든 경우 받게 되는 선물을 모두 옳게 제시하였고 그 논리적 근거 또한 옳게 제시했다.(*)	3
• 문제에서 제공하는 정보를 바르게 이해하고 문제가 요구하는 핵심개념을 이용하여 옳게 근거를 제시하고 문제를 해결하였으나 해결 과정에서 오류가 발생(옳지 않은 근거 제시)하여 옳지 않은 답을 썼다. • 문제에서 제공하는 정보를 바르게 이해하지 못하였으나 세 가지 혹은 네 가지를 옳게 해결했다.	• 두 가지 경우를 선택하고 선택한 두 가지 경우 중 받게 되는 선물을 한 가지만 옳게 결정했다. • (*)의 경우 세 가지 혹은 네 가지 경우를 논리적 근거와 함께 옳게 제시했다.	2
• 문제에서 제공하는 정보를 바르게 이해했지만 논리적 근거와 풀이과정을 제시하지 않고 옳은 답만 제시한 경우 • 문제에서 제공하는 정보를 바르게 이해하지 못하고 한 가지 혹은 두 가지 경우만 옳게 해결했다.	• 근거 없이 받게 되는 두 가지 경우의 답만 옳게 제시했다. • (*)의 경우 한 가지 혹은 두 가지 경우를 논리적 근거와 함께 옳게 제시했다.	1
• 무응답 또는 오답을 썼다.	• 무응답 또는 오답을 썼다.	0

채점예시

4점

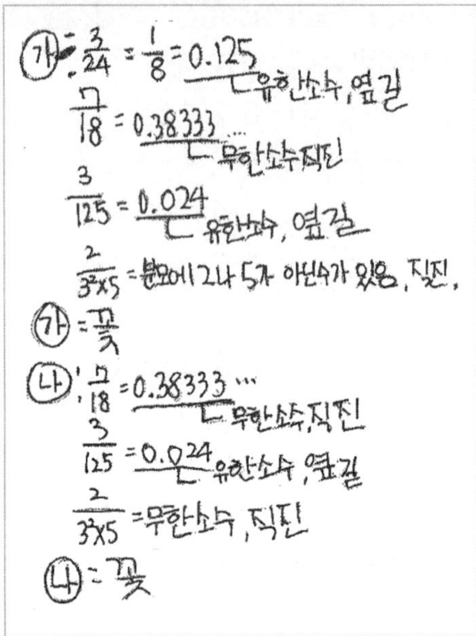
㉮: $\frac{3}{24} = \frac{1}{8} = 0.125$ ㄴ유한소수, 옆길
$\frac{7}{18} = 0.38333\cdots$ ㄴ무한소수 직진
$\frac{3}{125} = 0.024$ ㄴ유한소수, 옆길
$\frac{2}{3^2\times5}$ = 분모에 2나 5가 아닌 수가 있음, 직진,
㉮ = 꽃
㉯: $\frac{7}{18} = 0.38333\cdots$ ㄴ무한소수, 직진
$\frac{3}{125} = 0.024$ 유한소수, 옆길
$\frac{2}{3^2\times5}$ = 무한소수, 직진
㉯ = 꽃

채점근거

두 가지 경우를 선택하여 사다리 게임의 각 단계에서 나타나는 유리수가 유한소수인지 아닌지 옳게 판단하여 최종적으로 갖게 될 선물을 옳게 찾아내었다.

즉, 문제이해를 바르게 하여 해결하였으며 각 단계에서 요구하는 핵심개념을 이용하여 옳은 표현과 근거 제시를 하며 서술한 경우이다.

3점

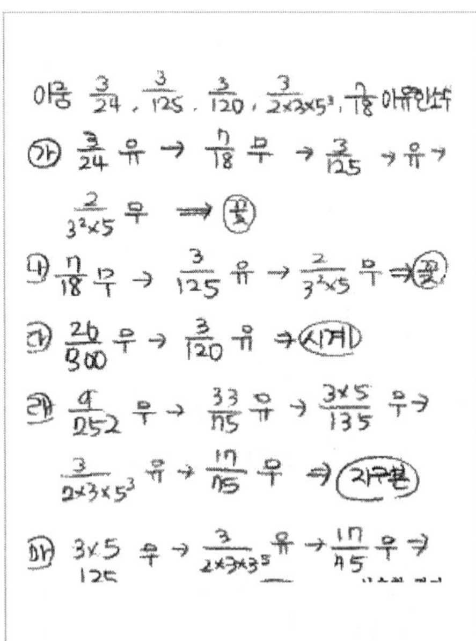
이중 $\frac{3}{24}$, $\frac{3}{125}$, $\frac{3}{120}$, $\frac{3}{2\times3\times5^3}$, $\frac{7}{18}$ 이 유한소수
㉮ $\frac{3}{24}$ 유 → $\frac{7}{18}$ 무 → $\frac{3}{125}$ → 유 → $\frac{2}{3^2\times5}$ 무 ⟹ 꽃
㉯ $\frac{7}{18}$ 무 → $\frac{3}{125}$ 유 → $\frac{2}{3^2\times5}$ 무 ⟹ 꽃
㉰ $\frac{20}{300}$ 무 → $\frac{3}{120}$ 유 → 시계
㉱ $\frac{4}{252}$ 무 → $\frac{33}{175}$ 유 → $\frac{3\times5}{135}$ 무 → $\frac{3}{2\times3\times5^3}$ 유 → $\frac{17}{175}$ 무 ⟹ 지구본
㉲ $\frac{3\times5}{125}$ 우 → $\frac{3}{2\times3\times3^5}$ 유 → $\frac{17}{75}$ 무 →

채점근거

문제에서 요구하는 것은 두 가지 경우를 선택하여 해결하는 것인데, 이 예시는 모든 경우에서 받게 될 선물을 옳게 해결하였다.

즉, 문제가 요구하는 핵심개념을 바르게 사용하여 해결하였으나 문제이해를 옳게 하지 못하여 모든 경우를 해결하여 서술한 경우이다.

채점예시

2점

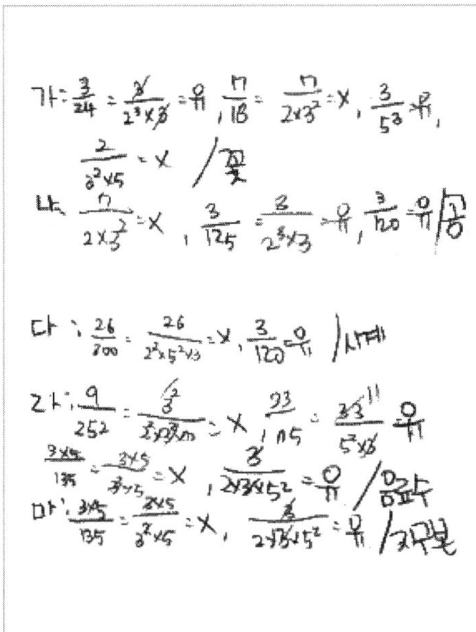

채점근거

두 가지 경우만 선택하면 되지만 모든 경우에 대하여 유리수가 유한소수인지 아닌지 판단하였다. 이 과정에서 모두 옳지 못하며 세 가지 경우만 옳게 해결하였다.

즉, 핵심개념을 사용하여 해결하였지만 문제를 바르게 이해하지 못하고 해결 과정 중 오류가 있어 문제를 부분적으로 옳게 해결한 경우이다.

1점

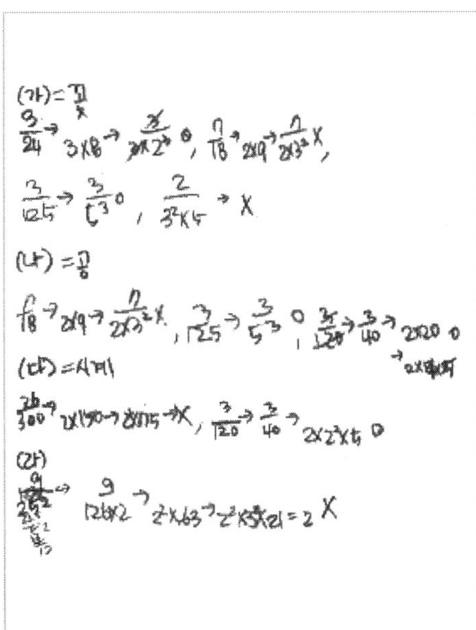

채점근거

두 가지 경우만 선택하면 되지만 모든 경우에 대하여 유리수가 유한소수인지 아닌지 판단하려고 시도하다 모두 해결하지 못하였다. 또한 서술한 모든 것이 옳지 못하며 두 가지 경우만 옳게 해결하였다.

즉, 문제를 바르게 이해하지 못하고 해결 과정에서 모든 표현을 완성되지 못하였으나 일부만 옳은 해결을 하여 서술한 경우이다.

유리수와 순환소수

문 제 상 중 하

두 개의 자연수를 선택해 99로 나누었을 때 나오는 수를 소수로 표현하고, 이 두 소수들의 공통점을 두 가지 서술하시오(두 개의 자연수를 실제로 선택해서 계산하시오).

핵심개념 순환소수의 성질

해 설 순환소수의 특징을 찾고 그 특징을 명확하게 표현할 수 있는지를 평가하는 문항이다.

선생님 TIP

다양한 예를 학생들이 직접 제시하는 문항으로 다양한 응답이 나올 수 있습니다. 이를 통해 학생들이 개념을 어떻게 이해하고 있는지 사고 과정을 파악할 수 있습니다.

풀 이 만약, 두 수 3, 5를 택하면

$3 \div 99 = 0.030303\cdots\cdots$이고 $52 \div 99 = 0.525252\cdots\cdots$이다.

두 수의 공통점은

1. 순환소수이다.
2. 무한소수이다.
3. 순환마디가 2개이다.
4. 같은 수가 반복된다.

* 위와 같은 의미로 서술한 모든 경우

채점기준

채점기준	세부기준	점수
• 문제에서 제공하는 정보를 바르게 이해하고 문제가 요구하는 핵심개념을 이용하여 문제를 옳게 해결하며, 그 과정에서 논리적인 근거를 충분히 제시하여 풀이과정과 표현을 옳게 서술했다.	• 두 자연수를 선택하여 순환소수로 옳게 표현하고 두 가지 공통점을 모두 옳게 서술했다.	4
• 문제에서 제공하는 정보를 바르게 이해하고 문제가 요구하는 핵심개념을 이용하여 해결하였지만 실수로 문제의 미세한 일부를 해결하지 않고 서술했다. • 문제에서 제공하는 정보를 바르게 이해하고 문제가 요구하는 핵심개념을 이용하여 문제를 옳게 해결했지만 해결 과정에서 계산의 오류가 나타났다.	• 자연수 두 수를 선택해 순환소수로 바르게 표현하고 한 가지 공통점을 찾았다. • 공통점을 두 가지 찾았으나 순환소수로 바꾸는 과정에 있어서 계산상의 오류가 있다.	3
• 문제에서 제공하는 정보를 바르게 이해하지 못하여 무제에서 요구하는 것을 모두 해결하지 못하였지만 해결한 부분은 옳게 해결하여 서술했다.	• 자연수 두 수를 선택해 순환소수로 표현했다. • 공통점을 한 가지 찾았으나 순환소수로 바꾸는 과정에 있어서 계산상의 오류가 있다. • 공통점은 두 가지 모두 찾았으나 순환소수의 예를 구하지 않았다.	2
• 문제에서 제공하는 정보를 바르게 이해하지 못하여 문제에서 요구하는 것을 모두 해결하지 못하고 작은 부분만 옳게 해결하여 서술했다.	• 자연수 두 수 중 한 수만 순환소수로 표현했다. • 공통점은 한 가지 찾았으나 순환소수를 구하지 않았다.	1
• 무응답 또는 오답을 썼다.	• 무응답 또는 오답을 썼다.	0

채점예시

4점

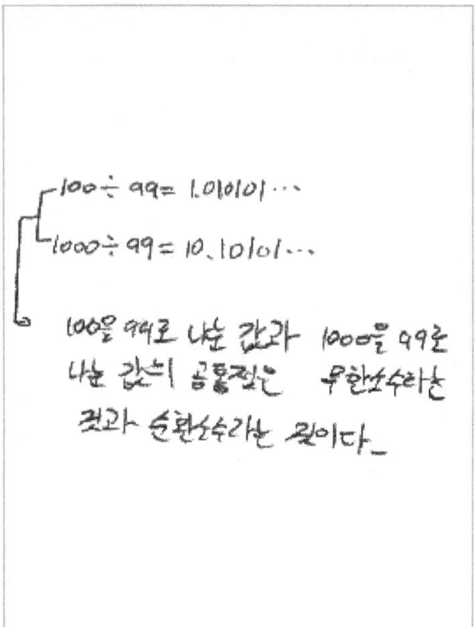

채점근거

두 자연수를 선택하여 소수로 나타내고 그들의 공통점을 서술하였다.

즉, 문제이해를 바르게 이해하여 바른 표현으로 해결한 경우이다.

3점

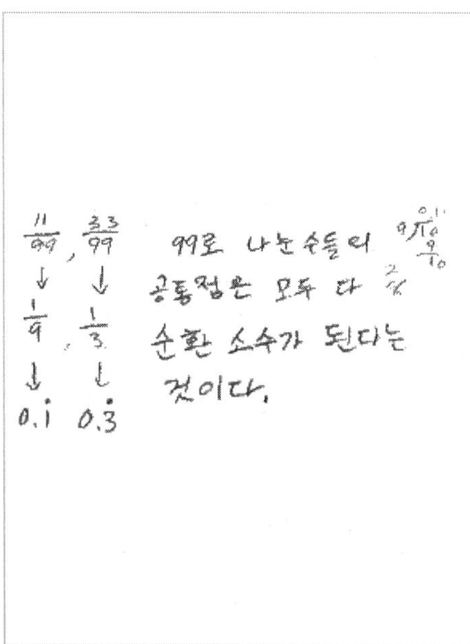

채점근거

두 자연수를 선택하여 소수로 옳게 표현하였지만 공통점을 한 가지만 제시하여 미흡하게 문제해결을 하였다.

즉, 문제를 바르게 이해하여 논리적으로 해결하려 하였으나 일부를 해결하지 못한 경우이다.

채점예시

2점

무한소수가 된다.
순환소수가 된다.

채점근거

두 자연수를 선택하여 소수로 표현하지 않았지만 이러한 두 소수들의 공통점은 명확히 서술하였다.

즉, 문제에서 제공하는 정보를 바르게 이해하지 못하여 해결 과정이 명확히 나타나지 못한 경우이다.

1점

0.3535...

나누었던 숫자가 반복된다

채점근거

문제를 바르게 이해하지 못하여 하나의 자연수를 선택하여 일부만 옳게 해결하였다.

즉, 문제를 바르게 이해하지 못하여 바르지 못한 해결을 하였으나 일부만 해결한 경우이다.

02 | 문자와 식

단항식의 계산

문 제 ⓐ상 ⓑ중 ⓒ하

주어진 미로에서 $(2x+5y-4)$로 시작해서 각 단계별로 주어진 식의 계산을 하여 미로를 찾아 나왔더니, $(-16x+8y-32)$가 되었다. 미로의 단계에서 ▨에 들어갈 알맞은 다항식을 찾고, 그 과정을 서술하시오.

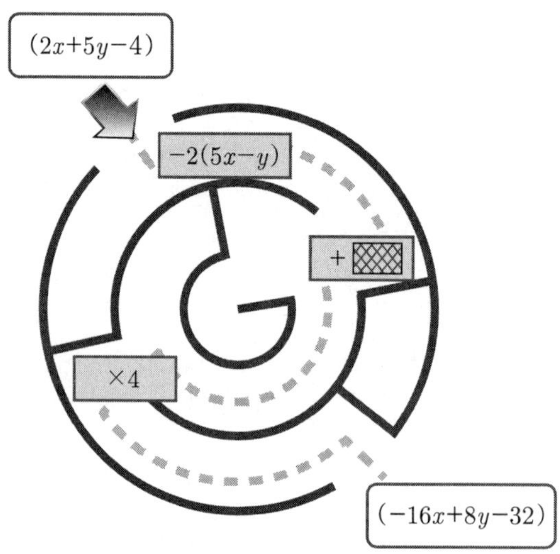

핵심개념 다항식의 덧셈, 뺄셈

해 설 다항식의 덧셈과 뺄셈을 바르게 해결할 수 있는지 평가하는 문항이다.

선생님 TIP

다항식의 사칙 연산 문항으로 변경하여 활용할 수 있고, 중 또는 하 수준의 문제로 변경할 때에는 중간에 알 수 없는 다항식을 제시하지 않고 특정한 다항식을 제시하여 최종적으로 구해야 하는 다항식을 구하도록 할 수 있습니다.

풀이 1

$(2x+5y-4)$이 미로에 들어가서 처음으로 만나는 식 $-2(5x-y)$를 계산하면,

$$\begin{aligned}(2x+5y-4)-2(5x-y) &= 2x+5y-4-10x+2y \\ &= -8x+7y-4\text{이다.}\end{aligned}$$

미로의 다음 단계에서 $\boxed{}$를 더하면, $-8x+7y-4+\boxed{}$이 된다.

미로의 마지막 단계에서 $\times 4$를 하여 미로를 빠져나온 결과 $(-16x+8y-32)$가 된다.

즉, $4\times(-8x+7y-4+\boxed{})=-16x+8y-32$이며

양변을 4로 나누면 $-8x+7y-4+\boxed{}=-4x+2y-8$이다.

따라서 구하고자 하는 $\boxed{}$의 값은 $4x-5y-4$이다.

풀이 2

각 단계의 과정을 하나의 식으로 표현하여 푼 경우

$(2x+5y-4-10x+2y+\boxed{})\times 4=-16x+8y-32$

$(-8x+7y-4+\boxed{})=-4x+2y-8$

$\boxed{}=4x-5y-4$

풀이 3

각 단계를 거꾸로 푼 경우

$(-16x+8y-32)\div 4= -4x+2y-8$

$-4x+2y-8-\boxed{}+2(5x-y)=2x+5y-4$

$\boxed{}=4x-5y-4$

채점기준

채점기준	세부기준	점수
• 문제에서 제공하는 정보를 바르게 이해하고 문제가 요구하는 핵심개념을 이용하여 문제를 옳게 해결하며, 그 과정에서 논리적인 근거를 충분히 제시하여 풀이과정과 표현을 옳게 서술했다.	• 문제의 각 단계에서 요구하는 다항식의 연산을 모두 옳은 계산과정과 표현으로 서술했다.	4
• 문제에서 제공하는 정보를 바르게 이해하고 문제가 요구하는 핵심개념을 이용하여 문제를 옳게 해결하였으며, 그 과정에서 논리적인 근거를 충분히 제시하여 옳은 답을 서술하였으나 식을 표현함에 있어 생략이 있거나 미흡하다.	• 각 단계에서 요구하는 계산식을 생략했다. (예: 처음 단계를 생략하고 곧바로 $(-8x+7y-4+\square)$ $=-4x+2y-8$와 같이 계산했다.) • 등호 사용이 부적절하여 식의 표현에 오류가 있다.	3
• 문제에서 제공하는 정보를 바르게 이해하고 문제가 요구하는 핵심개념을 이용하여 논리적인 근거를 제시하여 해결하려 하였으나 그 해결 과정에서 실수가 있어 옳지 않은 답을 서술했다.	• 해결 과정 중 실수로 옳지 않은 답을 서술하였지만 그 외의 다른 부분은 모두 옳다. (예: $-2(5x-y)=-10x-y$) (예: 앞에서 계산한 전체 식에 4배를 해야 하는데 부분적으로 4배를 한 경우와 같은 실수를 하였지만 나머지 과정은 모두 옳다.)	2
• 문제에서 제공하는 정보를 바르게 이해했지만 해결 과정에서 오류가 많고 표현도 옳지 않아 오답을 서술했다. • 해결 과정 없이 답만 옳게 적었다.	• 각 단계에서 구하라고 하는 것이 무엇인지 알고 표현하였지만 계산이 옳지 않다. • 답만 옳게 적었다.	1
• 무응답 또는 오답을 썼다.	• 무응답 또는 오답을 썼다.	0

채점예시

4점

$\{(2x+5y-4)-2(5x-y)+A\}\times 4=-16x+8y-32$

$(2x+5y-4-10x+2y+A)=-4x+2y-8$

$(-8x+7y-4)+A=-4x+2y-8$

$A=-4x+2y-8-(-8x+7y-4)$

$=-4x+2y-8+8x-7y+4$

$=4x-5y-4$

∴ 다항식 A는 $4x-5y-4$ 이다.

채점근거

주어진 다항식이 미로를 거치면서 계산되는 것을 명확히 표현하여 옳게 해결하였으며 논리적으로 바르게 나타내었다.

즉, 문제를 바르게 이해하고 핵심개념을 명확히 사용하였으며 해결 과정이 논리적이며 표현이 정확하게 서술된 경우이다.

3점

$4\{(2x+5y-4)-2(5x-y)+\square\}=-16x+8y-32$

$2x+5y-4-10x+2y+\square$

$-8x+7y-4+\square$

$-32x+28y-16+4\square=-16x+8y-32$

$4\square=16x-20y-16$

$\boxed{\square=4x-5y-4}$

채점근거

다항식의 계산이 옳게 해결되었으나 해결 과정의 표현에 있어 등호를 사용한 완전한 식으로 나타내지 못하였다.

즉, 문제를 바르게 이해하고 핵심개념을 적절히 사용하여 해결하였으나 표현에 있어 수학적으로 미흡한 부분이 있는 경우이다.

채점예시

2점

$(2x+5y-4)-2(5x-y)+A\times4=(-16x+8y-32)$

$2x+5y-4-10x+y+4A=-16x+8y-32$

$4A=-16x+8y-32-2x-5y+4+10x-y$

$4A=-16x-2x+10x+8y-5y-y-32+4$

$4A=-8x+2y-28$

$A=(-8x+2y-28)\frac{1}{4}$

$A=-8x\times\frac{1}{4}+2y\times\frac{1}{4}-28\times\frac{1}{4}$

$A=-2x+\frac{y}{2}-7$

$\therefore \square=-2x+\frac{1}{2}y-7$

채점근거

다항식의 계산에서 연산 순서를 옳지 않게 해결하였으며 분배법칙을 바르게 사용하지 못하였다.

즉, 문제는 바르게 이해하였으나 핵심개념인 다항식의 계산에 오류가 있다. 하지만 그 오류를 제외한 나머지 부분이 모두 옳게 서술된 경우이다.

1점

$(2x+5y-4)-10x+2y+\square\times4=(-16x+8y-32)$

$\square=(-\overset{4}{\cancel{16}}x+8y-32)\times\frac{1}{4}+10x+2y-2x-5y+4$

$=-4x+8y-32+10x+2y-2x-5y+4$

$=6x+10y-28-2x-5y$

$=4x+5y-28$

채점근거

문제가 요구하는 계산이 무엇인지는 알고 있으나 옳지 않은 표현과 해결 과정에서의 복합적 오류로 옳지 않게 문제를 해결하였다.

즉, 문제를 이해하였으나 핵심개념인 다항식의 계산에서 복합적 오류가 나타나도록 해결하여 옳지 않은 답을 서술한 경우이다.

단항식의 계산

문 제

상 중 하

가족사진용 액자를 벽에 걸기 위해 길이를 재었더니, 세로가 $2a+1.8b$이고, 가로가 $3a-b$였다. 액자의 둘레를 구하고 그 과정을 서술하시오.

핵심개념 다항식의 덧셈과 뺄셈

해 설 실생활 상황을 이해하고 다항식의 계산을 적용할 수 있는지 평가하는 문항이다.

선생님 TIP

다항식의 곱셈공식을 알고리즘적인 문제로만 학습하였을 때 학생들은 그 필요성을 느끼지 못할 수 있습니다. 따라서 계산을 평가하는 부분이더라도 맥락 속에서 문제를 구성하여 제공하는 것이 중요합니다.

풀 이

액자의 둘레는 $2\times\{(가로)+(세로)\}$이다.

즉, 둘레 $=2\times\{(3a-b)+(2a+1.8b)\}$

$=2\times(5a+0.8b)=10a+1.6b$이다.

따라서 액자의 둘레는 $10a+1.6b$이다.

채점기준

채점기준	세부기준	점수
• 문제에서 제공하는 정보를 바르게 이해하고 문제가 요구하는 핵심개념을 이용하여 문제를 옳게 해결하며, 그 과정에서 논리적인 근거를 충분히 제시하여 옳은 풀이과정과 표현을 서술했다.	• 문제를 바르게 이해하고 옳게 해결했다. (잘못된 단위 사용을 하더라도 점수에 반영하지 않으므로 주의한다.)	4
• 문제에서 제공하는 정보를 바르게 이해하지 못했지만 그 자체에서 핵심개념을 이용하여 문제를 옳게 해결하며, 표현도 옳게 서술했다.	• $(3a-b)+(2a+1.8b)=5a+0.8b$ 같이 둘레를 잘못 구하였으나 그 외의 다른 과정이나 표현이 모두 옳게 서술했다. • $(3a-b)(2a+1.8b)=$ $6a^2+3.4ab-1.8ab$ 같이 둘레가 아닌 넓이를 구했다.	3
• 문제에서 제공하는 정보를 바르게 이해하고 문제가 요구하는 핵심개념을 이용하여 옳게 문제를 해결하려 하였으나 해결 과정에서 오류가 있어 옳지 않게 해결했다.	• 둘레를 구할 때 $10a+1.6b$에서 끝나지 않고 더 계산해서 최종적인 답이 틀렸다.	2
• 문제에서 제공하는 정보를 바르게 이해하고 문제를 해결하려 하였으나 문제에서 요구하는 개념을 사용하지 못하고 해결 과정이 옳지 않거나 서술하지 못했다.	• 액자의 둘레가 $2\times\{(가로)+(세로)\}$와 같이 문제해결 전략은 세웠으나 해결하지 못하거나 더 서술하지 못했다.	1
• 무응답 또는 오답을 썼다.	• 무응답 또는 오답을 썼다.	0

채점예시

4점

$2(2a+1.8b+3a-b)$
$=2(5a+0.8b$
$=10a+1.6b$

채점근거

액자의 둘레를 바르게 구하고 다항식의 계산을 옳게 구하였다.

즉, 문제에서 주어진 정보를 바르게 사용하여 옳은 표현과 과정을 통해 서술한 경우이다.

3점

$2(2a+1.8b+3a-b)$
$4a+3.6b+6a-2b$
$=10a-1.6b$

채점근거

액자의 둘레를 구하는 식은 옳게 세웠으나 해결 과정 중 계산 실수로 옳지 않은 답을 구하였다.

즉, 해결 과정 중 실수가 있었으나 문제를 바르게 이해하고 핵심개념을 논리적으로 사용하여 서술한 경우이다.

채점예시

2점

$2(2a+1.8b+3a-b)$

$=2(5a+0.8b)\times 10$

$=2(50a+8b)$

$=100a+16b$

채점근거

액자의 둘레를 구하는 식은 옳지만 다항식의 계산 중 핵심적인 오류가 발생하여 옳지 않은 답을 구하였다.

즉, 문제에서 주어진 정보를 바르게 사용하였으나 핵심개념 사용에서 오류가 있어 옳지 않게 해결한 경우이다.

1점

$\boxed{10a+1.6b}$

$3a-b\times 2a+1.8b$

채점근거

액자의 둘레는 옳게 구하였으나 어떤 과정을 거쳐 해결하였는지 판단할 수 없다.

즉, 문제해결 과정이 서술되지 않아 논리적이고 옳은 수학적 표현 능력을 평가할 수 없지만 답은 옳게 적은 경우이다.

다항식의 계산

문 제 (상 **중** 하)

현서와 재욱이는 각각 세 번씩 다트를 던져서 나온 점수가 높은 사람이 이기는 게임을 하고 있다. 현서는 세 번 모두 던져서 7점이고, 재욱이는 두 번 던져서 6점인 상태이다. 재욱이가 이기려면 어느 부분을 맞추어야 하는지 찾고, 그 부분의 넓이를 구하시오.
(단, 식은 모두 전개하여 나타내시오.)

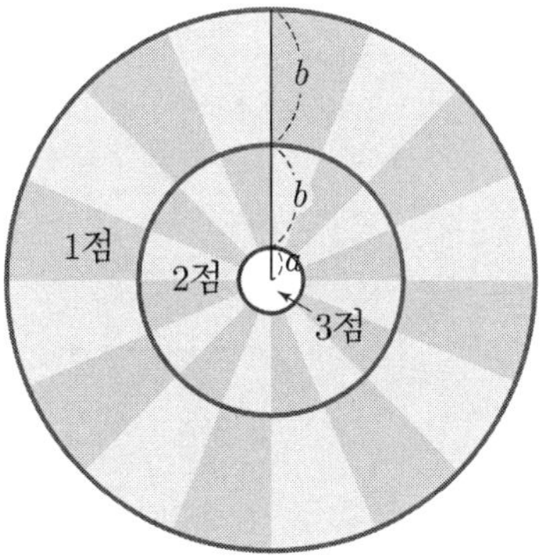

핵심개념 다항식의 곱셈공식

해 설 완전제곱식과 원의 넓이를 연결지어 해결하는 문항으로 다항식의 곱셈을 전개할 수 있는지 평가하는 문항이다.

선생님 TIP

다항식의 곱셈공식을 알고리즘적인 문제로만 학습하였을 때 학생들은 그 필요성을 느끼지 못할 수 있습니다. 따라서 계산을 평가하는 부분이더라도 맥락 속에서 문제를 구성하여 제공하는 것이 중요합니다.

풀이 1 재욱이가 현서를 이기기 위해서는 2점 또는 3점을 맞추면 된다.

즉, 재욱이가 이기기 위해 맞추어야 할 부분의 넓이는 $(a+b)^2\pi - a^2\pi$ 또는 $a^2\pi$이다. 따라서 구하고자 하는 넓이는 $(a+b)^2\pi - a^2\pi + a^2\pi = (a^2+2ab+b^2)\pi$이다.

풀이 2 재욱이가 현서를 이기기 위해서는 1점만 맞추지 않으면 된다.

즉, 재욱이가 이기기 위해 맞추어야 할 부분의 넓이는 $(a+b)^2\pi$이다.

따라서 구하고자 하는 넓이는 $(a+b)^2\pi = (a^2+2ab+b^2)\pi$이다.

채점기준

채점기준	세부기준	점수
• 문제에서 제공하는 정보를 바르게 이해하고 문제가 요구하는 핵심개념을 이용하여 문제를 옳게 해결하며, 그 과정에서 논리적인 근거를 충분히 제시하여 풀이과정과 표현을 옳게 서술했다.	• 2점 또는 3점을 맞추어야 함을 논리적으로 서술하고 $(a+b)^2\pi-a^2\pi+a^2\pi$ 혹은 $(a+b)^2\pi$을 옳게 전개하여 나타냈다.	4
• 문제에서 제공하는 정보를 바르게 이해하고 문제가 요구하는 핵심개념을 이용하여 문제를 옳게 해결하며, 그 과정에서 논리적인 근거를 충분히 제시하였지만 표현에 오류가 있다.	• 2점 또는 3점을 맞추어야 함을 표현하고 $(a+b)^2\pi-a^2\pi+a^2\pi$ 혹은 $(a+b)^2\pi$을 전개하였지만 $(a^2+2ab+b^2)$와 같이 π를 표현하지 않았다. • 모두 옳지만 2점 또는 3점을 맞추어야 함을 표현하지 않았다. • 모두 옳게 하였지만 문제에 불필요한 단위(예: cm^2)를 붙였다.	3
• 문제에서 제공하는 정보를 바르게 이해하고 문제가 요구하는 핵심개념을 이용하여 논리적으로 문제를 옳게 해결하려 하였지만, 해결 과정에서 오류가 있어 옳지 않은 답을 서술했다.	• 2점 또는 3점을 맞추어야 함을 표현하고 $(a+b)^2\pi-a^2\pi+a^2\pi$ 혹은 $(a+b)^2\pi$을 전개하였지만 그 전개에 오류가 있다.	2
• 문제에서 제공하는 정보를 바르게 이해하였으나 논리적으로 문제를 해결하지 않거나 해결 과정에 많은 오류가 있다.	• 2점 또는 3점을 맞추어야 함을 표현하였으나 다른 과정이 모두 옳지 않다. • 답만 옳게 적었다.	1
• 무응답 또는 오답을 썼다.	• 무응답 또는 오답을 썼다.	0

채점예시

4점

현서	재욱
7	6

재욱이가 동점이 아니라 이겨야 하는 상황이니까 3점과 2점 둘중에 하나를 맞춰야 한다.

원의 넓이 공식 πr^2

$a+b=r$

πr^2

$\pi(a+b)^2$

$=\pi(a^2+2ab+b^2)$

$=a^2\pi+2ab\pi+b^2\pi$

$\therefore a^2\pi+2ab\pi+b^2\pi$

채점근거

재욱이가 이기기 위해 2점 또는 3점을 맞추어야 함을 판단하고 이 점수에 해당하는 과녁판의 넓이를 바르게 계산하였다.

즉, 문제를 바르게 이해하고 곱셈공식을 옳게 전개함은 물론, 수학적 기호를 명확히 사용하여 문제를 해결하여 서술한 경우이다.

3점

판의 넓이 $=\pi r^2$

$=\pi\times(b+a)^2$

$=\pi\times(b^2+2ab+a^2)$

$\therefore =\pi b^2+2\pi ab+\pi a^2$

채점근거

재욱이가 이기기 위해서 2점 또는 3점을 맞추어야 함을 알고 문제를 해결하였지만 문제에서 요구하는 것 중 몇 점을 맞추어야 하는지 서술하지 못하였다.

즉, 문제를 이해하고 핵심개념을 사용하여 해결하였지만 문제에서 요구하는 것 중 일부분이 생략되어 서술한 경우이다.

채점예시

2점

재욱이가 이기려면 2점 또는 3점을 맞추어야 현서를 이길 수 있다. 원넓이 공식 $= \pi r^2$

① 2점이라고 하면

$\pi \times (a+b)^2 = \pi(a^2+2ab+b^2)$

② 3점이라고 하면

$\pi \times a \times a = \pi a^2$

채점근거

재욱이가 이기기 위한 조건을 바르게 판단하고 영역도 수학적으로 표현하였으나 곱셈공식을 옳지 않게 전개하였다.

즉, 문제를 이해하고 해결하려 했으나 핵심개념을 명확히 알고 있지 않아 옳지 않게 서술한 경우이다.

1점

재욱이가 현서를 이기기 위해서 2점이나 3점을 맞춰야 한다. 따라서

$(a+b)^2\pi = (a^2+b^2)\pi$ 이다.

채점근거

재욱이가 이기기 위한 조건은 옳게 구하였으나 다른 과정에서 모두 오류가 나타났다.

즉, 문제를 이해하기는 했지만 해결 과정에 오류가 있으며 논리적 근거를 제시하지도 못한 경우이다.

다항식의 계산

문 제 (상) (중) (하)

혜인이는 자신의 방에 가구들을 그림과 같이 배치하려고 한다. 혜인이 방의 전체 넓이가 얼마나 되는지 구하고 그 과정을 자세히 쓰시오(단, 식은 모두 전개하여 나타내시오).

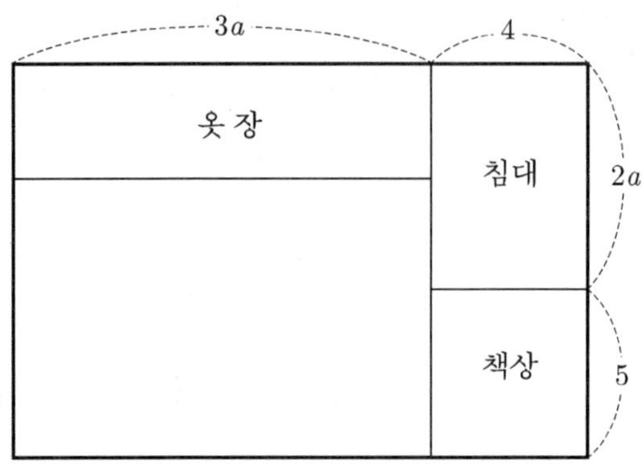

핵심개념 다항식의 곱셈공식

해 설 다항식의 곱셈을 바르게 전개할 수 있는지 평가하는 문항이다.

선생님 TIP

학습 수준이 낮은 학생들은 학습한 내용 중 기본적 개념을 명확히 하는 것이 중요합니다. 간단한 다항식의 전개를 묻는 문항이지만 전개하는 과정을 통해 다항식의 곱셈에서 학생들의 취약점을 파악할 수 있습니다.

풀 이 혜인이의 방은 직사각형 모양이고 가로가 $3a+4$, 세로가 $2a+5$이므로 방 전체의 넓이는 $(3a+4)(2a+5)$가 된다.

따라서 다항식의 곱셈을 전개하면, 혜인이 방의 넓이는 $(3a+4)(2a+5)=6a^2+23a+20$이다.

채점기준

채점기준	세부기준	점수
• 문제에서 제공하는 정보를 바르게 이해하고 문제가 요구하는 핵심개념을 이용하여 문제를 옳게 해결하며, 그 과정에서 논리적인 근거를 충분히 제시하여 풀이과정과 표현을 옳게 서술했다.	• 가로 $3a+4$, 세로 $2a+5$이므로 방 전체의 넓이는 $(3a+4)(2a+5)=6a^2+23a+20$ 임을 옳게 표현하고 해결했다.	4
• 문제에서 제공하는 정보를 바르게 이해하고 문제가 요구하는 핵심개념을 이용하여 논리적으로 문제를 옳게 해결하였으나 그 과정에서 표현을 미흡하게 서술했다.	• 가로 $3a+4$, 세로 $2a+5$를 구하고 방 전체의 넓이를 $(3a+4)(2a+5)=6a^2+23a+20\,\text{cm}^2$ 와 같이 불필요한 단위를 사용했다. (그러나 전개는 옳게 하였음.) • 괄호나 등호의 부적절한 사용을 하였으나 옳은 전개를 했다.	3
• 문제에서 제공하는 정보를 바르게 이해하고 문제가 요구하는 핵심개념을 이용하여 논리적으로 문제를 옳게 해결하려 하였으나 풀이 과정에서 오류가 있어 옳지 않은 답을 서술했다.	• 가로 $3a+4$, 세로 $2a+5$를 구하고 방 전체의 넓이가 $(3a+4)(2a+5)$임을 알았지만 전개가 옳지 않았다.	2
• 문제에서 제공하는 정보를 바르게 이해하였으나 논리적으로 해결하는 과정이 표현되지 않았거나 생략되어 있다. • 답만 옳게 적었다.	• 가로 $3a+4$, 세로 $2a+5$를 구하고 방 넓이를 구하지 않거나 두 식을 곱하지 않고 방 넓이를 구했다. • 답만 옳게 적었다.	1
• 무응답 또는 오답을 썼다.	• 무응답 또는 오답을 썼다.	0

채점예시

4점

$(3a+4)(2a+5)$

$= 6a^2+15a+8a+20$

$= 6a^2+23a+20$

채점근거

방의 넓이를 구하는 식을 바르게 세우고 다항식을 옳게 전개하여 옳은 답을 구하였다.

즉, 문제에서 제공하는 정보와 핵심개념을 이용하여 옳게 해결하였으며 표현도 명확하게 서술한 경우이다.

3점

$3a+4(2a+5)$

$= 6a^2+15a+8a+20$

$= 6a^2+23a+20$

채점근거

방의 넓이를 바르게 구하였으나 다항식의 곱셈을 표현하는 데 미흡하였다.

즉, 문제에서 제공하는 정보와 핵심개념을 바르게 사용하여 해결하였으나 수학적 표현이 미흡하게 서술된 경우이다.

채점예시

2점

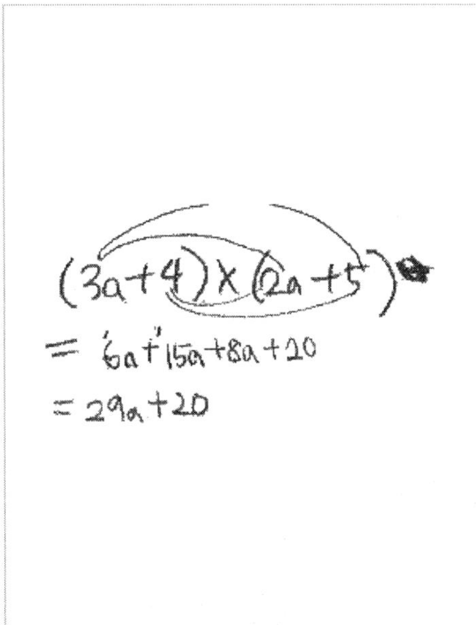

채점근거

방의 넓이를 구하는 식은 세웠으나 다항식의 곱셈을 옳지 않게 전개하여 옳지 않은 답을 구하였다.

즉, 문제에서 제공하는 정보는 이해하였으나 핵심개념을 바르게 사용하지 못하여 옳지 않게 해결한 경우이다.

1점

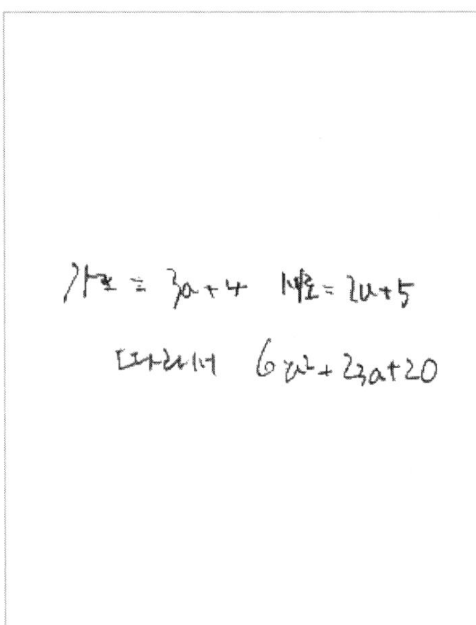

채점근거

방의 가로와 세로를 적고 넓이를 구하는 과정 없이 답만 서술하였다.

즉, 문제해결 과정에서 논리적이고 옳은 수학적 표현을 파악할 수 없으나 답은 옳게 적은 경우이다.

다항식의 계산

문 제 상 중 하

딸기의 경우 다음의 과정을 거쳐 판매된다. 농부 아저씨가 딸기 1박스 당 S원에 팔고, 운반하는 사람은 딸기 1박스 당 50원을, 슈퍼마켓에서는 여기에 a%의 이익을 붙여서 판매한다고 한다. 소리네 아버지가 마감 세일에서 딸기 2박스를 25%할인 받아 샀을 때, 할인 받게 된 금액이 S의 b%라고 한다. 이때 다음 물음에 답하시오.

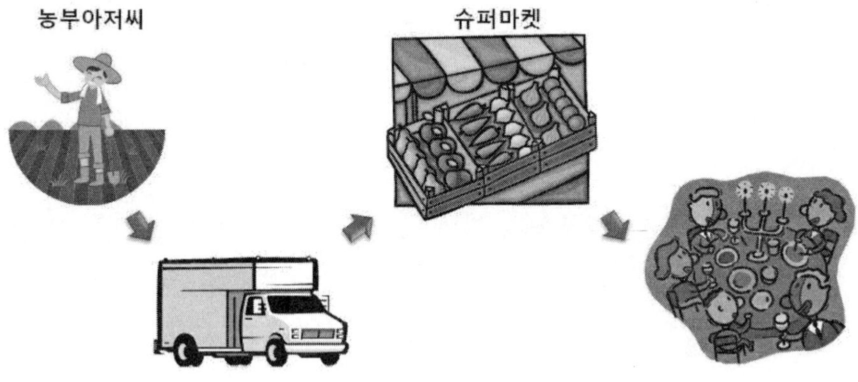

딸기 1박스 당 세일 전 판매금액을 구하고, 이를 사용하여 원가 S를 a, b로 나타내며 그 과정을 서술하시오.

핵심개념 등식의 변형

해 설 실생활 문제 상황에서 정보를 바르게 이해하여 사용하며 등식을 변형할 수 있는지 평가하는 문항이다.

선생님 TIP

문제의 조건 중 원가, 판매가, 할인가 등 학생들이 어려워하는 개념 때문에 문제를 이해하고 해결하는 것이 어려울 수 있습니다. 그러나 실생활 맥락을 토대로 하는 수학 학습은 수학의 유용성을 느낄 수 있도록 할 수 있습니다.

풀 이

딸기의 원가는 농부가 1박스의 딸기를 S원에 팔고 운반하는 사람이 50원을 받고 운반하였으며 판매자가 $S+50$원에 a%의 이익을 붙여 판매하였기 때문에 $(S+50)\times\left(1+\frac{a}{100}\right)$원이다.

딸기 2박스를 25% 할인받으면 $2\left[(S+50)\times\left(1+\frac{a}{100}\right)\right]$원이고 25%할인 받았을 때 할인받게 된 금액이 S의 b%이므로 $2\left[(S+50)\times\left(1+\frac{a}{100}\right)\right]\times 0.25 = S\times\frac{b}{100}$ 이다. 즉, 위의 식을 해결하면

$$\left[(S+50)\times\left(1+\frac{a}{100}\right)\right]\times\frac{1}{2}=S\times\frac{b}{100}$$

$$S+\frac{a}{100}S+50+\frac{a}{2}=\frac{b}{50}S$$

$$S\left(1+\frac{a}{100}-\frac{b}{50}\right)=-\frac{a}{2}-50$$

$$S\left(\frac{100+a-2b}{100}\right)=\frac{-a-100}{2}$$

$$S=\frac{100(-a-100)}{2(100+a-2b)}$$

$$S=\frac{-50a-5000}{100+a-2b}$$

이다.

채점기준

채점기준	세부기준	점수
• 문제에서 제공하는 정보를 바르게 이해하고 문제가 요구하는 핵심개념을 이용하여 문제를 옳게 해결하며, 그 과정에서 논리적인 근거를 충분히 제시하여 풀이과정과 표현을 옳게 서술했다.	• 다항식의 계산을 문제조건에 맞게 해결하고 해결 과정 중 식을 옳게 표현하며 올바른 답을 서술했다.	4
• 문제에서 제공하는 정보를 바르게 이해하고 문제가 요구하는 핵심개념을 이용하여 문제를 옳게 해결하였지만 그 과정에서 근거나 표현을 미흡하게 서술했다.	• $2\left[(S+50)\times\left(1+\frac{a}{100}\right)\right]\times 0.25=S\times\frac{b}{100}$ 은 옳게 세웠으나 왜 이러한 식이 나오게 되었는지 근거를 명확하지 않게 서술했다. • 모두 옳지만 표현이 미흡하다.	3
• 문제에서 제공하는 정보를 바르게 이해하고 문제가 요구하는 핵심개념을 이용하여 해결하려 했지만 해결에서 계산상의 실수로 답을 옳지 않게 서술했다. • 문제에서 제공하는 정보를 바르게 이해하지 못하여 답을 틀리게 서술하였지만 해결 과정은 바르게 서술했다.	• $2\left[(S+50)\times\left(1+\frac{a}{100}\right)\right]\times 0.25=S\times\frac{b}{100}$ 이라는 식은 세웠지만 해결 과정 중 오류로 옳지 않은 답을 서술했다. • 할인받게 된 금액이 S의 b%인데 할인 가격이 S의 b%라 잘못 이해하여 해결한 경우 또는 두 박스의 할인받게 된 금액을 한 박스의 할인받게 된 금액으로 잘못 이해하여 해결했다.	2
• 문제에서 제공하는 정보는 바르게 이해하였으나 해결 과정에서 근거도 제시하지 않고 옳지 않게 서술했다.	• 판매 금액과 할인 받은 금액을 모두 옳지 않게 해결하여 최종 답도 옳지 않다. • 판매 금액만 옳게 구하고 다른 해결이 모두 옳지 않거나 더 이상 해결하지 않은 경우 또는 옳은 답만 적었다.	1
• 무응답 또는 오답을 썼다.	• 무응답 또는 오답을 썼다.	0

채점예시

4점 *

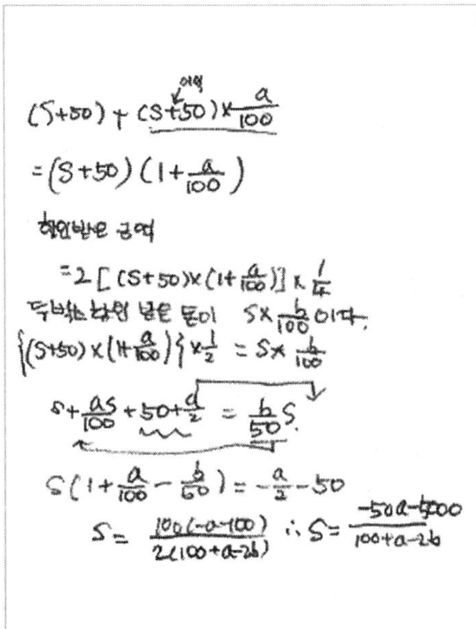

$(S+50)+(S+50)\times\frac{a}{100}$ (이익)

$=(S+50)\left(1+\frac{a}{100}\right)$

할인받은 금액

$=2\left[(S+50)\times\left(1+\frac{a}{100}\right)\right]\times\frac{1}{4}$

두 배로 할인 받은 돈이 $S\times\frac{b}{100}$이다.

$\left\{(S+50)\times\left(1+\frac{a}{100}\right)\right\}\times\frac{1}{2}=S\times\frac{b}{100}$

$S+\frac{aS}{100}+50+\frac{a}{2}=\frac{b}{50}S$

$S\left(1+\frac{a}{100}-\frac{b}{50}\right)=-\frac{a}{2}-50$

$S=\frac{100(-a-100)}{2(100+a-2b)}$ $\therefore S=\frac{-50a-5000}{100+a-2b}$

채점근거

원가와 이익이 무엇인지 이해하여 원가를 문자를 사용하여 바르게 나타내고 할인 금액을 등식으로 옳게 나타냈으며 문자 S를 a, b에 대하여 바르게 나타냈다.

즉, 문제에서 주어진 정보를 바르게 사용하고 핵심개념을 적용하여 등식의 변형을 옳게 표현하여 해결한 경우이다.

* 문항 수정으로 인하여 예상 답안을 수록함

3점

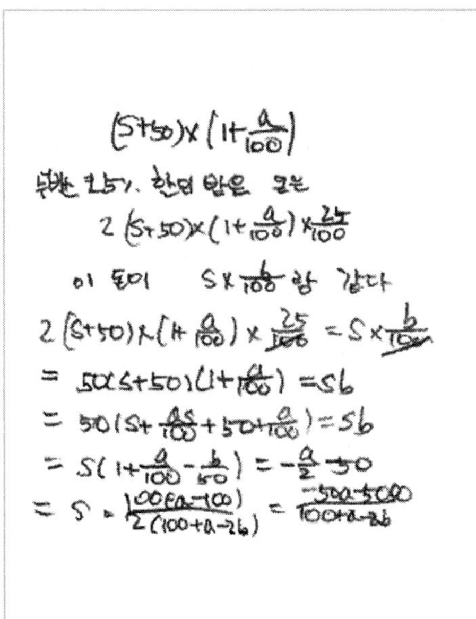

$(S+50)\times\left(1+\frac{a}{100}\right)$

두 배로 25% 할인 받은 금액은

$2(S+50)\times\left(1+\frac{a}{100}\right)\times\frac{25}{100}$

이 돈이 $S\times\frac{b}{100}$랑 같다

$2(S+50)\times\left(1+\frac{a}{100}\right)\times\frac{25}{100}=S\times\frac{b}{100}$

$=50(S+50)\left(1+\frac{a}{100}\right)=Sb$

$=50\left(S+\frac{aS}{100}+50+\frac{a}{100}\right)=Sb$

$=S\left(1+\frac{a}{100}-\frac{b}{50}\right)=-\frac{a}{2}-50$

$=S=\frac{100(-a-100)}{2(100+a-2b)}=\frac{-50a-5000}{100+a-2b}$

채점근거

원가와 이익이 무엇인지 이해하여 원가를 문자를 사용하여 바르게 나타내고 할인 금액을 등식으로 옳게 나타냈지만 S에 대하여 정리할 때 등호의 사용을 적절하지 못하게 사용하였다.

즉, 문제에서 제공하는 정보를 바르게 이해하고 핵심개념을 이용하여 해결하였으나 수학적 표현이 미흡하게 서술된 경우이다.

채점예시

2점

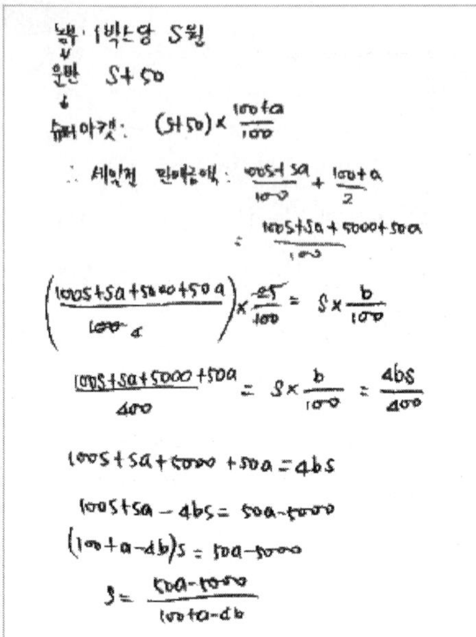
농부: 1박스당 S원
운반 $S+50$
슈퍼마켓: $(S+50)\times\frac{100+a}{100}$
∴ 세일전 판매금액: $\frac{100S+Sa}{100}+\frac{100+a}{2}$
$=\frac{100S+Sa+5000+50a}{100}$
$\left(\frac{100S+Sa+5000+50a}{100}\right)\times\frac{25}{100}=S\times\frac{b}{100}$
$\frac{100S+Sa+5000+50a}{400}=S\times\frac{b}{100}=\frac{4bS}{400}$
$100S+Sa+5000+50a=4bS$
$100S+Sa-4bS=50a-5000$
$(100+a-4b)S=50a-5000$
$S=\frac{50a-5000}{100+a-4b}$

채점근거

딸기의 정가와 판매가를 모두 옳게 구하고 할인 받은 금액을 S를 사용하여 바르게 나타냈지만 해결 과정 중 계산의 실수로 옳지 못한 답을 구하였다.

즉, 문제를 바르게 이해하고 논리적으로 해결하려 하였으나 해결 과정에서 계산 오류로 옳지 않은 답을 서술한 경우이다.

1점

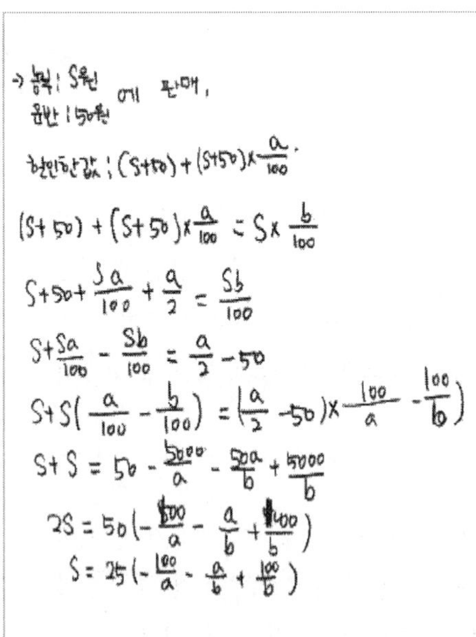
→ 농부: S원 에 판매,
운반: 50원
할인한 값: $(S+50)+(S+50)\times\frac{a}{100}$
$(S+50)+(S+50)\times\frac{a}{100}=S\times\frac{b}{100}$
$S+50+\frac{Sa}{100}+\frac{a}{2}=\frac{Sb}{100}$
$S+\frac{Sa}{100}-\frac{Sb}{100}=\frac{a}{2}-50$
$S+S\left(\frac{a}{100}-\frac{b}{100}\right)=\left(\frac{a}{2}-50\right)\times\left(\frac{100}{a}-\frac{100}{b}\right)$
$S+S=50-\frac{5000}{a}-\frac{50a}{b}+\frac{5000}{b}$
$2S=50\left(-\frac{100}{a}-\frac{a}{b}+\frac{100}{b}\right)$
$S=25\left(-\frac{100}{a}-\frac{a}{b}+\frac{100}{b}\right)$

채점근거

딸기의 판매가는 옳게 구하였으나 그 외의 나머지 과정은 옳지 않게 해결하였다.

즉, 문제에서 제공하는 정보를 일부는 옳지 않게 이해하여 옳지 않은 식을 세워 해결하였으나 딸기 판매 금액은 옳게 서술한 경우이다.

연립방정식

문 제 상 중 하

정아와 원정이는 놀이공원에 놀러갔다. 두 사람이 탄 놀이기구는 다음과 같고 총 비용이 14,000원이었다. 각각 놀이기구의 사용금액을 구하고 그 과정을 자세히 서술하시오.
(단, 각 놀이기구의 가격은 천원 단위이며, 무료는 없다. 렛츠 트위스트 놀이기구의 사용금액이 더 비싸다.)

놀이기구	렛츠 트위스트	콜럼버스 대탐험
정아	탔음	탔음
원정	탔음	타지 않았음

〈렛츠 트위스트〉

〈콜럼버스 대탐험〉

핵심개념 미지수가 2개인 일차방정식과 그 해

해 설 미지수가 2개인 일차방정식을 세우고 각 미지수의 값을 예측하여 해결할 수 있는지 평가하는 문항이다.

선생님 TIP

단위에 따라 미지수를 잡거나 연립방정식을 세울 때 주의해야 하며 해를 해석할 때에도 이 점에 유의하여 답을 서술해야 합니다. 학생들이 이러한 부분에서 오류를 많이 범합니다.

풀 이

정아와 원정이가 모두 탄 놀이기구인 렛츠 트위스트의 가격을 x원, 정아 혼자 탄 놀이기구인 콜럼버스 대탐험의 가격을 y원이라 두자.

두 사람이 놀이기구를 타는데 사용한 금액이 14,000원이므로 미지수가 2개인 일차 방정식은 $2x+y=14000$이다.

x	3000	4000	5000	6000	7000
y	8000	6000	4000	2000	0

따라서 놀이기구의 사용금액은 천원단위이고 렛츠 트위스트의 가격이 더 비싸므로, 렛츠 트위스트와 콜럼버스 대탐험의 가격은 (5,000원, 4,000원), (6,000원, 2,000원)이다.

채점기준

채점기준	세부기준	점수
• 문제에서 제공하는 정보를 바르게 이해하고 문제가 요구하는 핵심개념을 이용하여 문제를 옳게 해결하며, 그 과정에서 논리적인 근거를 충분히 제시하여 풀이과정과 표현을 옳게 서술했다.	• 놀이기구 렛츠 트위스트와 콜럼버스 대탐험의 가격을 x원, y원이라 두고 방정식 $2x+y=14000$을 세운 후 대응표를 이용하여 $x=5000$, $y=4000$ $x=6000$, $y=2000$을 옳게 구했다.	4
• 문제에서 제공하는 정보를 바르게 이해하고 문제가 요구하는 핵심개념을 이용하여 문제를 옳게 해결하며, 그 과정에서 논리적인 근거를 충분히 제시하였으나 표현에 있어 오류가 있거나 미흡하게 서술했다.	• 방정식을 세우지 않고 곧바로 대응표를 이용하여 해를 구했다. • 방정식 $2x+y=14000$을 세우고 해결 과정이 바르지만 두 가지 해 중 한 가지만 구했다.	3
• 문제에서 제공하는 정보를 바르게 이해하고 활용하지 못하였지만 핵심개념을 이용하여 논리적으로 문제를 해결하며, 표현을 올바르게 서술했다.	• 방정식 $2x+y=14000$을 세웠지만 $x=4000$, $y=5000$ 혹은 $x=2000$, $y=6000$과 같이 콜럼버스 대탐험의 가격이 더 비싼 경우를 해로 서술했다. • 방정식을 옳게 세우고 답이 부분적으로 옳지만, 해결 과정을 서술하지 않았다.	2
• 문제에서 제공하는 정보를 바르게 이해하였으나 문제를 해결하는 과정이 생략되어 있어 논리적 근거나 표현이 생략되었다.	• 방정식을 세우지는 못하였지만 $x=5000$, $y=4000$ 혹은 $x=6000$, $y=2000$을 옳게 구했다. • 방정식 $2x+y=14000$을 옳게 세웠다.	1
• 무응답 또는 오답을 썼다.	• 무응답 또는 오답을 썼다.	0

채점예시

4점

x: 렛츠 트위스트 y: 콜럼버스 대탐험

$$\begin{cases} 2x + y = 14000 \\ x > y \end{cases}$$

x	1000	2000	3000	4000	5000	6000
y	12000	10000	8000	6000	4000	2000
	×	×	×	×		

$x = 5000$ 또는 6000
$y = 4000$ 또는 2000

∴ 렛츠 트위스트가 5000원일때 콜럼버스 대탐험이 4000원,
렛츠 트위스트가 6000원일때 콜럼버스 대탐험이 2000원이다

채점근거

구하고자 하는 것을 미지수로 놓고 각각의 경우를 확인하며 문제를 옳게 해결하였으며 답을 문제 상황에 맞게 해석하여 표현하였다.

즉, 문제를 바르게 이해하고 해결 과정에서 논리적으로 해결하였으며 구하고자 하는 것을 명확하게 표현하여 서술한 경우이다.

3점

$14000 \div 2 = 7000$

우선

정아	원정
7000원	7000원

그런데 콜럼버스 대탐험은 정아는 탔고 원정이는 타지 않았다

렛츠 트위스트 (정아 & 원정)	콜럼버스 대탐험 (정아 만)
6000 원 (6000×2) 12000	2000 원
5000 원 (5000×2) 10000	4000 원

∴ 더 이상은 렛츠트위스트의 가격보다 콜럼버스 대탐험의 가격이 더 비싸기 때문에 안된다.

채점근거

구하고자 하는 것이 무엇인지 이해하고 해결하였으나 방정식을 세우지 않고 곧바로 추론을 사용하여 문제를 해결하였다.

즉, 문제를 바르게 이해하였으나 수학적으로 표현하는 것이 미흡하다. 그러나 해결 과정이 옳고 논리적인 해결 과정을 표현하여 서술한 경우이다.

채점예시

2점

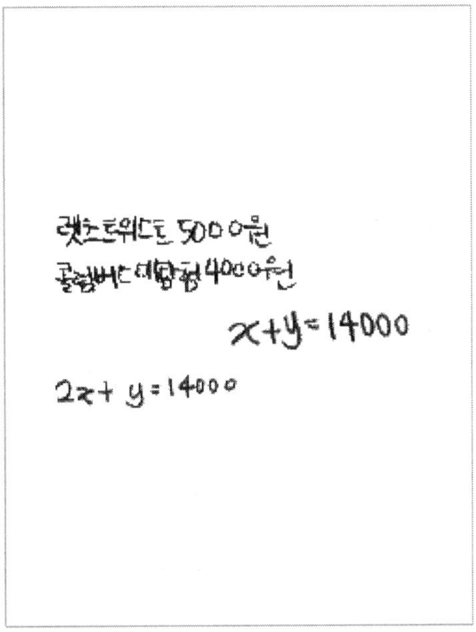

채점근거

구하고자 하는 것의 일부분만 구하고 그 과정에서 필요한 방정식을 세웠으나 해결 과정을 서술하지 않았다.

즉, 문제를 부분적으로 이해하여 해결하였으며 그 과정도 생략이 있게 서술된 경우이다.

1점

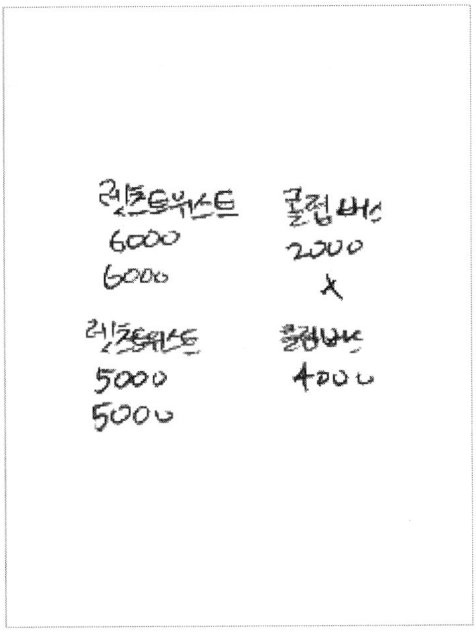

채점근거

구하고자 하는 것을 추론을 통해 해결하여 그 과정을 서술하지 않았다.

즉, 학생이 어떤 수학적 사고의 과정을 거쳐 해결하였는지 판단할 수 없지만 일부 옳은 답을 구한 경우이다.

연립방정식

문 제 (상 중 하)

연립일차방정식 $\begin{cases} 4ax-2by=12 \\ ab(2x-5y)=24 \end{cases}$의 해가 $x=1$, $y=-2$일 때, a^2+b^2을 구하시오.
(이때, a, b는 자연수이다.)

핵심개념 미지수가 2개인 연립일차방정식과 그 해

해 설 미지수가 2개인 연립일차방정식의 해의 의미를 이해하고 곱셈공식의 변형식을 이용할 수 있는지 평가하는 문항이다.

선생님 TIP

학생들은 곱셈공식의 변형식을 이미 학습하였지만 망각하여 $a^2+b^2=(a+b)^2$으로 해결하려 하는 경우가 있습니다. 연립일차방정식과 식의 계산 단원에서 학습한 내용을 연결하여 묻는 문항으로 하나의 문제로 여러 개념에 대한 학습 정도를 평가할 수 있습니다.

풀이 1 $\begin{cases} 4ax-2by=12 \\ ab(2x-5y)=24 \end{cases}$의 해가 $x=1$, $y=-2$이므로 연립방정식에 대입하면,
$4a+4b=12$, $12ab=24$이므로 $a+b=3$, $ab=2$이다. 따라서
$a^2+b^2=(a+b)^2-2ab=9-4=5$이다.

풀이 2 $\begin{cases} 4ax-2by=12 \\ ab(2x-5y)=24 \end{cases}$의 해가 $x=1$, $y=-2$이므로 연립방정식에 대입하면,

$$4a+4b=12,\ 12ab=24$$

이므로 $a+b=3$, $ab=2$이다. 따라서 $a+b=3$, $ab=2$를 만족하는 a, b는 $a=1$,

$b=2$(또는 $a=2,\ b=1$)이므로

$$a^2+b^2=1+4\ (\text{또는 } 4+1)=5$$

이다.

채점기준

채점기준	세부기준	점수
• 문제에서 제공하는 정보를 바르게 이해하고 문제가 요구하는 핵심개념을 이용하여 문제를 옳게 해결하며, 그 과정에서 논리적인 근거를 충분히 제시하여 풀이과정과 표현을 옳게 서술했다.	• 연립방정식에 해인 $x=1,\ y=-2$를 대입하여 $a+b=3,\ ab=2$를 구하고 $a^2+b^2=(a+b)^2-2ab=9-4=5$를 옳게 구했다. • $a=1,\ b=2\ (a=2,\ b=1)$를 구하여 $a^2+b^2=5$임을 옳게 구했다.	4
• 문제에서 제공하는 정보를 바르게 이해하고 문제가 요구하는 핵심개념을 이용하여 문제를 옳게 해결하며, 그 과정에서 논리적인 근거를 충분히 제시하여 올바른 풀이과정을 거쳤으나 마지막 계산에서 사소한 실수를 했다. • 모두 옳으나 표현을 미흡하게 서술했다.	• 모든 과정이 옳지만 $a^2+b^2=(a+b)^2-2ab=9+4=13$과 같이 마지막 과정에서 계산 실수를 했다. (이와 유사한 계산 실수 또는 a, b는 옳게 구했으나 계산 실수를 했다.) • 모든 과정이 옳으나 표현이 미흡하다.	3
• 문제에서 제공하는 정보를 바르게 이해하고 문제가 요구하는 핵심개념을 이용하여 논리적으로 해결하려 하였으나 풀이과정에서 오류가 있다.	• 마지막 과정에서 $a^2+b^2=(a+b)^2+2ab$와 같이 옳지 않은 변형식을 사용하여 해결했다. (혹은 a, b를 옳지 않게 구했다.)	2
• 문제에서 제공하는 정보를 바르게 이해하고 풀이과정의 오류가 많고 표현이 생략되게 서술했다. • 답만 썼다.	• 연립방정식에 해인 $x=1,\ y=-2$를 대입하여 $a+b=3,\ ab=2$까지만 구하고 그 이후는 서술하지 않거나 옳지 않다. • 답만 썼다.	1
• 무응답 또는 오답을 썼다.	• 무응답 또는 오답을 썼다.	0

채점예시

4점

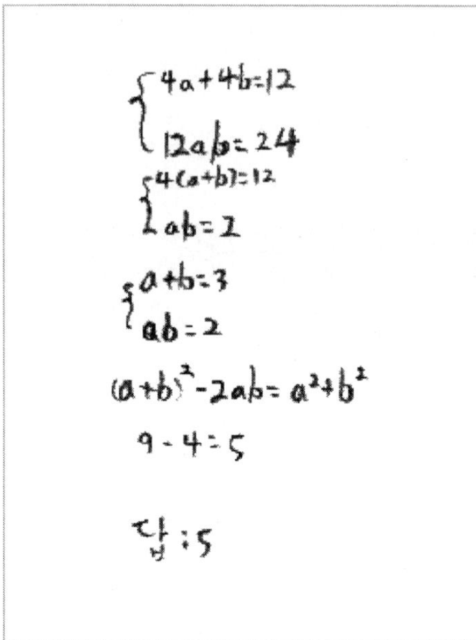
$$\begin{cases}4a+4b=12\\ 12ab=24\end{cases}$$
$$\begin{cases}4(a+b)=12\\ ab=2\end{cases}$$
$$\begin{cases}a+b=3\\ ab=2\end{cases}$$
$(a+b)^2-2ab=a^2+b^2$

$9-4=5$

답 : 5

채점근거

연립방정식의 해를 대입하여 미지수 a, b에 대한 정보를 옳게 구하고 곱셈공식의 변형식을 사용하여 문제에서 구하고자 하는 것을 옳게 구하였다.

즉, 문제를 바르게 이해하고 핵심개념을 사용하여 논리적으로 바르게 해결한 경우이다.

3점

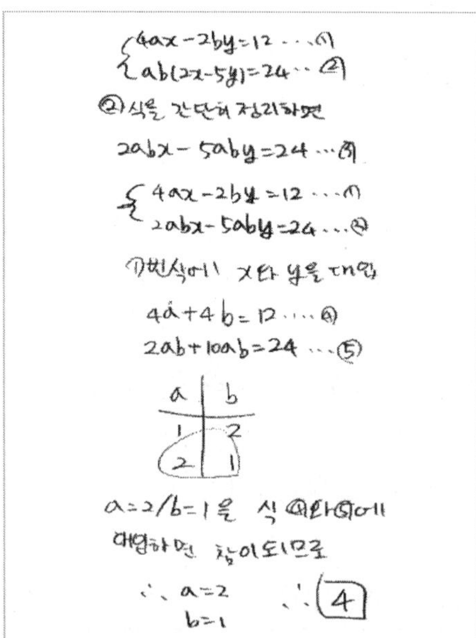
$$\begin{cases}4ax-2by=12 \cdots ①\\ ab(2x-5y)=24 \cdots ②\end{cases}$$
②식을 간단히 정리하면

$2abx-5aby=24 \cdots ③$
$$\begin{cases}4ax-2by=12 \cdots ①\\ 2abx-5aby=24 \cdots ③\end{cases}$$
①번식에 x와 y를 대입

$4a+4b=12 \cdots ④$

$2ab+10ab=24 \cdots ⑤$

a	b
1	2
2	1

a=2/b=1을 식 ④와⑤에 대입하면 참이되므로

∴ a=2, b=1　∴ 4

채점근거

연립방정식의 해를 대입하여 미지수 a, b를 옳게 구하였으나 구하고자 하는 것을 계산하는 과정에서 계산 실수로 옳지 않은 답을 구하였다.

즉, 문제를 바르게 이해하고 논리적으로 해결하였으나 해결 과정 중 실수로 옳지 않은 답을 서술한 경우이다.

채점예시

2점

$4a+4b=12 \rightarrow a+b=3$

$ab(2+10)=24$

$2ab+10ab=24$

$\begin{cases} a+b=3 \\ ab+5ab=12 \end{cases}$

$(a+b)^2$

$=a^2+2ab+b^2$

$\therefore 9$

채점근거

연립방정식의 해를 옳게 대입하여 a, b에 대한 정보를 바르게 구하였으나 곱셈공식과 구하고자 하는 것을 혼동하여 옳지 않은 답을 구하였다.

즉, 문제를 바르게 이해하고 해결하였으나 그 과정에서 이전 학습 내용의 혼동으로 옳지 않은 답을 서술한 경우이다.

1점

이 연립방정식에 $x=1$, $y=-2$를 대입하면

$\begin{cases} 4a+4b=12 \\ 2ab+10ab=24 \end{cases}$

채점근거

연립방정식의 해를 a, b에 대한 식에 대입하여 간단히 나타내기만 하였다.

즉, 문제해결을 시도하고 a, b에 대한 정보를 얻었으나 더 이상 해결을 하지 않은 경우이다.

연립방정식의 풀이와 활용

문제 상 중 하

연립일차방정식 $\begin{cases} 1.6x-2(x-3y)=8 \\ \dfrac{5x-3}{2}+7y=-7 \end{cases}$ 의 해와 $\begin{cases} 2ax+3by=-6 \\ -ax-5by=-25 \end{cases}$ 의 해가 일치한다.

이때 $\dfrac{a}{b}$를 구하고 그 과정을 서술하시오.

핵심개념 연립방정식의 풀이

해 설 계수가 소수나 분수인 미지수가 2개인 두 연립일차방정식의 해가 일치하는 경우 해를 구할 수 있는지 평가하는 문항이다.

선생님 TIP

두 쌍의 연립방정식의 해가 일치한다는 것은 네 개의 방정식의 해가 모두 같다는 것임을 이해하며 새로운 미지수 a, b에 대한 연립방정식을 해결하여 미지수가 달라질 때 연립방정식을 바르게 해결할 수 있는지 평가할 수 있습니다.

풀 이 $\begin{cases} 1.6x-2(x-3y)=8 \\ \dfrac{5x-3}{2}+7y=-7 \end{cases}$ 에서 $1.6x-2(x-3y)=8$의 양변에 5를 곱하여 정리하면 (또는 10을 곱하여 정리해도 됨) $-x+15y=20$이고, $\dfrac{5x-3}{2}+7y=-7$의 양변에 2를 곱하여 정리하면 $5x+14y=-11$이다.

따라서 연립일차방정식 $\begin{cases} -x+15y=20 \\ 5x+14y=-11 \end{cases}$ 을 풀면 된다.

그러므로 $\begin{cases} 1.6x-2(x-3y)=8 \\ \dfrac{5x-3}{2}+7y=-7 \end{cases}$ 의 해는 $x=-5,\ y=1$이다.

문제에서 주어진 두 연립일차방정식의 해가 같으므로 $x=-5,\ y=1$을 $\begin{cases} 2ax+3by=-6 \\ -ax-5by=-25 \end{cases}$ 에 대입하면 $\begin{cases} -10a+3b=-6 \\ 5a-5b=-25 \end{cases}$ 이다. 따라서 a, b에 대한 연립일차방정식 $\begin{cases} -10a+3b=-6 \\ 5a-5b=-25 \end{cases}$ 를 풀면 된다. 그러므로 $a=3,\ b=8$이고 $\dfrac{a}{b}=\dfrac{3}{8}$ 이다.

채점기준

채점기준	세부기준	점수
• 문제에서 제공하는 정보를 바르게 이해하고 문제가 요구하는 핵심개념을 이용하여 문제를 옳게 해결하며, 그 과정에서 논리적인 근거를 충분히 제시하여 풀이과정과 표현을 옳게 서술했다.	• $\begin{cases} 1.6x-2(x-3y)=8 \\ \dfrac{5x-3}{2}+7y=-7 \end{cases}$ 의 해 $x=-5$, $y=1$를 구하여 $\begin{cases} 2ax+3by=-6 \\ -ax-5by=-25 \end{cases}$ 에 대입한 후, a, b에 대한 연립일차방정식 $\begin{cases} -10a+3b=-6 \\ 5a-5b=-25 \end{cases}$ 을 옳게 구하여 $a=3$, $b=8$이 되고 $\dfrac{a}{b}=\dfrac{3}{8}$ 임을 옳게 해결했다.	4
• 문제에서 제공하는 정보를 바르게 이해하고 문제가 요구하는 핵심개념을 이용하여 논리적인 근거를 제시하여 해결하였으나 표현에 있어 약간 오류가 있다. • 풀이과정에 생략이 있다.	• $x=-5$, $y=1$와 $a=3$, $b=8$를 옳게 구하였지만 $\dfrac{a}{b}$를 잘못 썼다. • 해결하는 과정에 생략이 있다.	3
• 문제에서 제공하는 정보를 바르게 이해하고 문제가 요구하는 핵심개념을 이용하여 문제를 해결하려 하였으나 풀이과정에서 오류가 있어 옳지 않은 답을 구하였지만 그 오류를 제외하고 논리적으로 옳게 서술했다.	• $x=-5$, $y=1$를 옳게 구하였지만 $a=3$, $b=8$를 옳지 않게 구하여 $\dfrac{a}{b}$가 옳지 않다.	2
• 문제에서 제공하는 정보를 바르게 이해하였으나 풀이과정 처음부터 오류가 있어 옳지 않은 답을 서술했다. • 답만 구했다.	• 연립방정식을 풀었지만 x, y를 옳지 않게 구하여 그 이후가 모두 옳지 않다. • 답만 구했다.	1
• 무응답 또는 오답을 썼다.	• 무응답 또는 오답을 썼다.	0

채점예시

4점

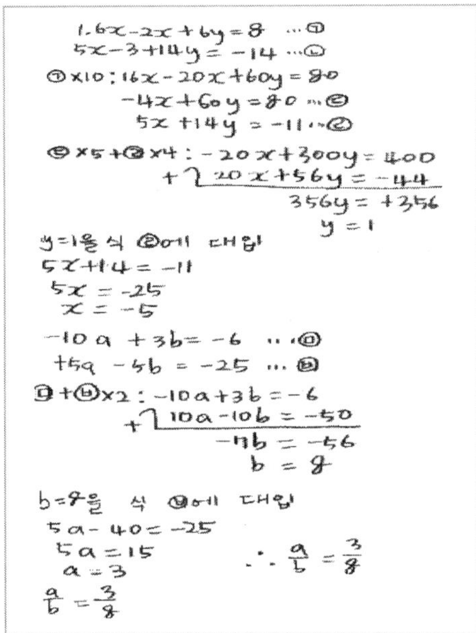

$1.6x-2x+6y=8 \cdots ①$

$5x-3+14y=-14 \cdots ②$

$①\times10: 16x-20x+60y=80$

$-4x+60y=80 \cdots ③$

$5x+14y=-11 \cdots ④$

$③\times5+④\times4: -20x+300y=400$

$+)\ 20x+56y=-44$

$356y=+356$

$y=1$

$y=1$을 식 ④에 대입

$5x+14=-11$

$5x=-25$

$x=-5$

$-10a+3b=-6 \cdots ⑤$

$+5a-5b=-25 \cdots ⑥$

$⑤+⑥\times2: -10a+3b=-6$

$+)\ 10a-10b=-50$

$-7b=-56$

$b=8$

$b=8$을 식 ⑥에 대입

$5a-40=-25$

$5a=15$

$a=3$

$\frac{a}{b}=\frac{3}{8}$ $\quad \therefore \frac{a}{b}=\frac{3}{8}$

채점근거

연립방정식의 해가 동일하다는 조건을 사용하여 미지수 a, b를 논리적으로 옳게 구했고 풀이과정에서 수학적 표현이 모두 바르다.

즉, 문제에서 제공하는 정보와 핵심개념을 사용하여 논리적으로 문제를 해결하였으며 수학적 표현도 명확하게 서술된 경우이다.

3점

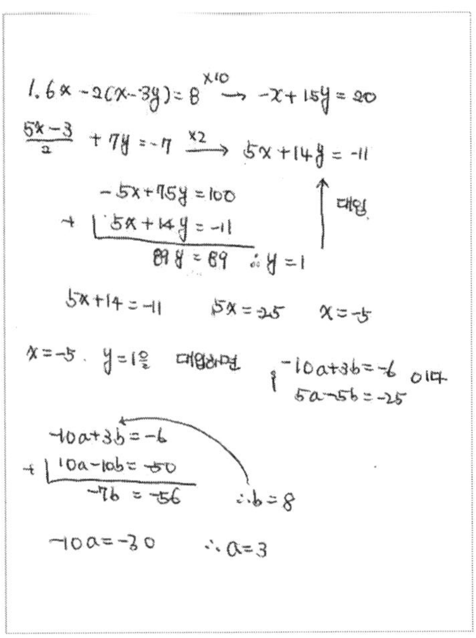

$1.6x-2(x-3y)=8 \xrightarrow{\times10} -x+15y=20$

$\frac{5x-3}{2}+7y=-7 \xrightarrow{\times2} 5x+14y=-11$

$-5x+75y=100$

$+)\ 5x+14y=-11$

$89y=89 \quad \therefore y=1$ 대입

$5x+14=-11 \quad 5x=-25 \quad x=-5$

$x=-5$, $y=1$을 대입하면 $\begin{cases}-10a+3b=-6\\5a-5b=-25\end{cases}$ 이다

$-10a+3b=-6$

$+)\ 10a-10b=-50$

$-7b=-56 \quad \therefore b=8$

$-10a=-30 \quad \therefore a=3$

채점근거

연립방정식의 해가 동일하다는 조건을 사용하여 미지수 a, b를 논리적으로 옳게 구하였으나 문제에서 최종적으로 요구하는 것을 구하지는 못하였다.

즉, 문제에서 요구하는 핵심개념을 사용하여 해결하였으나 최종적으로 구해야 할 것을 서술하지 못하였다. 그러나 그 외의 모든 과정이 명확하게 서술된 경우이다.

채점예시

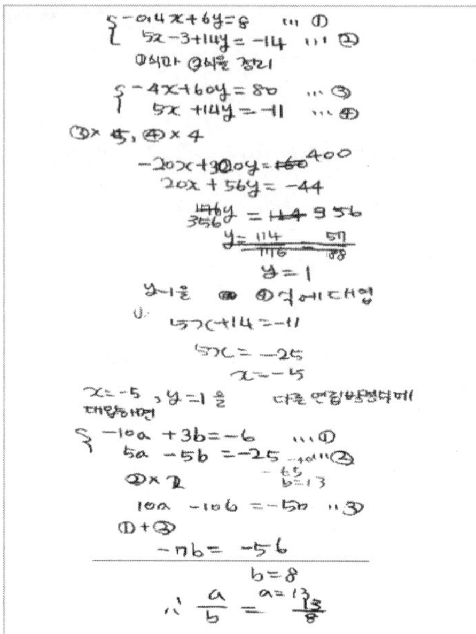

2점

채점근거

미지수 x, y에 대한 연립방정식은 바르게 풀었으나 미지수 a, b를 구하는 과정에서 계산의 실수로 옳지 않은 답을 구하였다.

즉, 문제에서 제공하는 정보를 바르게 이해하고 핵심개념을 사용하여 논리적으로 해결하려 하였으나 해결 과정 중 오류로 옳지 않게 해결한 경우이다.

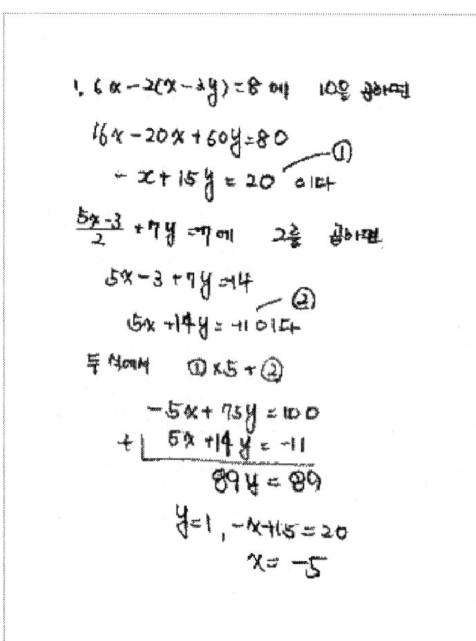

1점

채점근거

미지수 x, y에 대한 연립방정식만 옳게 해결하고 해결 과정이 모두 옳지 않다.

즉, 문제에서 제공하는 정보와 핵심개념을 적절히 사용하지 못하였으나 문제의 일부분은 해결한 경우이다.

연립방정식의 풀이와 활용

문 제 상 중 하

지우는 신상품으로 출시될 노트북을 사려고 용돈을 모았다. 그런데 사고 싶은 노트북의 가격이 지우가 모은 돈의 1.5배보다 20만원 부족해서 살 수 없었다. 그래서 지우는 노트북의 가격이 떨어질 때까지 모아놓은 돈을 6개월간 예금하면 예금액에 대해 5%의 이자를 지급하는 정기예금에 저금하였다. 6개월 후에 노트북 가격은 신상품일 때보다 25만원 떨어지기 때문에 저금한 돈과 가격이 내려간 노트북의 가격이 같아져서 노트북을 살 수 있다.

지우가 원래 가지고 있던 돈과 신상품일 때 노트북의 가격을 구하고 그 과정을 서술하시오.

핵심개념 연립방정식의 활용

해 설 문제에서 제공하는 정보를 바르게 이해하여 미지수가 두 개인 두 연립일차방정식을 활용하여 해결할 수 있는지 평가하는 문항이다.

선생님 TIP

문제 상황에서 학생들 스스로 미지수를 선정하여 연립방정식을 세우고 풀 수 있다면 학생들이 연립방정식의 실용성을 느낄 수 있을 것으로 판단됩니다.

풀 이 원래 가지고 있던 돈을 x, 신상품일 때 노트북의 가격을 y라 하자.

신상품일 때 노트북 가격이 원래 가지고 있던 돈의 1.5배보다 20만원 부족하기 때문에 $y=1.5x-200000$이다.

그리고 노트북을 사기 위해 가지고 있던 돈을 저금하면 $x+x\times0.05$로 늘어나고 노트북의 가격은 25만원이 떨어지기 때문에 $y-250000$가 된다. 이때 노트북을 살 수 있으므로 $x+x\times0.05=y-250000$이다.

따라서 연립일차방정식 $\begin{cases} y=1.5x-200000 \\ x+x\times0.05=y-250000 \end{cases}$이 된다.

대입법으로 풀면 $1.05x=1.5x-450000 \rightarrow 0.45x=450000 \rightarrow x=1000000$, $y=1300000$이다.

그러므로 지우가 원래 가지고 있던 돈은 1000000(100만원), 신상품일 때 노트북은 1300000(130만원)이다.

채점기준

채점기준	세부기준	점수
• 문제에서 제공하는 정보를 바르게 이해하고 문제가 요구하는 핵심개념을 이용하여 옳게 문제를 해결하며, 그 과정에서 논리적인 근거를 충분히 제시하여 풀이과정과 표현을 옳게 서술했다.	• 원래 가지고 있던 돈을 x, 신상품일 때 노트북의 가격을 y라 두고 연립일차방정식 $\begin{cases} y=1.5x-200000 \\ x+x\times 0.05=y-250000 \end{cases}$ 을 옳게 세우고 올바른 해결 과정을 통해 $x=1000000$, $y=1300000$를 구한 후 상황에 맞게 지우가 원래 가지고 있던 돈은 1000000(100만원), 신상품일 때 노트북은 1300000(130만원)이라고 서술했다.	4
• 문제에서 제공하는 정보를 바르게 이해하고 문제가 요구하는 핵심개념을 이용하여 옳게 문제를 해결하며, 그 과정에서 논리적인 근거를 충분히 제시하여 풀이과정은 옳지만 표현(상황에 맞게 답을 해석하지 못한)이 부족했다.	• 연립방정식을 옳게 세우고 풀이도 옳게 하여 $x=1000000$, $y=1300000$를 구하였지만 답을 문제 상황에 맞게 해석하지 않았다.	3
• 문제에서 제공하는 정보를 바르게 이해하고 문제가 요구하는 핵심개념을 이용하여 올바른 근거와 표현을 제시하였으나 풀이과정에서 오류가 있어 옳지 않은 답을 썼다.	• 연립방정식을 옳게 세웠지만 풀이과정에서 오류가 있어 답은 옳지 않지만 그 외의 과정은 논리적으로 올바르며 해를 문제 상황에 맞게 해석했다.	2
• 문제에서 제공하는 정보를 바르게 이해하였으나 풀이과정에서 처음부터 옳지 않은 표현과 과정의 오류가 있게 서술했다.	• 두 미지수를 정하였지만 연립방정식을 옳지 않게 세워 옳지 않은 연립방정식이지만 그 해는 옳게 썼다. • 연립방정식만 옳게 세웠다.	1
• 무응답 또는 오답을 썼다.	• 무응답 또는 오답을 썼다.	0

채점예시

4점

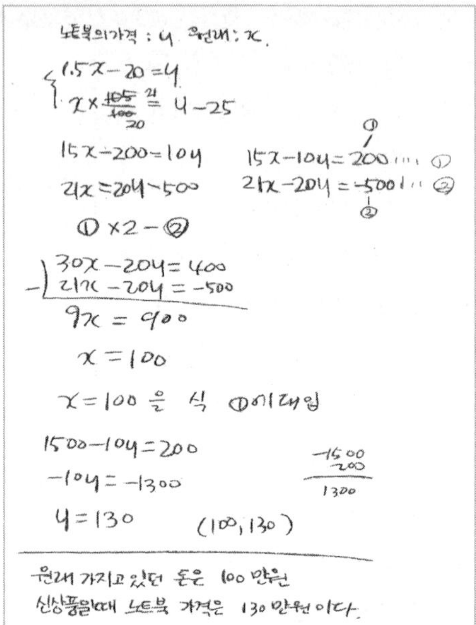
노트북의가격 : y 원래 : x.

$\begin{cases} 1.5x-20=y \\ x\times\frac{105}{100}=y-25 \end{cases}$

$15x-200=10y$ $\quad$ $15x-10y=200 \cdots ①$

$21x=20y-500$ $\quad$ $21x-20y=-500 \cdots ②$

①×2−②

$30x-20y=400$

$-)\ 21x-20y=-500$

$9x=900$

$x=100$

$x=100$을 식 ①에 대입

$1500-10y=200$

$-10y=-1300$

$y=130$ $\quad$ $(100, 130)$

원래 가지고 있던 돈은 100만원

신상품일때 노트북 가격은 130만원이다.

채점근거

노트북 가격과 원래 가격을 미지수로 두고 문항에서 제공하는 정보에 맞게 연립방정식을 세우고 해결하였으며 그 해를 다시 상황에 맞게 해석할 수 있다.

즉, 문제에서 주어진 정보를 사용하여 연립방정식을 세우고 논리적으로 옳게 해결하였으며 계산된 해를 다시 문제 상황에 맞게 해석하여 서술한 경우이다.

3점

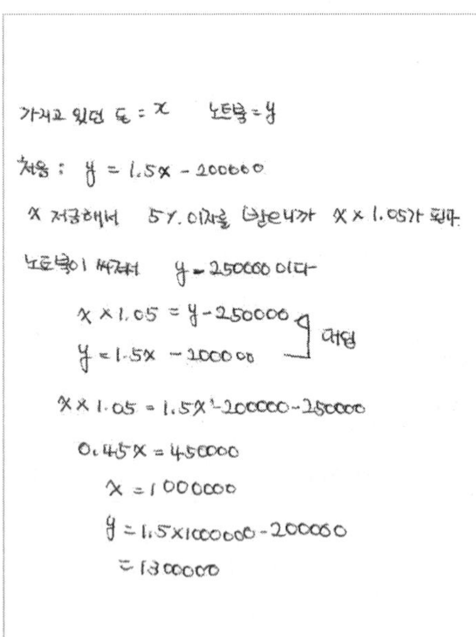
가지고 있던 돈 = x $\quad$ 노트북 = y

처음 : $y=1.5x-200000$

x 저금해서 5% 이자를 받으니까 $x\times1.05$가 되고

노트북이 싸져서 $y-250000$이다

$x\times1.05=y-250000$ } 대입

$y=1.5x-200000$

$x\times1.05=1.5x-200000-250000$

$0.45x=450000$

$x=1000000$

$y=1.5\times1000000-200000$

$=1300000$

채점근거

문제 상황에 맞게 미지수를 결정하고 연립방정식을 옳게 세워 해를 구하였으나 구한 해를 다시 문제 상황에 맞게 해석하지 않아 구하고자 하는 것과 의미가 맞지 않는다.

즉, 문제를 이해하고 핵심 개념을 사용하여 해결하였으나 구한 해를 문제 상황에 맞게 해석하지 않아 문항에서 요구하는 것과 괴리가 있는 경우이다.

채점예시

2점

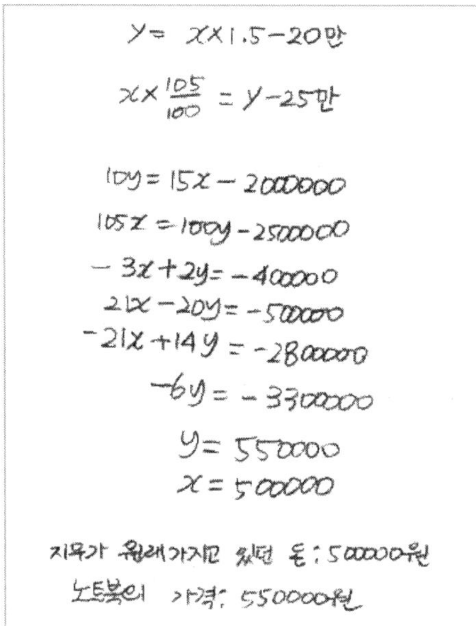

$y = x \times 1.5 - 20$만

$x \times \frac{105}{100} = y - 25$만

$10y = 15x - 2000000$

$105x = 100y - 2500000$

$-3x + 2y = -400000$

$21x - 20y = -500000$

$-21x + 14y = -2800000$

$-6y = -3300000$

$y = 550000$

$x = 500000$

지유가 원래가지고 있던 돈 : 500000원

노트북의 가격 : 550000원

채점근거

구하고자 하는 것들을 미지수로 정하여 연립방정식을 옳게 세웠으나 해결 과정에서 계산의 오류로 옳지 않은 해를 구하였다.

즉, 문제를 바르게 이해하여 연립방정식을 옳게 세웠으나 해결 과정 중 계산이 틀려 옳지 않은 해를 구한 경우이다.

1점

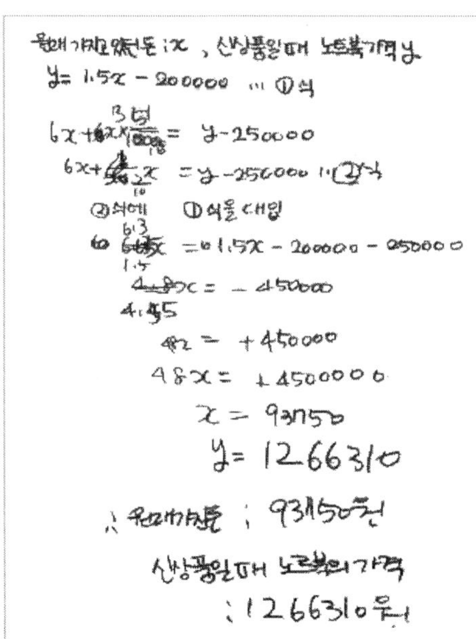

원래 가지고 있던 돈 : x, 신상품일 때 노트북 가격 y

$y = 1.5x - 200000$ … ①식

$6x + [illegible] = y - 250000$

$6x + [illegible] = y - 250000$ … ②식

②식에 ①식을 대입

$[illegible] = 1.5x - 200000 - 250000$

$[illegible] = -450000$

$[illegible] = +450000$

$48x = +4500000$

$x = 93750$

$y = 1266310$

∴ 원래가진돈 ; 93750원

신상품일때 노트북의 가격 : 1266310원

채점근거

구해야 할 것들을 미지수로 옳게 정하고 연립방정식을 세웠으나 그 연립방정식이 옳지 못하였다. 그러나 그 옳지 않은 연립방정식을 해결하여 마무리 하였다.

즉, 문제를 이해하고 해결하려 하였으나 연립방정식을 잘못 세워 옳지 않은 답을 구한 경우이다.

연립방정식의 풀이와 활용

문 제

상 중 하

태호는 정아의 생일을 알고 싶어서 정아에게 몇 가지 질문을 하고 난 다음 정아의 생일을 알아내었다.
태호가 정아의 생일을 어떻게 찾았는지 그 과정을 서술하시오.

: 정아야! 너가 태어난 달에 5를 곱하고 7을 더해봐.

: 알았어.

: 그 다음에 20을 곱하고 생일의 날짜를 더해볼래? 그럼 얼마가 나오니?

: 음... 950이 나오네!

: 그리고 생일의 달과 날짜를 더하면 얼마니?

: 음... 18이야.

: 아하! 정아 너 생일이 8월 10일이지?

: 어떻게 알았어? 정말 신기하다!

핵심개념 연립방정식의 활용

해 설 미지수가 두 개인 두 연립일차방정식의 활용문제를 이해하고 해결할 수 있는지 평가하는 문항이다.

선생님 TIP

연립방정식으로 해결할 수 있는 문제 상황을 학생들 스스로 구성해 보도록 변형하여 열린 문제로 학생들의 다양한 수학적 사고를 자극할 수 있습니다.

풀 이 정아의 생일을 x월 y일이라 두자.(이때 문자는 다른 문자를 선택해도 무방함)

태호의 말대로 정아 생일의 달과 날짜를 식으로 표현하면 미지수가 두 개인 연립일차방정식

$$\begin{cases} 20\times(5x+7)+y=950 \\ x+y=18 \end{cases}$$

이 된다.

$\begin{cases} 20\times(5x+7)+y=950 \\ x+y=18 \end{cases} \Rightarrow \begin{cases} 100x+y=810 \\ x+y=18 \end{cases} \Rightarrow$ 가감법이나 대입법을 이용하여 연립일차방정식을 풀면, $x=8,\ y=10$이 된다.

따라서 정아의 생일은 8월 10일이다.

채점기준

채점기준	세부기준	점수
• 문제에서 제공하는 정보를 바르게 이해하고 문제가 요구하는 핵심개념을 이용하여 문제를 옳게 해결하며, 그 과정에서 논리적인 근거를 충분히 제시하여 풀이과정과 표현을 옳게 서술했다.	• 정아의 생일을 x월 y일이라 두고 연립일차방정식 $\begin{cases} 20\times(5x+7)+y=950 \\ x+y=18 \end{cases}$ 을 옳게 표현하고 옳은 $x=8$, $y=10$를 구하여 상황에 맞게 답했다.	4
• 문제에서 제공하는 정보를 바르게 이해하고 문제가 요구하는 핵심개념을 이용하여 문제를 옳게 해결하며, 그 과정에서 논리적인 근거를 충분히 제시하였으나 표현을 미흡(풀이 과정의 생략이나 상황에 맞지 않게 해석)하게 서술했다.	• 연립일차방정식 $\begin{cases} 20\times(5x+7)+y=950 \\ x+y=18 \end{cases}$ 을 옳게 세우고 해 $x=8$, $y=10$를 옳게 구하였지만 상황에 맞지 않게 답을 했다. • 해를 구하는 과정이 약간 생략되어 있다.	3
• 문제에서 제공하는 정보를 바르게 이해하고 문제가 요구하는 핵심개념을 이용하여 해결하려 하였으나 풀이 과정에서 오류가 있게 서술했다.	• 연립일차방정식을 옳게 세웠지만 해를 옳지 않게 구했다. • 연립방정식만 옳게 세우고 다른 과정은 없다.	2
• 문제에서 제공하는 정보를 바르게 이해하여 해결하려 하였으나 풀이과정과 표현이 옳지 않으며 논리적 근거도 없이 서술했다.	• 연립일차방정식을 세우려고 하였으나 $20\times 5x+7+y=950$과 같은 옳지 않은 표현을 하여 모두 옳지 않게 해결했다. (그러나 이 경우 문제는 이해한 것으로 봄.)	1
• 무응답 또는 오답을 썼다.	• 무응답 또는 오답을 썼다.	0

채점예시

4점

[태어난 달 : x, 태어난 날짜 : y]

$$\begin{cases} (5x+7)\times 20 + y = 950 & \cdots ㉠ \\ x + y = 18 & \cdots ㉡ \end{cases}$$

$100x + 140 + y = 950$

$100x + y = 810 \cdots ㉠$

$-\ \ x + y = 18 \cdots ㉡$

$99x = 792$

$\therefore x = 8$

$x=8$을 식㉠에 대입

$8 + y = 18$

$\therefore y = 10$

∴ 정아의 생일 : 8월 10일

채점근거

학생들의 대화에서 원리를 찾기 위해 미지수를 정하여 연립방정식을 옳게 세우고 해결하여 학생들 대화의 원리를 찾아내었다.

즉, 문제를 바르게 이해하여 핵심개념을 사용하여 문제에서 제공하는 정보의 원리를 파악하고 그 과정을 옳게 서술한 경우이다.

3점

정아가 태어난 달을 x 태어난 날짜를 y라고 했을때
처음 질문은 $5x+7$ 두번째 질문은
$5x+7$에 20을 곱하고 y를 더하는 것이다.
$100x+140+y=950$ 이 된다.
3번째 질문은 $x+y=18$
$100x+140+y=950$을 이항해서 풀면
$100x-y=810$ 이다. $100x-y=810$, $x+y=18$
밑의 식에 100을 곱하면 $100x+100y=1800$
가감법으로 풀어주면 $100x-y=810$, $100x+100y=1800$, $-99y=-990$
$y=10$
$x+y=18$에 $y=10$을 대입하면
x는 8이 된다
$x=8$, $y=10$

채점근거

학생들의 대화의 원리를 찾기 위해 미지수를 옳게 정하여 연립방정식을 세워 바르게 해결하였으나 그 해가 무엇을 의미하는지 표현하지 않았다.

즉, 문제를 바르게 이해하여 핵심개념을 사용하여 해결하였으나 최종적으로 구한 것의 의미를 표현하지 않아 표현이 미흡한 경우이다.

채점예시

2점

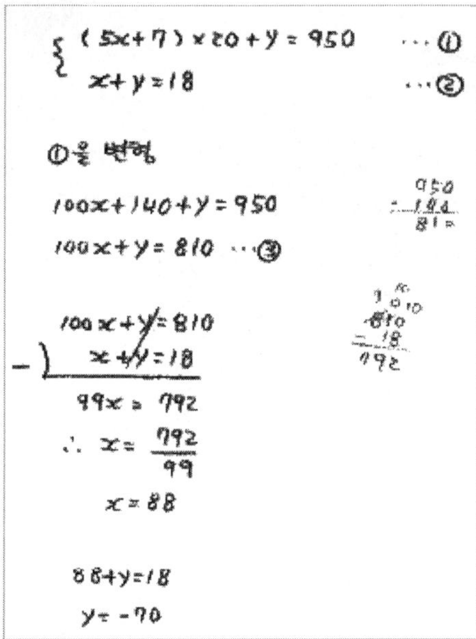

$$\begin{cases} (5x+7)\times 20+y=950 & \cdots ① \\ x+y=18 & \cdots ② \end{cases}$$

①을 변형

$100x+140+y=950$

$100x+y=810 \cdots ③$

$100x+y=810$

$-)\ x+y=18$

$99x=792$

$\therefore x=\frac{792}{99}$

$x=88$

$88+y=18$

$y=-70$

채점근거

두 학생의 대화의 원리를 찾기 위해 미지수를 바르게 정하고 옳게 연립방정식을 세웠으나 풀이에서 오류가 있어 옳지 않은 답을 구하였다.

즉, 문제를 바르게 이해하여 옳게 연립방정식을 세웠으나 해결 과정에서 계산의 오류로 옳지 않은 답을 서술한 경우이다.

1점

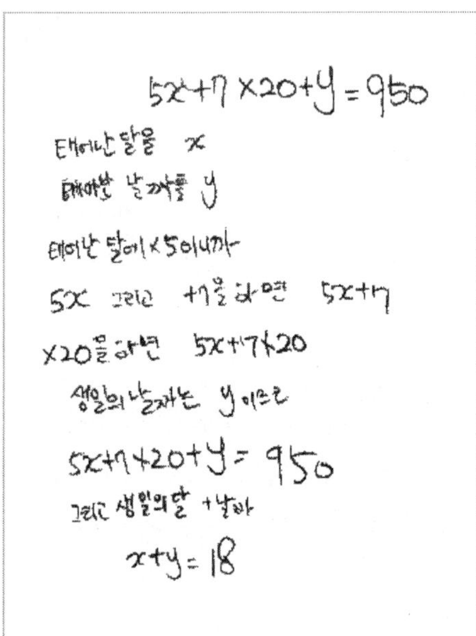

$5x+7\times 20+y=950$

태어난 달을 x

태어난 날짜를 y

태어난 달에$\times 5$이니까

$5x$ 그리고 $+7$을 하면 $5x+7$

$\times 20$을 하면 $5x+7\times 20$

생일의 날짜는 y이므로

$5x+7\times 20+y=950$

그리고 생일의 달 +날하

$x+y=18$

채점근거

미지수를 옳게 정하였으나 연립방정식을 바르지 않게 세워 해결하지 못하였다.

즉, 문제를 해결하려는 시도를 하였고 일부분 이해를 하여 방정식으로 표현하였으나 더 해결하지 못한 경우이다.

부등식

문 제 ㊤ ❸ ㊦

18세 이상 남자 태권도 종목의 몸무게에 따른 체급이다.

구 분	남 자
54 kg 이하	54 kg 이하
58 kg 이하	54 kg < 몸무게 ≤ 58 kg
63 kg 이하	58 kg < 몸무게 ≤ 63 kg
68 kg 이하	63 kg < 몸무게 ≤ 68 kg
74 kg 이하	68 kg < 몸무게 ≤ 74 kg
80 kg 이하	74 kg < 몸무게 ≤ 80 kg
87 kg 이하	80 kg < 몸무게 ≤ 87 kg
87 kg 초과	87 kg 초과

지훈이는 현재 71 kg이다. 가벼운 순서대로 네 번째 종목에 참가하려면 몇 kg을 빼야 하는지 그 범위를 부등식을 사용해서 구하고 그 과정을 서술하시오.

핵심개념 부등식의 성질

해 설 실생활 맥락에서 부등식의 성질을 활용하여 해결할 수 있는지 평가하는 문항이다.

선생님 TIP

부등식의 성질 중 "양변에 같은 수를 빼도 부등호 방향은 바뀌지 않는다"와 "부등식의 양변에 음수로 곱하거나 나누면 부등호 방향이 바뀐다"를 실생활 맥락을 통해 이해하도록 할 수 있으며 문제의 조건을 복합적으로 수정하면 '상' 수준의 문항으로도 가능합니다.

풀 이

가벼운 순서대로 네 번째 종목은 68 kg 이하 종목으로 63 kg 초과~68 kg 이하 종목이다. 지훈이가 빼야 하는 무게를 x라 두면 감량 후 몸무게는 $(71-x)$ kg이다. 즉, $63<71-x\le 68$이고 이를 풀면 $-8>-x\ge -3$, $3\le x<8$이다. 따라서 지훈이가 빼야 할 몸무게는 3 kg 이상 8 kg 미만이다.

채점기준

채점기준	세부기준	점수
• 문제에서 제공하는 정보를 바르게 이해하고 문제가 요구하는 핵심개념을 이용하여 문제를 옳게 해결하며, 그 과정에서 논리적인 근거를 충분히 제시하여 풀이과정과 표현을 옳게 서술했다.	• 문제의 조건에 맞도록 부등식을 세우고 부등식의 성질을 사용하여 문제를 옳게 해결하여 서술했다.	4
• 문제에서 제공하는 정보를 바르게 이해하고 문제가 요구하는 핵심개념을 이용하여 문제를 옳게 해결하며, 그 과정에서 논리적인 근거를 충분히 제시하여 풀이과정을 옳게 썼지만 문제 상황에 맞는 해석이나 표현을 서술하지 않았다.	• 모두 옳게 해결하였으나 문제 상황에 맞는 해석을 서술하지 않았다. (예: $3\le x<8$까지만 해결했다.)	3
• 문제에서 제공하는 정보를 바르게 이해하고 문제가 요구하는 핵심개념을 이용하여 문제를 옳게 해결하려고 했지만 풀이과정에서 오류가 있다. • 문제에서 제공하는 정보를 바르게 이해하지 않고 해결하여 옳지 않은 식을 세웠으나 그 과정에서 논리적 근거로 올바르게 해결했다.	• 부등식은 옳게 세웠으나 해결 과정에서 계산의 오류가 있다. • 문제를 잘못 이해하여 부등식을 옳지 않게 세웠으나 그 이후의 해결 과정은 옳다. (예: 종목을 잘못 선택하여 $68<71-x\le 74$와 같이 부등식을 세웠으나 해결 과정은 옳다.)	2
• 문제에서 제공하는 정보를 바르게 이해하지 못하고 해결 과정에서 오류가 있지만 해결하려고 시도하여 서술했다. • 문제에서 제공하는 정보를 바르게 이해하여 답을 찾았지만 그 해결 과정이 서술되어 있지 않아 근거 제시와 표현이 옳은지 알 수 없다.	• 종목을 잘못 선택하여 부등식을 세웠고 그 해결 과정도 오류가 있지만 부분적으로 옳게 서술했다. • 해결 과정 없이 답만 적었다.	1
• 무응답 또는 오답을 썼다.	• 무응답 또는 오답을 썼다.	0

채점예시

4점

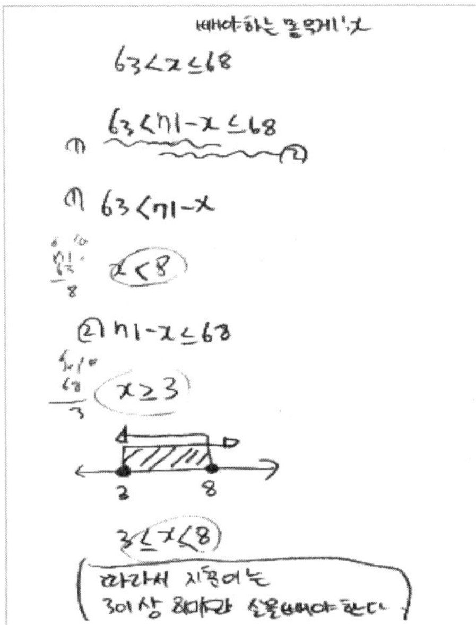
빼야하는 몸무게: x
$63<x\le68$
$63<71-x\le68$
① ②
① $63<71-x$
$x<8$
② $71-x\le68$
$x\ge3$
3 8
$3\le x<8$
따라서 지훈이는 3이상 8미만 살을빼야한다.

채점근거

감량해야 할 체중을 미지수로 두고 부등식 성질을 사용하여 그 범위를 바르게 구하였으며 문제 상황에 맞게 해석하였다.

즉, 정보를 바르게 이해하여 논리적으로 수학적 표현을 옳게 사용하여 해결하였으며 문제 상황에 맞게 서술한 경우이다.

3점

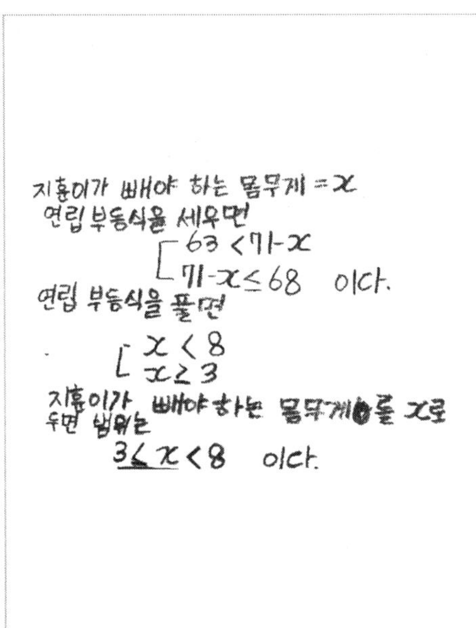
지훈이가 빼야 하는 몸무게 $=x$
연립 부등식을 세우면
$\begin{cases}63<71-x\\71-x\le68\end{cases}$ 이다.
연립 부등식을 풀면
$\begin{cases}x<8\\x\ge3\end{cases}$
지훈이가 빼야 하는 몸무게를 x로 두면 범위는
$3\le x<8$ 이다.

채점근거

감량해야 하는 체중을 미지수로 두고 모두 옳게 해결하였으나 문제 상황에 맞는 해석을 하지 않았다.

즉, 문제를 바르게 이해하여 논리적으로 바르게 해결하였으나 문제 상황에 맞는 해석을 서술하지 않은 경우이다.

채점예시

2점

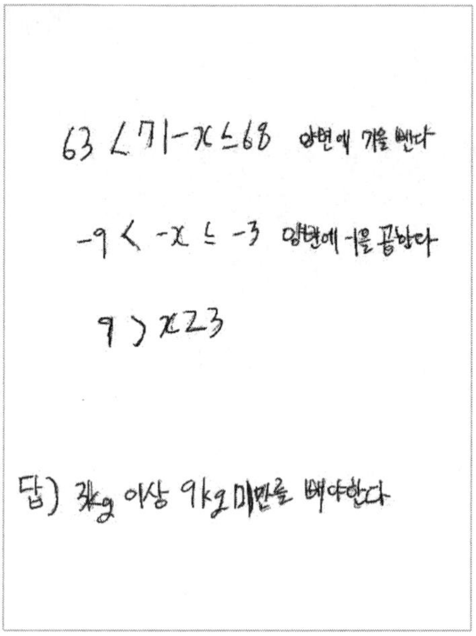

채점근거

감량해야 할 체중을 미지수로 두고 부등식을 바르게 세웠으나 해결 과정에서 계산의 오류가 있어 옳지 않은 답을 구하였다.

즉, 문제에서 제공하는 정보를 바르게 이해하여 해결하려고 했지만 풀이과정에서 오류가 있게 서술된 경우이다.

1점

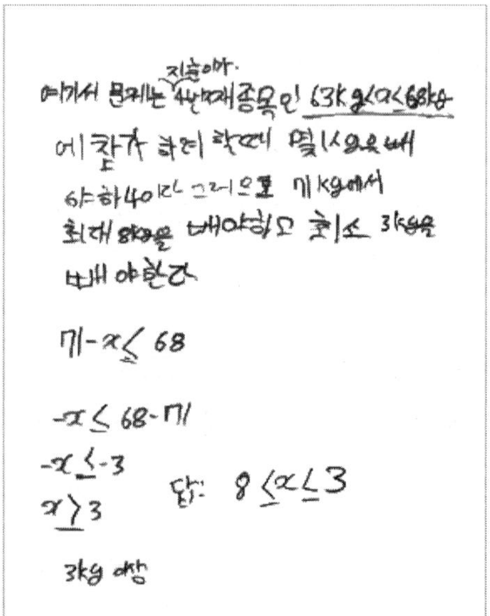

채점근거

감량해야 할 체중을 언어적 표현에서는 올바르게 찾았으나 수학적 표현에서 옳지 않았으며 해석도 바르지 않다.

즉, 문제에서 제공하는 정보를 바르게 이해하여 답을 찾았지만 근거와 표현이 미흡하게 서술한 경우이다.

부등식

문 제 (상) (중) (하)

수영이는 장래희망이 우주인이 되는 것이다. 우주인이 되는 조건을 〈국립과천과학관〉 홈페이지에 들어가서 찾아 보았더니 그 조건이 다음과 같았다.

신체조건

* 나이 : 만 19세 이상 남녀
* 키 : 153 cm 이상 192 cm 이하
* 몸무게 : 50 kg 이상 95 kg 이하
* 발길이 : 29.5 cm 이하
* 3.5 km를 20분 안에 주파

그런데 수영이는 3.5 km 달리기를 했더니 37분이 걸렸다. 수영이가 단축해야 하는 시간의 범위를 구하는 부등식을 세우고, 해결 과정을 서술하시오.

핵심개념 부등식의 성질

해 설 문제의 조건을 이해하고 부등식의 성질을 이용하여 해결할 수 있는지 평가할 수 있는 문항이다.

선생님 TIP

말로 표현된 것을 수학적 표현으로 나타내는 것을 '하' 수준의 학생들은 어려워할 수 있습니다. 간단한 부등식의 성질을 이용하는 문항이지만 주어진 문제의 조건을 수학적으로 바르게 표현하도록 기회를 제공할 수 있는 문항입니다.

풀 이 수영이가 단축해야 할 시간을 x라 두자.

우주인의 조건 중 3.5 km 달리기 조건은 20분 안에 주파해야 하는데 현재 수영이의 기록은 37분이므로, 부등식 $37-x<20$을 만족한다.

부등식의 양변에서 37을 빼면, $-x<-17$이 되고 부등식의 양변에서 -1을 곱하면, $x>17$이 된다.

따라서 수영이가 우주인이 되기 위해서는 3.5 km 달리기 기록을 17분 초과하여 단축해야 한다.

채점기준

채점기준	세부기준	점수
• 문제에서 제공하는 정보를 바르게 이해하고 문제가 요구하는 핵심개념을 이용하여 문제를 옳게 해결하며, 그 과정에서 논리적인 근거를 충분히 제시하여 풀이과정과 표현을 옳게 서술했다.	• 부등식 $37-x<20$을 세우고 부등식의 양변에서 37을 빼고, 또 양변에서 -1을 곱하여, $x>17$를 옳게 구하였으며 3.5 km 달리기 기록을 17분 초과하여 단축해야 함을 옳게 서술했다.	4
• 문제에서 제공하는 정보를 바르게 이해하고 문제가 요구하는 핵심개념을 이용하여 문제를 옳게 해결하였으나 표현에 있어 오류가 있다.	• 부등식을 옳게 세웠지만 부등식의 성질을 사용하지 않았거나 결과를 해석할 때 "17분 이상"과 같이 잘못 해석했다.	3
• 문제에서 제공하는 정보를 바르게 이해지 못하였으나 문제해결 과정이 옳고 표현도 옳게 서술했다.	• 부등식을 $37-x\leq 20$와 같이 옳지 않게 세웠으나 그 외의 다른 과정이 모두 옳고 해석도 "17분 이상"으로 틀린 과정이지만 그 결과에 맞게 해석했다.	2
• 문제에서 제공하는 정보를 바르게 이해하였으나 해결 과정이 옳지 못하고 표현에 있어 생략이 있거나 오류가 있다. • 답만 옳게 적었다.	• 부등식 $37-x<20$만 옳게 세우거나 부등식만 옳고 다른 것은 모두 옳지 않다. • 3.5 km 달리기 기록을 17분 초과하여 단축해야 한다는 답만을 옳게 서술했다.	1
• 무응답 또는 오답을 썼다.	• 무응답 또는 오답을 썼다.	0

채점예시

4점

수영이가 단축해야 할 시간을 x라 두자.
수영이의 현재 기록은 37분이고 우승인이 되려면 20분안에 주파해야 한다.

$\therefore 37-x<20$ 이다

$-x<20-37 \quad -x<-17$

$x>17$

따라서 17분 초과하여 단축해야 한다.

채점근거

수영이가 단축해야 할 시간을 문제의 조건에 맞도록 부등식을 세워 해결하였으며 문제 상황에 맞게 해석도 바르게 하였다.

즉, 문제를 바르게 이해하여 논리적으로 해결하였으며 표현에 있어서도 명확하게 서술한 경우이다.

3점

단축해야하는 시간은 17분보다 크거나 같다

$37-x<20$

$-x<20-37$

$-x<-17$

$x>17$

채점근거

수영이가 단축해야 할 시간을 구하기 위해 부등식을 바르게 세우고 해결하였으나 해석에 있어 바르지 않게 표현하였다.

즉, 문제를 이해하여 논리적으로 해결하였으나 표현에 있어 오류가 있게 서술한 경우이다.

채점예시

2점

수영이가 단축한 시간 x

$37 - x \le 20$

$-x \le -17$

$x \ge 17$

∴ 17분 이상 단축해야 한다.

채점근거

수영이가 단축해야 할 시간을 구하기 위해 부등식을 세웠으나 부등호를 바르지 않게 나타내었다. 그러나 해결과 해석은 바르게 하였다.

즉, 문제를 이해하여 논리적으로 해결하였으나 수학적 표현에 오류가 있게 서술한 경우이다.

1점

수영이가 단축하는 시간 x

37분 $- x < 20$분

$-x < 7$

$x > -7$

채점근거

수영이가 단축해야 할 시간을 부등식으로 바르게 나타내었으나 해결 과정이 옳지 못하며 문제에 맞는 해석도 하지 못하였다.

즉, 문제는 이해하였으나 해결 과정이 옳지 못하고 표현에 생략이 있는 경우이다.

부등식

문 제 ⓢ상 ●중 ⓗ하

A, B 두 도서 대여점이 있다. A 대여점은 회원가입비가 4000원이고 1권당 대여료가 500원이다. B 대여점은 회원가입비가 없고, 1권당 대여료가 800원이다. 책을 몇 권 이상 빌릴 경우 A 대여점의 대여료가 더 적게 드는지 구하고 그 과정을 서술하시오.

핵심개념 일차부등식의 활용

해 설 실생활 문제를 부등식을 사용하여 해결하고 문제 상황에 맞게 해석할 수 있는지 평가하는 문항이다.

선생님 TIP

두 도서 대여점 중 책을 빌리는 권수에 따라 어떤 대여점을 선택하는 것이 유리한지 학생들이 판단할 수 있는 문항으로 최소의 지출로 최대의 이익을 선택하는 기회를 제공함으로써 합리적인 사고를 자극할 수 있습니다.

풀 이 책 x권을 빌린다고 할 때, A 대여점은 가입비가 4000원이고 1권당 대여료가 500원이므로 총 대여료 $4000+500x$원을 내야 하고, B 대여점은 가입비가 없지만 1권당 대여료가 800원이므로 총 대여료 $800x$를 내야 한다.
A 대여점의 대여료가 더 적게 들도록 책을 빌리려면 $4000+500x<800x$이다.
이를 풀면 $-300x<-4000$, $x>\frac{40}{3}$이므로 책을 14권 이상 빌려야 한다.

채점기준

채점기준	세부기준	점수
• 문제에서 제공하는 정보를 바르게 이해하고 문제가 요구하는 핵심개념을 이용하여 문제를 옳게 해결하며, 그 과정에서 논리적인 근거를 충분히 제시하여 풀이과정과 표현을 옳게 서술했다.	• $4000+500x<800x$을 세워서 $x>\frac{40}{3}$이 나오고, 책을 14권 이상 빌려야 한다는 것을 구했다.	4
• 문제에서 제공하는 정보를 바르게 이해하고 문제가 요구하는 핵심개념을 이용하여 논리적 근거를 제시하며 문제를 옳게 해결하였지만 문제 상황에 맞는 해석을 하지 못하게 서술했다. • 문제에서 제공하는 정보를 바르게 이해하고 문제가 요구하는 핵심개념을 이용하여 문제를 옳게 해결하였으나, 그 과정에서 표현이 잘못되었다.	• $4000+500x<800x$을 세워서 $x>\frac{40}{3}$이 나왔지만 14권 이상 빌려야 한다는 것을 구하지 못했다. • $4000+500x<800x$ 대신 $4000+500x\leq 800x$와 같이 부등호 표현을 잘못하였지만 답은 옳게 서술했다.	3
• 문제에서 제공하는 정보를 바르게 이해하고 문제가 요구하는 핵심개념을 이용했지만 논리적인 근거와 해결 과정이 옳지 않아 문제를 잘못해결하여 서술했다. • 문제에서 제공하는 정보를 바르게 이해하지 못하여 옳지 않게 해결하였으나 그 안에서는 논리적으로 해결했다.	• 부등식을 바르게 세웠지만 해결 과정에서 오류가 있어 옳지 않은 답(혹은 옳은 답)을 서술했다. • 부등식을 옳지 않게 세웠지만 부등식 자체는 옳게 해결하고 해석했다.	2
• 문제에서 제공하는 정보와 핵심개념을 이해하였는지 정확하게 나타나 있지 않지만 답은 옳게 서술했다. • 문제에서 제공하는 정보를 이해하였지만 더 이상 문제를 해결하지 않았다.	• 부등식을 세우지 않았지만 옳은 답을 적었다. • 부등식만 옳게 세우고 해결하지 않았다.	1
• 무응답 또는 오답을 썼다.	• 무응답 또는 오답을 썼다.	0

채점예시

4점

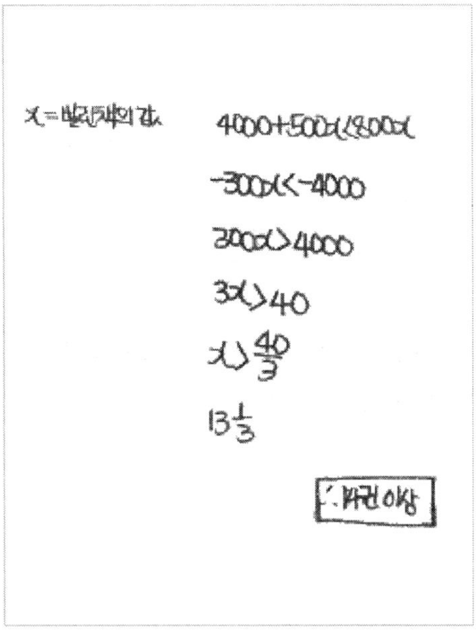

x = 빌린 도서의 갯수

$4000+500x<800x$

$-300x<-4000$

$300x>4000$

$3x>40$

$x>\frac{40}{3}$

$13\frac{1}{3}$

∴ 14권 이상

채점근거

빌려야 할 책의 수를 미지수로 두고 바르게 일차부등식을 세워 해결하였으며 그 해를 문제 상황에 맞게 해석하였다.

즉, 문제를 바르게 이해하고 논리적으로 바르게 해결하였으며 문제 상황에 맞는 해석을 하여 서술한 경우이다.

3점

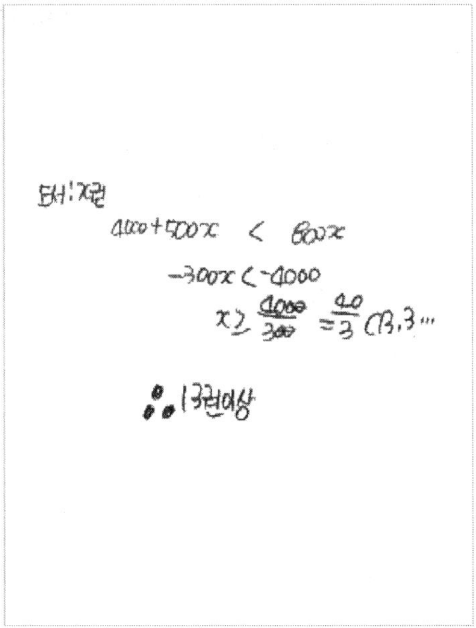

도서 : x권

$4000+500x<800x$

$-300x<-4000$

$x>\frac{4000}{300}=\frac{40}{3}(13.3\cdots$

∴ 13권 이상

채점근거

빌려야 할 책의 수를 미지수로 두고 바르게 일차부등식을 세워 해결하였으나 그 해를 문제 상황에 맞지 않게 해석하였다.

즉, 문제를 바르게 이해하고 논리적으로 바르게 해결하였으며 문제 상황에 맞는 해석을 하여 서술한 경우이다.

채점예시

2점

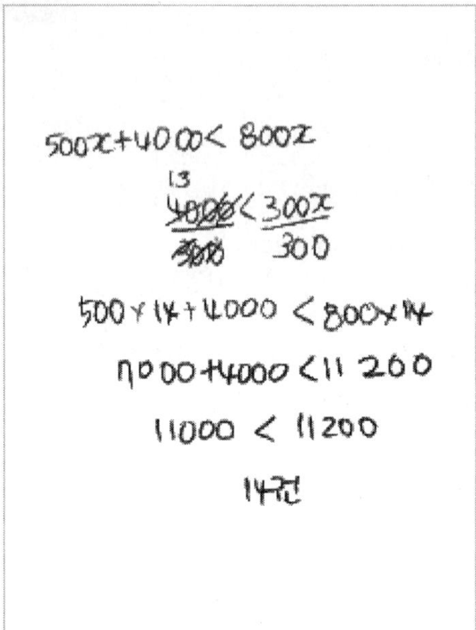

채점근거

빌려야 할 책의 수를 미지수로 두고 바르게 부등식을 세웠으나 해결 과정이 옳지 않으며 추측을 이용하여 문제를 해결하였다.

즉, 문제를 바르게 이해하였으나 논리적인 근거와 해결 과정이 옳지 않게 서술된 경우이다.

1점

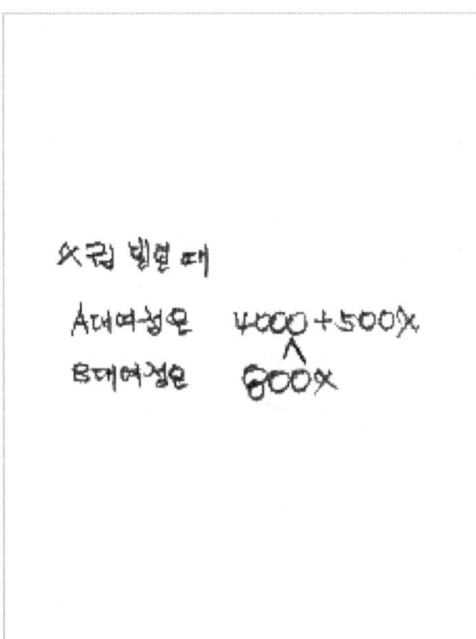

채점근거

빌려야 할 책의 수를 미지수로 바르게 두고 부등식을 옳게 세웠으나 더 해결하지 않았다.

즉, 문제를 바르게 이해하고 올바른 식은 구하였으나 해결하지 않은 경우이다.

연립부등식

문제 상 중 하

두 집합 $A=\{x\,|\,2(x-1)+3\le 7\}$, $B=\{x\,|\,x-3(x-2)<0\}$에 대하여 $A\cap B$를 구하고 그 과정을 서술하시오.

핵심개념 연립부등식의 풀이

해설 연립일차부등식을 해결하고 그 해를 집합으로 표현할 수 있는지를 평가하는 문항이다.

선생님 TIP

연립일차부등식의 해의 의미를 이해하지 않고 각각의 부등식의 해를 사용하여 연립일차부등식의 해를 구하는 학생들이 있습니다. 연립일차부등식의 해의 의미를 집합으로 표현하도록 기회를 제공하여 그 의미를 명확히 이해하도록 하는 것이 필요합니다.

풀이 A 집합은 $2(x-1)+3\le 7$를 만족하는 x값의 집합이고 이 부등식을 풀면,

$2(x-1)+3\le 7 \rightarrow 2x+1\le 7 \rightarrow x\le 3$이다.

B 집합은 $x-3(x-2)<0$을 만족하는 x값의 집합이고 이 부등식을 풀면,

$x-3x+6<0 \rightarrow -2x<-6 \rightarrow x>3$이다.

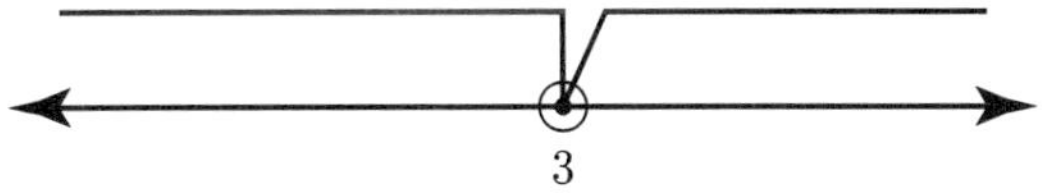

따라서 $A\cap B=\varnothing$ 이다.

채점기준

채점기준	세부기준	점수
• 문제에서 제공하는 정보를 바르게 이해하고 문제가 요구하는 핵심개념을 이용하여 문제를 옳게 해결하며, 그 과정에서 논리적인 근거를 충분히 제시하여 풀이과정과 표현을 옳게 서술했다.	• 연립부등식을 옳게 해결하고 $A \cap B = \varnothing$ 와 같이 집합으로 옳게 표현하여 서술했다.	4
• 문제에서 제공하는 정보를 바르게 이해하고 문제가 요구하는 핵심개념을 이용하여 문제를 옳게 해결하며, 그 과정에서 논리적인 근거를 충분히 제시하였으나 표현에 있어 오류가 있게 서술했다.	• 두 일차부등식을 옳게 해결하고 공통부분도 구하였지만 $A \cap B$를 집합으로 표현하지 못했다.	3
• 문제에서 제공하는 정보를 바르게 이해하고 해결하려 하였으나 그 해결 과정의 마지막에서 오류가 있게 서술했다.	• 두 일차부등식 각각은 옳게 해결하였지만 공통부분을 옳지 않게 구했다.	2
• 문제에서 제공하는 정보를 바르게 이해하였으나 그 해결 과정에 오류가 있고 표현도 옳지 않거나 생략하여 서술했다. • 답만 옳게 적었다.	• 두 일차부등식 중 하나의 부등식만 옳게 해결했다. • 답만 옳게 적었다.	1
• 무응답 또는 오답을 썼다.	• 무응답 또는 오답을 썼다.	0

채점예시

4점

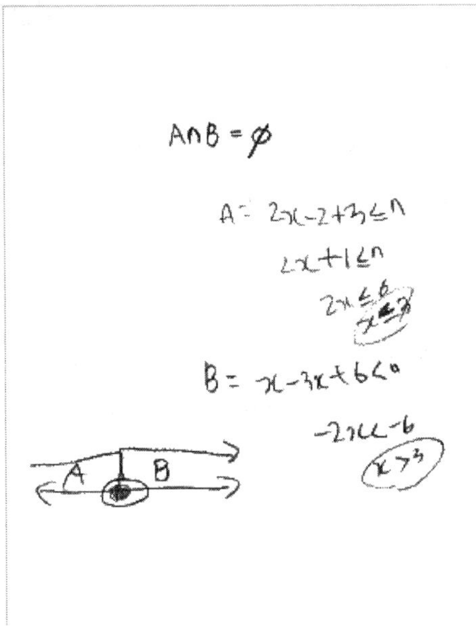

채점근거

각각의 부등식을 바르게 해결하고 그 해를 수직선에 표현하고 연립부등식의 해를 집합으로 정확하게 나타내었다.

즉, 문제의 정보를 바르게 이해하고 논리적 근거를 제시하여 표현하며 서술한 경우이다.

3점

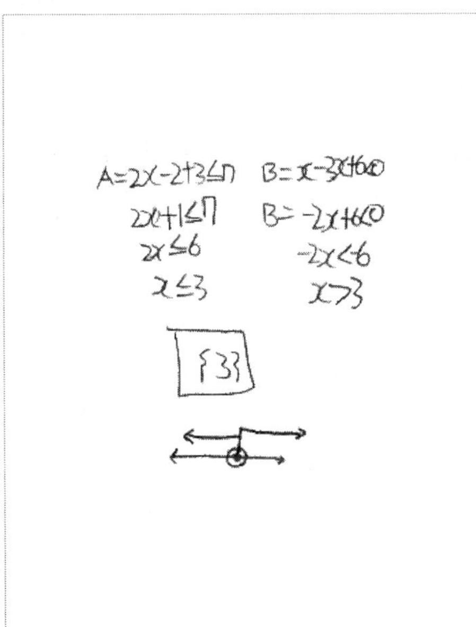

채점근거

각각의 부등식을 바르게 해결하고 공통 부분을 옳게 나타내었으나 집합으로 나타내는 데 오류가 있었다.

즉, 문제를 바르게 이해하고 논리적으로 해결하였으나 표현에서 오류가 나타난 경우이다.

채점예시

2점

$A: 2(x-1)+3 \le 7$

$2x-2+3 \le 7$

$2x \le 6$

$x \le 3$

$B: x-3(x-2) < 0$

$x-3x+6 < 0$

$-2x < -6$

$x > 3$

채점근거

각각의 부등식은 옳게 해결하였으나 더 이상 해결하지 않아 연립부등식의 해를 구하지 않았다.

즉, 문제를 해결하려 하였으나 해결 과정을 마무리하지 못하여 해를 구하지 못한 경우이다.

1점

$2x-2+3 \le 7$

$-3x+6 < 0$

$2x \le 7-3+2$

$2x \le 6$

$x \le 3$

$-3x < 0-6$

$-3x < -6$

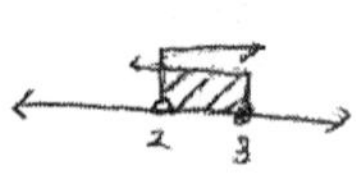

$x > 2$

$A \cap B = 2$

채점근거

두 부등식 중 하나의 부등식은 옳게 해결하였으나 다른 부등식을 바르지 않게 해결하여 옳지 않은 답을 구하였으며 집합표현도 옳지 않다.

즉, 해결 과정에서 오류가 있고 해를 표현하는 데에도 오류가 있게 서술된 경우이다.

연립부등식

문 제 (상 중 하)

규민이는 핸드폰 번호를 변경하고 싶다. 끝번호 네 자리를 9889와 같이 대칭으로 하고 싶다. 네 자리를 $xyyx$ $(x \neq y)$라 할 때, 둘째 자리 숫자는 첫째 자리 숫자의 3배이고 각 자리의 수를 모두 합하면 16보다 작게 하고 싶다. 규민이가 선택할 수 있는 네 자리 번호를 구하고 그 과정을 서술하시오.

핵심개념 연립부등식의 활용

해 설 문제를 이해하고 방정식과 부등식을 사용하여 해결할 수 있으며 실생활 상황에 맞게 표현하고 해석할 수 있는지를 평가하는 문항이다.

선생님 TIP

학생들의 흥미를 유발할 수 있는 소재를 제공하고 해결해 본 후, 학생들 스스로 문제 만들기 활동을 통해 학습한 내용을 구조화할 수 있습니다.

풀 이 규민이 휴대폰 끝번호 네 자리가 $xyyx$ $(x \neq y)$이고 둘째 자리 숫자는 첫째 자리 숫자의 3배이고 각 자리의 수를 모두 합하면 16보다 작으므로, $\begin{cases} y = 3x \\ 2x + 2y < 16 \end{cases}$이 성립한다.

$x + y < 8 \Rightarrow y = 3x$를 y 대신 대입하면 $4x < 8 \Rightarrow x < 2$이므로, 가능한 x의 값은 1 또는 0이고 x의 값을 $y = 3x$에 대입하면, 가능한 y의 값은 3 또는 0이다. 그런데 $x \neq y$이므로 $x = 1$, $y = 3$이다.

따라서 규민이 휴대폰의 끝번호 네 자리는 1331이다.

채점기준

채점기준	세부기준	점수
• 문제에서 제공하는 정보를 바르게 이해하고 문제가 요구하는 핵심개념을 이용하여 문제를 옳게 해결하며, 그 과정에서 논리적인 근거를 충분히 제시하여 풀이과정과 표현을 옳게 서술했다.	• 네 자리를 $xyyx$ $(x \neq y)$라 두고 $\begin{cases} y = 3x \\ 2x + 2y < 16 \end{cases}$을 세우고 대입하여 $x < 2$를 구하면 가능한 x의 값은 1 또는 0이며, 가능한 y의 값은 3 또는 0이다. 그런데 $x \neq y$이므로 $x = 1$, $y = 3$임을 구하고 문제 상황에 맞게 규민이 휴대폰의 끝번호 네 자리는 1331이라고 서술했다.	4
• 문제에서 제공하는 정보를 바르게 이해하고 문제가 요구하는 핵심개념을 이용하여 옳은 과정으로 문제를 해결하였으나 문제 상황에 맞는 해석을 미흡하게 서술했다.	• 옳은 식을 세우고 풀었지만 문제 상황에 맞게 해석하지 못하여 $x = 0$, $y = 0$의 경우도 답으로 인정하여 서술했다.	3
• 문제에서 제공하는 정보를 바르게 이해하고 문제가 요구하는 핵심개념을 이용하여 문제를 옳게 해결하려 하였으나 그 과정에서 논리적 오류나 계산상의 오류가 있다.	• 문제를 옳게 이해하여 옳은 식을 세웠으나 풀이 과정의 오류로 $x < 2$를 구하지 못하거나 대입을 잘못하여 해결했다. (그러나 그 외의 다른 과정이 모두 옳음.)	2
• 문제에서 제공하는 정보를 바르게 이해하였으나 해결 과정이 생략되어 있어 표현이나 논리적 근거가 없다.	• 옳은 식은 세웠으나 그 이후의 해결 과정이 없다. • 옳은 답만 제시했다. • 식은 옳게 세웠으나 해결 과정에서 부등식을 방정식으로 변환하여 해결하여 옳지 않은 답을 서술했다.	1
• 무응답 또는 오답을 썼다.	• 무응답 또는 오답을 썼다.	0

채점예시

4점

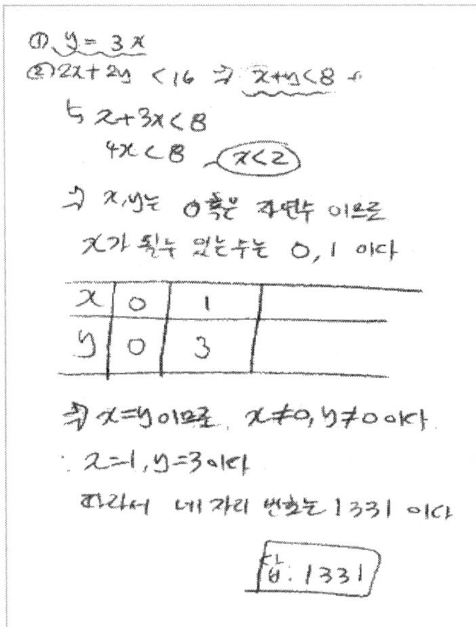
① $y=3x$

② $2x+2y<16 \Rightarrow x+y<8$

↳ $x+3x<8$

$4x<8$ ($x<2$)

⇒ x, y는 0 혹은 자연수 이므로 x가 될 수 있는 수는 0, 1 이다

x	0	1	
y	0	3	

⇒ $x=y$ 이므로, $x \neq 0$, $y \neq 0$ 이다.

∴ $x=1$, $y=3$ 이다

따라서 네 자리 번호는 1331 이다

답: 1331

채점근거

핸드폰 번호의 조건을 바르게 이해하고 방정식과 부등식으로 옳게 나타내어 해결할 수 있으며 핸드폰 번호도 0이 될 수 있지만 문제 상황에 따른 핸드폰 번호를 찾아낼 수 있다.

즉, 문제를 바르게 이해하고 연립방정식을 옳게 세워 해결하며 상황에 맞게 해를 해석하여 서술한 경우이다.

3점

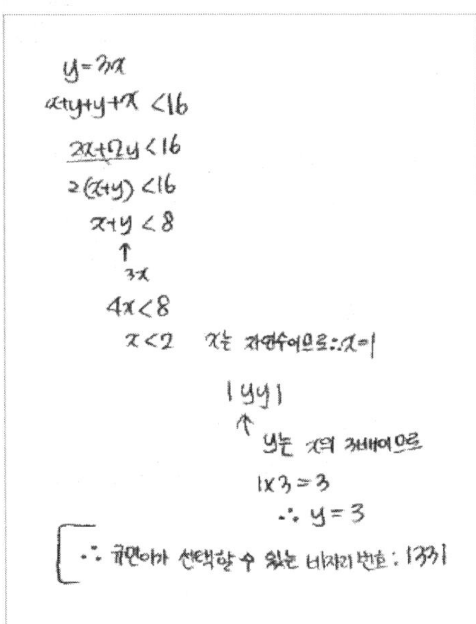
$y=3x$

$x+y+y+x<16$

$2x+2y<16$

$2(x+y)<16$

$x+y<8$

↑ $3x$

$4x<8$

$x<2$ x는 자연수이므로 ∴ $x=1$

1yy1

↑ y는 x의 3배이므로

$1\times3=3$

∴ $y=3$

∴ 규민이가 선택할 수 있는 네자리 번호 : 1331

채점근거

핸드폰 번호의 조건을 바르게 이해하고 방정식과 부등식으로 옳게 나타내어 해결하였지만 핸드폰 번호도 0이 될 수 있음을 고려하지 않았다.

즉, 문제에서 제공하는 정보를 사용하여 문제를 옳게 해결하였으나 상황에 맞게 해석하지 못하고 서술한 경우이다.

채점예시

2점

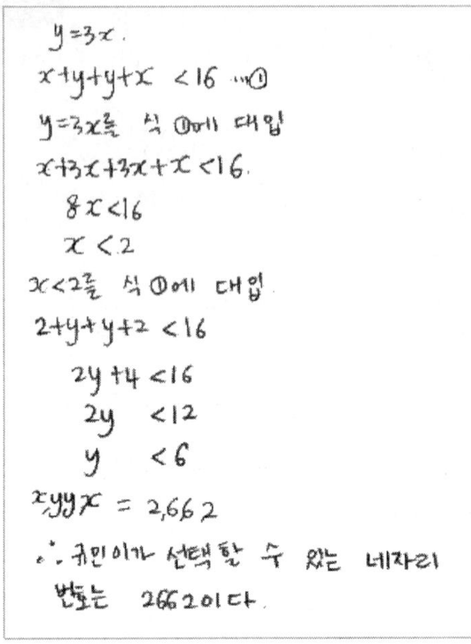

채점근거

핸드폰 번호의 조건을 바르게 이해하고 방정식과 부등식을 세워 옳게 풀었으나 부등식의 해의 의미를 잘못 파악하여 문제 자체는 옳지 않게 해결하였다.

즉, 문제를 바르게 이해하였으나 핵심개념에 대한 이해가 부족하여 구해야 할 것을 옳지 않게 구한 경우이다.

1점

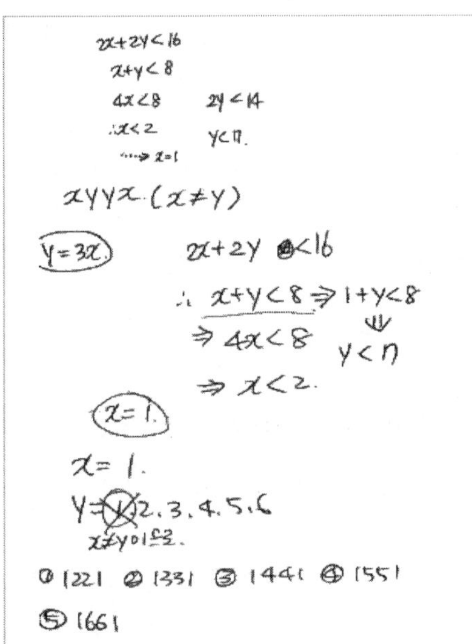

채점근거

핸드폰 번호를 만족하는 조건을 부등식으로 옳게 나타내었으나 해결 과정 중에 그 조건들을 정확하게 활용하지 못하였으며 문제 상황에 맞는 답을 추론하지 못하였다.

즉, 문제는 이해하였으나 핵심개념을 적절히 사용하지 못하고 문제 상황에 맞게 답을 서술하지 못한 경우이다.

03 | 함수

일차함수와 그래프

문제 상 중 하

오른쪽 그림은 다음 일차함수의 그래프를 한 좌표평면 위에 그린 것인데, 일부분이 얼룩으로 지워진 것이다.

$y = x + 2$ $y = -2x - 3$ $y = -2x + 4$

$y = \frac{1}{2}x - 3$ $y = -\frac{2}{3}x - 1$

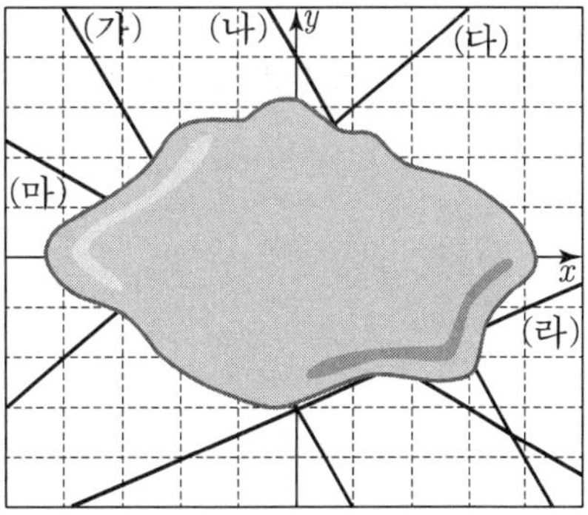

(가)~(마)에 알맞은 일차함수식을 찾고, 그 근거를 서술하시오.

핵심개념 일차함수의 그래프

해설 일차함수 그래프를 해석하여 올바른 일차함수식을 찾을 수 있는지 평가하는 문항이다.

선생님 TIP

일차함수 그래프의 기울기와 y절편의 의미를 이해하여 그래프 개형을 판단할 수 있는지 파악할 수 있는 문항으로 수치를 대입하여 일차함수식을 구하지 않고 해결할 수 있어 추론능력을 평가할 수 있습니다.

풀 이 오른쪽 위로 기울어진 그래프는 (다), (라)이고 오른쪽 위로 기울었다는 것은 기울기가 양수임을 의미하므로 $y=x+2$, $y=\frac{1}{2}x-3$이다. 그런데 (다)가 (라)보다 기울기가 급하기 때문에 기울기가 큰 (다)는 $y=x+2$이고, (라)는 $y=\frac{1}{2}x-3$이다. 또 오른쪽 아래로 기울어진 그래프는 (가), (나), (마)이고 오른쪽 아래로 기울었다는 것은 기울기가 음수임을 의미하므로 $y=-2x-3$, $y=-2x+4$, $y=-\frac{2}{3}x-1$이다. 이들 중 (가)와 (나)는 기울기가 같으므로 (마)가 $y=-\frac{2}{3}x-1$이다. (가)와 (나)는 기울기가 같지만 y절편이 다르므로 y절편이 양수인 (나)는 $y=-2x+4$이고, (가)가 $y=-2x-3$이다.

채점기준

채점기준	세부기준	점수
• 문제에서 제공하는 정보를 바르게 이해하고 문제가 요구하는 핵심개념을 이용하여 문제를 옳게 해결하며, 그 과정에서 논리적인 근거를 충분히 제시하여 풀이과정과 표현을 옳게 서술했다.	• (가), (나), (다), (라), (마)를 바르게 연결하고, 그 근거를 타당하게 제시하여 서술했다.	4
• 문제에서 제공하는 정보를 바르게 이해하고 문제가 요구하는 핵심개념을 이용하여 문제를 옳게 해결했으나 그 과정에서 논리적인 근거를 미흡하게 서술했다. • 문제에서 제공하는 정보를 바르게 이해하고 해결하려 하고 그 과정에서 계산의 실수가 있었지만 답은 옳게 서술했다.	• (가), (나), (다), (라), (마)를 바르게 연결했으나 그 근거가 약간 부족하게 서술했다. • (가), (나), (다), (라), (마)의 식을 모두 구하여 해결하려 했으나 계산의 실수로 한두 개 식이 틀리게 계산했다. (그러나 답은 모두 옳게 제시함.)	3
• 문제에서 제공하는 정보를 바르게 이해하고 문제가 요구하는 핵심개념을 이용하여 문제를 옳게 해결했으나 그 과정에서 오류가 있어 요구하는 모든 답을 서술하지 못했다. • 문제에서 제공하는 정보를 바르게 이해하여 문제를 옳게 해결하였으나 근거를 제시하지 않거나 타당하지 못하게 서술했다.	• 그래프와 함수식을 세네 개만 바르게 연결하고 근거를 타당하게 서술했다. • 그래프와 함수식을 모두 정확하게 연결했지만 그 근거가 전혀 없거나 타당하지 않다.	2
• 문제에서 제공하는 정보를 바르게 이해였지만 근거도 부족하거나 제시하지 않고 결과도 부분적으로 옳게 서술했다. • 문제에서 제공하는 정보를 이해하여 해결하려 하였으나 부분적으로(절반에 못 미치게) 근거와 함께 해결하여 서술했다.	• 그래프와 함수식을 세네 개를 바르게 연결했으나 근거가 전혀 없거나 근거가 타당하지 않다. • 그래프와 함수식을 두 개만 옳게 연결하고 근거를 바르게 제시했다.	1
• 무응답 또는 오답을 썼다.	• 무응답 또는 오답을 썼다.	0

채점예시

4점

(가); $y=-2x-3$
기울기의 절댓값이 클수록 y축과 가까워지므로 기울기가 음수이며 y절편이 음수인 중에서 기울기의 절댓값이 더 큰 $y=-2x-3$의 그래프이다.
(나): $y=-2x+4$
기울기가 음수인 그래프는 3개 있는데, 그중 y절편이 양수 인것은 $y=-2x+4$의 그래프 밖에 없다.
(다): $y=x+2$
기울기가 양수이고, y절편이 양수인 식의 그래프는 $y=x+2$의 그래프 밖에 없다
(라); $y=\frac{1}{2}x-3$
기울기가 양수이고, y절편이 음수인 식의 그래프는 $y=\frac{1}{2}x-3$의 그래프 밖에 없다.
(마): $y=-\frac{2}{3}x-1$
$y=-\frac{2}{3}x-1$의 그래프가 $y=-2x-3$의 그래프보다 기울기의 절댓값이 더 작아 x축에 가깝기 때문이다.

채점근거

일차함수식과 그래프를 모두 옳게 짝지어 표현하고 그 근거를 논리적으로 제시하였다.

즉, 문제에서 제공하는 정보를 사용하여 추론을 통하여 논리적으로 문제를 옳게 해결하였으며 근거를 바르게 표현한 경우이다.

3점

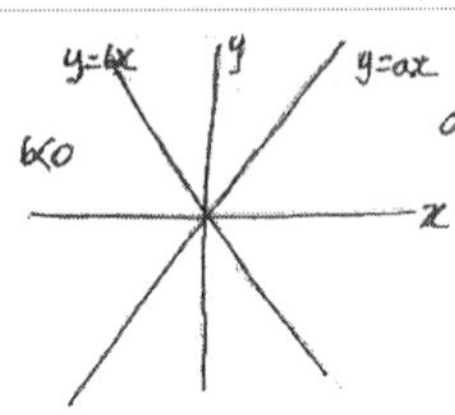

즉, 양수 그래프는 오른쪽 위로.
음수 그래프는 오른쪽 아래를 향해 한다.
(가),(나),(마) 오른쪽 아래를 향하기 때문에
$y=-2x-3$, $y=-2x+4$, $y=-\frac{2}{3}x-1$
(다),(라) 오른쪽 위를 향하기 때문에
$y=x+2$, $y=\frac{1}{2}x-3$

가: $y=-2x-3$
나: $y=-2x+4$
다: $y=x+2$
라: $y=\frac{1}{2}x-3$
마: $y=-\frac{2}{3}x-1$

채점근거

일차함수식과 그래프를 옳게 짝지었으나 근거를 제시할 때 기울기만 사용하여 해결하였다. 그러나 같은 기울기를 가지는 경우에 대한 그래프에 대한 설명이 부족하다.

즉, 문제를 바르게 이해하고 추론하여 옳게 해결하였으나 근거를 제시할 때 부족한 부분이 있게 서술한 경우이다.

채점예시

2점

가 = $y = -\frac{2}{3}x - 1$
↳ 2,4분면을 지나니까 ⊖이고
가에서 y축 아래쪽으로 3칸이동해서
나 = $-2x + 4$
↳ 2,4분면을 지나서 ⊖이고 / y축이 위로 하기때문
다 = $x+2$
1,3분면을 지나서 ⊕이고
위쪽으로 지나가기 때문에
라 = $\frac{1}{2}x - 3$
1,3분면을 지나고 y축에 아래로 향해있기 때문에
마 = $-2x - 3$
↳ 2,4분면을 지나서 ⊖이고.
x축은 왼쪽을 향하고 y축은 위로 향하기 때문에.

채점근거

일차함수식과 그래프를 부분적으로 옳게 짝지었으나 옳은 부분의 근거가 논리적으로 설명되어 있다.

즉, 문제를 이해하고 해결하려 하였으나 해결 과정 중 오류로 인하여 부분적으로 옳게 해결하였다. 그러나 옳게 해결한 부분에서는 근거를 논리적으로 바르게 표현하며 서술한 경우이다.

1점

가 = $-2x-5$.
마 = $-\frac{2}{3}x-1$.
나 = $-2x+4$.
다 = $x+2$.

채점근거

일차함수식과 그래프를 짝지었지만 다섯 가지 모두 짝지우지 않았고 논리적 근거를 제시하지 않았다. 표현에 있어서도 함수식을 명확하게 표현하지 못하였다.

즉, 문제를 해결하였으나 답만 적어 해결 과정에서 어떻게 추론하였는지 판단할 수 없으며 수학적 표현이 미흡하게 서술된 경우이다.

일차함수와 그래프

문 제 상 중 하

점 O를 원점으로 하고 두 점 A, B를 지나는 직선을 x축, 두 점 O, C를 지나는 직선을 y축으로 생각했을 때, 선분 (ㄱ), (ㄴ), (ㄷ), (ㄹ), (ㅁ) 중 2개를 골라 정의역을 포함하는 직선의 방정식을 구하고 그 과정을 서술하시오.

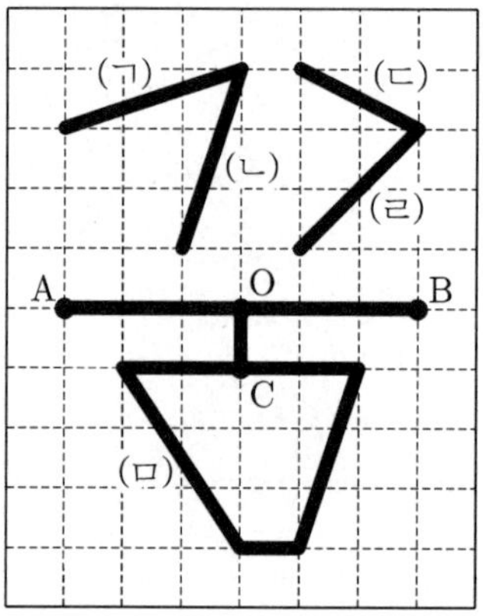

핵심개념 일차함수의 식 구하기

해 설 좌표평면에 나타난 그래프를 보고 직선의 방정식으로 정의역과 함께 표현할 수 있는지 평가하는 문항이다.

선생님 TIP

학생들은 함수식을 보고 그래프로 나타내는 것보다 그래프로 주어진 것을 함수식으로 나타내는 것을 더 힘들어 할 수 있습니다. 특히 정의역 조건과 함께 함수식으로 표현하는 것은 더욱 어려워 할 수 있습니다. 한글을 좌표에 나타내고 각 획이 나타내는 함수식을 찾아내는 것을 통해 어려운 문제에 도전할 기회를 제공할 수 있습니다.

풀이 (ㄱ) 기울기가 $\frac{1}{3}$이고 y절편이 4여서 (ㄱ)은 $y=\frac{1}{3}x+4$이고 정의역은 $\{x|-3 \le x \le 0\}$이다. 따라서 $x-3y+12=0$, $\{x|-3 \le x \le 0\}$이다.

(ㄴ) 기울기가 3이고 y절편이 4여서 (ㄴ)은 $y=3x+4$이고 정의역은 $\{x|-1 \le x \le 0\}$이다. 따라서 $3x-y+4=0$, $\{x|-1 \le x \le 0\}$이다.

(ㄷ) 기울기가 $-\frac{1}{2}$이고, $(3, 3)$을 지나기 때문에 함수식은 $y=-\frac{1}{2}x+\frac{9}{2}$이며 정의역은 $\{x|1 \le x \le 3\}$이다. 따라서 $x+2y-9=0$, $\{x|1 \le x \le 3\}$이다.

(ㄹ) 기울기가 1이고 (1, 1)을 지나기 때문에 함수식은 $y=x$이며 정의역은 $\{x|1 \le x \le 3\}$이다. 따라서 $x-y=0$, $\{x|1 \le x \le 3\}$이다.

(ㅁ) 기울기가 $-\frac{3}{2}$이고, y절편이 -4여서 함수식은 $y=-\frac{3}{2}x-4$이며 정의역은 $\{x|-2 \le x \le 0\}$이다. 따라서 $3x+2y+8=0$, $\{x|-2 \le x \le 0\}$이다.

* 기울기는 그래프 상에서 직접 구하는 경우와 두 점을 선택하여 구하는 경우 모두 인정

채점기준

채점기준	세부기준	점수
• 문제에서 제공하는 정보를 바르게 이해하고 문제가 요구하는 핵심개념을 이용하여 문제를 옳게 해결하며, 그 과정에서 논리적인 근거를 충분히 제시하여 풀이과정과 표현을 옳게 서술했다.	• (ㄱ)~(ㅁ) 중 두 가지를 선택해 정의역을 포함하는 함수식을 바르게 세우고, $ax+by+c=0$꼴로 바르게 서술했다.	4
• 문제에서 제공하는 정보를 바르게 이해하고 그 과정에서 옳게 해결하였지만 표현에 있어 부분적으로 미흡하거나 오류가 있게 서술했다.	• (ㄱ)~(ㅁ) 중 두 가지를 선택해 직선의 방정식을 옳게 구했지만 정의역을 부분적으로 바르게 표현하지 못했다. (구해야 할 정의역 중 한 가지를 옳지 않게 표현했다.)	3
• 문제에서 제공하는 정보를 바르게 이해하여 옳은 표현으로 해결하려 하였지만 그 과정에서 오류가 있어 문제 중 일부만 해결하여 서술했다.	• (ㄱ)~(ㅁ) 중 한 가지를 선택해 정의역을 포함하는 함수식을 바르게 세우고, 직선의 방정식으로 바르게 바꿔 서술했다. • (ㄱ)~(ㅁ) 중 두 직선의 방정식만 옳게 구하여 서술했다.	2
• 문제에서 제공하는 정보를 바르게 이해하지 못하고 해결 과정에서 오류가 있어 부분적으로 해결하며 표현이 미흡하게 서술했다.	• (ㄱ)~(ㅁ) 중 한 가지를 선택해 함수식을 바르게 세우고, 직선의 방정식으로 바르게 바꿨지만 정의역을 안 쓰거나 틀리게 서술했다. • (ㄱ)~(ㅁ) 중 한 가지를 선택하여 직선의 방정식을 구할 때 실수가 있어 옳지 않지만 정의역은 옳게 서술했다.	1
• 무응답 또는 오답을 썼다.	• 무응답 또는 오답을 썼다.	0

채점예시

4점

(ㄱ)의 두 점 (0, 4) (−3, 3)에서

기울기 $= \frac{4-3}{0-(-3)} = \frac{1}{3}$이고 $y = \frac{1}{3}x + b$이다.

$3 = -1 + b$이므로 $b = 4$이다

$\therefore y = \frac{1}{3}x + 4 \rightarrow x - 3y + 12 = 0$

그리고 $-3 \le x \le 0$이므로 정의역은 $\{x \mid -3 \le x \le 0\}$ 이다.

(ㄹ)의 두 점 (1, 1) (3, 3)에서

기울기 $= \frac{3-1}{3-1} = 1$이고 $y = x + c$이다

$1 = 1 + c$이므로 $c = 0$이다

$\therefore y = x \rightarrow x - y = 0$

또 $1 \le x \le 3$이므로 정의역은 $\{x \mid 1 \le x \le 3\}$ 이다.

채점근거

(ㄱ)~(ㅁ) 중 두 가지를 선택해 정의역을 포함하는 함수식을 바르게 세우고 직선의 방정식으로 옳게 나타내었다.

즉, 문제에서 제공하는 정보를 바르게 이해하고 옳게 문제를 해결하며, 그 과정에서 논리적인 근거를 충분히 제시하여 서술한 경우이다.

3점

(ㄴ)은 그래프에서 기울기가 3이고 (−1, 1)을 지나므로 $y = 3x + b$, $1 = -3 + b$

$b = 4$이다

$\therefore y = 3x + 4$ $\{x \mid -1 \le x \le 0\}$이다

$3x - y + 4 = 0$

(ㅁ)은 기울기가 $-\frac{3}{2}$이고 y절편이 -4이므로

$y = -\frac{3}{2}x - 4$이다

$\therefore -3x - 2y - 8 = 0$

채점근거

두 가지를 선택하여 직선의 방정식을 바르게 나타내었지만 한 가지의 경우 정의역을 나타내지 않았다.

즉, 문제에서 제공하는 정보를 바르게 이해하고 그 과정에서 옳게 해결하였지만 표현에 있어 부분적으로 미흡하게 서술한 경우이다.

채점예시

2점

(ㄷ) 기울기가 $-\frac{1}{2}$, (3, 3)을 지나므로

$y=-\frac{1}{2}x+b$에 대입, $3=-\frac{3}{2}+b$

$b=\frac{9}{2}$

$\therefore y=-\frac{1}{2}x+\frac{9}{2}$

(ㄴ) 기울기가 3, y절편이 4이므로

$y=3x+4$

채점근거

두 가지를 선택하여 함수식으로 바르게 나타내었지만 정의역을 모두 구하지 못하였다.

즉, 문제를 옳게 해결하려 하였지만 그 과정에서 문제 중 일부만 해결하여 서술한 경우이다.

1점

(ㄹ) 기울기=1

(3, 3)을 지남

$y=x+b$

$3=3+b \quad b=0$

$y=x$

채점근거

한 가지 경우의 함수식을 바르게 나타내었지만 정의역은 나타내지 못하였다.

즉, 문제를 이해하지 못하여 부분적으로 해결하며 부족한 표현을 한 경우이다.

일차함수와 그래프

문 제

상 중 하

오른쪽 그림과 같이 호랑이는 좌표평면의 (2, 4) 위치에, 토끼는 (8, 8)의 위치에 있다.
호랑이가 토끼를 빨리 잡으려면 직선으로 가야한다. 호랑이가 지나갈 수 있는 직선의 방정식을 구하고 그 과정을 서술하시오.

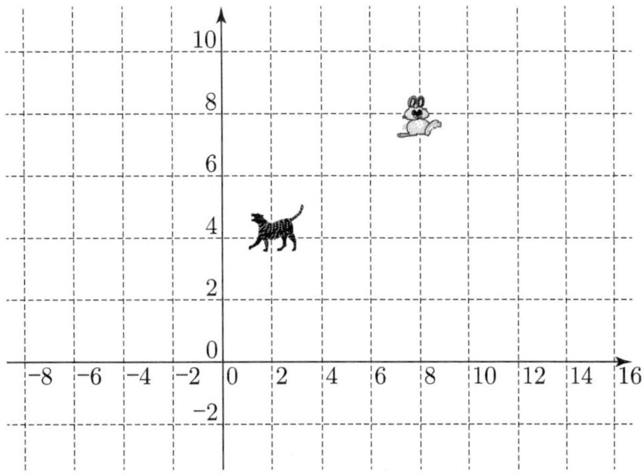

핵심개념 일차함수의 식 구하기

해 설 두 점을 지나는 직선의 방정식을 구할 수 있는지 평가하는 문항이다.

선생님 TIP

한 지점에서 다른 한 지점으로 빠르게 이동하기 위해서는 직선 방향으로 움직이는 것이 가장 효과적이며 이를 위해 두 점을 이용하여 직선의 방정식을 구하여 해결할 수 있는지 평가하는 문항입니다.

풀이 1

호랑이가 토끼를 잡기 위해 호랑이가 지나가는 직선의 방정식은 (2, 4), (8, 8)을 지나는 직선이다. 구하고자 하는 직선의 기울기는 $\frac{8-4}{8-2}=\frac{2}{3}$이며 구하고자 하는 직선의 방정식을 $y=\frac{2}{3}x+C$라 둘 수 있다.

이 직선은 (2, 4) [또는 (8, 8)]을 지나므로 대입하면 $4=\frac{4}{3}+C \Rightarrow C=\frac{8}{3}$이다. 따라서 호랑이가 토끼를 잡기 위해 지나가는 직선의 방정식은 $y=\frac{2}{3}x+\frac{8}{3}$ 또는 $2x-3y+8=0$이다.

풀이 2

호랑이가 토끼를 잡기 위해 호랑이가 지나가는 직선의 방정식은 (2, 4), (8, 8)을 지나는 직선이다. 구하고자 하는 직선의 방정식을 $y=ax+b$라 두고 두 점을 대입하면 $\begin{cases} 4=2a+b \\ 8=8a+b \end{cases}$ 이다. 두 식을 연립하여 해를 구하면 $a=\frac{2}{3}$, $b=\frac{8}{3}$이다.
따라서 호랑이가 토끼를 잡기 위해 지나가는 직선의 방정식은 $y=\frac{2}{3}x+\frac{8}{3}$ 또는 $2x-3y+8=0$이다.

채점기준

채점기준	세부기준	점수
• 문제에서 제공하는 정보를 바르게 이해하고 문제가 요구하는 핵심개념을 이용하여 문제를 옳게 해결하며, 그 과정에서 논리적인 근거를 충분히 제시하여 풀이과정과 표현을 옳게 서술했다.	• 호랑이가 토끼를 잡기 위해 가야하는 경로를 각각 호랑이와 토끼의 위치를 좌표로 해석하여 두 점을 지나는 직선을 옳게 구하여 서술했다.	4
• 문제에서 제공하는 정보를 바르게 이해하고 문제가 요구하는 핵심개념을 이용하여 문제를 옳게 해결하였으나 표현을 미흡하게 서술했다.	• 모두 옳게 구하였지만 함수식을 방정식으로(또는 방정식을 함수식으로)변환하는 과정에서 오류가 생겼다. (즉, 최종 답을 구하는 과정에서 오류가 있다.)	3
• 문제에서 제공하는 정보를 바르게 이해하고 문제가 요구하는 핵심개념을 이용하여 문제를 옳게 해결하려 하였으나 그 해결과정에서 오류가 있어 옳지 않게 해결했다.	• 두 점을 지나는 직선의 방정식을 구하는 과정에서 계산상의 오류가 있어 답은 옳지 않지만 그 계산과정을 제외한 나머지 부분이 논리적으로 올바르게 서술했다.	2
• 문제에서 제공하는 정보를 이해하여 해결하였으나 논리적 근거와 해결 과정이 생략되이 답만 적었다. • 문제를 논리적으로 해결하려 하였으나 완전한 해결을 하지 못했다.	• 구하고자 하는 직선의 방정식 혹은 함수로만 옳게 적었다. • 구하고자 하는 직선의 방정식을 구하는 과정은 서술하였으나 답까지 이르지 못했다.	1
• 무응답 또는 오답을 썼다.	• 무응답 또는 오답을 썼다.	0

채점예시

4점

직선의 방정식 : $y=ax+b$

a (기울기) 구하기

(2,4) (8,8)

$\frac{4}{6} = \boxed{\frac{2}{3}}$

b (y 절편) 구하기

$y=\frac{2}{3}x+b$ 에 (2,4) 대입.

$4=\frac{4}{3}+b$

$b-\frac{8}{3}$

호랑이가 지나갈 수 있는 직선의 방정식

: $y=\frac{2}{3}x+\frac{8}{3}$

채점근거

호랑이가 토끼를 잡기 위해 가야하는 경로를 각각 호랑이와 토끼의 위치를 좌표로 나타내고 두 점을 지나는 직선을 옳게 구하여 일차 함수식으로 나타내었다.

즉, 문제에서 제공하는 정보를 바르게 이해하여 옳게 문제를 해결하며, 그 과정에서 논리적인 근거를 충분히 제시하여 풀이과정과 표현이 옳게 나타난 경우이다.

3점

그래프를 그리면

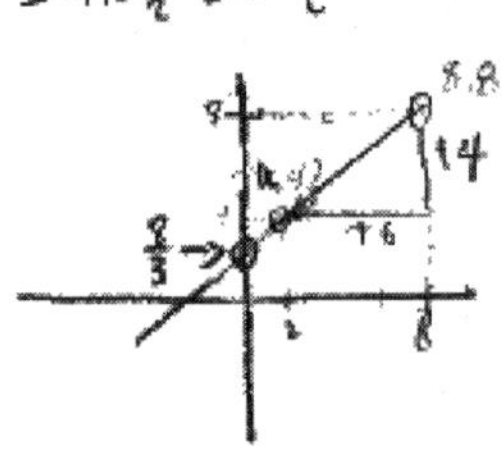

$y=\frac{y\text{ 값의 증가량}}{x\text{ 값의 증가량}}+\frac{8}{3}$

$y=\frac{4}{6}+\frac{8}{3}$

답: $y=\frac{2}{3}+\frac{8}{3}$

채점근거

호랑이가 토끼를 잡기 위해 가야하는 경로를 각각 호랑이와 토끼의 위치를 좌표로 나타내고 두 점을 지나는 직선을 구하려고 하였지만 변수 x를 나타내지 않았다.

즉, 문제에서 제공하는 정보를 바르게 이해하고 옳게 문제를 해결하였으나 수학적 표현에 있어 미흡하게 나타난 경우이다.

채점예시

2점

호랑이의 위치에서 토끼가 있는 곳으로 가려면 x축으로 6, y축으로 4만큼 가야한다

호랑이가 지나가는 직선의 기울기는 $\frac{4}{6}=\frac{2}{3}$ 이다. $y=\frac{2}{3}x+4$를 방정식으로 나타내면

$-\frac{2}{3}x+y=4$가 된다

채점근거

두 점을 지나는 직선의 방정식을 구하는 과정에서 계산 오류가 있어 답은 옳지 않았다.

즉, 문제에서 제공하는 정보를 바르게 이해하여 옳게 문제를 해결하려 하였으나 해결 과정에서 오류가 있어 옳지 않게 해결한 경우이다.

1점

호랑 $y=ax+b$

$4=2a+b$

토끼 $8=8a+b$

채점근거

구하고자 하는 직선의 방정식을 구하기 위해 논리적으로 해결하려 하였으나 최종 답에는 이르지 못하였다.

즉, 문제를 논리적으로 해결하려 하였으나 완전한 해결을 못한 경우이다.

일차함수의 활용

문 제 (상) (중) (하)

다음은 수도권의 지하철 노선도 중 일부를 좌표평면에 옮겨 놓은 그래프이다.
지하철 1호선, 3호선, 5호선으로 환승할 수 있는 '종로3가' 역의 위치를 연립방정식을 세워서 구하고 그 과정을 서술하시오.

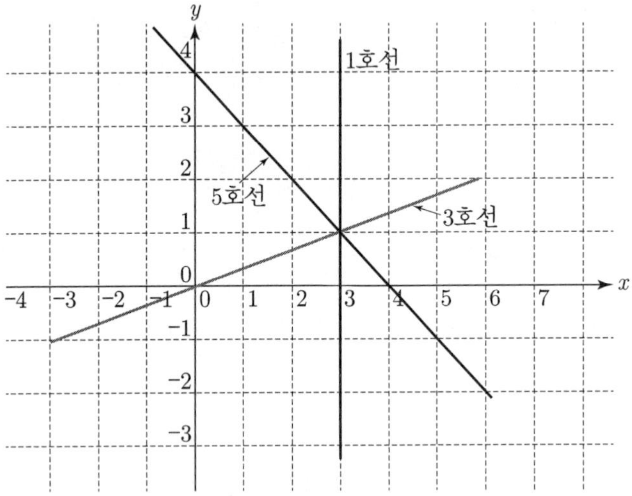

핵심개념 연립방정식의 해와 그래프

해 설 세 직선의 교점을 연립방정식을 이용하여 구하고 그 점을 좌표로 표현할 수 있는지 평가하는 문항이다.

선생님 TIP

연립방정식의 해와 그래프의 교점이 같음을 실생활 상황을 제공하여 이해할 수 있도록 지도하여 수학이 실용적 교과라는 것임을 인식시키는 것이 중요합니다.

풀 이

지하철 1호선이 지나는 경로를 방정식으로 나타내면, $x=3$이고 3호선이 지나는 경로를 방정식으로 나타내면 $y=\frac{1}{3}x \Rightarrow x-3y=0$이다. 또한 5호선이 지나는 경로를 방정식으로 나타내면 $y=-x+4 \Rightarrow x+y=4$이다.

따라서 연립방정식 $\begin{cases} x=3 \\ x-3y=0 \end{cases}$ 또는 $\begin{cases} x=3 \\ x+y=4 \end{cases}$ 또는 $\begin{cases} x-3y=0 \\ x+y=4 \end{cases}$ 중 하나의 연립방정식을 선택하여 그 해를 구하면 그 해가 지하철 1, 3, 5호선의 환승역인 '종로 3가' 역이 된다. 그러므로, 연립방정식의 해를 구하면 $(3, 1)$이며 $(3, 1)$의 위치가 '종로 3가' 역이 된다.

채점기준

채점기준	세부기준	점수
• 문제에서 제공하는 정보를 바르게 이해하고 문제가 요구하는 핵심개념을 이용하여 문제를 옳게 해결하며, 그 과정에서 논리적인 근거를 충분히 제시하여 풀이과정과 표현을 옳게 서술했다.	• 문제에서 구하고자 하는 환승역을 구하기 위해 세 개의 지하철 노선 중 두 개를 방정식으로 옳게 나타내고 연립방정식을 옳게 해결하여 교점을 올바르게 구하고 그 과정을 논리적으로 옳게 서술했다.	4
• 문제에서 제공하는 정보를 바르게 이해하고 문제가 요구하는 핵심개념을 이용하여 논리적인 근거로 해결하였으나 표현에 있어 미흡하게 서술했다.	• 모든 과정이 옳지만 연립방정식의 해를 $x=3$, $y=1$ 또는 (3, 1)으로 옳게 구하였으나 문제 상황에 맞게 해석하여 서술하지 않았다.	3
• 문제에서 제공하는 정보를 바르게 이해하고 문제가 요구하는 핵심개념을 이용하였으나 해결 과정에서 오류가 있다.	• 연립방정식을 옳게 세웠지만 해(교점)을 구하는 과정에서 오류가 생겼다. (옳지 않은 해지만 해석은 옳게 했다.)	2
• 문제에서 제공하는 정보를 바르게 이해하였으나 해결 과정에서 오류가 있고 논리적 근거를 제시하지 못했다. • 답만 옳게 적었다.	• 연립방정식은 옳게 세웠지만 해결하지 못했다. • 답만 옳게 적었다.	1
• 무응답 또는 오답을 썼다.	• 무응답 또는 오답을 썼다.	0

채점예시

4점

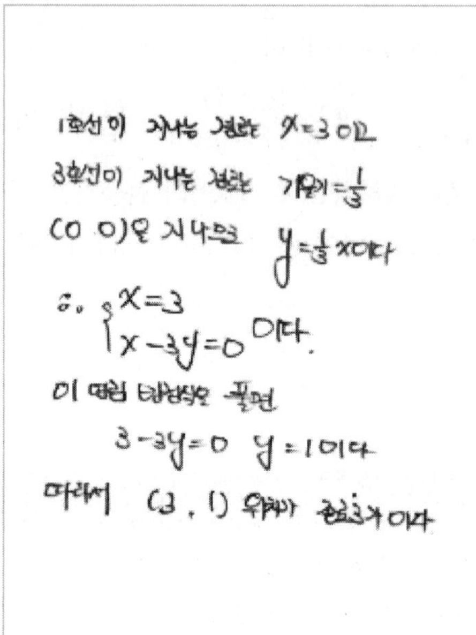
1호선이 지나는 경로는 $x=3$이고
3호선이 지나는 경로는 기울기 $=\frac{1}{3}$
(0, 0)을 지나므로 $y=\frac{1}{3}x$이다
$\therefore \begin{cases} x=3 \\ x-3y=0 \end{cases}$ 이다.
이 때의 연립방정식을 풀면
$3-3y=0$ $y=1$이다
따라서 (3, 1) 위치가 환승역이다

채점근거

세 개의 지하철 노선 중 두 개를 방정식으로 옳게 나타내고 연립방정식을 옳게 해결하여 교점을 올바르게 구하고 환승역의 위치를 나타내었다.

즉, 문제에서 제공하는 정보를 바르게 이해하여 옳게 문제를 해결하며, 그 과정에서 논리적인 근거를 제시하여 서술한 경우이다.

3점

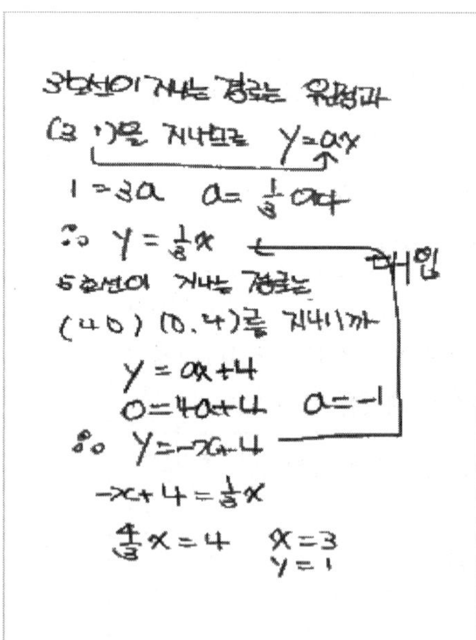
3호선이 지나는 경로는 원점과
(3, 1)을 지나므로 $y=ax$
$1=3a$ $a=\frac{1}{3}$이다
$\therefore y=\frac{1}{3}x$ ← 대입
5호선이 지나는 경로는
(4, 0) (0, 4)를 지나니까
$y=ax+4$
$0=4a+4$ $a=-1$
$\therefore y=-x+4$
$-x+4=\frac{1}{3}x$
$\frac{4}{3}x=4$ $x=3$, $y=1$

채점근거

연립방정식의 해를 $x=3$, $y=1$ 또는 (3, 1)으로 옳게 구하였으나 문제 상황에 맞게 해석하지 않았다.

즉, 문제에서 제공하는 정보를 바르게 이해하고 논리적으로 해결하였지만 표현에 있어 미흡하게 서술한 경우이다.

채점예시

2점

1호선을 $x=3$

9호선을 (0.0) (3.1)이 지나므로

기울기 $= \frac{1}{3}$

$y=\frac{1}{3}x+b \quad 0=b \quad \therefore y=\frac{1}{3}x$

두 선을 연립하면 $3=\frac{1}{3}x \quad x=9$

따라서 교점 3가역은 (9. 1)이다

채점근거

연립방정식을 옳게 세웠지만 해(교점)을 구하는 과정에서 오류가 생겨 옳지 않은 답을 나타내었다.

즉, 문제에서 제공하는 정보를 바르게 이해하고 해결하려 하였으나 과정에서 오류가 나타난 경우이다.

1점

1호선 $x=3$

5호선 기 : -1

$y=-x+4$

채점근거

연립방정식은 옳게 세웠지만 해와 교점의 의미를 연결하지 못하고 더 이상 서술하지 않았다.

즉, 문제를 이해하고 해결하려 하였으나 더 이상 해결하지 않은 경우이다.

04 | 확률과 통계

경우의 수와 확률

문제 상 중 하

채하는 매일 아침 8시 20분까지 이화중학교 앞에 도착해야 한다. 횡단보도를 하나 건너는데 3분이 걸리고, 학교 바로 앞 정류장까지 구청 앞에서 두 자릿수 번호의 버스를 타면 10분, 세 자릿수 번호의 버스를 타면 12분이 걸린다. 또, 영선중학교에서 버스를 타면 구청 앞에서보다 각각 2분이 덜 걸린다. 다음 〈표 1〉, 〈표 2〉는 각 버스정류장에서 이화중학교로 가는 버스의 도착 시간을 알려주는 시간표이다. 채하가 집에서 8시에 출발했을 때, 학교 앞 정류장에 늦지 않게 갈 수 있는 경우의 수를 구하고 그 과정을 서술하시오.
(단, 집에서 횡단보도 앞까지 그리고 횡단보도와 횡단보도 사이의 이동시간은 무시한다.)

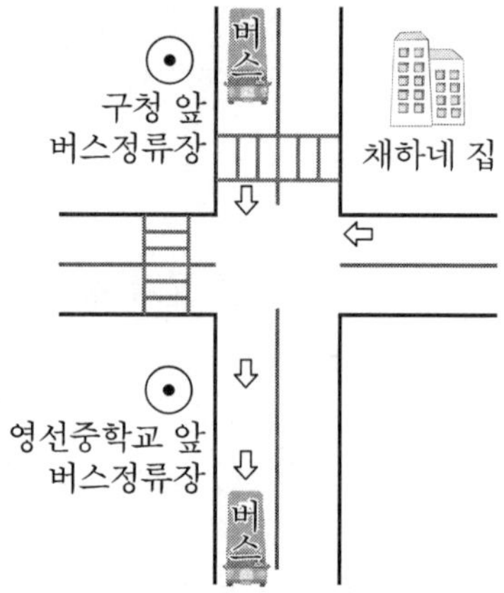

〈표 1〉 '구청 앞 버스정류장' 버스 시간표

75번	222번
08:00	08:01
08:05	08:05
08:10	08:09
08:15	08:13
08:20	08:17
08:25	08:21

〈표 2〉 '영선중학교 앞 버스정류장' 버스 시간표

34번	75번	222번
08:00	08:02	08:03
08:03	08:07	08:07
08:06	08:12	08:11
08:09	08:17	08:15
08:12	08:22	08:19
08:15	08:27	08:23

핵심개념 경우의 수

해 설 실생활 문제에서 주어진 정보를 잘 이해하여 조건에 맞는 경우를 바르게 찾고, 경우의 수를 구할 수 있는지 평가할 수 있는 문항이다.

선생님 TIP

현재 문항에서 번호를 줄이거나 혹은 버스 배차 시간을 늘려주면 '중' 또는 '하' 수준의 문제로 바꿀 수 있습니다. 도착할 때까지 걸리는 시간을 출발시간에 횡단보도를 건너는 시간과 버스를 타는 시간을 더하여 기계적으로 계산하는 오류를 범하는 경우가 많으니, 유의하여 지도할 필요가 있습니다.

풀 이 채하는 구청 앞 혹은 영선중학교 앞에서 버스를 탈 수 있다.

구청 앞 버스정류장에 채하가 도착하는 시간은 8 : 03이고, 구청 앞에서 학교까지 걸리는 시간은 75번 버스의 경우 10분, 222번 버스의 경우 12분이다.

영선중학교 앞 버스정류장에 채하가 도착하는 시간은 08 : 06이고, 영선중학교 앞에서 학교까지 걸리는 시간은 34번, 75번 버스의 경우 8분, 222번 버스의 경우 10분이 걸린다.

채하가 학교에 늦지 않기 위해서는 8시 20분 전에 학교 앞 버스정류장에서 내리면 된다. 구청 앞 버스정류장에서 08 : 03부터, 영선중학교 앞 버스정류장에서 08 : 06부터 탈 수 있고 8시 20분 전에 도착할 수 있는 모든 경우를 표로 나타내면 아래와 같다.

구청 앞 버스정류장

버스 번호	승차 시간	학교에 도착하는 시간	경우의 수
75번	08:05	08:15	2가지
	08:10	08:20	
222번	08:05	08:17	1가지
총 경우의 수			3가지

영선중학교 앞 버스정류장

버스 번호	승차 시간	학교에 도착하는 시간	경우의 수
34번	08:06	08:14	3가지
	08:09	08:17	
	08:12	08:20	
75번	08:07	08:15	2가지
	08:12	08:20	
222번	08:07	08:17	1가지
총 경우의 수			6가지

그러므로 채화가 이화중학교 앞 정류장까지 늦지 않게 도착할 경우의 수는 9가지이다.

채점기준

채점기준	세부기준	점수
• 문제에서 제공하는 정보를 바르게 이해하고 정확하게 문제를 해결하였으며, 그 과정에서 논리적인 근거를 충분히 제시하여 올바른 풀이과정과 정확한 표현으로 서술했다.	• 늦지 않게 도착하는 경우의 수를 구하기 위해 각 유형별로 구분하여 표현하고 이유를 타당하게 설명했다.	4
• 문제에서 제공하는 정보를 바르게 이해하고 정확하게 문제를 해결하였으나, 그 과정에서 논리적인 근거 혹은 표현이 미흡했다.	• 경우의 수를 바르게 구하고 각각의 경우를 모두 나타냈으나, 설명이 부족했다. • 경우의 수를 바르게 구하고 각각의 경우를 모두 나타냈으나, 표나 항목별 분류를 이용하지 않았다.	3
• 문제에서 제공하는 정보를 바르게 이해하고 정확하게 문제를 해결하려 노력하였으나, 그 과정에서 실수 혹은 오류가 있거나 올바른 답을 구하지 못했다.	• 문제를 해결하는 모습을 보이나 시간을 계산하는 과정에서 실수가 있어 답이 틀린 경우 • 실수로 한두 개의 버스 시간을 빼먹거나 혹은 더 추가하였다. • 늦지 않게 갈 수 있는 모든 경우를 자세히 나타내었으나, 경우의 수를 구하지 않았다.	2
• 문제를 해결하기 위한 시도를 하였지만, 문제에서 제공하는 정보를 바르게 이해하지 못했다. • 풀이 과정 없이 답만 옳게 썼다.	• 버스정류장까지 이동하는 시간을 계산하지 않고 표에 제시된 시간표로 구하고자 했다. • 버스타고 걸리는 시간의 정보를 잘못 이해하여 시간 계산을 잘못했다. • 경우의 수만 썼다.	1
• 무응답 또는 오답을 썼다.	• 버스가 출발하는 시각에서 버스별로 걸리는 시간과 횡단보도를 건너는 시간을 더하여 도착 시간을 계산했다.	0

채점예시

*

4점

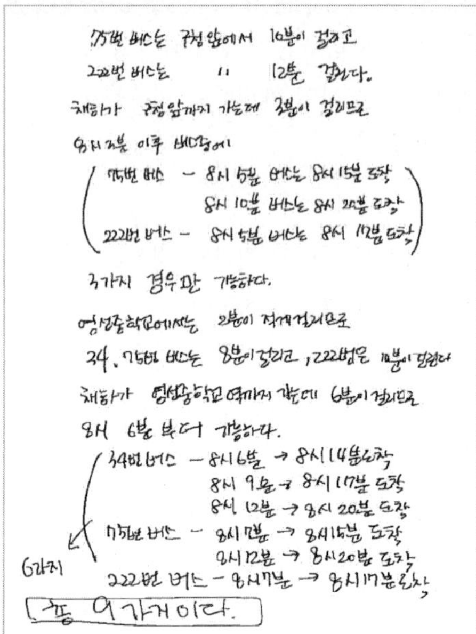
175번 버스는 구청앞에서 10분이 걸리고
222번 버스는 〃 12분 걸린다.
채하가 구청앞까지 가는데 3분이 걸리므로
8시 5분 이후 버스중에
175번 버스 – 8시 5분 버스는 8시 15분 도착
8시 10분 버스는 8시 20분 도착
222번 버스 – 8시 5분 버스는 8시 17분 도착
3가지 경우가 가능하다.
영선중학교에서는 2분이 적게걸리므로
34, 175번 버스는 8분이걸리고, 222번은 10분이 걸린다
채하가 영선중학교 여기까지 가는데 6분이 걸리므로
8시 6분 부터 가능하다.
34번 버스 – 8시6분 → 8시14분도착
8시 9분 → 8시 17분 도착
8시 12분 → 8시 20분 도착
175번 버스 – 8시7분 → 8시15분 도착
8시12분 → 8시20분 도착
222번 버스 – 8시7분 → 8시17분 도착
6가지
총 9가지이다.

채점근거

횡단보도를 건너는 시간과 버스가 걸리는 시간을 바르게 이해하여, 탈 수 있는 버스를 이유를 들어 정확히 설명하고 있다. 또한 정류소별로 버스를 구분하여 늦지 않게 도착하는 경우를 모두 제시한 뒤에, 경우의 수를 바르게 구하였다.

즉, 문제에서 제공하는 정보를 바르게 이해하고 정확하게 문제를 해결하였으며, 그 과정에서 논리적인 근거를 충분히 제시하여 정확하고 바른 표현으로 서술한 경우이다.

* 문항 수정으로 인하여 예상 답안을 수록함

3점

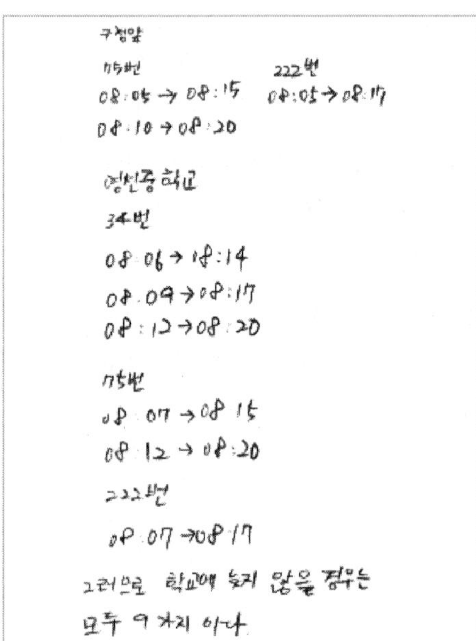
구청앞
175번 222번
08:05 → 08:15 08:05 → 08:17
08:10 → 08:20
영선중학교
34번
08:06 → 08:14
08:09 → 08:17
08:12 → 08:20
175번
08:07 → 08:15
08:12 → 08:20
222번
08:07 → 08:17
그러므로 학교에 늦지 않을 경우는 모두 9가지 이다.

채점근거

횡단보도를 건너는 시간과 버스가 걸리는 시간을 이해하여 정류소별, 버스별 도착 시간을 바르게 계산하였고, 모든 경우를 정확히 나타내고 경우의 수를 바르게 구하였다.
그러나 학생이 나타낸 버스 시간의 이전, 이후에 버스는 왜 탈 수 없는지 그 이유를 서술하고 있지 않다.

즉, 문제에서 제공하는 정보를 바르게 이해하고 정확하게 문제를 해결하였으나, 그 과정에서 논리적인 근거 혹은 표현이 미흡한 경우이다.

채점예시

2점

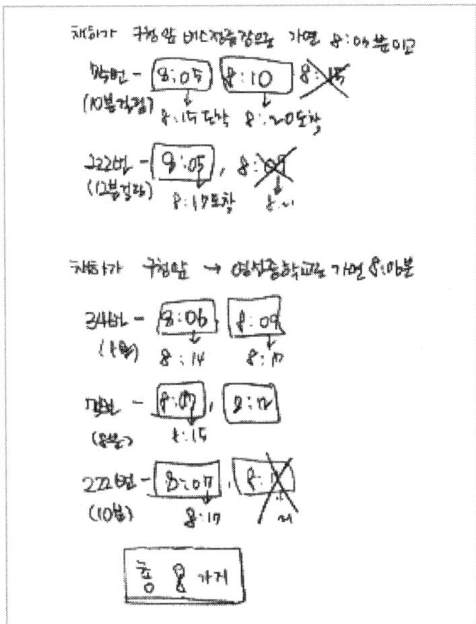

채점근거

주어진 정보를 모두 사용하여 정류소별, 버스별로 탈 수 있는 버스 시간을 나타내었다. 그러나 구청 앞 버스정류소에서 탈 수 있는 8시 12분 34번 버스를 실수를 빠트린 것을 볼 수 있고, 이 실수 때문에 경우의 수는 틀렸지만 문제를 해결하는 방법은 정확히 알고 있다고 판단된다.

즉, 문제에서 제공하는 정보를 바르게 이해하고 정확하게 문제를 해결하려 노력하였으나, 그 과정에서 실수 혹은 오류가 있거나 올바른 답을 구하지 못한 경우이다.

1점

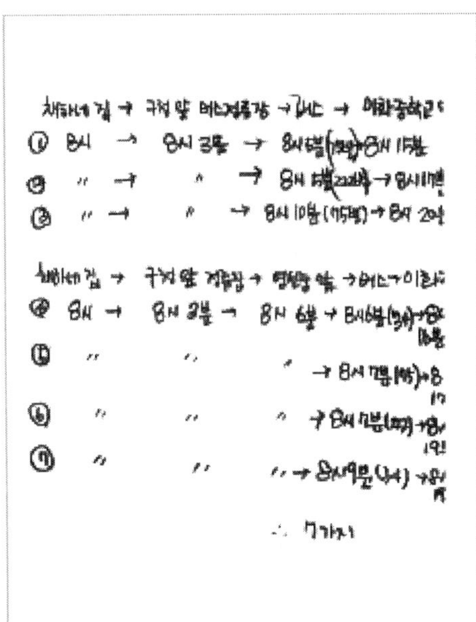

채점근거

횡단보도를 건너는 시간을 바르게 이해하여 계산하였고, 구청 앞 버스정류장에서 탈 수 있는 버스는 정확히 나타내었다. 그러나 영선중학교 앞 버스정류장에서 2분이 덜 걸리는 사실을 생각하지 않고 구청 앞 버스정류장에서 걸리는 시간과 똑같이 계산한 것을 볼 수 있다.

즉, 문제를 해결하기 위한 시도를 하였지만, 문제에서 제공하는 일부 정보를 바르게 이해하지 못한 경우이다.

채점예시

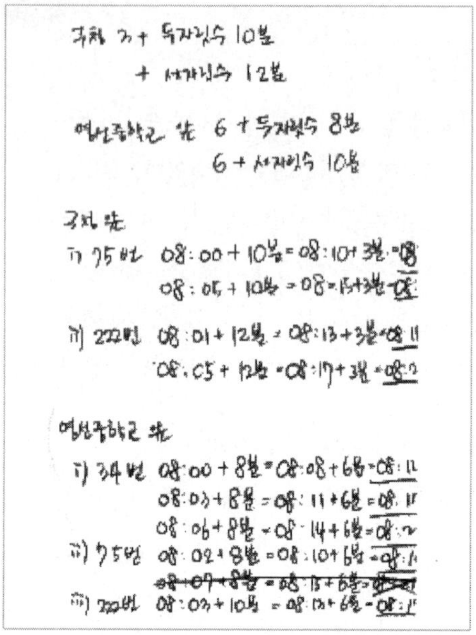

0점

채점근거

버스가 도착하는 시간을 계산하기 위하여 단순히 버스 출발 시간에서 횡단보도를 건너는 시간과 버스를 타고 가는 시간을 더하여 계산하였다. 또한, 주어진 정보를 모두 알고 있지만 바르게 이해하지 못하고, 단순히 기계적으로 계산하여 문제를 해결하려고 하였다.

즉, 정보를 바르게 이해하지 못하고 문제해결 방법도 잘못된 경우이다.

경우의 수와 확률

문제 ⓢ 중 하

채하는 매일 아침 8시 이후에 집을 나와 8시 20분까지 이화중학교에 도착해야 한다. 횡단보도를 하나 건너는데 3분이 걸리고, 학교 바로 앞 정류장까지 구청 앞에서 두 자릿수 번호의 버스를 타면 10분, 세 자릿수 번호의 버스를 타면 12분이 걸린다. 또, 영선중학교에서 버스를 타면 구청 앞에서보다 각각 2분이 덜 걸린다. 다음 〈표 1〉, 〈표 2〉는 각 버스정류장에서 이화중학교로 가는 버스의 도착 시간을 알려주는 버스 시간표이다.

〈표 1〉 '구청 앞 버스정류장' 버스 시간표

75번	222번
08:00	08:01
08:05	08:05
08:10	08:09
08:15	08:13
08:20	08:17

〈표 2〉 '영선중학교 앞 버스정류장' 버스 시간표

34번	75번	222번
08:00	08:02	08:03
08:03	08:07	08:07
08:06	08:12	08:11
08:09	08:17	08:15
08:12	08:22	08:19

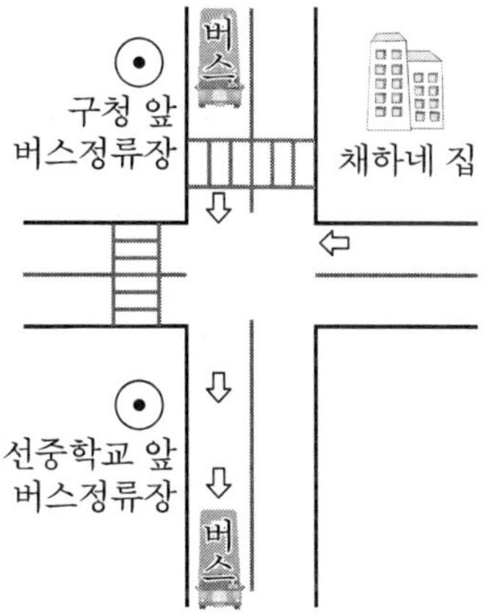

채하가 집에서 8시에 출발할 때, 가장 빨리 학교에 도착하는 경우를 쓰고 그 과정을 서술하시오. (단, 집에서 횡단보도 앞까지 그리고 횡단보도와 횡단보도 사이의 이동시간은 무시한다.)

핵심개념 경우의 수

해 설 실생활 문제에서 주어진 정보를 잘 이해하여 조건에 맞는 경우를 바르게 찾는지 평가할 수 있는 문항이다.

선생님 TIP

정류소나 버스 번호를 추가하면 '상' 수준의 문항으로, 버스의 번호를 줄이면 '하' 수준의 문항으로 변경이 가능합니다. 도착할 때까지 걸리는 시간을 출발시간에 횡단보도를 건너는 시간과 버스를 타는 시간을 더하여 기계적으로 계산하는 오류를 범하는 경우가 많으니, 유의하여 지도할 필요가 있습니다.

풀 이 채하는 구청 앞 버스정류장 혹은 영선중학교 앞에서 버스를 탈 수 있다. 구청 앞 버스정류장에 채하가 도착하는 시간은 8:03이고, 구청 앞에서 학교까지 걸리는 시간은 75번 버스의 경우 10분, 222번 버스의 경우 12분이다. 영선중학교 앞 버스정류장에 채하가 도착하는 시간은 08 : 06이고, 영선중학교 앞에서 학교까지 걸리는 시간은 34번, 75번 버스의 경우 8분, 222번 버스의 경우 10분이 걸린다.

구청 앞 버스정류장에서 08 : 03부터, 영선중학교 앞 버스정류장에서 08 : 06부터 탈 수 있고 각 정류소별, 버스별로 가장 빨리 탈 수 있는 버스 시간은 아래의 표와 같다.

구청 앞에서 버스를 타는 경우

	버스별 가장 빨리 탈 수 있는 버스 시간	학교에 도착하는 시간
75번	08:05	08:15
222번	08:05	08:17

영선중학교 앞에서 버스를 타는 경우

	버스별 가장 빨리 탈 수 있는 버스 시간	학교에 도착하는 시간
34번	08:06	08:14
75번	08:07	08:15
222번	08:07	08:17

그러므로 채하가 영선중학교 앞에서 34번 버스를 8시 6분에 타는 경우가 학교에 가장 빨리 도착할 수 있다.

채점기준

채점기준	세부기준	점수
• 문제에서 제공하는 정보를 바르게 이해하고 정확하게 문제를 해결하였으며, 그 과정에서 논리적인 근거를 충분히 제시하여 올바른 풀이과정과 정확한 표현으로 서술했다.	• 가장 빨리 학교에 도착하는 경우의 수를 구하기 위해 각 유형별로 구분하여 표현하고 이유를 타당하게 설명했다.	4
• 문제에서 제공하는 정보를 바르게 이해하고 정확하게 문제를 해결하였으나, 그 과정에서 논리적인 근거 혹은 표현이 미흡했다.	• 문제는 바르게 해결하였으나, 제일 빠른 방법을 선택하기 위해서 확인해야 하는 모든 경우를 밝히지 않고 몇 개의 버스를 빼먹었다. • 정류소별, 버스별로 가장 빠른 버스를 찾는 과정을 나타내는 데 표나 항목별 분류를 이용하지 않았다.	3
• 문제에서 제공하는 정보를 바르게 이해하고 정확하게 문제를 해결하려 노력하였으나, 그 과정에서 실수가 있어 올바른 답을 구하지 못했다. • 그 과정에서 오류가 있으나 우연히 답은 옳다.	• 문제를 해결하는 모습을 보이나 시간을 계산하는 과정에서 실수가 있다. • 해결 과정은 잘 서술하였으나, 실수로 한두 개의 버스 시긴을 빼먹있지만 우언히 답은 맞았다.	2
• 문제를 해결하기 위한 시도를 하였지만, 그 과정에서 오류가 있어 답을 구하지 못했다. • 문제에서 제공하는 정보를 바르게 이해하지 못했다. • 풀이과정 없이 답만 옳게 적었다.	• 해결 과정은 잘 서술하였으나, 실수로 한두 개의 버스 시간을 빼먹어 답이 틀렸다. • 버스타고 걸리는 시간의 정보를 잘못 이해하여 시간 계산을 잘못했다. • 답만 옳게 적었다.	1
• 무응답 또는 오답을 썼다.	• 무응답 또는 오답을 썼다.	0

채점예시

*

4점

175번 버스는 구청앞에서 10분 영선중학교에서 8분이 걸린다
채하가 구청앞에 도착한 시간이 08:03 이므로
08:05 버스를 탈수있고 08:15분에 도착한다
영선중학교에 도착 시간이 08:06 이므로
08:07 버스를 탈수있고 08:15분에 도착한다

222번 버스는 구청앞에서 12분 영선중학교에서 10분이 걸리므로
구청앞에서 08:05 버스를 탈수있고 08:17에 도착
영선중학교 08:07 〃 08:17 〃

34번 버스는 영선중학교에서 8분이 걸리므로
08:06 버스를 탈수있고 08:14 도착 한다

그러므로 영선중학교에서 08:14분에 34번 버스가 가장 빠르다.

채점근거

횡단보도를 건너는 시간과 버스가 걸리는 시간을 바르게 이해하여, 버스별·정류소별 가장 빨리 탈 수 있는 버스를 이유를 들어 바르게 나타내었다. 그 중에서 가장 빠른 버스를 정확히 선택하여 답을 서술하였다.

즉, 문제에서 제공하는 정보를 바르게 이해하고 정확하게 문제를 해결하였으며, 그 과정에서 논리적인 근거를 충분히 제시하여 정확하고 바른 표현으로 서술한 경우이다.

* 문항 수정으로 인하여 예상 답안을 수록함

3점

구청앞에서 탈때 34. 75번 버스가 12분,
222번 버스가 10분 걸리니까
75번 : 08시 05 버스 08:15 도착이고
222번 : 08시 05 버스 08:17

영성중학교에서
75번 버스 : 08시 07 버스 08:15 도착
222번 버스 : 08시 07 버스 08:17 도착
34번 버스 : 08시 06 버스 08:14 도착

08:06 34번 버스가 가장 빨리 도착

채점근거

정류소별·버스별로 나누어 가장 빨리 탈 수 있는 버스를 모두 정확히 나타내고, 그 중에 가장 빠른 버스를 선택하여 답으로 제시하였으나, 왜 그 이전의 버스는 타면 안 되는 이유를 설명하지 않고 결과만을 나타내었다.

즉, 문제에서 제공하는 정보를 바르게 이해하고 정확하게 문제를 해결하였으나, 그 과정에서 논리적인 근거 혹은 표현이 미흡한 경우이다.

채점예시

2점

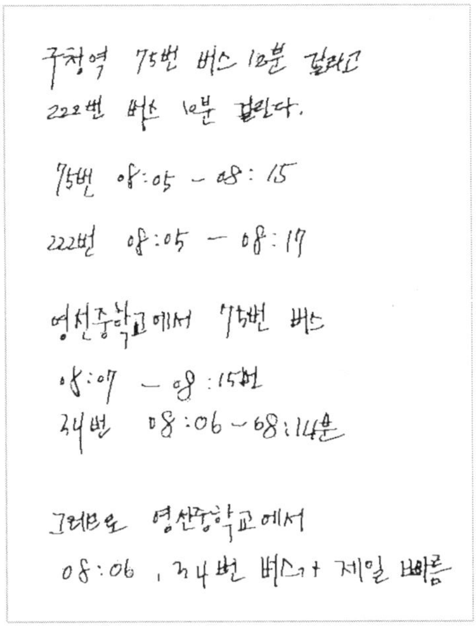
구청역 75번 버스 12분 걸리고
222번 버스 12분 걸린다.
75번 08:05 – 08:15
222번 08:05 – 08:17
영선중학교에서 75번 버스
08:07 – 08:15번
34번 08:06 – 08:14분
그러므로 영선중학교에서
08:06, 34번 버스가 제일 빠름

채점근거

가장 빨리 가는 버스를 찾기 위하여 정류소별·버스별로 나누어 확인해 보는 과정에서 영선중학교 앞 정류장에서 탈 수 있는 222번 버스 확인이 생략되었으나, 가장 빠른 버스를 옳게 선택하였다.

문제에서 제공하는 정보를 바르게 이해하고 정확하게 문제를 해결하려 노력하였으나, 그 과정에서 오류가 있었다. 그러나 우연히 답은 옳은 경우이다.

1점

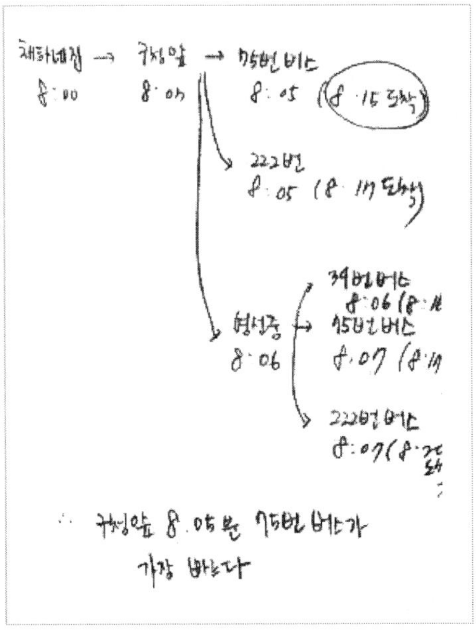

채점근거

구청 앞 정류소에서 탔을 때와 영선중학교 앞 정류소에서 탔을 때의 도착까지 걸리는 시간이 다르나, 이를 생각하지 않고 걸리는 시간을 계산하여 도착 시간을 잘못 계산하였다.

즉, 문제를 해결하기 위한 시도를 하였지만, 문제에서 제공하는 정보를 바르게 이해하지 못한 경우이다.

확률의 계산

문 제

상 중 하

지훈이와 민희가 윷놀이를 하고 있다. 그림과 같이 말이 놓여 있고 아직 놓이지 않은 지훈이의 말이 한 개 더 남아있다. 지훈이 차례일 때, 지훈이가 민희의 말 두 개를 모두 잡을 확률을 구하고, 그 과정을 서술하시오. (단, 윷의 평평한 면과 둥근 면이 나올 확률은 같다고 가정하고, 뒷도와 같이 뒤로 후진하는 경우는 없다. 말을 잡는 경우 한 번 더 할 수 있으나 윷이나 모가 나와도 한 번 더 하지 않는다.)

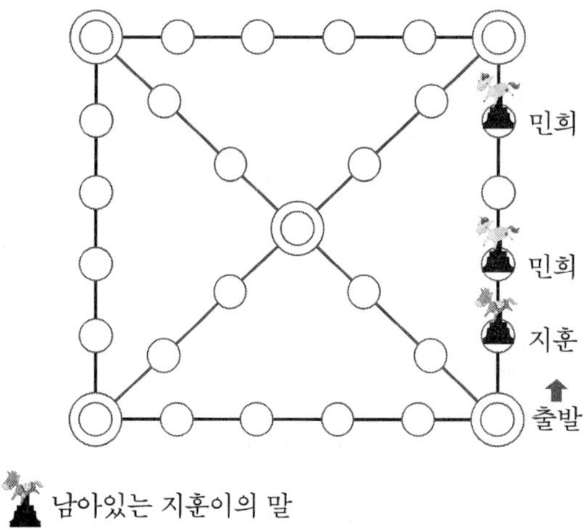

	(도) 앞으로 한 칸
	(개) 앞으로 두 칸
	(걸) 앞으로 세 칸
	(윷) 앞으로 네 칸
	(모) 앞으로 다섯 칸

핵심개념 경우의 수, 동시에 일어나는 사건의 확률

해 설 윷놀이의 규칙을 확률과 연결하여 생각할 수 있고, 경우의 수와 확률을 정확히 이해하여 문제에 활용할 수 있는지 평가하는 문항이다.

선생님 TIP

남아있는 말을 없애거나 혹은 놀이판에 있는 상대방의 말을 줄이면 '중' 또는 '하' 수준으로 바꿀 수 있습니다. 학생들이 지훈이가 민희의 말을 잡는 경우를 찾기 어려워하며, 주먹구구식으로 찾아 한두 개를 빼먹는 실수를 많이 범합니다. 이 문항은 논리적으로 사고할 수 있도록 기회를 제공합니다.

풀이

지훈이가 민희의 말을 잡는 경우는 아래와 같이 여섯 가지가 있다.

(1) 도가 나오고 개가 나오는 경우
(2) 도가 나오고 윷이 나오는 경우
(3) 개가 나오고 걸이 나오는 경우
(4) 개가 나오고 개가 나오는 경우
(5) 걸이 나오고 개가 나오는 경우
(6) 윷이 나오고 도가 나오는 경우

하나의 윷은 둥근 면과 평평한 면인 두 개의 면으로 이루어져 있으므로 네 개의 윷을 한 번 던질 때 나오는 모든 경우의 수는 $2\times2\times2\times2=16$(가지)이다.
평평한 면을 ○, 둥근 면을 ×라고 하면, 도가 나오는 경우는 (○, ×, ×, ×), (×, ○, ×, ×), (×, ×, ○, ×), (×, ×, ×, ○)의 4가지이므로 도가 나올 확률은 $\frac{4}{16}=\frac{1}{4}$이다.
개가 나오는 경우의 수는 (○, ○, ×, ×), (○, ×, ○, ×), (○, ×, ×, ○), (×, ○, ○, ×), (×, ○, ×, ○), (×, ×, ○, ○)의 여섯 가지이므로, 개가 나올 확률은 $\frac{6}{16}=\frac{3}{8}$이다. 마찬가지 방법으로 구하면, 걸이 나오는 경우는 $\frac{1}{4}$, 윷이 나오는 경우는 $\frac{1}{16}$이다. 따라서

(1)의 확률은 $\frac{1}{4}\times\frac{3}{8}=\frac{3}{32}$이고, (2)의 확률은 $\frac{1}{4}\times\frac{1}{16}=\frac{1}{64}$
(3)의 확률은 $\frac{3}{8}\times\frac{1}{4}=\frac{3}{32}$이고, (4)의 확률은 $\frac{3}{8}\times\frac{3}{8}=\frac{9}{64}$
(5)의 확률은 $\frac{1}{4}\times\frac{3}{8}=\frac{3}{32}$이고, (6)의 확률은 $\frac{1}{16}\times\frac{1}{4}=\frac{1}{64}$이다.

그러므로 지훈이가 민희의 말 두 개를 모두 잡을 확률은
$\frac{3}{32}+\frac{1}{64}+\frac{3}{32}+\frac{9}{64}+\frac{3}{32}+\frac{1}{64}=\frac{29}{64}$이다.

채점기준

채점기준	세부기준	점수
• 문제에서 제공하는 정보를 바르게 이해하고 정확하게 문제를 해결하였으며, 그 과정에서 논리적인 근거를 충분히 제시하여 올바른 풀이과정과 정확한 표현으로 서술했다.	• 윷을 던졌을 때 나오는 모든 경우의 확률을 설명하고, 말 두 개를 잡을 확률을 정확하게 구했다.	4
• 문제에서 제공하는 정보를 바르게 이해하고 정확하게 문제를 해결하였으나, 그 과정에서 논리적인 근거 혹은 표현이 미흡했다.	• 윷을 던졌을 때 나오는 모든 경우의 확률을 설명하지 않고 결과만을 가지고 문제를 해결했다. • 두 개의 말을 잡을 경우를 설명하지 않고 결과만 보여줬다.	3
• 문제를 정확하게 해결하려고 노력하였으나, 해결 과정에서 실수가 있어 올바른 답을 구하지 못했다.	• 해결 과정은 바르게 서술하였으나 계산에서 실수가 있어 답이 틀렸다. • 두 개의 말이 각각 한 말씩 잡을 경우, 순서가 바뀔 수 있음을 생각하지 못하여 총 여섯 가지 중 네 가지 경우만 찾았다.	2
• 문제를 해결하기 위한 시도를 하였지만, 해결전략은 알고 있으나 해결 과정에서 오류가 있어 정확히 해결하지 못했다.	• 두 개의 말을 모두 잡을 경우를 바르게 찾지 못했으나, 각 경우에 나올 수 있는 확률은 정확히 구했다. • 두 개의 모든 말을 잡을 경우는 제대로 구했으나, 윷을 던졌을 때 나오는 경우의 확률을 잘못 구했다.	1
• 무응답 및 오답을 썼다.	• 지훈이의 말이 하나 더 남아있음을 생각하지 못하고, 도가 나온 후 개가 나오는 경우만 서술했다.	0

채점예시

4점

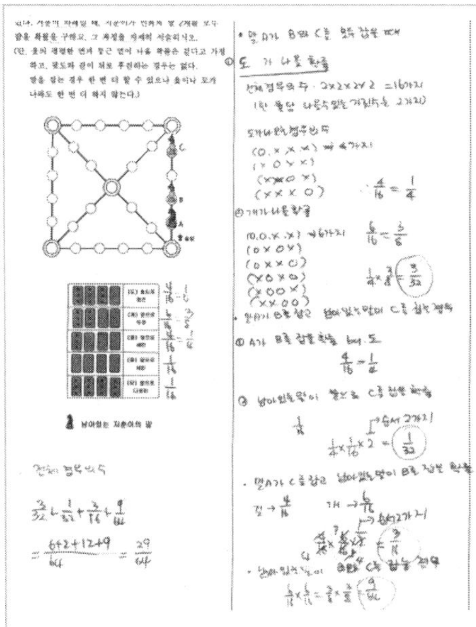

채점근거

윷을 던졌을 때 나오는 다섯 가지 경우의 확률을 구하는 과정을 자세히 나타내었고, 말 두 개를 잡을 경우를 놀이판 위에 있는 말이 잡을 때와 남아있는 말이 잡을 때로 구분하여 각각의 확률을 정확히 구하였다.

즉, 문제에서 제공하는 정보를 바르게 이해하고 정확하게 문제를 해결하였으며, 그 과정에서 논리적인 근거를 충분히 제시하여 올바른 풀이과정과 정확한 표현으로 서술한 경우이다.

3점

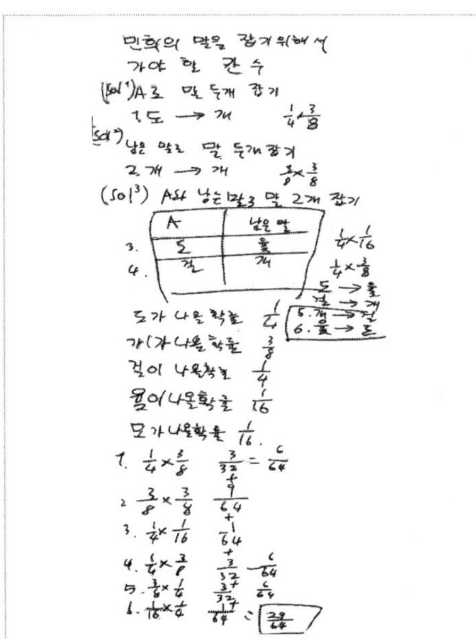

채점근거

윷을 던졌을 때 나오는 다섯 가지 경우의 확률을 구하는 과정 없이 확률 값을 활용하여, 말 두 개를 잡을 경우를 놀이판 위에 있는 말이 잡을 때와 남아있는 말이 잡을 때로 구분하여 각각의 확률을 정확히 구하였다.

즉, 문제에서 제공하는 정보를 바르게 이해하고 정확하게 문제를 해결하였으나, 그 과정에서 논리적인 근거 혹은 표현이 미흡한 경우이다.

채점예시

2점

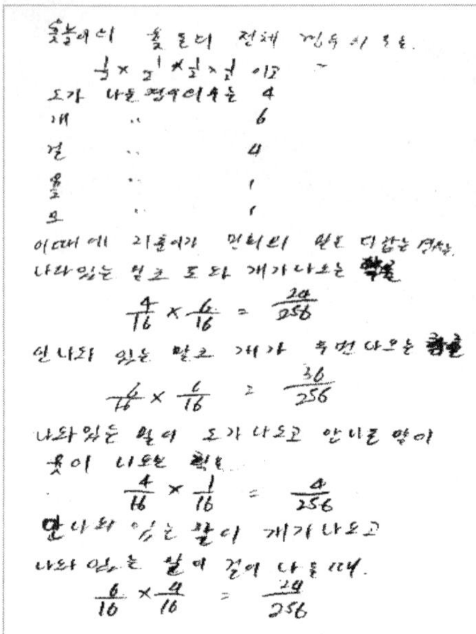

채점근거

윷을 던졌을 때 나오는 다섯 가지 경우의 확률을 구하는 과정을 자세히 나타내었다. 말 두 개를 잡을 경우를 놀이판 위에 있는 말이 잡을 때와 남아있는 말이 잡을 때로 구분하여 경우를 구하고자 하였으나, 여섯 가지 중에 두 가지를 빼먹고 계산하여, 구하고자 한 확률을 옳지 않게 구하였다.

즉, 문제를 정확하게 해결하려고 노력하였으나, 해결 과정에서 실수가 있어 올바른 답을 구하지 못한 경우이다.

1점

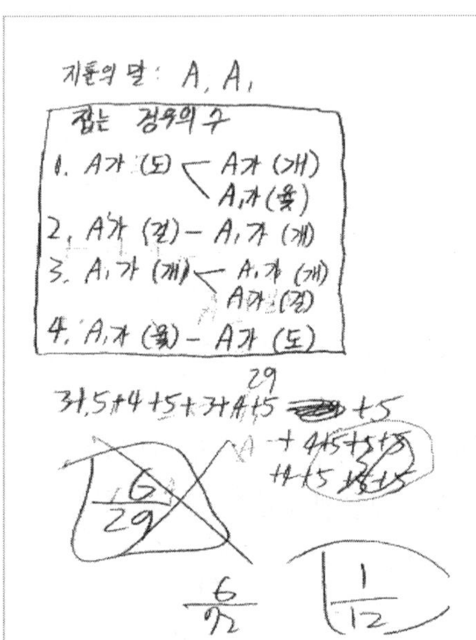

채점근거

말 두 개를 잡을 경우를 놀이판 위에 있는 말이 먼저 잡을 때와 남아있는 말이 먼저 잡을 때로 구분하여 여섯 가지를 모두 정확히 나타내었으나, 윷을 던졌을 때 나오는 경우의 확률과 민희의 말을 모두 잡을 수 있는 경우 여섯 가지의 확률을 정확히 구하지 못하였다.

즉, 문제를 해결하기 위한 시도를 하였지만, 해결전략은 알고 있으나 해결 과정에서 오류가 있어 정확히 해결하지 못한 경우이다.

채점예시

0점

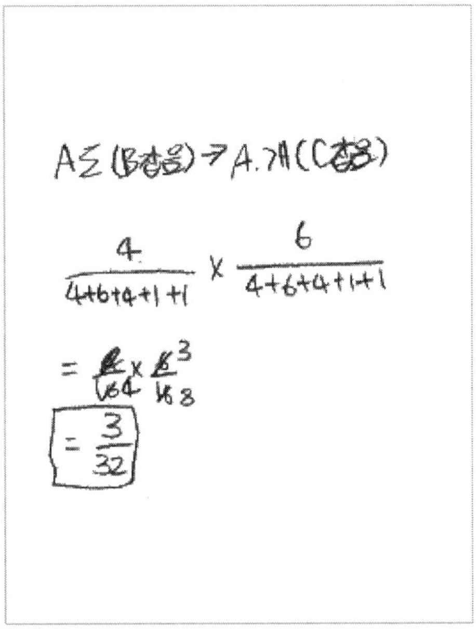

채점근거

지훈이의 말이 하나 더 남아있음을 생각하지 못하고, 도가 나온 후 개가 나오는 경우만 나타내었다.

즉, 문제에서 주어진 정보를 바르게 이해하지 못하여 문제를 해결하지 못한 경우이다.

확률의 계산

문 제 ㊤ ㊥ ㊦

지훈이와 민희가 윷놀이를 하고 있다. 그림과 같이 말이 놓여 있고 아직 놓이지 않은 지훈이의 말이 한 개 더 남아있다. 다음 물음에 답하여라. (단, 윷의 평평한 면과 둥근 면이 나올 확률은 같다고 가정하고, 뒷도와 같이 뒤로 후진하는 경우는 없다. 윷이나 모가 나와도 한 번 더 하지 않는다.)

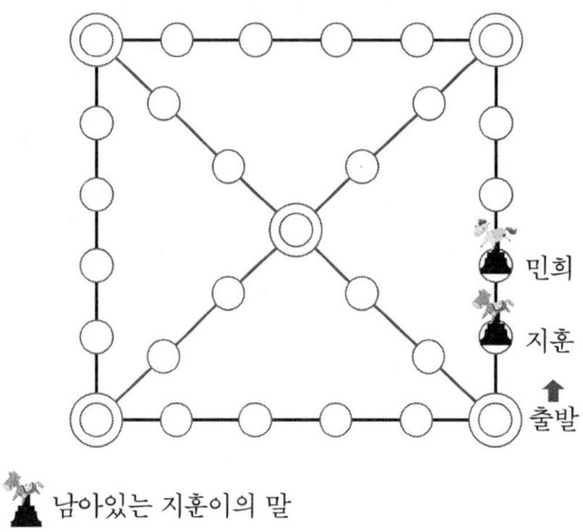

	(도) 앞으로 한 칸
	(개) 앞으로 두 칸
	(걸) 앞으로 세 칸
	(윷) 앞으로 네 칸
	(모) 앞으로 다섯 칸

(1) 지훈이가 윷을 던질 때 개가 나올 확률을 구하고, 구하는 과정을 서술하시오.

(2) 지훈이가 윷을 던져 민희의 말을 잡을 확률을 구하고, 구하는 과정을 서술하시오.

핵심개념 경우의 수, 동시에 일어나지 않는 사건의 확률

해 설 윷놀이의 규칙을 확률과 연결하여 생각할 수 있고, 경우의 수와 확률을 바르게 이해하고 있는지 평가할 수 있는 문항이다.

선생님 TIP

문항을 세부문항으로 나누어 제시함으로써 학생들이 해결 실마리를 쉽게 찾을 수 있도록 구성하였습니다. 세부 문항으로 나누지 않거나 놀이판에 놓인 말의 수를 변형하면 난이도 조절이 가능합니다. 도, 개, 걸, 윷, 모가 나올 확률이 모두 같다고 착각하여 확률이 $\frac{1}{5}$이라고 생각하는 경우가 많으니 유의하여 가르칠 필요가 있습니다.

풀이

(1) 윷을 한 번 던질 때 나오는 모든 경우의 수는 $2\times2\times2\times2=16$(가지)이다.

평평한 면을 ○, 둥근 면을 ×라고 하면, 이 중 개가 나오는 경우의 수는 (○, ○, ×, ×), (○, ×, ○, ×), (○, ×, ×, ○), (×, ○, ○, ×), (×, ○, ×, ○), (×, ×, ○, ○)의 여섯 가지이다.

따라서 개가 나올 확률은 $\frac{6}{16}=\frac{3}{8}$이다.

(2) 지훈이가 민희의 말을 잡으려면 도 또는 개가 나와야 한다. 평평한 면을 ○, 둥근 면을 ×라고 하면, 도가 나오는 경우의 수는 (○, ×, ×, ×), (×, ○, ×, ×), (×, ×, ○, ×), (×, ×, ×, ○)의 네 가지이다. 따라서 도가 나올 확률은 $\frac{4}{16}=\frac{1}{4}$이다. 또한 개가 나올 확률은 $\frac{3}{8}$이다(1의 답 참고).

따라서 도 또는 개가 나올 확률은 $\frac{1}{4}+\frac{3}{8}=\frac{5}{8}$이다.

채점기준

(1)번 채점 기준

채점기준	세부기준	점수
• 문제에서 제공하는 정보를 바르게 이해하고 정확하게 문제를 해결하였으며, 그 과정에서 논리적인 근거를 충분히 제시하여 올바른 풀이과정과 정확한 표현으로 서술했다.	• 윷을 던졌을 때 나오는 경우의 수를 설명하고, 그림이나 설명을 통해 개가 나오는 경우의 수를 설명해 개가 나올 확률을 정확하게 구했다.	2
• 문제에서 제공하는 정보를 바르게 이해하고 정확하게 문제를 해결하였으나, 그 과정에서 논리적인 근거 혹은 표현이 미흡했다.	• 전체 경우의 수를 구하는 과정 혹은 개를 구하는 과정이 없는 경우 • 약분을 하지 않았다.	1.5

• 문제를 정확하게 해결하려고 노력하였으나, 문제의 정보를 바르게 이해하기 못하거나 실수가 있어 올바른 답을 구하지 못했다.	• 전체의 경우의 수 혹은 개가 나오는 경우의 수를 실수로 잘못 구하여 확률의 값이 틀렸다.	1
• 문제를 해결하기 위한 시도를 하였지만, 과정 없이 답만 옳게 적었다.	• 답만 옳게 적었다.	0.5
• 무응답 또는 오답을 썼다.	• 도, 개, 걸, 윷, 모 중의 하나이기 때문에 $\frac{1}{5}$이라고 썼다.	0

(2)번 채점기준

채점기준	세부기준	점수
• 문제에서 제공하는 정보를 바르게 이해하고 정확하게 문제를 해결하였으며, 그 과정에서 논리적인 근거를 충분히 제시하여 올바른 풀이과정과 정확한 표현으로 서술했다.	• 말을 잡을 확률을 정확히 구하고, 그 구하는 과정이 논리적으로 설명을 잘했다.	2
• 문제에서 제공하는 정보를 바르게 이해하고 정확하게 문제를 해결하였으나, 그 과정에서 논리적인 근거 혹은 표현이 미흡했다.	• 말을 잡을 경우를 설명하지 않고 식만 제시하여 풀었다. • 약분을 하지 않았다.	1.5
• 문제를 정확하게 해결하려고 노력하였으나, 문제해결 과정에서 실수가 있어 올바른 답을 구하지 못했다.	• 전체의 경우의 수 혹은 도 혹은 개가 나오는 경우의 수를 실수로 잘못 구하여 확률을 구하지 못했다.	1
• 문제에서 제공하는 정보를 바르게 이해하고 문제를 해결하기 위한 시도를 하였지만, 해결전략만 제시하고 바르게 해결하지 못했다. • 과정 없이 답만 옳게 적었다.	• 말을 잡을 확률은 도 혹은 개가 나올 때 확률임을 서술하였지만 풀이는 못했다. • 답만 옳게 적었다.	0.5
• 무응답 또는 오답을 썼다.	• 무응답 또는 오답을 썼다.	0

 (1)번 채점 기준

4점

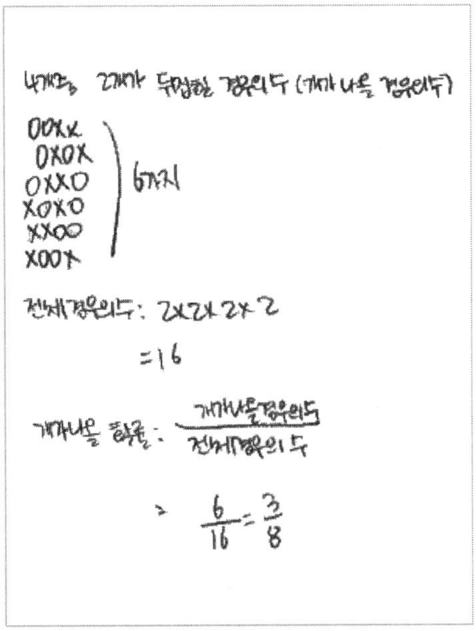

채점근거

윷을 던졌을 때 개가 나올 수 있는 경우의 수를 그림과 함께 자세히 나타내고, 개가 나올 확률을 정확하게 구하였다.

즉, 문제에서 제공하는 정보를 바르게 이해하고 정확하게 문제를 해결하였으며, 논리적인 근거를 충분히 제시하여 올바른 풀이과정과 정확한 표현으로 서술된 경우이다.

3점

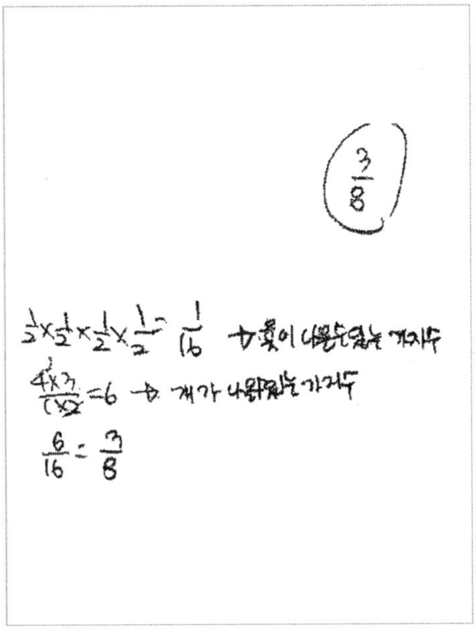

채점근거

윷을 던졌을 때 나올 수 있는 경우의 수의 의미를 알고 있으나, 경우의 수와 확률의 표현을 섞어 사용하여 정확하게 표현하지 못했지만, 개가 나올 확률은 바르게 구하였다.

즉, 문제에서 제공하는 정보를 바르게 이해하고 정확하게 문제를 해결하였으나, 그 과정에서 표현이 미흡한 경우이다.

채점예시 (1)번 채점 기준

2점

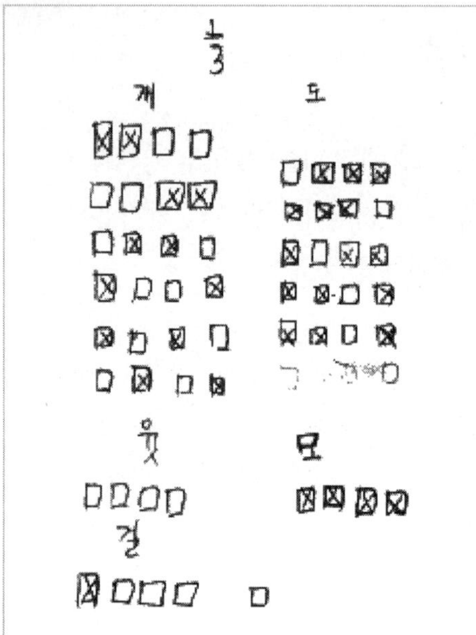

채점근거

개가 나오는 경우의 수는 정확히 구하였으나 전체의 경우의 수를 구하는 과정에서 실수가 있어, 개가 나올 확률을 구하는 방법은 알고 있으나 확률 값이 옳지 않다.

즉, 문제의 정보를 바르게 이해하기 못하거나 실수가 있어 올바른 답을 구하지 못한 경우이다.

1점

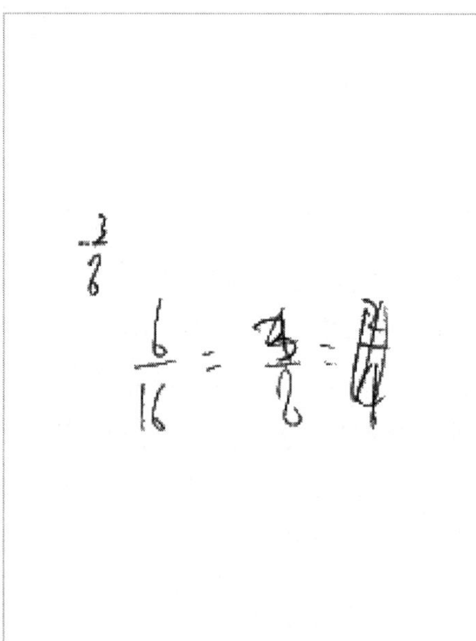

채점근거

확률을 구하는 공식을 활용하여 식을 세워 개가 나올 확률을 구하였으나, 경우의 수를 구하는 과정을 설명하지 않았다.

즉, 문제를 해결하기 위한 시도를 했지만, 과정 없이 답만 옳게 적은 경우이다.

채점예시 (1)번 채점 기준

0점

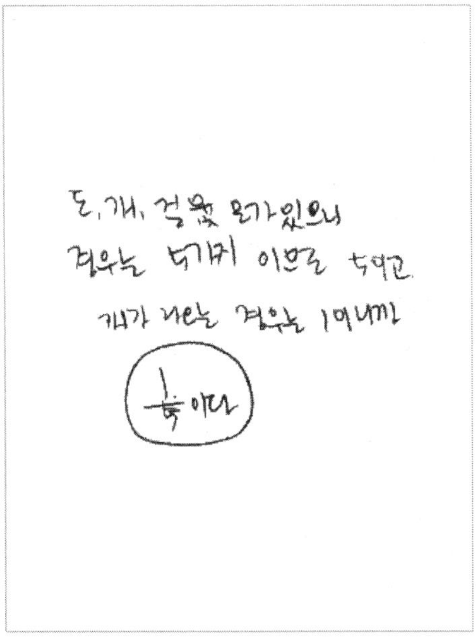
도, 개, 걸 윷 모가 있으니
경우는 5가지 이므로 5이고
개가 나오는 경우는 1이니까
$\frac{1}{5}$이다

채점근거

윷놀이를 할 때 전체 경우의 수를 도, 개, 걸, 윷, 모인 다섯 가지라고 설명하고 있다.

즉, 각 경우가 나올 확률이 모두 같다고 착각하여 전체의 경우의 수를 잘못 구한 경우이다.

채점예시 (2)번 채점 기준

2점

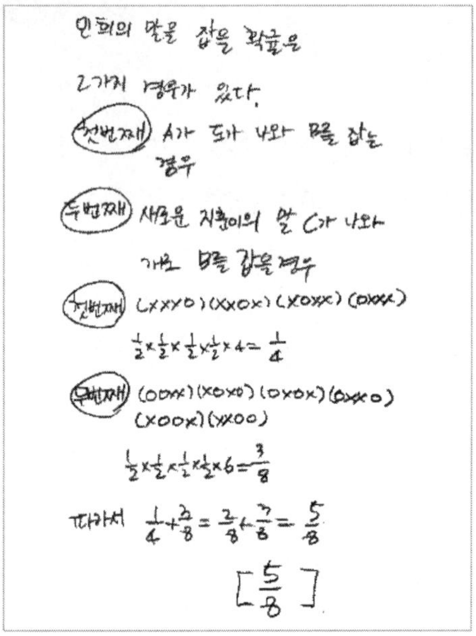

민희의 말을 잡을 확률은

2가지 경우가 있다.

(첫번째) A가 도가 나와 B를 잡는 경우

(두번째) 새로운 지훈이의 말 C가 나와 개로 B를 잡을경우

(첫번째) (×××○)(××○×)(×○××)(○×××)

$\frac{1}{2}\times\frac{1}{2}\times\frac{1}{2}\times\frac{1}{2}\times4=\frac{1}{4}$

(두번째) (○○××)(×○×○)(○×○×)(○××○)(×○○×)(××○○)

$\frac{1}{2}\times\frac{1}{2}\times\frac{1}{2}\times\frac{1}{2}\times6=\frac{3}{8}$

따라서 $\frac{1}{4}+\frac{3}{8}=\frac{2}{8}+\frac{3}{8}=\frac{5}{8}$

$[\frac{5}{8}]$

채점근거

여분의 말을 포함하여 민희의 말을 잡을 수 있는 경우를 모두 나타내고, 동시에 일어나지 않는 확률임을 알고 각 경우의 확률을 더하는 과정을 자세한 풀이로 나타냈다. 그리고 답을 정확히 구하였다.

즉, 문제에서 제공하는 정보를 바르게 이해하고 정확하게 문제를 해결하였으며, 그 과정에서 논리적인 근거를 충분히 제시하여 올바른 풀이과정과 정확한 표현으로 서술된 경우이다.

1.5점

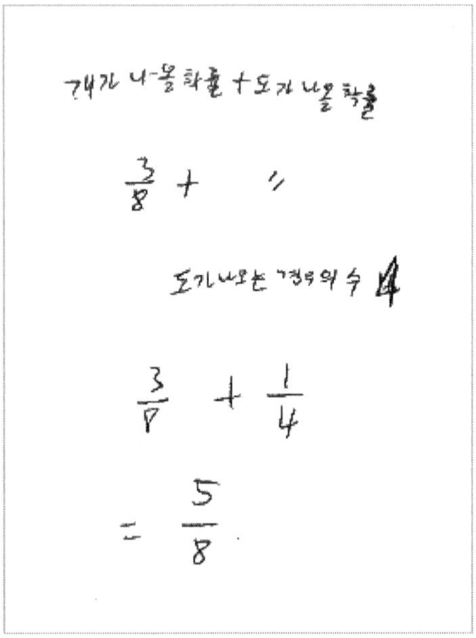

개가 나올 확률 + 도가 나올 확률

$\frac{3}{8}+$ =

도가 나오는 경우의 수 4

$\frac{3}{8}+\frac{1}{4}$

$=\frac{5}{8}$

채점근거

민희의 말을 잡을 수 있는 도가 나오거나 개가 나올 확률을 모두 구하고 더하여 얻고자 하는 값을 구했지만, 어느 말이 잡을 때 어떤 윷이 나와야 하는지 그 과정을 자세히 설명하지 않고 식으로만 세워 풀었다.

즉, 문제에서 제공하는 정보를 바르게 이해하고 정확하게 문제를 해결하였으나, 그 과정에서 논리적인 근거 혹은 표현이 미흡한 경우이다.

채점예시 (2)번 채점 기준

1점

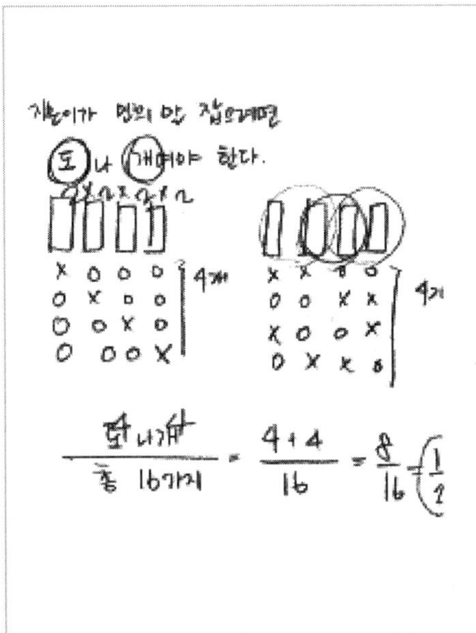

채점근거

민희의 말을 잡으려면 도 또는 개가 나와야 한다고 설명한 후에, 각각의 경우의 수를 구하는 과정을 보여주고 있다. 그러나 개가 나올 수 있는 경우의 수를 실수로 잘못 구하여 구하고자 하는 확률 값이 틀렸다.

즉, 문제해결 과정에서 실수가 있어 올바른 답을 구하지 못한 경우이다.

0.5점

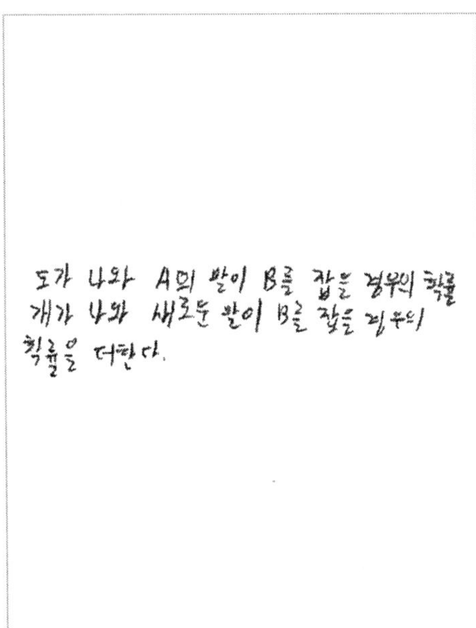

채점근거

민희의 말을 잡기 위해서는 도 또는 개가 나와야 한다고 설명하였지만, 확률을 구하는 과정과 답이 모두 생략되었다.

즉, 문제를 해결하기 위한 시도를 하였지만 해결전략만 제시하고 바르게 해결하지 못한 경우이다.

채점예시 (2)번 채점 기준

0점

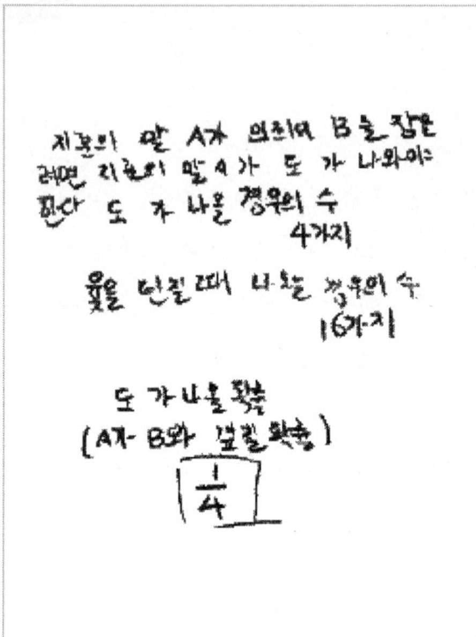
지훈의 말 A가 의진이 B를 잡으려면 지훈이 말 A가 도 가 나와야 된다 도 가 나올 경우의 수
4가지

윷을 던질 때 나올 경우의 수
16가지

도 가 나올 확률
(A가 B와 잡힐 확률)

$\frac{1}{4}$

채점근거

지훈이의 말이 하나 더 남아있음을 생각하지 못하고 도가 나오는 경우만 나타내었다.

즉, 문제에서 주어진 정보를 바르게 이해하지 못하여 문제를 해결하지 못한 경우이다.

05 | 기하

삼각형의 성질

문 제

상 중 하

명제 [a, b 모두 짝수이면 $a+b$가 짝수이다.]의 역은 거짓이다.
명제의 역이 참이 되도록 하나의 조건을 수정하고 그 이유를 서술하시오.

핵심개념 명제의 역과 참·거짓

해 설 명제가 주어졌을 때 명제의 역을 새롭게 구성할 수 있고, 명제의 참·거짓을 논리적으로 판단할 수 있는지 평가하는 문항이다.

선생님 TIP

하나의 조건만 바꾸어 명제의 역이 참이 되도록 하기 위해서는 결론을 수정하는 경우만 가능합니다. 하나의 조건을 '수정' 대신 '명제의 조건을 수정'이라고 주어질 경우, 가정 혹은 결론을 바꿀 수 있어 창의적이고 다양한 학생들의 답안이 나올 수 있습니다.

풀 이 명제의 역을 구하기 위해 주어진 명제에서 명제의 가정과 결론을 구분한다. 즉, 주어진 명제의 가정은 [a, b 모두 짝수이다.]이고, 주어진 명제의 결론은 [$a+b$가 짝수이다.]이다. 명제의 역은 가정과 결론을 바꾸는 것이므로 [$a+b$가 짝수이면 a, b 모두 짝수이다.]이다.

그러나 명제의 역은 참이 아니다. 왜냐하면 $a+b$가 짝수인 경우는 a, b 모두 짝수일 때만 아니라 a, b 모두 홀수일 때도 가능하기 때문이다. 따라서 명제의 역이 참이 되기 위해서는 결론이 "a, b 모두 짝수이거나 홀수"이어야 한다.

그러므로 주어진 명제의 역이 참이 되기 위해서는 [$a+b$가 짝수이면 a, b 모두 짝수이거나 홀수이다.]로 명제를 수정해야 한다.

채점기준

채점기준	세부기준	점수
• 문제에서 제공하는 정보를 바르게 이해하고 문제가 요구하는 핵심개념을 이용하여 문제를 정확히 해결하며, 그 과정에서 논리적인 근거를 충분히 제시하여 바른 표현으로 서술했다.	• 명제의 가정과 결론을 나누어 명제의 역인 "$a+b$가 짝수이면 a, b 모두 짝수이다"를 정확히 서술하고, $a+b$가 짝수일 때와 a, b 둘 다 홀수일 때 모두 가능하기 때문에 명제의 역이 참이 되기 위해서는 "$a+b$가 짝수이면 a, b 모두 짝수이거나 홀수이다"로 수정되야 한다고 옳게 서술했다.	4
• 문제에서 제공하는 정보를 바르게 이해하고 문제가 요구하는 핵심개념을 이용하여 문제를 정확히 해결하였으며, 그 과정에서 논리적인 근거를 충분히 제시하였으나 표현에 있어 생략이 있거나 미흡했다.	• 명제의 역이 참이 되는 조건에 대한 근거인 "$a+b$가 짝수일 때와 a, b 둘 다 홀수일 때도 가능하기 때문"이라는 것을 생략하고 서술했다. (답은 옳게 서술했다.) • 명제의 역을 서술하지 않고 나머지 다른 과정과 답을 모두 옳게 적었다.	3
• 문제에서 제공하는 정보를 바르게 이해하고 문제가 요구하는 핵심개념을 이용하여 문제를 해결하려 하였으나 그 해결 과정에서 오류가 있어 옳지 않은 답을 서술했다.	• 명제의 역과 그 과정을 옳게 서술하였지만 명제의 역이 참이 되는 조건인 "$a+b$가 짝수일 때와 a, b 둘 다 홀수일 때도 가능"을 옳지 않게 제시하여 옳지 않은 답을 서술했다.	2
• 문제에서 제공하는 정보를 바르게 이해하였지만 해결 과정에서 잘못된 추론을 하여 옳지 않은 답을 서술했다. • 해결 과정 없이 답만 옳게 적었다.	• 명제의 역인 "$a+b$가 짝수이면 a, b 모두 짝수이다"만 서술했다. • 해결 과정이나 근거 없이 옳은 답만 적었다.	1
• 무응답 또는 오답을 썼다.	• 무응답 또는 오답을 썼다.	0

채점예시

4점

a+b가 짝수이면 a, b 모두 짝수이다
=> 거짓
이유 = a+b가 짝수이라면
짝수+짝수도 있지만
홀수+홀수도 있기 때문에
a와 b가 모두 짝수라는 것은
거짓이다

수정

a+b가 짝수이면 a, b는
모두 짝수 혹은 모두 홀수이다.

a+b가 짝수이라면은
홀수+홀수 이거나
짝수+짝수 이기 때문이다.

채점근거

명제의 역을 정확히 서술하고, 역은 거짓이며 그 이유는 $a+b$가 짝수일 때 a, b 둘 다 홀수일 때도 가능하기 때문이라고 설명하였다. 또한 명제의 역이 참이 되도록 바르게 수정하여 나타내었다.

즉, 문제에서 제공하는 정보를 바르게 이해하고 문제를 바르게 해결하며, 그 과정에서 논리적인 근거를 충분히 제시하여 풀이과정과 표현이 옳게 서술한 경우이다.

3점

위 명제의 역은
'a+b가 짝수이면 a, b는 모두 짝수이다'
인데 이 경우 a=1, b=3의 경우에
도 되므로 거짓이다.
하지만 빠진 조건(가정)을 넣고 하면
위 명제의 역은 a+b가 짝수이면 z이다.
그러므로 z를 '자연수 a, b는 모두
홀수이거나 짝수이다'로 가정하면
위 명제의 역은 'a+b가 짝수이면
자연수 a, b는 모두 짝수이거나 홀수이다'
로 참이 되므로 수정한 명제
의 역은 'a+b가 짝수이면
자연수 a, b는 모두 짝수이거나 홀수이다

채점근거

명제의 역을 정확히 서술하고, 역은 거짓이며 그 이유를 예를 들어 보여주고 있다. 명제의 역이 참이 되기 위하여 어느 부분이 어떻게 바뀌어야 하는지 바르게 수정하였다. 그러나 그 수정하여 표현하는 부분에서 '자연수 a, b'라는 불필요한 제한을 추가함으로써 바르게 표현하지 못하고 있다.

즉, 문제에서 제공하는 정보를 바르게 이해하고 문제를 정확히 해결하였으며, 그 과정에서 논리적인 근거를 충분히 제시하였으나 표현에 있어 생략이 있거나 미흡한 경우이다.

채점예시

2점

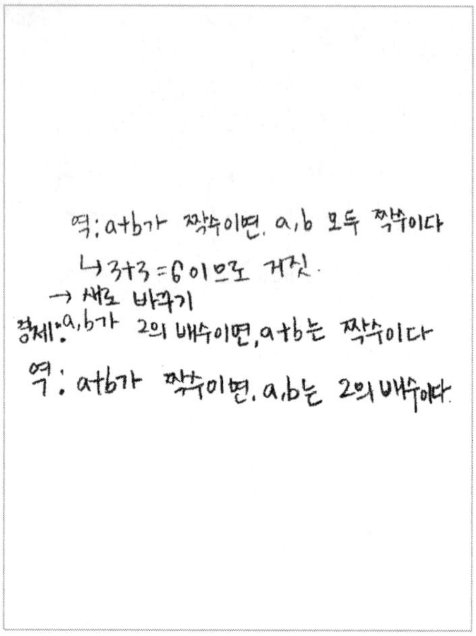
역: a+b가 짝수이면, a, b 모두 짝수이다
↳ 3+3=6이므로 거짓.
→ 새로 바꾸기
명제: a, b가 2의 배수이면, a+b는 짝수이다
역: a+b가 짝수이면, a, b는 2의 배수이다.

채점근거

명제의 역과 역이 거짓인 이유를 적절한 예시를 들어 설명하였다. 명제의 역이 참이 되도록 하기 위하여 수정하였으나, 수정한 역이 틀렸다.

즉, 주어진 정보를 바르게 이해하고 문제를 해결하려 하였으나 그 해결 과정에서 오류가 있어 옳지 않은 답을 서술한 경우이다.

1점

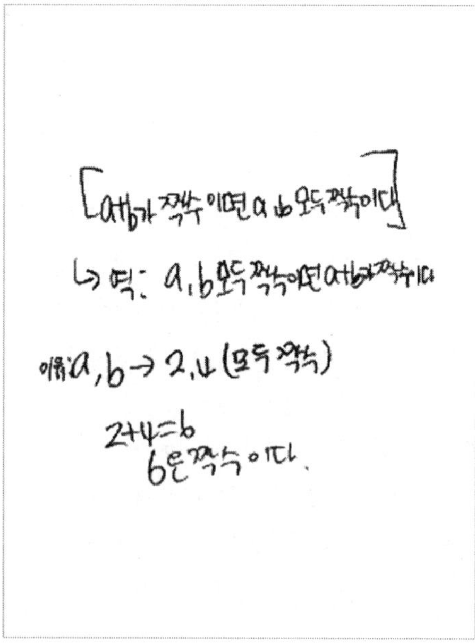
[a+b가 짝수이면 a, b 모두 짝수이다]
↳ 역: a, b 모두 짝수이면 a+b가 짝수이다
이유: a, b → 2, 4 (모두 짝수)
2+4=6
6은 짝수이다.

채점근거

주어진 명제의 역을 바르게 제시하였으나, 그 역이 거짓임을 설명하지 못하고 참이 되도록 변형하지 못하였다. 역과 바르게 고친 역을 모두 쓰는 것이 문제이므로, 답을 제대로 서술하였다고 볼 수 없다.

즉, 해결 과정에서 잘못된 추론을 하여 옳은 답을 서술하지 못한 경우이다.

삼각형의 성질

문 제 ⓢ상 ⓢ중 ⓢ하

명제 [a, b 모두 짝수이면 $a+b$가 짝수이다.]의 가정과 결론을 구분하여 명제의 역을 기술하고 그 역이 참이면 그 이유를, 거짓이면 그 예를 들어 설명하시오.

핵심개념 명제의 역과 참·거짓

해 설 명제가 주어졌을 때 명제의 역을 새롭게 구성할 수 있고, 명제의 참·거짓을 논리적으로 판단할 수 있는지 평가하는 문항이다.

선생님 TIP

명제의 역의 참·거짓 판단을 이유와 함께 설명하고, 더 나아가 역이 참이 되도록 새롭게 문장을 만들어 보는 문항으로 바꾸면 '상' 수준으로 변경이 가능합니다.

풀 이 명제의 역을 구하기 위해 주어진 명제에서 명제의 가정과 결론을 구분한다.

즉, 주어진 명제의 가정은 [a, b 모두 짝수이다.]이고, 주어진 명제의 결론은 [$a+b$가 짝수이다.]이다. 명제의 역은 가정과 결론을 바꾸는 것이므로 [$a+b$가 짝수이면 a, b 모두 짝수이다.]이다.

그러나 명제의 역은 참이 아니다. 왜냐하면 $a+b$가 짝수인 경우는 a, b 모두 짝수일 때 뿐만 아니라 a, b 모두 홀수일 때도 가능하기 때문이다.

따라서 주어진 명제의 역은 [$a+b$가 짝수이면 a, b 모두 짝수이다.]이고 역이 거짓이 되는 예는 "a, b 모두 홀수일 때"이다.

(이때 a, b를 특정한 홀수를 예를 들어도 된다. 예를 들면 $a=3$, $b=5$인 경우 명제의 역이 옳지 않음을 서술한 경우도 인정)

채점기준

채점기준	세부기준	점수
• 문제에서 제공하는 정보를 바르게 이해하고 문제가 요구하는 핵심개념을 이용하여 문제를 옳게 해결하며, 그 과정에서 논리적인 근거를 충분히 제시하여 풀이과정과 표현을 옳게 서술했다.	• 명제의 역을 구하기 위해 주어진 명제의 가정과 결론을 구분하고 명제의 역 "$a+b$가 짝수이면 a, b 모두 짝수이다"를 서술하고 명제의 역이 거짓이 되는 이유를 설명하거나 예를 a, b 모두 홀수인 경우를 들어 옳게 설명했다.	4
• 문제에서 제공하는 정보를 바르게 이해하고 문제가 요구하는 핵심개념을 이용하여 문제를 옳게 해결하려 하였으나 해결 과정에서 옳지 않은 표현으로 답을 서술했다.	• 명제의 역을 서술하고 역이 거짓임을 판정하였으나 예를 a, b 둘 중 하나는 홀수, 하나는 짝수로 들거나 둘 다 짝수로 들어 설명했다. • 명제의 가정, 결론을 옳게 구분하고 역이 거짓임을 판단하였으며 예도 옳게 들었으나 역을 명확하게 서술하지 못했다.	3
• 문제에서 제공하는 정보를 바르게 이해하였으나 해결 과정에서 논리적인 근거를 충분히 제시하지 못하여 옳지 않은 답을 서술했다. • 문제에서 제공하는 정보를 이해하여 문제를 해결하려 하였으나 해결 과정에서 생략이 있거나 문제를 끝까지 해결하지 않았다.	• 명제의 역을 구하기 위해 주어진 명제의 가정과 결론을 구분하고 명제의 역을 서술하였으나 옳지 않은 근거로 명제의 역을 참이라 서술했다. • 명제의 역을 구하기 위해 명제의 가정과 결론을 구분하고 명제의 역을 서술하였으나 참·거짓은 판정하지 않았다. • 가정, 결론을 구분하지 않고 역을 옳게 서술했다.	2
• 문제에서 제공하는 정보를 바르게 이해하였으나 문제가 요구하는 핵심개념을 이용하지 못하여 옳지 않은 풀이과정을 서술했다.	• 명제의 역을 구하기 위해 명제의 가정과 결론을 구분하였지만 옳지 않게 명제의 역을 서술하거나 서술하지 않았다.	1
• 무응답 또는 오답을 썼다.	• 무응답 또는 오답을 썼다.	0

채점예시

4점

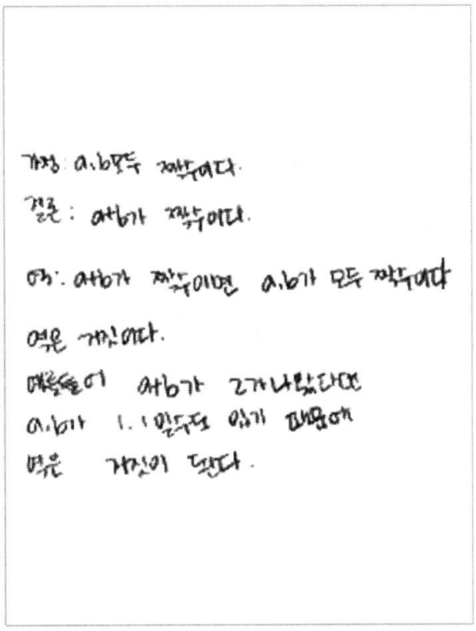

가정: a, b모두 짝수이다.
결론: a+b가 짝수이다.
역: a+b가 짝수이면 a, b가 모두 짝수이다
역은 거짓이다.
예를들어 a+b가 2가 나왔다면
a, b가 1, 1일수도 있기 때문에
역은 거짓이 된다.

채점근거

명제의 역을 구하기 위해 주어진 명제의 가정과 결론을 구분하고 명제의 역을 바르게 서술한 후, 명제의 역이 거짓이 되는 이유를 예를 들어 설명하였다.

즉, 문제에서 제공하는 정보를 바르게 이해하고 문제를 바르게 해결하며, 그 과정에서 논리적인 근거를 충분히 제시한 경우이다.

3점

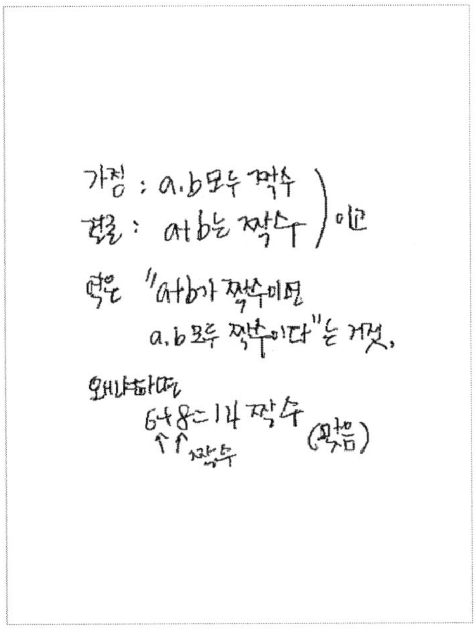

가정: a, b모두 짝수
결론: a+b는 짝수) 이고
역은 "a+b가 짝수이면
a, b모두 짝수이다"는 거짓,
왜냐하면
6+8=14 짝수 (맞음)
↑ ↑ 짝수

채점근거

명제의 역을 서술하고 역이 거짓임을 판정하였으나, 예를 a, b 둘 다 짝수로 들어 설명하여 적절한 예를 들지 못하였다.

즉, 문제에서 제공하는 정보를 바르게 이해하고 바르게 문제를 해결하려 하였으나 해결 과정에서 옳지 않은 표현을 한 경우이다.

채점예시

2점

가정: a, b모두 짝수이다.

결론: a+b가 짝수이다.

역: a+b가 짝수이면 a, b가 모두 짝수이다.

채점근거

명제의 역을 구하기 위해 명제의 가정과 결론을 구분하고 명제의 역을 바르게 서술하였으나 참·거짓은 판정하지 않았다.

즉, 문제에서 제공하는 정보를 이해하여 문제를 해결하려 하였으나 문제를 끝까지 해결하지 않은 경우이다.

1점

가성: a, b 모두 짝수다

결론: a+b는 짝수이다.

짝수끼리 더하면 무조건 짝수가 나오기 때문이다.

채점근거

명제의 역을 구하기 위해 명제의 가정과 결론을 구분하여 바르게 나타내었다. 그러나 명제의 역을 서술하지 않았고, 문제를 잘못 이해하여 명제의 역이 아닌 명제의 참·거짓인 이유를 설명하였다.

즉, 문제를 해결하고자 시도하였으나 답을 서술하지 못한 경우이다.

삼각형의 성질

문 제 상 중 하

명제 [a, b 모두 짝수이면 $a+b$가 짝수이다.]의 가정과 결론을 구분하고 명제의 역을 서술하시오.

핵심개념 명제의 역과 참 · 거짓

해 설 구분된 명제의 가정과 결론으로 구분할 수 있고, 명제의 역을 알고 만들 수 있는지 평가할 수 있는 문항이다.

선생님 TIP

명제와 명제의 역의 참 · 거짓을 판단하고 그 이유를 설명하도록 문항을 수정하여 '중' 수준 학생들에게도 제공할 수 있습니다(앞의 문항 참고). 가정과 결론을 구분할 때, 원래의 명제에서 그대로 가지고 와서 "가정은 [a, b 모두 짝수이면]이고, 결론은 [$a+b$가 짝수이다]이다"로 쓰는 학생들이 많습니다. 정확한 문장으로 쓸 수 있도록 유의하여 지도할 필요가 있습니다.

풀 이 명제의 역을 구하기 위해 주어진 명제의 가정과 결론을 구분한다.

즉, 주어진 명제의 가정은 [a, b 모두 짝수이다.]이고,

주어진 명제의 결론은 [$a+b$가 짝수이다.]이다.

이때, 명제의 역은 주어진 명제의 가정과 결론을 바꾸는 것이다.

따라서 주어진 명제의 역은 [$a+b$가 짝수이면 a, b 모두 짝수이다.]이다.

채점기준

채점기준	세부기준	점수
• 문제에서 제공하는 정보를 바르게 이해하고 문제가 요구하는 핵심개념을 이용하여 문제를 옳게 해결하며, 그 과정에서 논리적인 근거를 충분히 제시하여 풀이과정과 표현을 옳게 서술했다.	• 명제의 가정과 결론을 정확하게 구분하고 명제의 역이 가정과 결론을 바꾸는 것이므로 "$a+b$가 짝수이면 a, b 모두 짝수이다"을 옳게 서술했다.	4
• 문제에서 제공하는 정보를 바르게 이해하고 해결 과정에서 논리적인 근거를 제시하여 옳게 해결하였으나, 미흡한 표현으로 답을 서술했다.	• 명제의 역을 구하기 위해 주어진 명제의 가정과 결론을 정확하게 구분하였지만 명제의 역을 바르게 나타내지 못했다. (예: "짝수 $a+b$가 모두 짝수이면 a, b이다.)	3
• 문제에서 제공하는 정보를 바르게 이해하고 해결하려 노력하였으나, 논리적인 근거를 제시하지 않고 해결 과정이 부분적으로 옳게 서술했다.	• 명제의 역을 구하기 위해 주어진 명제의 가정과 결론을 옳게 구분하여 서술하였으나 명제의 역을 어떻게 구해야 하는지 서술하지 않고 역을 옳지 않게 서술했다. • 가정과 결론을 암묵적으로 구분하여 명제의 역인 문장을 바르게 나타냈지만, 가정과 결론을 나타내지 않았다.	2
• 문제에서 제공하는 정보는 이해하였으나 논리적 근거를 제시하지 않고 해결 과정을 옳지 않게 표현하여 서술했다.	• 가정과 결론만 옳게 서술했다.	1
• 무응답 또는 오답을 썼다.	• 무응답 또는 오답을 썼다.	0

채점예시

4점

가정: a,b 모두 짝수이다.
결론: a+b는 짝수이다.
역: a+b가 짝수이면 a,b 모두 짝수이다.

채점근거

명제의 가정과 결론을 정확하게 구분하여 문장으로 바르게 나타내었고, 명제의 역을 옳게 서술하였다.

즉, 문제에서 제공하는 정보를 바르게 이해하고 문제를 바르게 해결하며, 정확한 표현으로 서술한 경우이다.

3점

가정
a,b 모두 짝수이면
결론
a+b가 짝수이다
역
a+b가 짝수이면
a,b가 짝수이다

채점근거

명제의 가정과 결론을 정확하게 구분하였지만 정확한 문장으로 표현하지 못하였고, 가정과 결론을 바꾸어 명제의 역을 만들었지만 "$a+b$가 짝수이면 a, b 모두 짝수이다"인데 문장이 정확하지 않다.

즉, 문제를 바르게 해결하였으나 표현이 미흡한 경우이다.

채점예시

2점

a+b가 짝수이면 a, b 모두 짝수이다.

채점근거

가정과 결론을 암묵적으로 구분하여 명제의 역인 문장을 바르게 나타내었지만, 가정과 결론을 나타내지 않았다.

즉, 문제에서 제공하는 정보를 바르게 이해하고 해결하려 하였으나, 논리적인 근거를 제시하지 않았고 해결 과정만 부분적으로 옳게 서술한 경우이다.

1점

[가정] a, b 모두 짝수
[결론] a+b가 짝수이다.

채점근거

가정과 결론을 구분하여 나타내었으나, 명제의 역인 문장을 만들지는 못하였다.

즉, 문제를 바르게 이해하고 문제를 해결하려고 시도는 하였으나 실패한 경우이다.

삼각형의 성질

문 제 상 중 하

다음은 정오각형의 각 꼭짓점에서 그을 수 있는 모든 대각선을 그린 그림이다.
이 그림에서 찾을 수 있는 이등변삼각형을 같은 모양별로 분류하여 총 개수를 구하고 그 이유를 설명하시오.

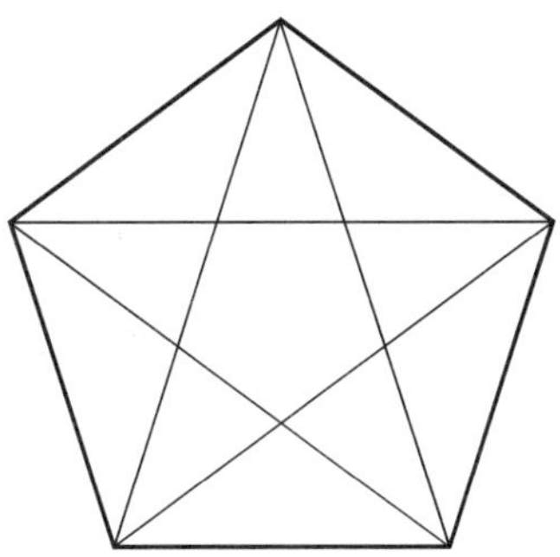

핵심개념 이등변삼각형의 정의와 성질

해 설 이등변삼각형의 정의와 성질을 이해하고 이를 사용하여 모양별로 이등변삼각형을 찾고 분류할 수 있는지 평가하는 문항이다.

선생님 TIP

그림에서 나누어진 도형을 조합해서 찾아내야 하는 이등변삼각형은 찾기 어려워합니다. 그러한 이등변삼각형을 문항에 그려서 예로 제공하면 '중' 또는 '하' 수준 학생들도 충분히 해결할 수 있는 문항으로 변경이 가능합니다.
아래 풀이와 같이 도형이 생기는 위치에 따라서 분류하기도 하지만 도형의 모양에 따라서 분류한 경우, 도형의 모양과 크기에 따라서 분류한 경우도 가능하니 얼마나 자신의 생각을 논리적으로 설명하는가에 중점을 두어 평가할 필요가 있습니다.

풀 이

다음의 그림에서 주어진 삼각형을 보면 정오각형의 두 변 길이가 같으므로 이등변삼각형이 된다. 이때 이와 같은 삼각형은 각 꼭짓점 별로 다섯 개가 만들어진다.

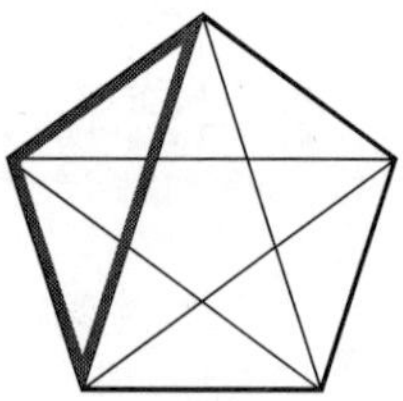

다음의 그림에서 주어진 삼각형은 두 밑각의 크기가 72도이므로 이등변삼각형이 된다(또는 두 변의 길이가 같으므로 이등변삼각형이 된다고 해도 됨). 이때 이와 같은 삼각형은 꼭짓점 별로 다섯 개가 만들어진다.

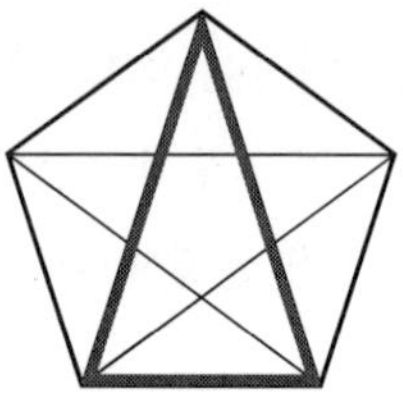

다음의 그림에서 주어진 삼각형은 두 밑각의 크기가 72도이므로 이등변삼각형이 된다(또는 두 변의 길이가 같으므로 이등변삼각형이 된다고 해도 됨). 이때 이와 같은 삼각형은 꼭짓점 별로 다섯 개가 만들어진다.

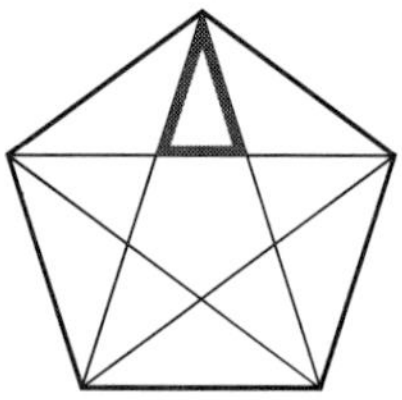

다음의 그림에서 주어진 삼각형은 두 밑각의 크기가 36도이므로 이등변삼각형이 된다(또는 두 변의 길이가 같으므로 이등변삼각형이 된다고 해도 됨). 이때 이와 같은 삼각형은 꼭짓점 별로 다섯 개가 만들어진다.

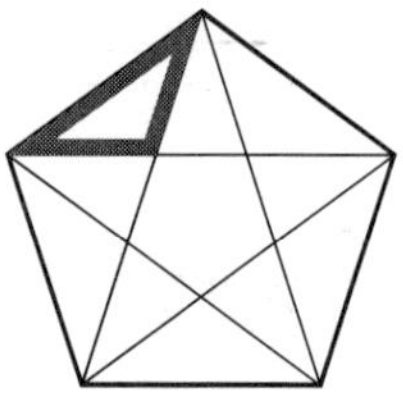

다음의 그림에서 주어진 삼각형은 두 밑각의 크기가 72도이므로 이등변삼각형이 된다(또는 두 변의 길이가 같으므로 이등변삼각형이 된다고 해도 됨). 이때 이와 같은 삼각형은 꼭짓점 별로 두 개씩 열 개가 만들어진다.

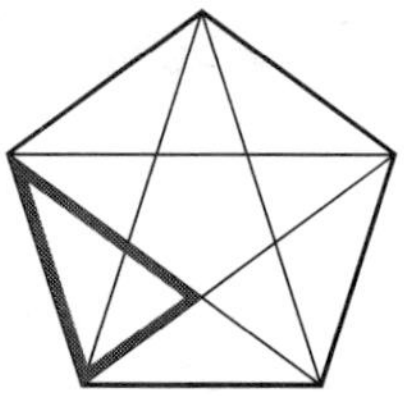

다음의 그림에서 주어진 삼각형은 두 밑각의 크기가 36도이므로 이등변삼각형이 된다(또는 두 변의 길이가 같으므로 이등변삼각형이 된다고 해도 됨). 이때 이와 같은 삼각형은 다섯 개가 만들어진다.

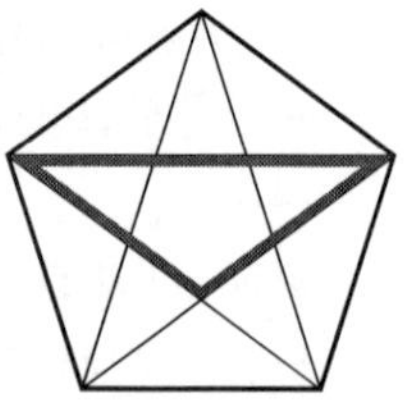

따라서 모두 35개가 만들어진다.

채점기준

채점기준	세부기준	점수
• 문제에서 제공하는 정보를 바르게 이해하고 문제가 요구하는 핵심개념을 이용하여 문제를 옳게 해결하며, 그 과정에서 논리적인 근거를 충분히 제시하여 풀이과정과 표현을 옳게 서술했다.	• 문제에서 구하고자 하는 이등변삼각형의 모든 개수를 구하기 위해 각 유형별로 구분하여 그림으로 표현하고 이유를 타당하게 설명했다.	4
• 문제에서 제공하는 정보를 바르게 이해하고 문제가 요구하는 핵심개념을 이용하여 문제를 해결하려 하였으나, 해결 과정에서 실수가 있거나 근거를 미흡하게 제시했다.	• 이등변삼각형이 만들어질 수 있는 경우 중 네다섯 가지 유형을 분류하여 각 경우별로 이등변삼각형이 몇 개씩 만들어지는지 그 이유를 이등변삼각형의 성질을 이용하여 설명하고 총 개수를 구하려고 시도하였으나 실패했다. • 이등변삼각형이 만들어질 수 있는 경우를 모두 분류하였지만 각 유형별로 이등변삼각형의 개수를 정확하게 구하지 못했다. • 모든 유형을 분류하고 총 개수도 구하였지만 이등변삼각형이 되는 근거를 제시하지 못하거나 부족했다.	3
• 문제에서 제공하는 정보를 바르게 이해하고 문제가 요구하는 핵심개념을 이용하여 해결하려 하였으나, 그 해결 과정에서 오류가 있고 표현이 미흡하여 옳지 않은 답을 서술했다.	• 이등변삼각형이 만들어질 수 있는 경우 중 두세 가지 유형을 분류하여 각 경우별로 이등변삼각형이 몇 개씩 만들어지는지 그 이유를 이등변삼각형의 성질을 이용하여 서술했다.	2
• 문제에서 제공하는 정보를 바르게 이해하였지만 해결 과정에서 잘못된 추론으로 바르게 해결하지 못했다. • 해결 과정 없이 답만 옳게 적었다.	• 이등변삼각형이 만들어질 수 있는 경우를 나누지 않고 각 경우를 모두 서술하여 답과 유형의 개수에 차이가 있다. • 해결 과정 없이 답만 옳게 적었다.	1
• 무응답 또는 오답을 썼다.	• 무응답 또는 오답을 썼다.	0

채점예시

4점

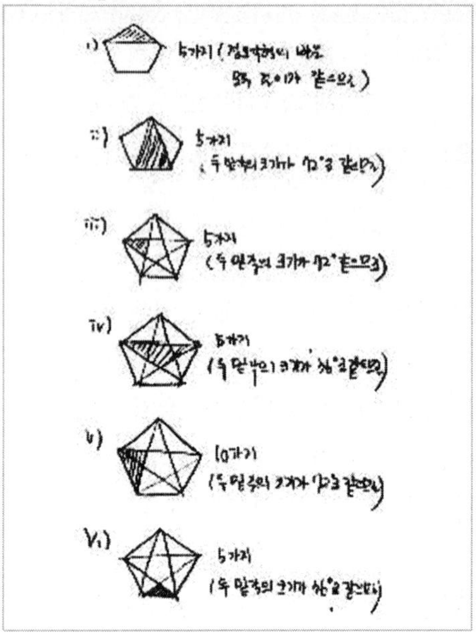

채점근거

이등변삼각형이 생기는 위치에 따라 여섯 가지로 분류하고, 왜 이등변삼각형인지 이유를 모두 설명하였으며 각 경우에서 개수를 정확히 구하였다.

즉, 문제에서 구하고자 하는 이등변삼각형의 모든 개수를 구하기 위해 각 유형별로 구분하여 그림으로 표현하고 이유를 타당하게 설명한 경우이다.

3점

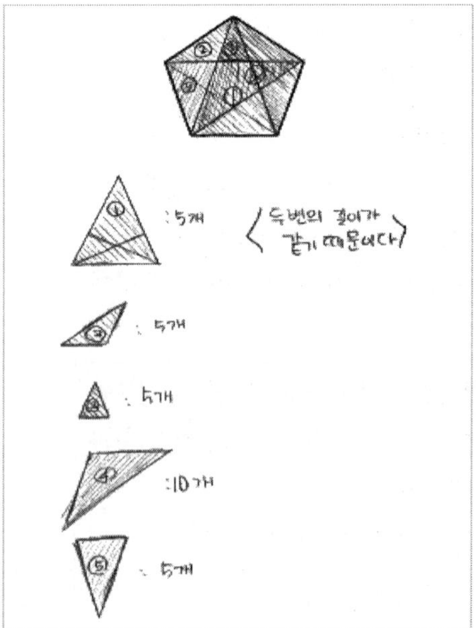

채점근거

이등변삼각형이 만들어질 수 있는 경우 중 다섯 가지 유형을 분류하여 각 경우별로 이등변삼각형이 몇 개씩 만들어지는지 정확히 나타내었으나, 왜 이등변삼각형인지 그 이유를 설명하지 않았고 한 가지 유형을 생각하지 못하여 총 개수가 틀렸다.

즉, 문제에서 제공하는 정보를 바르게 이해하고 문제가 요구하는 핵심개념을 이용하여 문제를 해결하려 하였으나 해결 과정에서 실수가 있거나 근거를 미흡하게 제시한 경우이다.

채점예시

2점

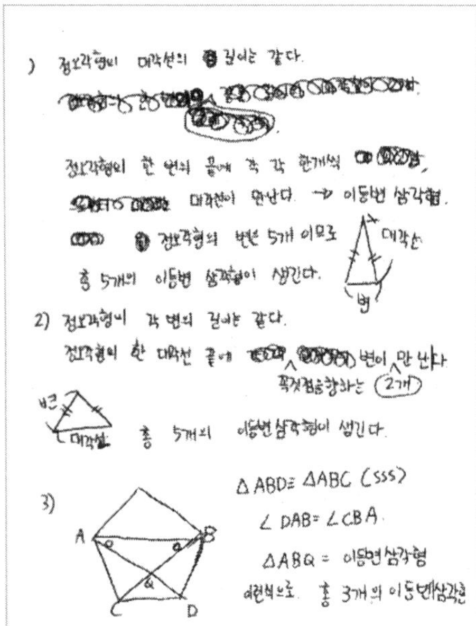

채점근거

이등변삼각형이 만들어질 수 있는 경우 중 3가지 유형을 분류하였고, 각 경우별로 이등변삼각형이 몇 개씩 만들어지는지 그 이유를 이등변삼각형의 성질을 이용하여 서술하였다. 그러나 빼먹은 유형이 많으며, 3번째 유형의 경우 개수도 틀리게 구하였다.

즉, 문제에서 제공하는 정보를 바르게 이해하고 문제가 요구하는 핵심개념을 이용하여 해결하려 하였으나 그 과정에서 오류가 있어 옳지 않은 답을 서술한 경우이다.

1점

채점근거

오각형을 대각선으로 나누었을 때 직접 평면에서 볼 수 있는 두 가지 유형만으로 이등변삼각형을 구분하였으나, 왜 그렇게 나누었는지 이유를 생략하였다.

즉, 문제에서 제공하는 정보를 바르게 이해하였지만 해결 과정에서 잘못된 추론으로 바르게 해결하지 못한 경우이다.

삼각형의 성질

문 제 (상 중 하)

수진, 대형, 진경, 준표가 어떤 삼각형을 보고 다음과 같이 말하였다. 네 명 중 세 명이 말한 내용을 합하면 특정 삼각형이 만들어진다. 세 조건으로 만들어지는 삼각형 두 가지를 구하고 어떤 학생의 진술로 만들어지는지 학생들을 선택하고 그 이유를 서술하시오.

> 수진 : 삼각형의 어떤 두 각의 크기가 같아.
> 대형 : 삼각형의 한 각의 크기를 측정했더니 90도야.
> 진경 : 삼각형의 꼭지각의 이등분선은 밑변을 수직이등분 하는데...
> 준표 : 삼각형의 한 각의 크기가 60도야.

핵심개념 이등변삼각형의 성질

해 설 이등변삼각형의 성질을 주었을 때 성질들을 조합하여 특정한 이등변삼각형을 구성하하도록 함으로써, 이등변삼각형의 성질을 바르게 이해하고 활용할 수 있는지 평가할 수 있는 문항이다.

선생님 TIP

정삼각형과 직각이등변삼각형을 바르게 찾았지만, '이등변삼각형'이라고 나타낸 학생들이 많습니다. 어떤 삼각형이라고 말할 때는 특징을 가장 잘 표현하는 삼각형으로 표현할 수 있도록 지도가 필요합니다.

풀 이 수진과 대형, 진경이 말한 조건을 결합하면, 직각이등변삼각형이 된다.

왜냐하면, 수진("삼각형의 어떤 두 각의 크기가 같아")과 진경("삼각형의 꼭지각의 이등분선은 밑변을 수직이등분 하는데")이 말한 삼각형의 조건은 이등변삼각형이고 대형("삼각형의 한 각의 크기를 측정했더니 90도야")이 말한 삼각형의 조건은 직각삼각형이므로 세 명이 말한 삼각형의 조건을 결합하면 직각이등변삼각형이다.

수진과 진경, 준표가 말한 조건을 결합하면, 정삼각형이 된다.
왜냐하면, 수진("삼각형의 어떤 두 각의 크기가 같아")과 진경("삼각형의 꼭지각의 이등분선은 밑변을 수직이등분 하는데")이 말한 삼각형의 조건은 이등변삼각형이고 준표("삼각형의 한 각의 크기가 60도야")가 말한 삼각형의 조건을 정삼각형의 조건 중의 하나이므로 세 명이 말한 삼각형의 조건을 결합하면 정삼각형이다.
따라서 두 가지 삼각형은 직각이등변삼각형과 정삼각형이다.

채점기준

채점기준	세부기준	점수
• 문제에서 제공하는 정보를 바르게 이해하고 문제가 요구하는 핵심개념을 이용하여 문제를 옳게 해결하며, 그 과정에서 논리적인 근거를 충분히 제시하여 풀이과정과 표현을 옳게 서술했다.	• 직각이등변삼각형(수진, 대형, 진경)과 정삼각형(수진, 진경, 준표)이 되는 조건을 말한 세 명의 학생들을 각각 선택하고 그 이유를 이등변삼각형의 성질을 사용하여 정확하게 서술했다.	4
• 문제에서 제공하는 정보를 바르게 이해하고 해결하였으나, 그 과정에서 논리적인 근거를 제시하는 데 부분적 오류가 있다.	• 직각이등변삼각형과 정삼각형이 되는 조건을 말한 세 명의 학생들을 각각 옳게 선택하였지만 그 이유를 한 유형의 삼각형은 옳게 서술하고 다른 유형의 삼각형의 이유를 옳지 않게 서술했다. • 세 명의 학생을 옳게 선택하고 옳은 근거를 제시하였으나 용어를 명확하게 표현하지 않았다.	3
• 문제에서 제공하는 정보를 바르게 이해하여 해결하려 하였으나 논리적 근거를 제시하지 않고 그 해결 과정에서 표현을 부족하게 서술했다. • 문제에서 제공하는 정보를 바르게 이해하지 못하였으나 논리적 근거를 제시하고 부분적으로 옳게 해결했다.	• 직각이등변삼각형과 정삼각형이 되는 조건을 말한 세 명의 학생들을 각각 선택하였지만 그 이유를 서술하지 않거나 옳지 않게 서술했다. • 한 가지 유형의 삼각형이 되는 조건을 말한 세 명의 학생들을 선택하고 그 이유를 옳게 서술했다.	2
• 문제에서 제공하는 정보를 바르게 이해하지 못하고 해결 과정을 논리적으로 서술하지 않았으나 답은 옳게 적었다.	• 문제에 맞는 결정되는 삼각형인 직각 이등변삼각형과 정삼각형은 옳게 적었으나 문제에서 주어진 학생들을 선택하지 않고 그 이유도 서술하지 않았다. • 한 유형의 삼각형이 되는 조건을 말한 학생들을 옳게 선택하였으나 이유는 서술하지 않거나 틀렸다.	1
• 무응답 또는 오답을 썼다.	• 무응답 또는 오답을 썼다.	0

채점예시

4점

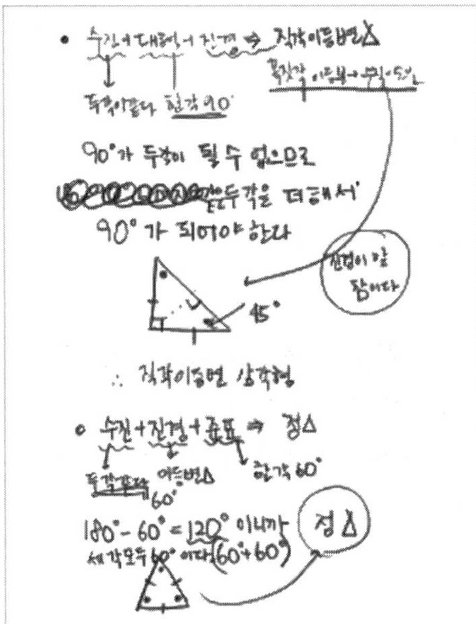

채점근거

수진, 대형, 진형이를 선택하여 직각이등변삼각형이 됨을 논리적으로 설명하고, 수진, 진경, 준표를 선택하고 정삼각형이 됨을 논리적으로 설명하였다.

즉, 문제에서 제공하는 정보를 바르게 이해하고 문제가 요구하는 핵심개념을 이용하여 문제를 옳게 해결하며, 그 과정에서 논리적인 근거를 충분히 제시하여 풀이과정과 표현을 옳게 서술한 경우이다.

3점

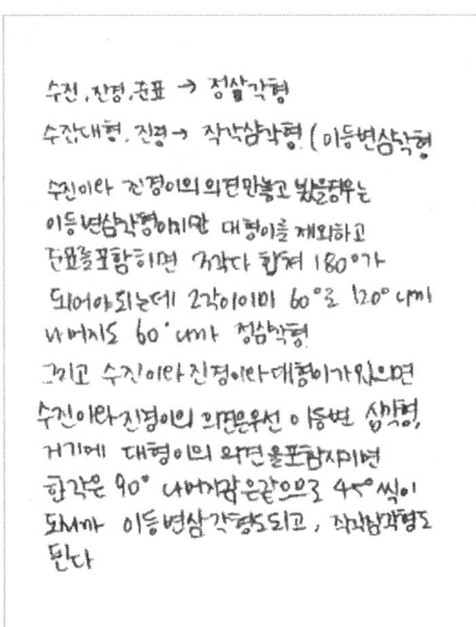

채점근거

수진, 진경, 준표를 선택하고 정삼각형이 된다고 나타내고 그 이유를 설명하였고, 수진, 대형, 진경을 선택하여 직각이등변삼각형이라고 나타내었다. 그러나 직각삼각형(이등변삼각형)이라고 정확하지 않게 표현하였고 그 이유를 서술하지 않았다.

즉, 문제에서 제공하는 정보를 바르게 이해하고 해결하였으나, 그 과정에서 논리적인 근거를 제시하는 데 부분적 오류가 있는 경우이다.

채점예시

2점

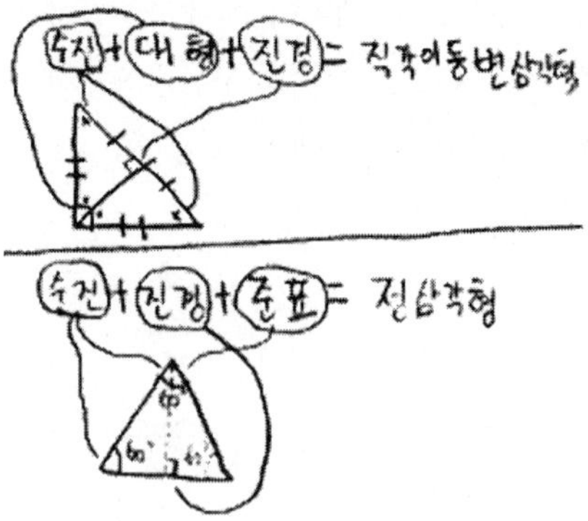

채점근거

직각이등변삼각형과 정삼각형이 되는 조건을 말한 세 명의 학생들을 각각 선택하였지만 그 이유를 서술하지 않았다.

즉, 문제에서 제공하는 정보를 바르게 이해하여 해결하려 하였으나 논리적 근거를 제시하지 않고 그 해결 과정에서 표현을 부족하게 서술한 경우이다.

1점

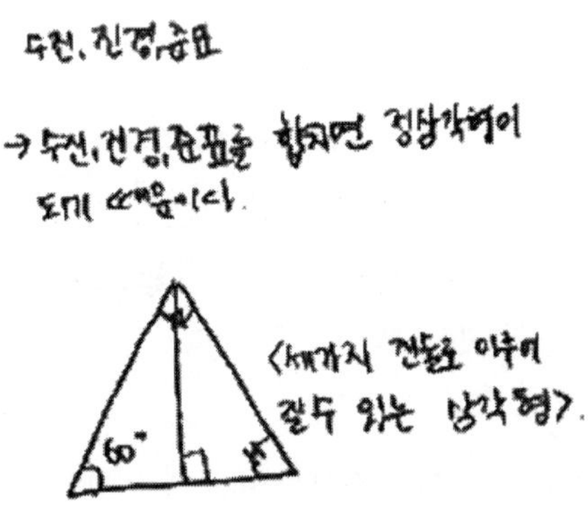

채점근거

두 가지의 삼각형을 찾아야 하지만 그 중 하나만 찾았다. 수진, 진경, 준표를 선택하여 정삼각형이 된다고 나타내었으나, 그 이유를 설명하지 않았다.

즉, 문제에서 제공하는 정보를 바르게 이해하지 못하고 해결 과정을 논리적으로 서술하지 않았으나 답은 맞은 경우이다.

삼각형의 성질

문 제 (상 중 하)

아래 그림에서 $\triangle ABC$는 직각삼각형이고, $\square BCDE$는 평행사변형이며 점 E는 $\overline{AB}$의 중점이다. 이때 $\triangle ABC$의 넓이를 구하는 과정을 자세히 서술하고, $\triangle ABC$와 $\square BCDE$의 넓이가 같은 이유를 설명하시오.

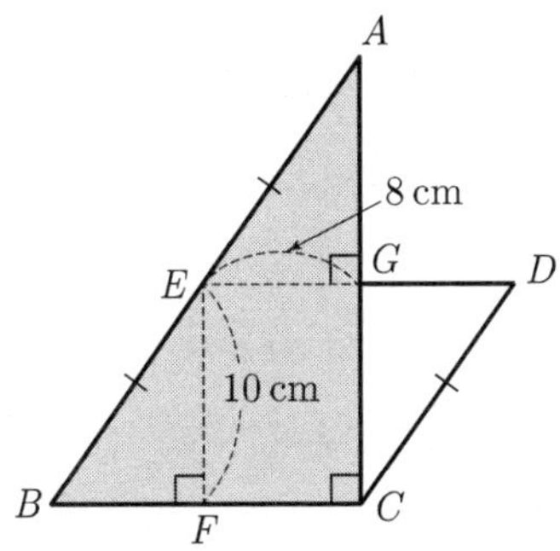

핵심개념 직각삼각형의 합동조건

해 설 직각삼각형의 합동조건을 바르게 이해하고 있고, 이를 활용하여 두 도형의 넓이가 같음을 논리적으로 설명할 수 있는지 평가하는 문항이다.

선생님 TIP

문항을 두 개의 하위 문항
(1) $\triangle AEG$와 $\triangle CDG$의 도형이 합동임을 보이는 문제
(2) 삼각형과 평행사변형의 넓이가 같음을 보이는 문제
로 나누어 제공하면 문제를 해결하는 실마리를 쉽게 찾을 수 있도록 도와줄 수 있어 '중' 또는 '하' 수준 학생들에게도 충분히 평가할 수 있습니다. 삼각형의 내심, 외심을 배운 이후에는 직각삼각형의 외심을 접목하여 주어진 점선과 몇 개의 조건을 생략해도 충분히 풀 수 있도록 문제를 변형 할 수 있습니다.

풀이 1

$\triangle AEG$와 $\triangle EBF$에서 $\overline{AE}=\overline{EB}$, $\angle AGE=\angle EFB=90°$,

$\angle AEG=\angle EBF$ ($\because$ $\overline{ED}\,/\!/\,\overline{BC}$이므로 동위각)이다.

한 각이 직각이고 빗변과 또 다른 한 각의 크기가 같으므로

$\therefore \triangle AEG \equiv \triangle EBF$

즉, $\overline{BF}=8\text{cm}$, $\overline{AG}=10\text{cm}$이다.

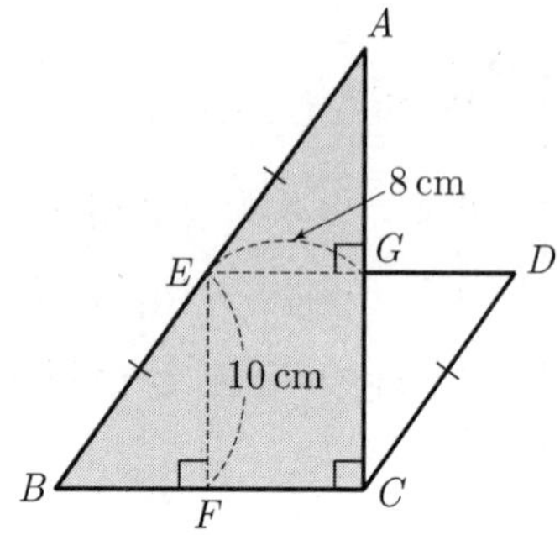

따라서, $\triangle ABC$의 밑변의 길이 $\overline{BC}=16\text{cm}$, 높이는 $\overline{AC}=20\text{cm}$이므로 $\triangle ABC$의 넓이는 160cm^2이다(단, 단위는 생략해도 무방).

또한, $\triangle AEG$와 $\triangle CDG$에서 $\overline{AE}=\overline{CD}$, $\angle AGE=\angle CGD=90°$,

$\angle AEG=\angle CDG$ ($\because \overline{AB}\,/\!/\,\overline{CD}$이므로 엇각)이다.

한 각이 직각이고 또 다른 한 각의 크기가 같고 빗변의 길이가 같으므로

$\therefore \triangle AEG \equiv \triangle CDG$

즉, $\overline{GD}=8\text{cm}$이다.

따라서, $\square BCDE$의 밑변의 길이는 16cm, 높이는 10cm이므로 넓이는 160cm^2이며 $\triangle ABC$ 과 같은 넓이를 갖는다.

풀이 2

$\triangle AEG$와 $\triangle CDG$에서 $\overline{AE}=\overline{CD}$, $\angle AGE=\angle CGD=90°$,

$\angle AEG=\angle CDG$ ($\because \overline{AB}\,/\!/\,\overline{CD}$이므로 엇각)이다.

한 각이 직각이고 또 다른 한 각의 크기가 같고 빗변의 길이가 같으므로

$\therefore \triangle AEG \equiv \triangle CDG$

즉, $\overline{GD}=8\text{cm}$, $\overline{AG}=10\text{cm}$이다.

또한 $\square BCDE$는 평행사변형이므로 넓이는 160cm^2이며 $\triangle ABC$의 넓이도 160cm^2이다.

채점기준

채점기준	세부기준	점수
• 문제에서 제공하는 정보를 바르게 이해하고 문제가 요구하는 핵심개념을 이용하여 문제를 옳게 해결하며, 그 과정에서 논리적인 근거를 충분히 제시하여 풀이과정과 표현을 옳게 서술했다.	• 문제에서 주어진 조건을 사용하여 합동인 직각삼각형을 찾고, 그 과정을 논리적으로 올바르게 설명하고 표현했다.	4
• 문제에서 제공하는 정보를 바르게 이해하고 문제가 요구하는 핵심개념을 이용하여 문제를 옳게 해결하였으나, 그 과정에서 논리적인 근거 혹은 표현이 미흡했다.	• 모두 옳게 구하였지만 삼각형의 합동을 나타내는 기호의 표현을 옳지 않게 서술했다. (답은 옳음.) • 합동인 직각삼각형을 찾고 그 과정은 옳으나, 설명이 부분적으로 생략했다.	3
• 문제에서 제공하는 정보를 바르게 이해하고 문제가 요구하는 핵심개념을 이용하여 문제를 해결하려 하였으나, 그 해결 과정에서 논리적 근거를 제시하는 데 실수가 있어 옳지 않은 답을 서술했다. • 논리적 근거를 부분적 생략으로 미흡하게 제시했다.	• 합동인 직각삼각형을 찾고 그 근거를 제시하는 부분에서 부분적 오류가 있다. (예: "$\triangle AEG$와 $\triangle CDG$에서 $\overline{AE}=\overline{CD}$, $\overline{EG}=\overline{DG}$, $\angle AGE=\angle CGD=90°$도이므로 합동이나."와 같이 옳지 않은 근거를 제시하여 서술했다.) • 합동인 삼각형의 근거를 제시하는 데 약간의 생략이 있다. (답은 옳음.) • 계산 실수로 옳지 않은 답을 서술했다.	2
• 문제에서 제공하는 정보를 바르게 이해하였지만 해결 과정에서 추론을 사용하지 않고 답을 서술했다. • 해결 과정 없이 답만 옳게 적었다.	• $\triangle AEG$과 $\triangle CDG$의 넓이가 같은 이유를 합동을 이용하여 추론하지 않고 답을 서술했다. • 답만 옳게 적었다.	1
• 무응답 또는 오답을 썼다.	• 무응답 또는 오답을 썼다.	0

채점예시

4점

$\triangle AEG$와 $\triangle CDG$에서
$\overline{AE}=\overline{CD}$ (가정) … ① $\angle AGE=\angle CGD=90°$ (가정) … ②
$\angle AEG=\angle CDG$ (엇각) … ③
①, ②, ③에 의해 $\triangle AEG\equiv\triangle CDG$ (RHA합동)
$\therefore \triangle AEG=\triangle CDG$, $\overline{EG}=\overline{DG}=8cm$ (대응변)
$\triangle ABC=\square EBCG+\triangle AEG$
$=\square EBCG+\triangle CDG=\square BCDE$
$\therefore \triangle ABC=\square BCDE$
$\triangle ABC=\square BCDE=10\times(8+8)=10\times16=160cm^2$
$\therefore \triangle ABC=160cm^2$

채점근거

문제에서 주어진 조건을 모두 사용하여 $\triangle AEG$와 $\triangle CDG$가 합동임을 보이고, 그것을 활용하여 $\square BCDE$와 $\triangle ABC$의 넓이가 같음을 논리적으로 설명하였다.

즉, 문제에서 제공하는 정보를 바르게 이해하고 문제가 요구하는 핵심개념을 이용하여 문제를 옳게 해결하며, 그 과정에서 논리적인 근거를 충분히 제시하여 풀이과정과 표현을 옳게 서술한 경우이다.

3점

$\triangle AEG$와 $\triangle CGD$가 합동이기 때문이다.
$\triangle AEG$와 $\triangle CGD$에서
$\overline{AE}=\overline{CD}$ … ①
$\angle AGE=\angle CGD=90°$ … ②
$\angle AEG=\angle CDG$ … ③
①, ②, ③에 의해
$\triangle AEG\equiv\triangle CGD$ (RHA합동)
공통된 부분인 $\square EBCG$를 제외하면 두 삼각형의 크기가 같기 때문에 $\triangle ABC$와 $\square BCDE$의 넓이는 같다
$\overline{GD}=8cm$
$\triangle ABC=\square BCDE=10\times16=160cm^2$

채점근거

$\triangle AEG$와 $\triangle CDG$가 합동임을 보였으나, $\angle AEG=\angle CDG$인 이유를 설명하지 않고 나타내었다. 또한 $\square BCDE$와 $\triangle ABC$의 넓이가 같음을 보였으나, 공통인 부분을 제외한 두 삼각형의 크기가 같은 이유가 부족하다.

즉, 문제에서 제공하는 정보를 바르게 이해하고 문제가 요구하는 핵심개념을 이용하여 옳게 문제를 해결하였으나, 그 과정에서 논리적인 근거 혹은 표현이 미흡한 경우이다.

채점예시

2점

□EFCG는 내각의 크기가 모두 같은 직사각형이므로 $\overline{FG}=8cm$, $\overline{GC}=10cm$이다

□BCDE에서 $\overline{GD}=x$라 하였을 때

$\overline{EG}=\overline{FC}$ 이므로 $\overline{BF}=x$이다

또한, △ABC와 □BCDE에서 공통인 부분은

□BEGC이다

또 △AEC와 △GDC에서

$\overline{AE}=\overline{CD}$ …①

∠AGE = ∠DGC (맞꼭지각)…②

$\overline{EG}=\overline{CD}$ …③

∴ △AEC ≡ △GDC (SAS합동)

이므로.

△ABC의 넓이와 □BCDE의 넓이가 같다

채점근거

합동인 직각삼각형을 찾고 그 과정을 설명하는 부분에서 주어진 정보가 아닌 $\overline{EG}=\overline{DG}$를 제시하여 서술하였다. 또한 두 도형의 넓이가 같음을 보이는데 그 과정이 생략되어 있다.

즉, 문제에서 제공하는 정보를 바르게 이해하고 문제가 요구하는 핵심개념을 이용하여 문제를 해결하려 하였으나, 논리적 근거를 부분적 생략으로 미흡하게 제시한 경우이다.

1점

□EFCG = △CDG + △BFE

$10\times8 = 10\times8\div2 + 10\times8\div2$

$= 80\ (cm^2)$

∴ △AEG = △BFE = △CDG

$= 40cm^2$

△ABC = 2×△AEG + □EFCG

$= 80+80$

$= 160\ (cm^2)$

□BCDE = 2×△BFE + □EFCG

$= 80+80$

$= 160\ (cm^2)$

∴ △ABC ($160cm^2$) = □BCDE ($160cm^2$)

채점근거

$\triangle AEG$과 $\triangle CDG$의 넓이가 같은 이유를 합동을 이용하여 추론하지 않고, 합동임을 가정한 후에 넓이를 구하였다.

즉, 문제에서 제공하는 정보를 바르게 이해하였지만 해결 과정에서 추론을 사용하지 않고 답을 서술한 경우이다.

삼각형의 성질

문제 (상 중 하)

다음 그림에서 x, y의 값을 구하는 과정을 서술하시오.

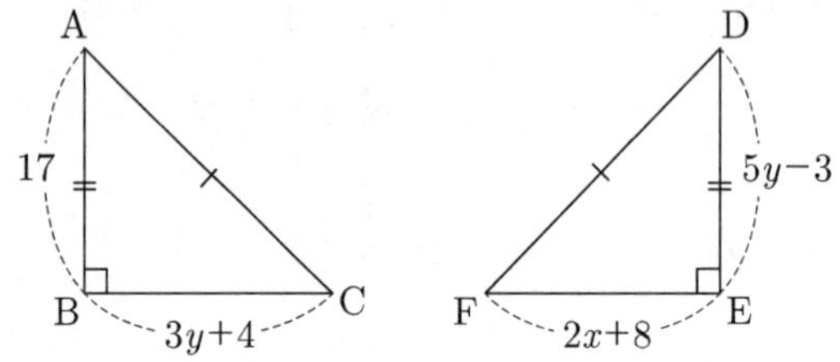

핵심개념 직각삼각형의 합동조건

해설 직각삼각형의 합동조건을 활용하여 합동임을 보이고, 합동일 때의 성질을 이용하여 문제를 해결할 수 있는지 평가하는 문항이다.

선생님 TIP

문제가 주어졌을 때, 그림에서 추측하여 두 그림이 합동임을 당연히 여기고 식을 세워 x, y를 구하는 경우가 많습니다. 논리적으로 자신의 생각을 표현할 수 있도록 지도하여야 합니다.

풀이 1 $\angle ABC = \angle DEF = 90°$이고, $\overline{AC} = \overline{DF}$, $\overline{AB} = \overline{DE}$이다. 한 각이 직각이고 빗변과 또 다른 한변의 길이가 같으므로

$\therefore \triangle ABC \equiv \triangle DEF$

$\overline{AB} = \overline{DE}$이므로 $17 = 5y - 3$ $\quad \therefore y = 4$

$\overline{BC}$에 대응하는 변은 $\overline{EF}$이고 $\overline{BC} = \overline{EF}$이므로 $3y + 4 = 2x + 8$

y대신 4를 대입하면, $16 = 2x + 8$ $\quad \therefore x = 4$

그러므로 $x = 4$, $y = 4$이다.

풀이 2

주어진 조건에 따라, $\overline{AB}=\overline{DE}$이므로 $17=5y-3$ $\therefore y=4$

$\overline{AB}$와 $\overline{DE}$가 겹치도록 $\triangle DEF$를 오른쪽 그림과 같이 이동하면 $\angle ABC+\angle DEF=180$도이므로 $\triangle AFC$(또는 $\triangle DFC$)이 된다. $\overline{AF}=\overline{DC}$이므로 $\triangle AFC$(또는 $\triangle DFC$)은 이등변삼각형이고 $\angle FAC$(또는 $\angle FDC$)의 이등분선은 $\overline{FC}$을 수직이등분하므로

$$\overline{FE}=\overline{CB},\ 2x+8=3y+4$$

y대신 4를 대입하면, $16=2x+8$ $\therefore x=4$

그러므로 $x=4$, $y=4$이다.

채점기준

채점기준	세부기준	점수
• 문제에서 제공하는 정보를 바르게 이해하고 정확하게 문제를 해결하였으며, 그 과정에서 논리적인 근거를 충분히 제시하여 올바른 풀이과정과 정확한 표현으로 서술했다.	• 삼각형이 합동임을 보이고, 합동인 삼각형에서 대응하는 변의 길이가 같음을 이용하여 x, y값을 구했다.	4
• 문제에서 제공하는 정보를 바르게 이해하고 정확하게 문제를 해결하였으나, 그 과정에서 논리적인 근거 혹은 표현이 미흡했다.	• 합동임을 보이고 해결 과정을 자세히 서술하였으나, $\overline{BC}=\overline{EF}$ 또는 $\overline{AB}=\overline{DE}$를 생략하고 식만 세워 x, y값을 구했다. • 수학적 표현에서 실수가 있다.	3
• 문제에서 제공하는 정보를 바르게 이해하고 정확하게 문제를 해결하려 노력하였으나, 그 과정에서 실수 혹은 오류가 있어 올바른 답을 구하지 못했다.	• 합동임을 보이고 x, y값을 구하는 과정은 있으나, 계산 실수가 있어 답이 틀렸다. • 합동이라고 가정하고 문제를 해결하였으나 합동인 근거를 보이지 않았다.	2
• 문제에서 제공하는 정보를 바르게 이해하고 문제를 해결하기 위한 시도를 하였지만, 과정없이 답만 옳게 적었다.	• 답만 옳게 적었다. • x, y값 중 하나만 제대로 구하고, 다른 하나의 값은 언급하지 않았다.	1
• 무응답 및 오답을 썼다.	• 무응답 및 오답을 썼다.	0

채점예시

4점

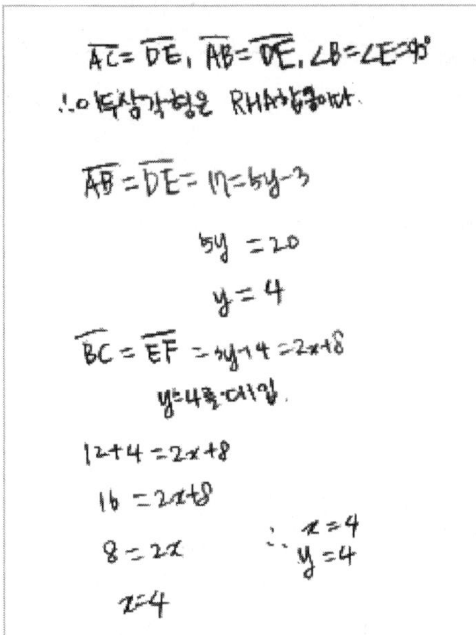
$\overline{AC}=\overline{DE}$, $\overline{AB}=\overline{DE}$, $\angle B=\angle E=90°$
∴ 이 두 삼각형은 RHA 합동이다.
$\overline{AB}=\overline{DE}=17=5y-3$
$5y=20$
$y=4$
$\overline{BC}=\overline{EF}=3y+4=2x+8$
$y=4$를 대입.
$12+4=2x+8$
$16=2x+8$
$8=2x$
$x=4$
∴ $x=4$, $y=4$

채점근거

$\triangle ABC$와 $\triangle DEF$가 합동인 이유를 직각삼각형의 합동조건에 맞게 정확히 나타내었고, 합동인 삼각형에서 대응하는 변의 길이가 같음을 이용하여 x, y값을 정확히 구하였다.

즉, 문제에서 제공하는 정보를 바르게 이해하고 정확하게 문제를 해결하였으며, 그 과정에서 논리적인 근거를 충분히 제시하여 올바른 풀이과정과 정확한 표현으로 서술한 경우이다.

3점

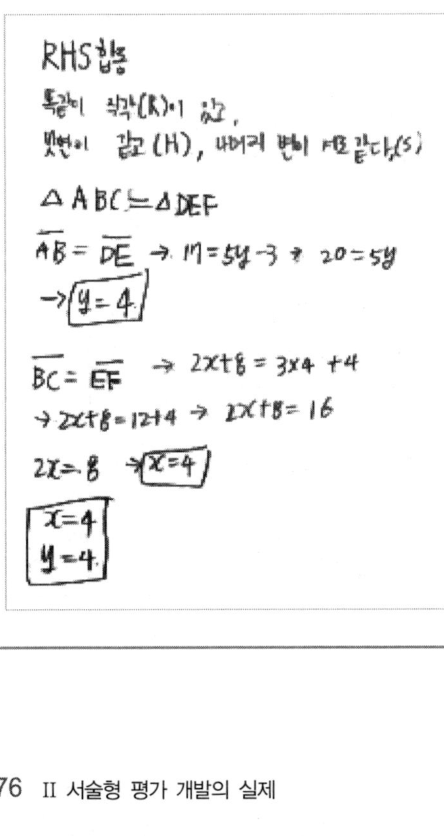
RHS합동
똑같이 직각(R)이 있고,
빗변이 같고 (H), 나머지 변이 서로 같다(S)
$\triangle ABC \fallingdotseq \triangle DEF$
$\overline{AB}=\overline{DE} \rightarrow 17=5y-3 \rightarrow 20=5y \rightarrow y=4$
$\overline{BC}=\overline{EF} \rightarrow 2x+8=3\times4+4$
$\rightarrow 2x+8=12+4 \rightarrow 2x+8=16$
$2x=8 \rightarrow x=4$
$x=4$
$y=4$

채점근거

$\triangle ABC$와 $\triangle DEF$가 합동인 이유를 직각삼각형의 어떠한 합동조건을 만족하는지 설명하였으나, 각 세부 조건을 정확히 나타내지 못하였다. 또한 합동기호를 잘못 사용하였다. 그러나 문제에서 구하고자 하는 x, y값은 정확히 구하였다.

즉, 문제에서 제공하는 정보를 바르게 이해하고 정확하게 문제를 해결하였으나, 그 과정에서 논리적인 근거 혹은 표현이 미흡한 경우이다.

채점예시

2점

$\triangle ABC$와 $\triangle DEF$에서
$\overline{AB} = \overline{DE}$이므로 $17 = 5y - 3$
$-5y = -20$ $\therefore y = 4$
$\overline{BC} = \overline{EF}$이므로 $3y + 4 = 2x + 8$ 이다.
$y = 4$를 대입하면
$12 + 4 = 2x + 8$
$16 = 2x + 8$
$-2x = -8$ $\therefore x = 4$

답) $x = 4$
$y = 4$

채점근거

$\triangle ABC$와 $\triangle DEF$가 합동인 이유를 설명하지 않았지만 합동임을 가정하여 x, y값을 구하는 과정은 서술하였다.

즉, 문제에서 제공하는 정보를 바르게 이해하고 정확하게 문제를 해결하려 노력하였으나, 그 과정에서 실수 혹은 오류가 있어 올바른 답을 구하지 못한 경우이다.

1점

AB와 DE가 같다 따라서
y는 4이다
x는

이 삼각형은 이등변 삼각형이다

채점근거

선분의 수학적 표현을 정확히 표현하지 못했으며, x, y값 중 x의 값만 제대로 구하고 다른 하나의 값은 언급하지 않았다.

즉, 문제에서 제공하는 정보를 바르게 이해하고 문제를 해결하기 위한 시도를 하였지만, 과정 없이 답만 옳게 적은 경우이다.

삼각형의 성질

문 제 (상 중 하)

점 O는 $\triangle ABC$와 $\triangle ADC$의 외심이고, 점 I와 I'는 각각 $\triangle ABC$와 $\triangle ADC$의 내심이다. $\angle x$의 크기를 구하고 그 과정을 서술하시오.

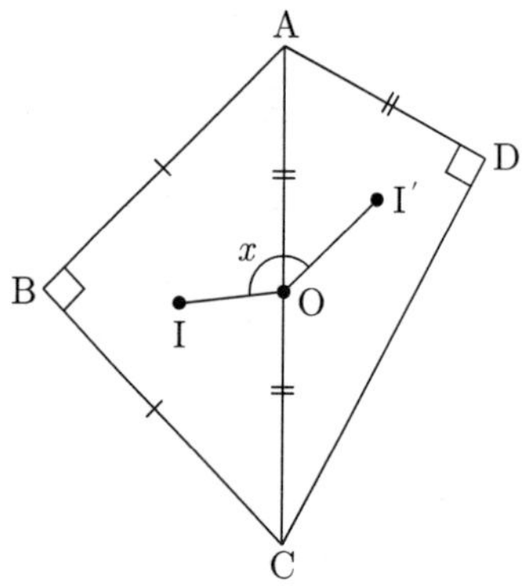

핵심개념 삼각형의 외심과 내심

해 설 삼각형의 외심과 내심의 정의와 성질을 알고, 이를 복합적으로 활용하여 문제를 해결할 수 있는지 평가하는 문항이다.

선생님 TIP

외심과 내심을 모두 활용한 문제를 제시하는 경우 학생들이 많이 어려워하므로, 외심과 내심이 어떠한 성질을 가지고 있는지 정확히 이해하고 활용할 수 있도록 지도할 필요가 있습니다.
특히, 그림에서 추측하여 I'이 $\triangle AOD$의 내심이라고 착각하여 문제를 해결하려고 하는 경우가 많으니, 주어진 정보를 정확히 읽고 바르게 이해할 수 있도록 지도에 유의해야 합니다.

풀이 1 $\angle x$는 $\angle IOA$와 $\angle AOI'$의 값을 더한 각으로 두 각의 크기를 구하여야 한다.

$\angle IOA$를 구하기 위한 해결 과정 :
$\triangle ABC$는 직각이등변삼각형이므로 내심과 외심이 같은 선분 안에 존재한다. 또 내심은 각의 이등분선의 교점이므로 $\angle B$의 이등분선은 $\overline{AC}$를 수직이등분 한다. (또는 외심은 각 변의 수직이등분선의 교점이므로 $\overline{IO}$는 $\overline{AC}$를 수직이등분 한다.)
따라서 $\angle IOA = 90°$이다.

$\angle AOI'$를 구하기 위한 해결 과정 :
점 I'가 $\triangle ACD$의 내심이므로 선분 $\overline{DI'}$는 $\angle D$의 이등분선이다.
즉, $\angle ADI' = \angle CDI' = 45°$이다. 이때 $\triangle I'AO$와 $\triangle I'AD$에서 $\overline{AI'}$은 공통, $\overline{AO} = \overline{AD}$, $\angle OAI' = \angle DAI'$이고, 두 변이 같고 그 끼인각의 크기가 같으므로 $\triangle I'AO \equiv \triangle I'AD$이다. 따라서 $\angle AOI' = 45°$이다.

그러므로 주어진 문제에서 구하려고 하는 $\angle x = \angle IOA + \angle AOI' = 90° + 45° = 135°$이다.

채점기준

채점기준	세부기준	점수
• 문제에서 제공하는 정보를 바르게 이해하고 문제가 요구하는 핵심개념을 이용하여 문제를 옳게 해결하며, 그 과정에서 논리적인 근거를 충분히 제시하여 풀이과정과 표현을 옳게 서술했다.	• $\triangle ABC$는 직각이등변삼각형이므로 외심과 내심이 같은 선분 안에 있고 내심은 각의 이등분선의 교점이므로 $\angle IOA = 90°$이며 점 I'가 $\triangle ADC$의 내심이므로 $\overline{DI'}$는 $\angle D$의 이등분선이며 $\triangle I'AO \equiv \triangle I'AD$ 이다. 즉, $\angle AOI' = 45°$이며 구하고자 하는 각도는 $135°$임을 옳게 서술했다.	4
• 문제에서 제공하는 정보를 바르게 이해하고 문제가 요구하는 핵심개념을 이용하여 문제를 해결하려 하였으나, 그 과정에서 논리적인 근거를 미흡하게 제시하여 서술했다. • 모든 과정이 옳지만 해결 과정 중 계산에 있어 작은 오류가 있다.	• $\angle AOI'$를 구하는 과정에서 $\triangle I'AO \equiv \triangle I'AD$인 이유를 자세하게 서술하지 않고 문제를 해결하였으나 답은 옳게 서술했다. • $\angle x$을 구하기 위해 $\angle IOA$와 $\angle AOI'$는 옳게 구하였지만 합을 계산하는 데 실수를 하여 옳지 않은 답을 서술했다.	3
• 문제에서 제공하는 정보를 바르게 이해하고 문제를 해결하려 하였으나, 그 과정에서 논리적인 근거를 충분히 제시하지 못하고 해결 과정에서 오류가 있어 부분적으로 옳지 않게 서술했다.	• $\angle x$을 구하기 위해 $\angle IOA$와 $\angle AOI'$을 더해야 하는데 이 두 각 중 하나의 각을 구하는 과정은 옳으나 다른 각을 구하는 데 오류가 있다. • $\angle IOA$와 $\angle AOI'$을 모두 구하였으나 그 근거를 충분하지 못하게 서술했다.	2
• 문제에서 제공하는 정보를 바르게 이해하고 문제를 해결하려 시도하였으나, 그 과정에서 부분적으로 옳으나 문제를 해결하지 못했다. • 해결 과정 없이 답만 옳게 적었다.	• 찾아야 할 두 각 중 한 각의 크기만 옳게 구하고 근거를 제시했다. • 답만 옳게 적었다.	1
• 무응답 또는 오답을 썼다.	• 찾아야 할 두 각 중 한 각의 크기를 근거 없이 제시했다.	0

채점예시

4점

① 직각△의 외심은 빗변의 중심이고,
△ABC는 직각 이등변△ 이므로
$\angle BAO = \angle BCO = 45°$
I는 각을 이등분하므로 $\frac{1}{2}\angle BAO = \angle IAO$, $\frac{1}{2}\angle BCO = \angle ICO$
두 밑각이 같으므로 △ICA는 이등변△
$\overline{IO}$는 $\overline{AC}$를 수직 이등분한다.
$\angle IOA = 90°$
② O는 △ACD의 외심이므로 각까지 거리가 같고
$\overline{AO} = \overline{DO}$ 이므로 △AOD는 정삼각형이며
$\angle AOD = \angle OAD = 60°$
$\angle I'AO = \angle I'AD = 30°$ (I'이 내심)
$\overline{AI'}$가 공통인 변인 $\triangle AI'O \equiv \triangle AI'D$
$\angle I'DA = \frac{1}{2} \times 90° = 45°$
$= \angle I'OA$ 이므로
$x = 90° + 45° = 135°$

채점근거

$\triangle ABC$는 내심의 성질을 이용하여 $\angle IOA = 90°$를 구했고, 점 I'가 $\triangle ADC$의 내심이므로 $\overline{DI'}$는 $\angle D$의 이등분선이며 $\triangle I'AO$와 $\triangle I'AD$가 합동임을 찾아내어 $\angle AOI' = 45°$임을 구하였다. 이를 이용하여 x값을 바르게 구하였다.

즉, 문제에서 제공하는 정보를 바르게 이해하고 문제가 요구하는 핵심개념을 이용하여 문제를 옳게 해결하며, 그 과정에서 논리적인 근거를 충분히 제시하여 풀이과정과 표현을 옳게 서술한 경우이다.

3점

△ABC는 직각 이등변 삼각형이므로
$\angle BAC = \angle BCA = 45°$
I는 △ABC의 내심이니까
$\angle ICO = \angle IAO = 22.5°$
△ICA가 이등변 삼각형이므로
$\angle IOA = 90°$
O는 △ACD의 외심이므로
$\overline{AO} = \overline{DO} = \overline{CO} = \overline{AD}$
△AOD는 정삼각형이다.
I'는 △ACD의 내심
$\angle AOI' = 45°$
$x = \angle IOA + \angle AOI' = 90 + 45 = 135°$

채점근거

$\triangle ABC$는 내심의 성질을 이용하여 과정을 자세히 서술하여 $\angle IOA = 90°$를 구하였다. 그러나 $\angle AOI'$을 구하여 x값을 바르게 구하기는 하였으나, $\angle AOI'$을 구하는 과정을 논리적으로 설명하지 못하였다.

즉, 문제에서 제공하는 정보를 바르게 이해하고 문제가 요구하는 핵심개념을 이용하여 문제를 해결하려 하였으나 그 과정에서 논리적인 근거를 미흡하게 제시하여 서술한 경우이다.

채점예시

2점

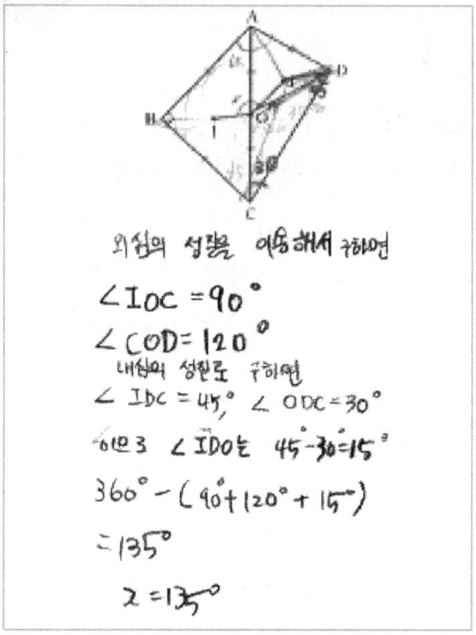

채점근거

$\triangle ABC$는 내심의 성질을 이용하여 과정을 자세히 서술하여 $\angle IOA = 90°$를 구하였다. 그러나 $\angle AOI'$을 구하여 x값을 바르게 구하기는 하였으나, $\angle AOI'$을 구하는 과정에서 점 I'를 $\triangle AOD$의 내심으로 착각하여 문제를 해결하였다.

즉, 문제를 바르게 해결하였으나, 그 과정에서 논리적인 근거에 오류가 있어 부분적으로 옳지 않게 서술한 경우이다.

1점

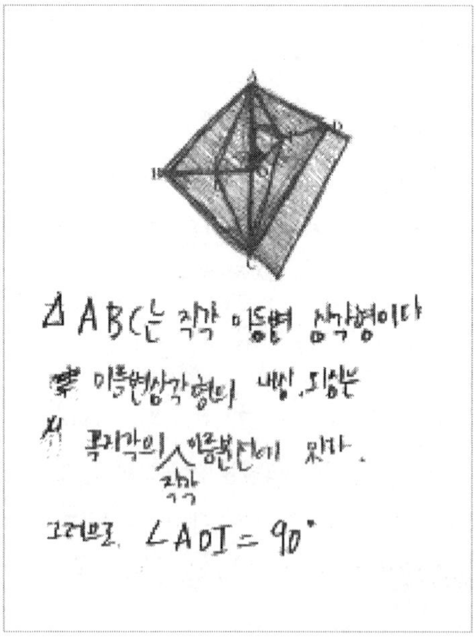

채점근거

찾아야 할 두 각 중 한 각인 $\angle IOA = 90°$를 옳게 구하고 근거를 제시하였으나 다른 한 각을 구하기 위한 시도를 하지 않았고, 문제에서 구하고자 한 x값을 구하지 않았다.

즉, 문제에서 제공하는 정보를 바르게 이해하고 문제를 해결하려 시도하였으나, 그 과정에서 부분적으로 옳으나 문제를 해결하지 못한 경우이다.

채점예시

0점

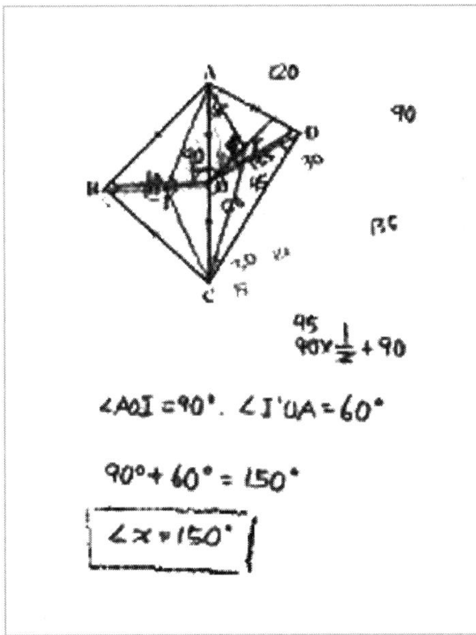

채점근거

찾아야 할 두 각을 모두 구하고 그 중 $\angle IOA = 90°$는 맞았으나, 그 과정을 전혀 서술하지 않았다.

즉, 문제를 해결하고자 시도하였으나 그 과정을 전혀 서술하지 않았기 때문에 부분적으로도 옳다고 볼 수 없는 경우이다.

삼각형의 성질

문 제 (상) (중) (하)

다음 그림에서 점 I는 삼각형 ABC의 내심이고, $\angle ABC$의 크기는 135°이다.
이때, $\angle AIC$의 크기를 구하고 그 과정을 서술하시오.

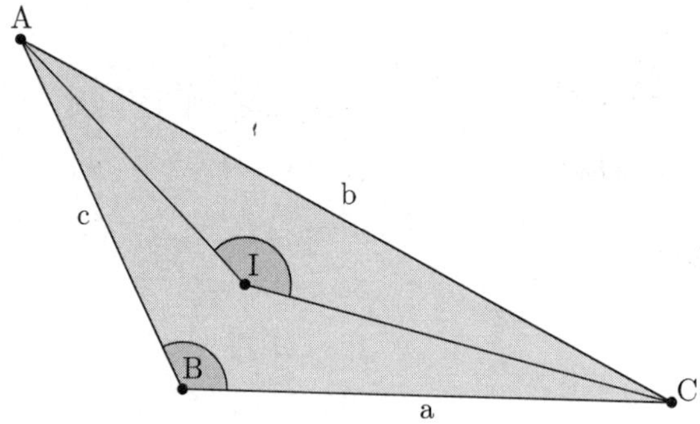

핵심개념 삼각형의 내심

해 설 삼각형의 내심의 정의와 성질을 알고 이를 이용하여 각의 크기를 구할 수 있는지 평가하는 문항이다.

선생님 TIP

문항에서 주어지지 않은 선분 a, c가 같다고 가정하여 $\angle ICB = \angle IBA$라고 생각하는 학생들이 많으므로 그 과정을 주의하여 평가해야 합니다. 또한 내심이 이루는 각을 구하는 식을 공식처럼 외워서 쓰는 학생이 많은데, 그 경우 어떻게 그 식이 나왔는지 이해할 수 있도록 지도가 필요합니다.

풀 이 삼각형의 세 꼭지각의 이등분선의 교점이 내접원의 중심인 내심이다. 따라서 $\angle IAC = \frac{1}{2}\angle BAC$, $\angle ICA = \frac{1}{2}\angle BCA$이다. 삼각형의 내각의 합은 180°이므로

$\angle BAC + \angle BCA + \angle ABC = 180°$이고, 주어진 조건에 따라 $\angle ABC = 135°$이므로 $\angle BAC + \angle BCA = 180° - 135° = 45°$

$\angle IAC + \angle ICA = \frac{1}{2}(\angle BAC + \angle BCA) = \frac{1}{2} \times 45° = 22.5°$

그러므로 구하려는 $\angle AIC$의 크기는 $180° - (\angle IAC + \angle ICA) = 180° - 22.5° = 157.5°$이다.

채점기준

채점기준	세부기준	점수
• 문제에서 제공하는 정보를 바르게 이해하고 정확하게 문제를 해결하였으며, 그 과정에서 논리적인 근거를 충분히 제시하여 올바른 풀이과정과 정확한 표현으로 서술했다.	• 내심의 성질을 이용하여 논리적인 근거를 제시하여 구하고자 하는 각을 값을 구하였으며, 정확한 수학적 표현으로 설명했다.	4
• 문제에서 제공하는 정보를 바르게 이해하고 정확하게 문제를 해결하였으나, 그 과정에서 논리적인 근거 혹은 표현이 미흡했다.	• 내심의 성질을 이용하여 답을 정확히 구하였으나, 과정에서 기호의 표현에서 실수가 있다. • 제시해야 하는 근거가 불충분하지만 문제를 이해하고 해결했다.	3
• 문제에서 제공하는 정보를 바르게 이해하고 문제를 해결하였으나, 그 과정에서 논리적인 근거를 생략했다. • 문제에서 제공하는 정보를 바르게 이해하고 문제를 해결할고 노력하였으나, 실수가 있어 올바른 답을 구하지 못했다.	• 자세한 설명 없이 내심의 중심각을 구하는 식을 공식처럼 이용하여 각의 값을 구했다. • 풀이 과정은 올바르나 계산에서 실수가 있어 올바른 답을 구하지 못했다.	2
• 문제에서 제공하는 정보를 바르게 이해하고 문제를 해결하기 위한 시도를 하였지만, 바르게 해결하지 못했다. • 해결 과정 없이 답만 썼다.	• 문제를 해결하지는 못하였지만 내심에서 각에 그은 선이 각의 이등분선임을 알고 있다. • 답만 올바르게 썼다.	1
• 무응답 또는 오답을 썼다.	• 무응답 또는 오답을 썼다.	0

채점예시

4점

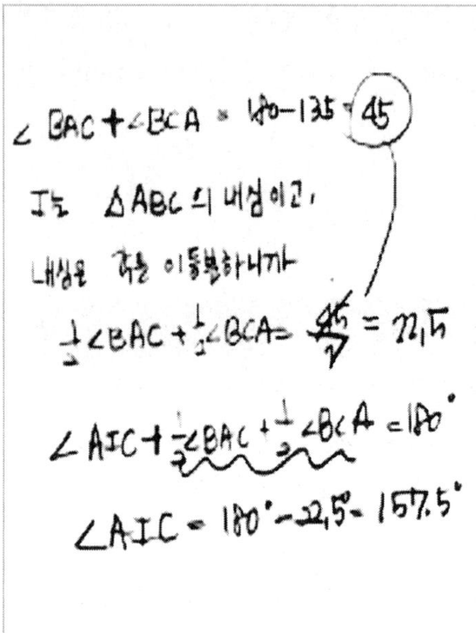

채점근거

내심에서 그은 선분이 각을 이등분 한다는 성질을 이용하여 $\angle IAC + \angle ICA = 22.5°$임을 논리적으로 설명하였고, 이를 활용하여 $\angle AIC = 157.5°$을 정확히 구하였다.

즉, 문제에서 제공하는 정보를 바르게 이해하고 정확하게 문제를 해결하였으며, 그 과정에서 논리적인 근거를 충분히 제시하여 올바른 풀이과정과 정확한 표현으로 서술한 경우이다.

3점

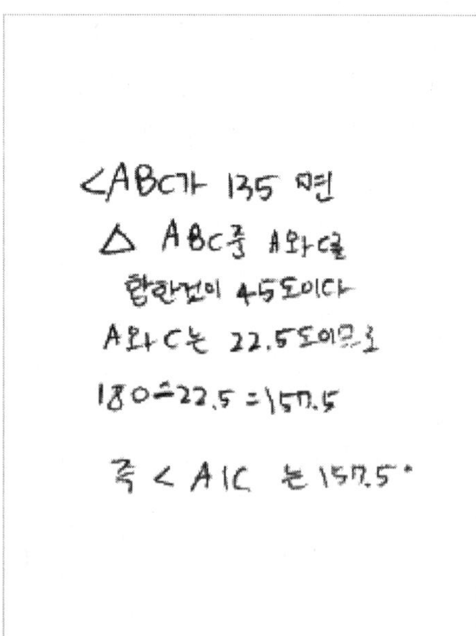

채점근거

내심의 성질을 이용하여 답을 정확히 구하였으나, 각의 표현을 정확하지 않게 ‘A와 C’로 표현하였고 각을 구하는 과정에서 논리가 부족하다.

즉, 문제에서 제공하는 정보를 바르게 이해하고 정확하게 문제를 해결하였으나, 그 과정에서 논리적인 근거 혹은 표현이 미흡한 경우이다.

채점예시

2점

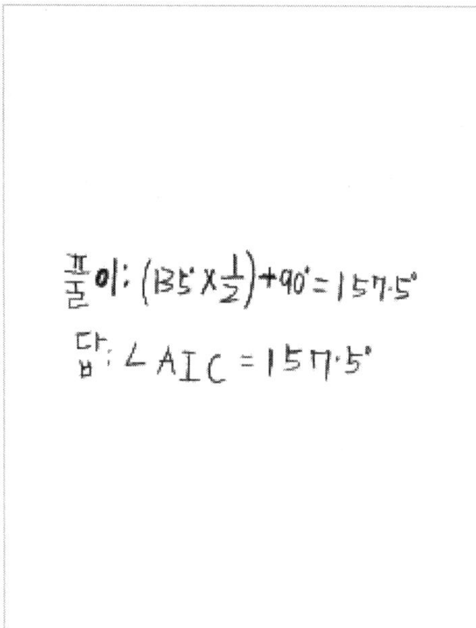

채점근거

자세한 설명 없이 내심의 중심각을 구하는 식을 공식처럼 이용하여 $\angle AIC$의 값을 정확히 구하였다.

즉, 문제에서 제공하는 정보를 바르게 이해하고 문제를 해결하였으나, 그 과정에서 논리적인 근거가 생략된 경우이다.

1점

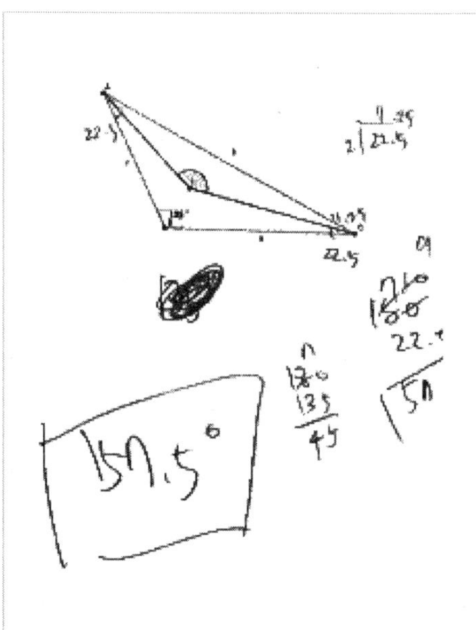

채점근거

내심의 중심각을 구하는 식을 활용하여 $\angle AIC$의 값을 바르게 구한 것으로 판단되나, 식을 세우지 않고 푼 흔적만 있다.

즉, 해결 과정 없이 답만 쓴 경우이다.

사각형의 성질

문 제 (상) (중) (하)

$\overline{AD}\,/\!/\,\overline{BC}$인 사다리꼴 $ABCD$에 한 가지 조건을 더해서 평행사변형을 만들려고 한다. 가능한 경우를 두 가지 쓰고, 그 이유를 서술하시오.

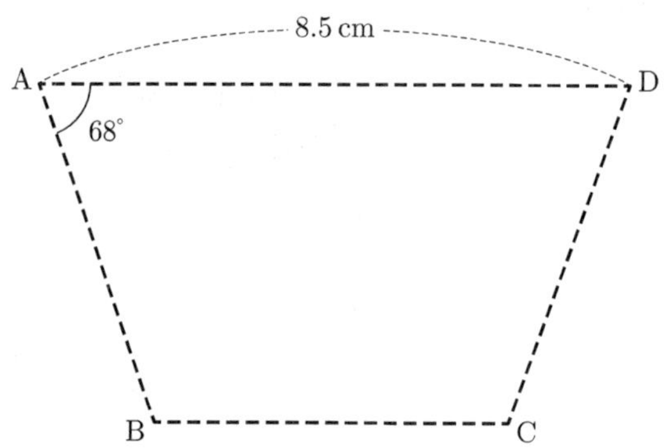

핵심개념 평행사변형의 성질

해 설 사각형이 평행사변형이 되기 위한 조건을 찾아보도록 하여 평행사변형의 성질을 정확히 이해하였는지 평가하는 문항이다.

선생님 TIP

'하' 수준의 경우, 평행사변형의 성질은 알고 있지만 문제를 해결하지 못하는 학생들이 많습니다. 알고 있는 개념을 문제에서 활용하지 못하는 상황으로, 위와 같은 문항을 통하여 문제를 바꾸거나 새롭게 만드는 활동을 함으로써 개선할 수 있습니다.

풀 이 경우 1: '한 쌍의 대변이 평행하고 그 길이가 같으면 평행사변형이다'의 조건 이용하기

$\overline{AD}\,/\!/\,\overline{BC}$인 사다리꼴 $ABCD$가 주어져 있으므로 $\overline{AD}=\overline{BC}$를 만족하면 평행사변형이 된다. 따라서 $\overline{AD}=8.5\text{cm}$이므로 $\overline{BC}$가 $8.5\,\text{cm}$이면 된다.

경우 2: '두 쌍의 대각의 크기가 각각 같으면 평행사변형이다'의 조건 이용하기
$\angle A = 68°$이므로 $\angle C$도 $68°$가 되면 평행사변형이다. (또는, $\overline{AD} /\!/ \overline{BC}$이므로 $\angle B = 112°$가 되므로 $\angle D$가 $112°$가 되면 평행사변형이다.)

경우 3: '두 쌍의 대변이 평행하면 평행사변형이다'의 조건 이용하기
$\overline{AD} /\!/ \overline{BC}$인 사다리꼴 $ABCD$가 주어져 있으므로 $\overline{AB} /\!/ \overline{DC}$이면 두 쌍의 대변이 평행하므로 평행사변형이다.

채점기준

채점기준	세부기준	점수
• 문제에서 제공하는 정보를 바르게 이해하고 문제가 요구하는 핵심개념을 이용하여 문제를 옳게 해결하며, 그 과정에서 논리적인 근거를 충분히 제시하여 풀이과정과 표현을 옳게 서술했다.	• 평행사변형이 되기 위한 두 가지 조건을 모두 찾고 그 이유를 정확히 옳게 서술했다.	4
• 문제에서 제공하는 정보를 바르게 이해하고 문제를 해결하였지만, 그 과정에서 논리적인 근거를 미흡하게 제시하여 서술했다.	• 평행사변형이 되기 위한 두 가지 조건을 모두 찾았지만 한 가지 근거는 정확하지 않거나 오류가 있게 서술했다. • 평행사변형이 되기 위한 세 가지 조건을 모두 찾았지만 그 중 두 가지 조건을 옳은 근거와 함께 제시했다.	3
• 문제에서 제공하는 정보를 바르게 이해하였으나, 해결 과정과 논리적 근거를 부분적으로 옳지 않게 서술했다.	• 평행사변형이 되기 위한 한 가지 조건만 찾았지만 그 이유를 정확하게 서술했다. • 평행사변형이 되기 위한 세 가지 조건을 모두 찾았지만 한 가지 조건만 옳은 근거와 함께 제시했다.	2
• 문제에서 제공하는 정보를 바르게 이해하고 주어진 문제를 해결하려고 노력하였으나, 논리적 근거를 제시하지 않았다.	• 평행사변형이 되기 위한 두 가지 조건만 설명 없이 옳게 적었다.	1
• 무응답 및 오답을 썼다.	• 무응답 및 오답을 썼다.	0

채점예시

4점

$\overline{AB} // \overline{DC}$ - $\overline{AD}$와 $\overline{BC}$는 평행이므로 두 쌍의 대변이 평행하게 하려면 $\overline{AB} // \overline{DC}$

$\overline{BC} = 8.5cm$ - 평행한 한 쌍의 대변이 대변의 길이가 같으므로

채점근거

평행사변형이 되기 위한 성질을 정확히 이해하고 있으며, 평행사변형을 만들기 위한 두 가지 조건을 찾고 그 이유를 정확하게 서술하였다.

즉, 문제에서 제공하는 정보를 바르게 이해하고 문제가 요구하는 핵심개념을 이용하여 옳게 문제를 해결하며, 그 과정에서 논리적인 근거를 충분히 제시하여 풀이과정과 표현을 옳게 서술한 경우이다.

3점

평행사변형에서는 대변의 길이가 같으므로 $\overline{BC}$가 8.5cm가 되면 평행사변형이 된다.

평행사변형에서는 대각의 크기가 같으므로 A와 마주보는 각인 $\angle C$가 68°가 되면 평행사변형이 된다.

채점근거

평행사변형이 되기 위한 두 가지 조건을 모두 찾았지만 평행사변형에서 대변이 평행하므로 $\overline{BC}$가 8.5 cm 이어야 한다고 설명하였다. 한 변이 평행일 때 평행한 변의 길이가 같으면 평행사변형임을 논리적으로 설명하지 못하였다.

즉, 문제에서 제공하는 정보를 바르게 이해하고 문제를 해결하였지만, 그 과정에서 논리적인 근거를 미흡하게 제시하여 서술한 경우이다.

채점예시

2점

$\overline{AB}$와 $\overline{DC}$를 평행으로 만든다.
평행사변형은 마주보는 두쌍의 변들이 평행해야 하기 때문이다.

채점근거

평행사변형이 되기 위한 한 가지 조건인 $\overline{AB} /\!/ \overline{DC}$를 찾고, 평행사변형은 두 쌍의 대변이 모두 평행해야 함을 설명하였다.

즉, 해결 과정과 논리적 근거를 부분적으로 옳지 않게 서술한 경우이다.

1점

1. 선분 BC는 8.5cm 이다.
2. ∠ABC 112°이고, ∠BCD는 68°

채점근거

평행사변형이 되기 위한 두 가지 조건을 옳게 나타냈지만, 그 이유를 전혀 쓰지 않았다.

즉, 문제에서 제공하는 정보를 바르게 이해하고 주어진 문제를 해결하려고 노력하였으나, 논리적 근거를 제시하지 않은 경우이다.

사각형의 성질

문 제 (상) (중) (하)

훈이와 나는 다음과 같은 규칙을 가진 놀이를 하고 있다.

[놀이 방법]

1. 번갈아 가면서 한 장씩 카드를 뽑는다.
2. 좌, 우, 상, 하, 대각선의 방향으로 뽑은 카드에 적힌 성질에 해당하는 사각형으로 이동할 수 있다.
3. 뽑은 카드를 다시 넣고 섞은 후 놀이를 계속 한다.
4. 먼저 도착하는 사람이 이긴다.

[놀이판]

출발 평행사변형	등변사다리꼴	정사각형	마름모
직사각형	마름모	평행사변형	등변사다리꼴
사다리꼴	평행사변형	직사각형	도착 정사각형

[놀이 카드]

한 쌍의 대변이 평행하다.	두 대각선이 서로 수직이다.	두 쌍의 대각의 크기는 각각 같다.
두 대각선의 길이는 같다.	두 대각선이 서로 다른 것을 이등분한다.	두 쌍의 대변의 길이는 각각 같다.

내가 먼저 놀이를 시작한다고 할 때, 항상 이길 수 있도록 놀이판을 이동하는 방법과 그 방법으로 갈 수 있도록 놀이카드를 뽑을 모든 경우의 수를 서술하시오.

(단, 한 사각형에 두 말이 있어도 되며, 뽑은 카드에 해당하는 성질의 사각형이 없을 경우엔 말을 움직일 수 없다.)

핵심개념 여러 가지 사각형의 성질

해 설 학생들이 사각형판 놀이를 해결하는 과정을 통하여, 여러 사각형의 성질과 그 포함 관계를 정확히 이해하고 있는지 평가할 수 있는 문제이다.

선생님 TIP

상위 개념의 사각형이 갖는 특징을 하위 개념의 사각형도 함께 가진다는 것을 헷갈려 하는 경우가 많습니다. 이 문항을 통하여 학생들의 오개념을 바로잡을 수 있습니다.

풀 이 각 사각형의 성질을 나타내는 놀이카드와 그 개수는 아래와 같다.

놀이카드	등변 사다리꼴	평행 사변형	마름모	직사각형	정사각형
한 쌍의 대변이 평행하다.	●	●	●	●	●
두 대각선이 서로 수직이다.			●		●
두 쌍의 대각의 크기는 각각 같다.		●	●	●	●
두 대각선의 길이는 같다.	●			●	●
두 대각선이 서로 다른 것을 이등분한다.		●	●	●	●
두 쌍의 대변의 길이는 각각 같다.		●	●	●	●
카드의 수	2가지	4가지	5가지	5가지	6가지

내가 먼저 게임을 시작하므로 가장 빨리 가는 방법으로 이동하면 훈이가 가는 방법과 상관없이 이길 수 있다. 그러므로 내가 항상 이기기 위해서는 최단거리로 이동해야 한다.

출발지점에서 도착지점까지 최단거리로 이동하는 방법은 아래와 같이 세 가지 방법이 있다.

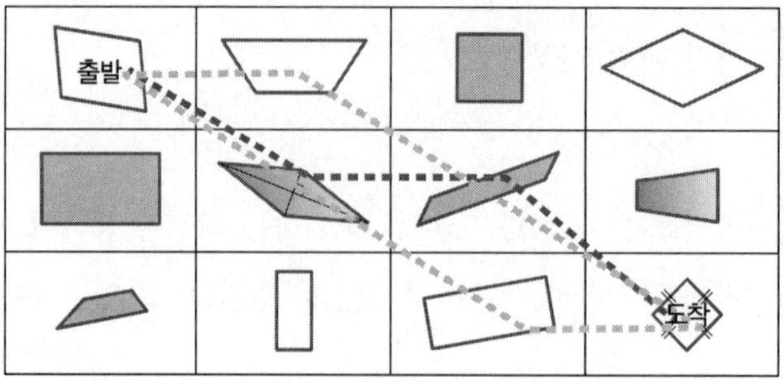

각각의 경우의 수를 구해보면,

1) '출발(평행사변형) → 등변 사다리꼴 → 평행사변형 → 도착(정사각형)' 순으로 갈 때
   등변 사다리꼴로 갈 수 있는 놀이카드의 개수는 두 가지, 평행사변형으로 갈 수 있는 놀이카드의 개수는 네 가지, 정사각형으로 갈 수 있는 놀이카드의 개수는 여섯 가지이다. 그러므로 이 방법으로 가는 방법의 수는 $2 \times 4 \times 6 = 48$가지이다.

2) '평행사변형 → 마름모 → 평행사변형 → 정사각형' 순으로 갈 때
   마름모로 갈 수 있는 놀이카드의 개수는 다섯 가지, 평행사변형으로 갈 수 있는 놀이카드의 개수는 네 가지, 정사각형으로 갈 수 있는 놀이카드의 개수는 여섯 가지이다. 그러므로 이 방법으로 가는 방법의 수는 $5 \times 4 \times 6 = 120$가지이다.

3) '평행사변형 → 마름모 → 직사각형 → 정사각형' 순으로 갈 때
   마름모로 갈 수 있는 놀이카드의 개수는 다섯 가지, 직사각형으로 갈 수 있는 놀이카드의 개수는 다섯 가지, 정사각형으로 갈 수 있는 놀이카드의 개수는 여섯 가지이다. 그러므로 이 방법으로 가는 방법의 수는 $5 \times 5 \times 6 = 150$가지이다.

그러므로 가장 빨리 도착할 수 있는 모든 경우의 수는 $48 + 120 + 150 = 318$가지이다.

채점기준

채점기준	세부기준	점수
• 문제에서 제공하는 정보를 바르게 이해하고 정확하게 문제를 해결하였으며, 그 과정에서 논리적인 근거를 충분히 제시하여 올바른 풀이과정과 정확한 표현으로 서술했다.	• 각각의 사각형의 성질을 나타내는 놀이카드를 바르게 나타내고 항상 이기기 위해서는 가장 빠른 방법으로 가야함을 설명한 뒤, 가장 빠른 세 가지 방법을 바르게 서술하고 경우의 수를 정확히 구했다.	4
• 문제에서 제공하는 정보를 바르게 이해하고 정확하게 문제를 해결하였으나, 그 과정에서 논리적인 근거 혹은 표현이 미흡했다.	• 가장 빠른 세 가지 방법과 경우의 수를 정확히 서술하였으나, 각각의 사각형으로 이동할 수 있는 놀이카드를 제시하지 않고 개수로만 제시했다. • 가장 빠른 세 가지 방법과 경우의 수를 구하는 과정을 바르게 서술하였으나, 왜 가장 빠른 방법으로 가야하는지 이유를 서술하지 않았다.	3
• 문제를 정확하게 해결하려고 노력하였으나, 문제의 정보를 바르게 이해하지 못하거나 실수가 있어 올바른 답을 구하지 못했다.	• 세 가지의 방법 중 하나 혹은 두 가지의 방법만을 나타내었으나, 각 경우의 수를 알맞은 표현을 사용하여 나타냈다. • 세 가지 방법을 모두 제시하고 각각의 경우의 수를 구하는 과정까지 서술하였으나, 단순한 계산 실수로 답이 틀렸다. • 세 가지 방법을 모두 제시하고 각각의 이동할 수 있는 카드를 정확히 제시하였으나, 경우의 수를 구하지 않았다.	2
• 문제에서 제공하는 정보를 바르게 이해하고 문제를 해결하기 위한 시도를 하였지만, 문제를 해결하지 못하였거나 해결 과정 없이 답만 옳게 적었다.	• 세 가지 방법을 모두 제시하였으나, 경우의 수를 구하지 않거나 혹은 놀이카드 선택이 잘못 되어 경우의 수가 틀렸다.	1
• 무응답 또는 오답을 썼다.	• 무응답 또는 오답을 썼다.	0

채점예시

4점

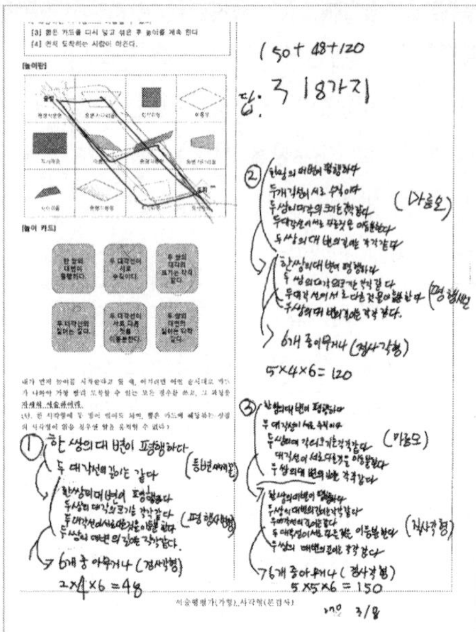
150+48+120
답: 318가지
5×4×6=120
2×4×6=48
5×5×6=150

채점근거

가장 빠른 세 가지 유형으로 분류하여, 각각의 사각형으로 이동할 수 있는 놀이카드를 바르게 나타낸 후 경우의 수를 바르게 구하였다.

즉, 문제에서 제공하는 정보를 바르게 이해하고 정확하게 문제를 해결하였으며, 그 과정에서 논리적인 근거를 충분히 제시하여 올바른 풀이과정과 정확한 표현으로 서술한 경우이다.

3점

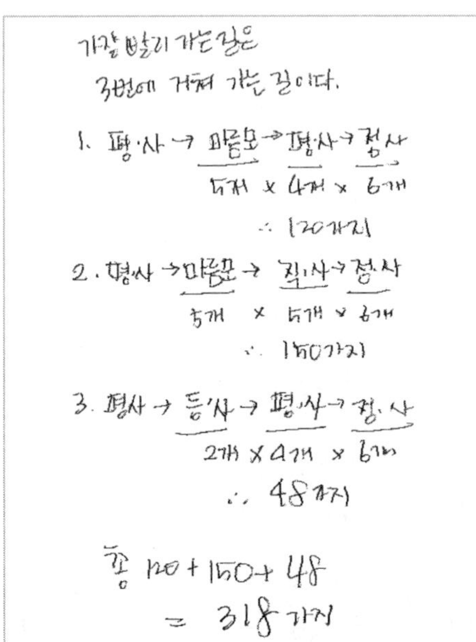
가장 빨리 가는 길은
3번에 거쳐 가는 길이다.
1. 평·사 → 마름모 → 평·사 → 정·사
5개 × 4개 × 6개
∴ 120가지
2. 평사 → 마름모 → 직·사 → 정·사
5개 × 5개 × 6개
∴ 150가지
3. 평사 → 등·사 → 평·사 → 정·사
2개 × 4개 × 6개
∴ 48가지
총 120+150+48
= 318가지

채점근거

가장 빠른 세 가지 방법과 경우의 수를 정확히 서술하였으나, 각각의 사각형으로 이동할 수 있는 놀이카드를 제시하지 않고 개수로만 제시하였다.

즉, 문제에서 제공하는 정보를 바르게 이해하고 정확하게 문제를 해결하였으나, 그 과정에서 논리적인 근거가 약간 미흡한 경우이다.

채점예시

2점

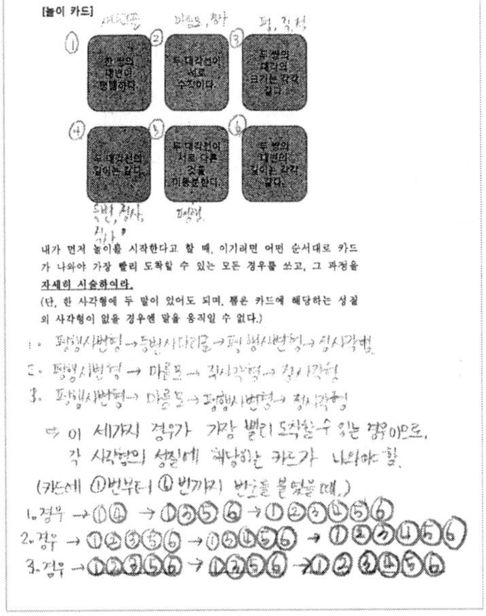
[놀이 카드]

① 한 쌍의 대변이 평행하다.
② 두 대각선이 서로 수직이다.
③ 두 쌍의 대각의 크기는 각각 같다.
④ 두 대각선의 길이는 같다.
⑤ 두 대각선이 서로 다른 것을 이등분한다.
⑥ 두 쌍의 대변의 길이는 각각 같다.

내가 먼저 놀이를 시작한다고 할 때, 이기려면 어떤 순서대로 카드가 나와야 가장 빨리 도착할 수 있는 모든 경우를 쓰고, 그 과정을 자세히 서술하여라.
(단, 한 사각형에 두 말이 있어도 되며, 뽑은 카드에 해당하는 성질의 사각형이 없을 경우엔 말을 움직일 수 없다.)

1. 평행사변형 → 등변사다리꼴 → 평행사변형 → 정사각형
2. 평행사변형 → 마름모 → 직사각형 → 정사각형
3. 평행사변형 → 마름모 → 평행사변형 → 정사각형

⇨ 이 세가지 경우가 가장 빨리 도착할 수 있는 경우이므로, 각 사각형의 성질에 해당하는 카드가 나와야 함.
(카드에 ①번부터 ⑥번까지 번호를 붙였을 때.)

채점근거

세 가지 방법을 모두 제시하고, 카드에 번호를 매겨 각각의 이동할 수 있는 카드를 정확히 제시하였으나, 경우의 수를 구하지 않았다.

즉, 문제를 정확하게 해결하려고 노력하였으나, 문제를 바르게 이해하지 못하여 올바른 답을 구하지 못한 경우이다.

1점

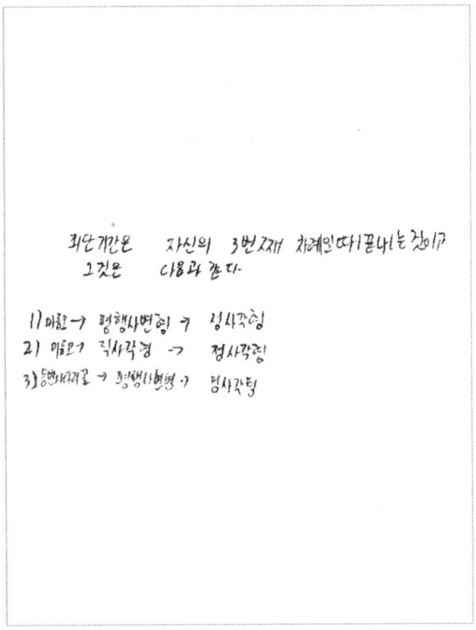
최단기간은 자신의 3번째 차례일때 끝나는 것이고 그것은 다음과 같다

1) 마름모 → 평행사변형 → 정사각형
2) 마름모 → 직사각형 → 정사각형
3) 등변사다리꼴 → 평행사변형 → 정사각형

채점근거

세 가지 방법을 모두 제시하였으나, 각각의 사각형으로 이동할 수 있는 놀이카드와 경우의 수를 구하지 않았다.

문제에서 제공하는 정보를 바르게 이해하고 문제를 해결하기 위한 시도를 하였지만, 문제를 해결하지 못한 경우이다.

사각형의 성질

문제 (상 중 하)

훈이와 나는 다음과 같은 규칙을 가진 놀이를 하고 있다.

[놀이 방법]

1. 번갈아 가면서 한 장씩 카드를 뽑는다.
2. 좌, 우, 상, 하, 대각선의 방향으로 뽑은 카드에 적힌 성질에 해당하는 사각형으로 이동할 수 있다.
3. 뽑은 카드를 다시 넣고 섞은 후 놀이를 계속 한다.
4. 먼저 도착하는 사람이 이긴다.

[놀이판]

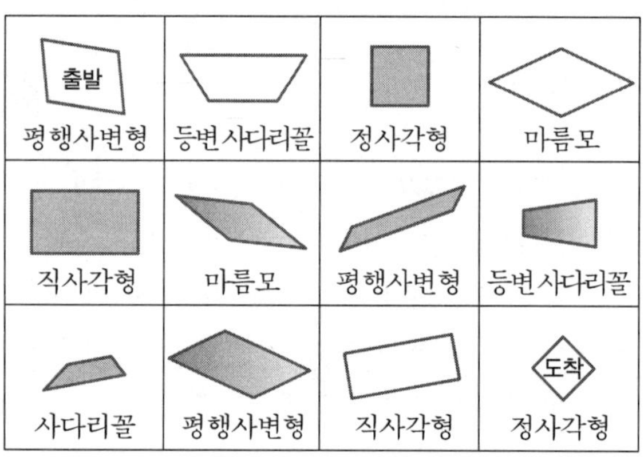

[놀이 카드]

한 쌍의 대변이 평행하다.	두 대각선이 서로 수직이다.	두 쌍의 대각의 크기는 각각 같다.
두 대각선의 길이는 같다.	두 대각선이 서로 다른 것을 이등분한다.	두 쌍의 대변의 길이는 각각 같다.

내가 먼저 놀이를 시작한다고 할 때, 내가 항상 이길 수 있도록 놀이판을 이동하는 방법을 한 가지 쓰고, 그 방법으로 갈 수 있도록 놀이카드를 뽑을 모든 경우의 수를 서술하시오. (단, 한 사각형에 두 말이 있어도 되며, 뽑은 카드에 해당하는 성질의 사각형이 없을 경우엔 말을 움직일 수 없다.)

핵심개념 여러 가지 사각형의 성질

해 설 학생들이 사각형판 놀이를 해결하는 과정을 통하여, 여러 사각형의 성질과 그 포함 관계를 정확히 이해하고 있는지 평가할 수 있는 문제이다.

선생님 TIP

상위 개념의 사각형이 갖는 특징을 하위 개념의 사각형도 함께 가진다는 것을 헷갈려 하는 경우가 많습니다. 이 문항을 통하여 학생들의 오개념을 바로 잡을 수 있습니다. 항상 이기는 모든 경우의 수를 구하도록 '상' 수준으로 문항을 변경할 수 있습니다.

풀 이 내가 먼저 게임을 시작하므로 가장 빨리 가는 방법으로 이동하면 훈이가 가는 방법과 상관없이 이길 수 있다. 그러므로 내가 항상 이기기 위해서는 최단거리로 이동해야 한다.

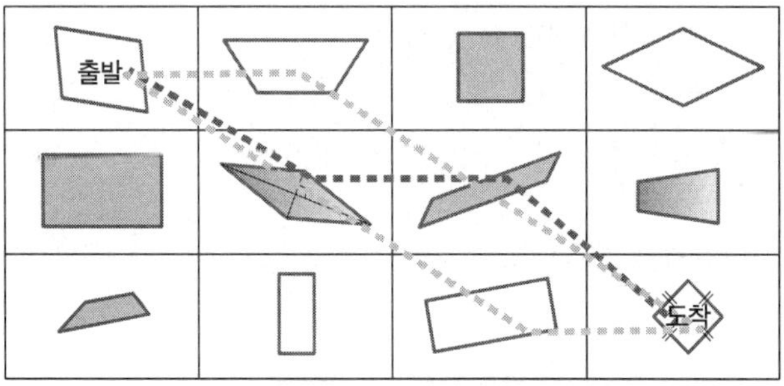

가장 짧은 거리로 이동할 수 있는 방법을 쓰고, 그 방법에서 다음 사각형으로 이동할 수 있는 놀이카드와 그 방법으로 이동할 수 있도록 놀이카드를 뽑을 모든 경우의 수를 구하면 다음과 같다.
(출발지점에서 도착지점까지 최단거리로 이동하는 방법은 아래와 같이 세 가지 방법이 있다. 아래의 예 중에 하나만 바르게 설명하면 된다.)

예 1) '출발(평행사변형) → 등변사다리꼴 → 평행사변형 → 도착(정사각형)' 순으로 갈 때

놀이카드	등변 사다리꼴	평행사변형	정사각형
한 쌍의 대변이 평행하다.	●	●	●
두 대각선이 서로 수직이다.			●
두 쌍의 대각의 크기는 각각 같다.		●	●
두 대각선의 길이는 같다.	●		●
두 대각선이 서로 다른 것을 이등분 한다.		●	●
두 쌍의 대변의 길이는 각각 같다.		●	●

등변사다리꼴로 갈 수 있는 놀이카드의 개수는 두 가지, 평행사변형으로 갈 수 있는 놀이카드의 개수는 네 가지, 정사각형으로 갈 수 있는 놀이카드의 개수는 여섯 가지이다. 그러므로 이 방법으로 가는 방법의 수는 $2 \times 4 \times 6 = 48$가지이다.

예 2) '평행사변형 → 등변사다리꼴 → 평행사변형 → 정사각형' 순으로 갈 때

놀이카드	등변사다리꼴	평행사변형	정사각형
한 쌍의 대변이 평행하다.	●	●	●
두 대각선이 서로 수직이다.	●		●
두 쌍의 대각의 크기는 각각 같다.	●	●	●
두 대각선의 길이는 같다.			●
두 대각선이 서로 다른 것을 이등분 한다.	●	●	●
두 쌍의 대변의 길이는 각각 같다.	●	●	●

마름모로 갈 수 있는 놀이카드의 개수는 다섯 가지, 평행사변형으로 갈 수 있는 놀이카드의 개수는 네 가지, 정사각형으로 갈 수 있는 놀이카드의 개수는 여섯 가지이다. 그러므로 이 방법으로 가는 방법의 수는 $5 \times 4 \times 6 = 120$가지이다.

예 3) '평행사변형 → 마름모 → 직사각형 → 정사각형' 순으로 갈 때

놀이카드	마름모	직사각형	정사각형
한 쌍의 대변이 평행하다.	●	●	●
두 대각선이 서로 수직이다.	●		●
두 쌍의 대각의 크기는 각각 같다.	●	●	●
두 대각선의 길이는 같다.		●	●
두 대각선이 서로 다른 것을 이등분 한다.	●	●	●
두 쌍의 대변의 길이는 각각 같다.	●	●	●

마름모로 갈 수 있는 놀이카드의 개수는 다섯 가지, 직사각형으로 갈 수 있는 놀이카드의 개수는 다섯 가지, 정사각형으로 갈 수 있는 놀이카드의 개수는 여섯 가지이다. 그러므로 이 방법으로 가는 방법의 수는 $5 \times 5 \times 6 = 150$가지이다.

채점기준

채점기준	세부기준	점수
• 문제에서 제공하는 정보를 바르게 이해하고 정확하게 문제를 해결하였으며, 그 과정에서 논리적인 근거를 충분히 제시하여 올바른 풀이과정과 정확한 표현으로 서술했다.	• 각각의 사각형의 성질을 나타내는 놀이카드를 바르게 나타내고 항상 이기기 위해서는 가장 빠른 방법으로 가야함을 설명한 뒤, 가장 빠른 세 가지 방법 중에 한 가지를 바르게 서술하고 경우의 수를 정확히 구했다.	4
• 문제에서 제공하는 정보를 바르게 이해하고 정확하게 문제를 해결하였으나, 그 과정에서 논리적인 근거 혹은 표현이 미흡했다.	• 가장 빠른 방법을 한 가지와 그 방법의 경우의 수를 정확히 서술하였으나, 각각의 사각형으로 이동할 수 있는 놀이카드를 설명하지 않고 개수로만 제시했다. • 가장 빠른 방법을 한 가지 제시한 후, 각 사각형으로 이동할 수 있는 놀이카드를 바르게 나타내고 그 경우의 수를 구하는 과정을 정확히 서술하였으나 왜 가장 빠른 방법으로 가야하는지 이유를 서술하지 않았다.	3
• 문제를 정확하게 해결하려고 노력하였으나, 문제의 정보를 바르게 이해하지 못하거나 실수가 있어 올바른 답을 구하지 못했다.	• 가장 빠른 방법 중 한 가지를 제시하고 각각의 경우의 수를 구하는 과정까지 서술하였으나, 단순한 계산 실수로 답이 틀렸다.	2
• 문제에서 제공하는 정보를 바르게 이해하고 문제를 해결하기 위한 시도를 하였지만, 문제를 해결하지 못하였거나 해결 과정 없이 답만 옳게 적었다.	• 가장 빠른 방법 중 한 가지를 제시하였으나, 경우의 수를 구하지 않았다. • 가장 빠른 방법 중 한 가지를 제시하고 경우의 수를 구하는 과정까지 서술하였으나, 사각형의 성질을 정확히 이해하지 못하여 놀이카드 선택을 잘못했다.	1
• 무응답 또는 오답을 썼다.	• 무응답 또는 오답을 썼다.	0

채점예시

4점

세번이 걸쳐서 가는길이 가장 빠른 길이고
그 길을 가면 항상 이긴다.
그 중 한가지 방법이 등변사다리꼴
평행사변형을 거쳐 가는 경우이다.
등변사다리꼴 (한쌍의 대변이 평행 / 두대각선의 길이가 같다.) ②
평행사변형 (한쌍의 대변이 평행 / 두쌍의 대각의 크기가 각각 같다 / 두 대각선이 서로 다른것을 이등분 / 대변의 길이가 같다) ④
정사각형은 모든카드로 갈 수 있으므로 ⑥
이길로 갈수 있는 경우의 수는
2×4×6 = 48 가지이다

채점근거

항상 이기기 위해서는 가장 빠른 방법으로 가야함을 설명한 뒤, 가장 빠른 세 가지 방법 중에 한 가지를 바르게 나타내었다. 선택한 방법으로 갈 수 있도록 하는 각각의 놀이카드를 모두 제시하였고, 경우의 수를 바르게 구하였다.

즉, 문제에서 제공하는 정보를 바르게 이해하고 정확하게 문제를 해결하였으며, 그 과정에서 논리적인 근거를 충분히 제시하여 올바른 풀이과정과 정확한 표현으로 서술한 경우이다.

3점

마름모→직사각형→정사각형 순으로 가는길이
항상 이길수 있는 방법 중 하나이다.
마름모로 갈 수 있는 카드는 5가지
직사각형으로 갈 수 있는 카드는 5가지
정사각형으로 갈 수 있는 카드는 6가지
그러므로 이 길로 갈 수 있는 경우의수는
5×5×6 = 150가지 이다.

채점근거

가장 빠른 방법을 한 가지와 그 방법의 경우의 수를 정확히 서술하였으나, 각각의 사각형으로 이동할 수 있는 놀이카드를 설명하지 않고 개수로만 제시하였다.

즉, 문제에서 제공하는 정보를 바르게 이해하고 정확하게 문제를 해결하였으나, 그 과정에서 논리적인 근거 혹은 표현이 미흡한 경우이다.

채점예시

2점

출발해서 등변사다리꼴, 평행사변형 정사각형으로 갈 때 이긴다
등변사다리꼴은 "한쌍의 대변이 평행하다"는 카드가 나오면 되고
평행사변형은 "대변평행", "대각의 크기가 같다" "대각선서로이등분" "대변길이 같다" 카드가 나오면된다
정사각형으로 가려면 모든카드가 나오면 된다
그러므로 경우의 수는 1×4×6=24 이다

채점근거

가장 빠른 방법 중 한 가지를 제시하고 각각의 경우의 수를 구하는 과정까지 서술하였으나, 등변사다리꼴의 특징을 나타내는 놀이카드를 실수로 하나 빠뜨렸기 때문에 경우의 수를 구한 값이 틀렸다.

즉, 문제를 정확하게 해결하려고 노력하였으나 풀이과정에서 실수가 있어 올바른 답을 구하지 못한 경우이다.

1점

마름모→직사각형→정사각형으로 가는 길이 항상 이길 수 있다

채점근거

가장 빠른 방법 중 한 가지를 제시하였으나, 각각의 사각형으로 이동할 수 있는 놀이카드를 제시하지 않았고 경우의 수 또한 구하지 않았다.

즉, 문제에서 제공하는 정보를 바르게 이해하고 문제를 해결하기 위한 시도를 하였지만, 문제를 해결하지 못한 경우이다.

사각형의 성질

문 제 (상) (중) (하)

다음 네 명의 학생들이 여러 가지 사각형에 대하여 이야기하고 있다. 이들 중 옳게 말한 학생(들)을 찾고 그 말이 왜 옳은지 그 이유를 설명하시오.

> 채연 : 마름모는 직사각형도 된다고 생각해.
> 원정 : 그렇지만 마름모는 평행사변형이 아니야.
> 태경 : 내 생각에는 정사각형이 직사각형도 될 수 있다고 생각해.
> 종훈 : 직사각형은 평행사변형이 되는 거지.

핵심개념 여러 가지 사각형의 성질

해 설 여러 가지 사각형 사이의 관계를 이해하고, 평행사변형의 성질을 이용하여 어떠한 사각형이 평행사변형이 되는 조건을 찾을 수 있는지 평가할 수 있는 문항이다.

선생님 TIP

단순히 여러 사각형 사이의 포함관계를 나타내고 설명하려는 학생들이 많습니다. "마름모는 평행사변형이기 때문이다"와 같이 단순한 포함관계로 설명하지 않고 "마름모는 마주보는 두 쌍의 대각의 크기가 같으므로 평행사변형이 될 수 있다"와 같이 사각형이 가진 성질을 가지고 논리적으로 설명할 수 있도록 지도할 수 있습니다.

풀 이 학생 태경 : '정사각형이면 직사각형이 될 것 같아'

[이유]

① 정사각형은 네 각의 크기가 모두 직각이므로 직사각형이 되며 옳은 주장이다.

② 정사각형의 두 대각선은 길이가 같고 서로 수직이등분하므로 두 대각선의 길이가 같은 직사각형의 성질을 만족하므로 옳은 주장이다.

학생 종훈 : '직사각형은 평행사변형이 되는 거지'

[이유]

① 직사각형은 두 쌍의 대변의 길이가 같으므로 평행사변형이 되며 옳은 주장이다.

② 직사각형은 네 각이 모두 직각이므로 두 쌍의 대각의 크기가 같으면 평행사변형이 된다는 조건에 의해 평행사변형이 되며 옳은 주장이다.

③ 직사각형의 두 대각선은 길이가 같고 서로 이등분하므로 두 대각선이 서로 이등분하면 평행사변형이 된다는 조건에 의해 평행사변형이 되며 옳은 주장이다.

→ 위의 이유 중 정확하게 한 가지 제시할 것

채점기준

채점기준	세부기준	점수
• 문제에서 제공하는 정보를 바르게 이해하고 문제가 요구하는 핵심개념을 이용하여 문제를 옳게 해결하며, 그 과정에서 논리적인 근거를 충분히 제시하여 풀이과정과 표현을 옳게 서술했다.	• 문제를 해결하기 위해 옳게 주장한 학생 두 명을 모두 찾고 그 이유를 정확하고 타당하게 한 가지씩 옳게 제시하여 서술했다.	4
• 문제에서 제공하는 정보를 바르게 이해하고 해결하였으나, 그 과정에서 논리적인 근거를 제시하는 데 미흡했다. • 문제해결에 불필요한 부분을 서술하였으나 불필요한 부분을 제외한 것이 문제에서 요구하는 옳은 답을 서술했다.	• 문제를 해결하기 위해 옳게 주장한 학생 두 명을 찾고 그 중 한 가지 이유는 정확하지만 다른 한 가지 이유를 옳지 않거나 오류가 있게 서술했다. • 옳게 주장한 학생을 세 명으로 찾았지만 그 중 두 명은 옳은 근거를 제시하여 서술했다.	3
• 문제에서 제공하는 정보를 바르게 이해하였으나, 해결 과정과 논리적 근거를 부분적으로 옳지 않게 서술했다.	• 문제를 해결하기 위해 옳게 주장한 학생 한 명만 찾았지만 그 근거는 정확하게 서술했다.	2
• 문제에서 제공하는 정보를 바르게 이해하였지만 해결 과정에서 논리적인 근거를 옳지 않게 제시하거나 생략하고 답만 옳게 적었다.	• 옳게 주장한 태경과 종훈을 선택하였지만 이유를 제시하지 않고 서술했다.	1
• 무응답 또는 오답을 썼다.	• 무응답 또는 오답을 썼다.	0

채점예시

4점

태경, 종훈

정사각형은 네개의 각이 모두 90°로 같기 때문에 직사각형 이라고 할 수 있다.

직사각형은 네개의 각이 모두 같기 때문에 마주보는 변이 서로 평행하다. 그러므로 평행사변형이라 할 수 있다.

채점근거

문제를 해결하기 위해 옳게 주장한 태경과 종훈을 모두 찾고 그 이유를 정확하고 타당하게 한 가지씩 정확하여 설명하였다.

즉, 문제에서 제공하는 정보를 바르게 이해하고 문제가 요구하는 핵심개념을 이용하여 옳게 문제를 해결하며, 그 과정에서 논리적인 근거를 충분히 제시하여 풀이과정과 표현을 옳게 서술한 경우이다.

3점

답; 태경, 종훈

태경의 경우; 직사각형의 정리는 '네각이 직각인 사각형 이다. 그래서 네각의 크기는같다. 이것이 성질이다 그런데 정사각형은 이 직사각형의 성질은 물론정의에 포함된다. 고로 정사각형은 직사각형이다

종훈의 경우; 평행사변형은 마주보는 모든 변들이 평행한다. 직사각형 또한 이러한 성질이 있어 결국 직사각형은 평행사변형이 된다.

채점근거

문제를 해결하기 위해 옳게 주장한 학생 두 명은 찾았지만 '직사각형의 성질을 정사각형이 모두 포함하므로'와 같이 사각형의 성질을 명확히 이용하지 않고 포함관계를 이용하여 설명하였다.

즉, 문제에서 제공하는 정보를 바르게 이해하고 해결하였으나, 그 과정에서 논리적인 근거를 제시하는 데 미흡한 경우이다.

채점예시

2점

태경 : 정사각형도 직사각형과 같이
각들이 직각이고 마주보는
변들이 길이가 같고 평행하다

채점근거

옳게 주장한 학생 중의 태경만 찾았지만 그 근거는 정확하게 서술하였다.

즉, 문제에서 제공하는 정보를 바르게 이해하였으나, 해결 과정과 논리적 근거를 부분적으로 옳지 않게 서술한 경우이다.

1점

태경 : 맞다
정사각형은 모든 사각형이 되기 때문에
종훈 : 맞다.

채점근거

옳게 주장한 태경과 종훈을 선택하였지만 이유를 설명하지 않았다.

즉, 문제에서 제공하는 정보를 바르게 이해하였지만 해결 과정에서 논리적인 근거를 옳지 않게 제시하거나 생략하고 답만 옳게 적은 경우이다.

사각형의 성질

문 제 상 중 하

우리나라에서 삼각형 모양의 청동기 유적지가 발견되었다. 두 탐사팀이 P 지점(탑이 있던 자리)을 지나도록 선을 그어 넓이가 같은 두 부분으로 나누어 공평하게 일을 하려고 한다. 평행선과 넓이 사이의 관계를 이용하여 방법을 찾고 그 과정을 서술하시오(단, 점 M은 $\overline{BC}$의 중점).

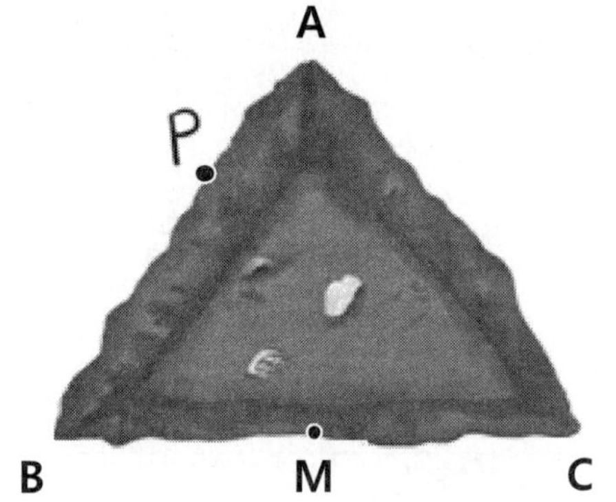

핵심개념 평행선과 넓이 사이의 관계

해 설 보조선을 그어, 평행선 사이의 두 삼각형의 넓이가 같다는 성질을 활용하여 문제를 해결할 수 있는지 평가하는 문항이다.

선생님 TIP

평행선과 넓이 사이의 관계를 이용한다는 해결전략은 생각하지만, 그것을 어떻게 활용해야 할지 모르는 학생들이 많았습니다. 보조선 $\overline{AM}$과 $\overline{PM}$을 그림에 나타내 문제를 해결할 수 있는 실마리를 제공하여 주면 '중' 수준으로 변경이 가능합니다.

풀 이

삼각형 모양의 유적지에서 각 꼭짓점을 A, B, C라 하고 그 중점을 M이라 할 때 $\overline{AM}$은 삼각형의 넓이를 반으로 나눈다.

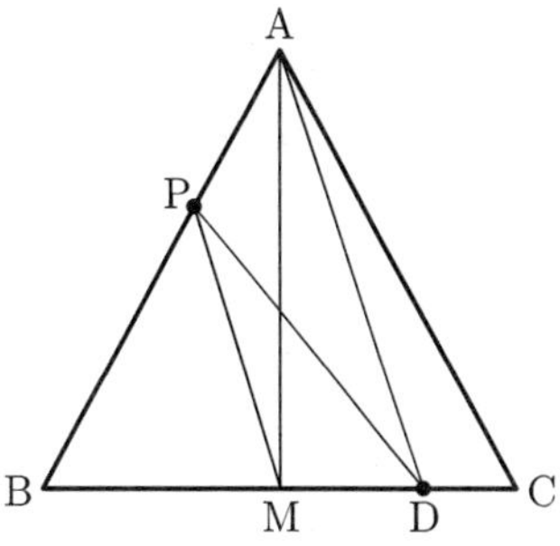

점 P와 M을 연결하여 $\overline{PM}$을 긋고 점 A를 지나고 $\overline{PM}$과 평행한 선분을 긋는다.

이때 $\overline{BC}$와 만나는 점을 D라 두자. 그러면 평행선과 넓이 사이의 성질에 의해 $\triangle APM = \triangle DMP$이므로 점 P에서 점 D를 연결한 선분에 의해 $\triangle ABC$의 넓이가 정확히 반으로 나누어진다.

따라서 이 유적지에서 탑이 있던 자리인 점 P에서 점 D까지 나누면 정확히 넓이가 같은 두 부분으로 나눌 수 있어 두 탐사팀이 공평하게 일을 할 수 있다.

채점기준

채점기준	세부기준	점수
• 문제에서 제공하는 정보를 바르게 이해하고 문제가 요구하는 핵심개념을 이용하여 문제를 옳게 해결하며, 그 과정에서 논리적인 근거를 충분히 제시하여 풀이과정과 표현을 옳게 서술했다.	• 문제를 해결하기 위해 삼각형으로 표현하고 중선과 보조선을 그어 평행선과 넓이 사이의 성질을 이용, 과정에서 논리적이고 타당하게 서술했다.	4
• 문제에서 제공하는 정보를 바르게 이해하여 옳게 해결하였으나, 그 과정에서 논리적인 근거를 미흡하게 제시했다.	• 전체적으로 옳지만 문제를 해결하는 데 필요한 조건 중 $\overline{AM}$이 삼각형의 넓이를 반으로 나눈다는 조건을 표현하지 않고 서술했다. • 문제해결 과정에서 평행선과 넓이 사이의 성질을 표현하지 않았지만 그 외의 모든 부분은 옳게 서술했다.	3
• 문제에서 제공하는 정보를 바르게 이해하여 옳게 해결하였으나, 그 과정에서 논리적인 근거가 생략되었거나 표현이 수학적으로 미흡했다.	• 문제를 해결하는 데 근거를 제시하지 않았지만 그림으로 표현하여 옳게 해결했다.	2
• 문제에서 제공하는 정보를 바르게 이해하여 해결하려 시도하였으나, 답까지 이르지 못하고 문제해결 전략만 서술했다.	• 문제를 해결하려고 시도하였으나 $\overline{AM}$이 삼각형의 넓이를 반으로 나눈다는 성질 또는 평행선과 넓이 사이의 관계를 이용해야 한다는 전략만 서술했다.	1
• 무응답 또는 오답을 썼다.	• 무응답 또는 오답을 썼다.	0

채점예시

4점

$\triangle ABC$ 에서 $\overline{BC}$ 에 중점인 점 M 에서 점 A 에 선분을 연결하면 $\triangle ABM = \triangle ACM$ 이다. 이때 점 P 에서 점 M에 선분을 연결하고 $\overline{PM}$에 평행한 선분 $\overline{AD}$를 긋고 $\overline{PD}$ 그었을 때, $\triangle APM$과 $\triangle DPM$은 밑변이 같고 $\overline{AD}$와 $\overline{PM}$이 평행하므로 높이가 같고 넓이가 같다.
그러므로 $\triangle BPD = \square APDC$ 가 된다

채점근거

문제를 해결하기 위해 삼각형으로 표현하고 중선과 보조선을 그은 후, 평행선에서 밑변의 길이가 같으면 넓이가 같다는 성질을 이용하여 $\overline{PQ}$가 삼각형의 넓이를 반으로 나눈다고 나타냈다. 그 과정을 타당한 근거를 가지고 논리적으로 서술하였다.

즉, 문제에서 제공하는 정보를 바르게 이해하고 문제가 요구하는 핵심개념을 이용하여 옳게 문제를 해결하며, 그 과정에서 논리적인 근거를 충분히 제시하여 풀이과정과 표현이 옳게 서술된 경우이다.

3점

$\triangle ABM = \triangle ACM = \frac{1}{2}\triangle ABC$
A를 지나면서 $\overline{MP}$와 평행한 선분 $\overline{AQ}$를 작도하자.
$\triangle APQ = \triangle AQM$
목적은 $\frac{1}{2}\triangle ABC$인 $\triangle ABM$과 $\triangle PBQ$의 넓이가 같음을 보이는 것이다.
$\square PBMO$는 공통이고
$\triangle APO = \triangle APM - \triangle POM$ (공통)
(또는) $\triangle MOQ = \triangle PQM - \triangle POM$ (공통)
이므로
$\triangle APM = \triangle PQM$ (평행선 정리)이므로
$\triangle APO = \triangle MOQ$이다

채점근거

문제를 해결하기 위해 삼각형으로 표현하고 중선과 보조선을 그어 $\overline{PQ}$가 삼각형의 넓이를 반으로 나눈다고 나타냈다. 그러나 평행선 사이에 밑변의 길이가 같으면 그 넓이가 같음을 설명하지 않고 '평행선 정리' 때문에 $\triangle APM = \triangle DMP$라고 근거 없이 설명하였다.

즉, 문제에서 제공하는 정보를 바르게 이해하여 옳게 해결하였으나, 그 과정에서 논리적인 근거를 미흡하게 제시한 경우이다.

채점예시

2점

채점근거

문제의 해결 과정을 그림으로 정확하게 표현하고 바르게 해결하였다. 그러나 그 과정에서 $\overline{PM}$과 $\overline{AM}$을 긋는 이유와 $\overline{PQ}$가 땅의 넓이를 반으로 나누는 이유를 설명하는 부분이 부족하다.

즉, 문제에서 제공하는 정보를 바르게 이해하여 옳게 해결하였으나, 그 과정에서 논리적인 근거가 생략된 경우이다.

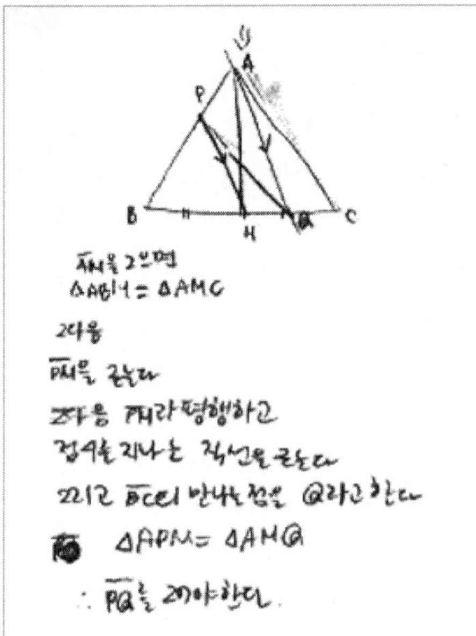

1점

채점근거

문제를 해결하려고 그림에 보조선을 그렸으나 정확하지 않고, 평행선 사이의 관계를 이용해야 한다는 전략을 사용할 것을 생각해 내었으나, 문제에 활용하지 못하였다.

즉, 문제에서 제공하는 정보를 바르게 이해하여 해결하려 시도하였으나 답까지 이르지 못하고 문제해결 전략만 서술한 경우이다.

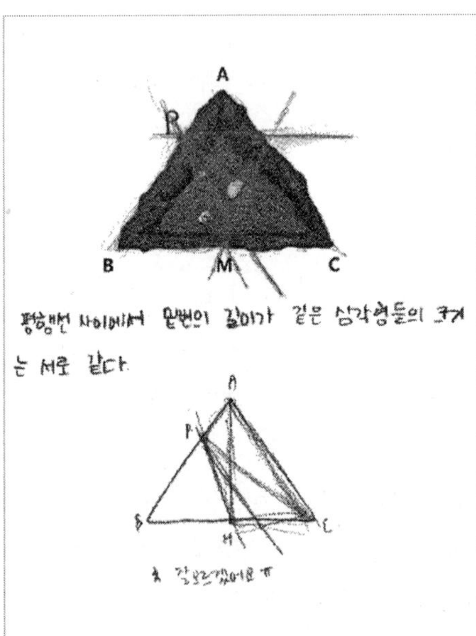

사각형의 성질

문 제 ⓢ상 ⓢ중 ⓢ하

두 평행사변형 $ABCD$와 $EBFG$에서 점 E는 $\overline{AD}$ 위에, 점 C는 $\overline{FG}$ 위에 있다. 평행사변형 $ABCD$의 넓이가 16일 때 평행사변형 $EBFG$의 넓이를 구하고, 그 구하는 과정을 서술하시오.

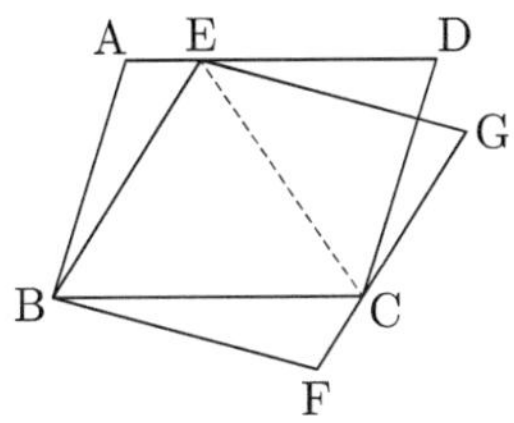

핵심개념 평행선과 넓이 사이의 관계

해 설 보조선을 그어, 평행선 사이의 두 삼각형의 넓이가 같다는 성질을 활용하여 두 평행사변형의 넓이가 같음을 논리적으로 설명할 수 있는지 평가하는 문항이다.

선생님 TIP

보조선 $\overline{EC}$ 를 생략하고 제시하면 학생들이 스스로 3개의 보조선을 그려야 한다는 것을 찾아야 하므로 '상' 수준으로 난이도가 됩니다. 반대로, 그려야 하는 보조선 $\overline{EC}$, $\overline{AC}$, $\overline{EF}$ 를 모두 제공하면, '하' 수준의 학생들도 넓이가 같은 도형을 찾아 논리적으로 설명할 수 있습니다.

풀 이 오른쪽 그림과 같이 $\overline{AC}$를 그으면,

$\square ABCD$에서 $\overline{BC} /\!/ \overline{AD}$이므로 $\triangle EBC = \triangle ABC$

$\square ABCD$는 평행사변형이므로 $\overline{AD} = \overline{BC}$이므로

$\triangle ABC = \triangle CDA$

$\triangle EBC = \triangle ABC = \triangle CDA = \frac{1}{2}\square ABCD$

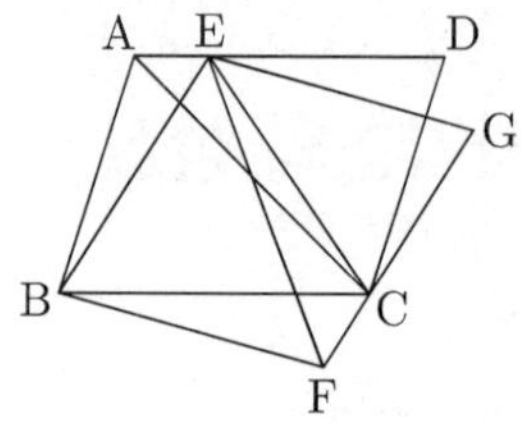

$\therefore \square ABCD = 2\triangle EBC$

$\overline{EF}$를 그으면, $\square EBFG$에서 $\overline{EB} /\!/ \overline{GF}$이므로

$\triangle EBC = \triangle BEF$

$\square EBFG$는 평행사변형이므로 $\overline{EB} = \overline{GF}$ 이므로 $\triangle BEF = \triangle EFG$

$\triangle EBC = \triangle BEF = \triangle EFG = \frac{1}{2}\square EBFG$

$\therefore \square EBFG = 2\triangle EBC$

두 평행사변형 $ABCD$와 $EBFG$의 넓이는 같다. 따라서 $EBFG$의 넓이는 16이다.

채점기준

채점기준	세부기준	점수
• 문제에서 제공하는 정보를 바르게 이해하고 정확하게 문제를 해결하였으며, 그 과정에서 논리적인 근거를 충분히 제시하여 올바른 풀이과정과 정확한 표현으로 서술했다.	• 보조선을 그어 평행선에서 밑변이 같은 삼각형의 넓이는 같음을 활용하여 $\square EBFG$의 넓이가 16임을 논리적 근거를 제시하여 서술했다.	4
• 문제에서 제공하는 정보를 바르게 이해하고 정확하게 문제를 해결하였으나, 그 과정에서 표현이 미흡했다. • 문제에서 구하고자 하는 것을 잘못 이해하여 부정확한 답을 제시했다.	• 넓이가 16임을 논리적 근거를 제시하여 설명하였으나, 서술하는 데 논리가 부족하거나 수학적 표현을 잘못 사용했다. • 두 도형의 넓이가 같다고만 서술하였을 뿐 문제에서 구하고자 한 $\square EBFG$의 넓이를 구하지 않았다.	3
• 문제에서 제공하는 정보를 바르게 이해하고 정확하게 문제를 해결하려 노력하였으나, 그 과정에서 논리적 근거가 부족했다.	• 넓이가 16임을 제시하고 보조선을 바르게 그었으나, 넓이의 비교를 하지 못하는 등 과정의 근거를 생략했다.	2
• 문제에서 제공하는 정보를 바르게 이해하고 문제를 해결하기 위한 시도를 하였지만, 해결 과정 없이 답만 옳게 적었다.	• $\square EBFG$의 넓이는 16이라고 제시하였지만 그 과정이 전혀 없었다.	1
• 무응답 및 오답을 썼다.	• 무응답 및 오답을 썼다.	0

채점예시

4점

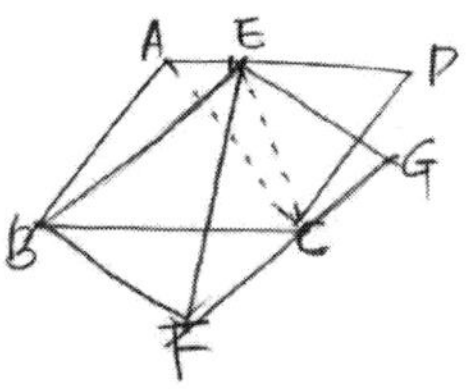

$\overline{AC}$를 그으면 $\overline{BC}$가 같고 $\overline{AD}$ // $\overline{BC}$이므로
△ABC와 △EBC의 넓이는 같다.
$\overline{EF}$를 그으면 $\overline{BE}$가 같고 $\overline{BE}$//$\overline{GF}$이므로
△BEF와 △EBC의 넓이는 같다
△ABC=△EBC=△BEF
□ABCD는 △ABC의 두배이고
□BEGF는 △BEF의 두배이므로 넓이는 같다
□EBFG의 넓이는 16이다

채점근거

보조선 $\overline{AC}$와 $\overline{EF}$를 그어 평행선에서 밑변이 같은 삼각형의 넓이는 같음을 활용하여 $\triangle ABC = \triangle EBC = \triangle BEF$임을 보인 후에 논리적 근거를 제시하여 보였다.

즉, 문제에서 제공하는 정보를 바르게 이해하고 정확하게 문제를 해결하였으며, 그 과정에서 논리적인 근거를 충분히 제시하여 올바른 풀이과정과 정확한 표현으로 서술한 경우이다,

3점

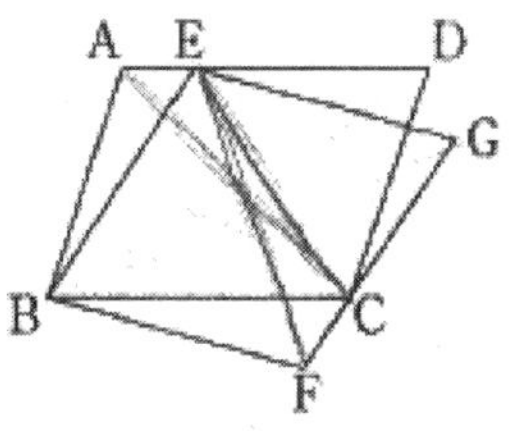

선분$\overline{AC}$를 그어주면 △ABC=△BCE
△BCE는 □BFGE에 반이므로
□ABCD가 16 이니까 □BFGE도
16이다.

채섬근거

보조선 $\overline{AC}$와 $\overline{EF}$를 그어 평행선에서 밑변이 같은 삼각형의 넓이는 같음을 암묵적으로 활용하여 $\triangle ABC = \triangle BCE$임을 보였다.
$\triangle BCE$가 $\square EBFG$의 넓이의 절반이므로 $\square EBFG$의 넓이는 16이라고 서술하였지만, $\triangle BCE$와 $\square EBFG$의 넓이 관계를 뒷받침해주는 근거가 부족하다.

즉, 문제에서 제공하는 정보를 바르게 이해하고 정확하게 문제를 해결하였으나, 그 과정에서 표현이 미흡한 경우이다.

채점예시

2점

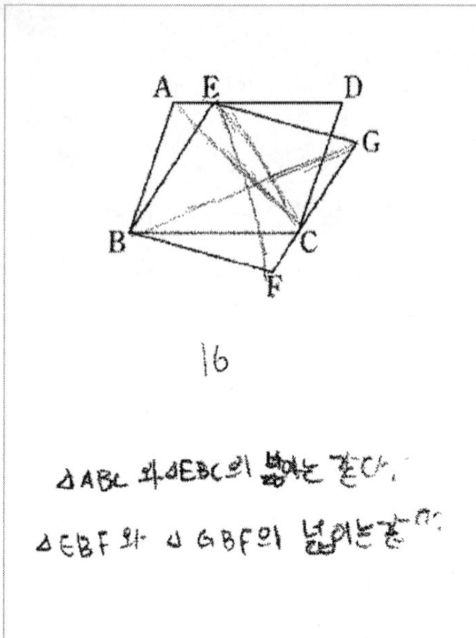

채점근거

넓이가 16임을 제시하고 보조선을 바르게 그었으나, 유의미한 삼각형 사이의 넓이를 비교하지 못하였다.

즉, 문제에서 제공하는 정보를 바르게 이해하고 정확하게 문제를 해결하려 노력하였으나, 그 과정에서 논리적 근거가 부족한 경우이다.

1점

채점근거

□$EBFG$의 넓이는 16이라고 제시하였지만 그 과정이 전혀 논리적이지 못하다.

즉, 문제에서 제공하는 정보를 바르게 이해하고 문제를 해결하기 위한 시도를 하였지만, 올바른 해결 과정 없이 답만 옳게 적은 경우이다.

도형의 닮음

문 제 (상 중 하)

$\triangle ABC \backsim \triangle ADE$이고 닮음비는 $2:5$이다. $\overline{AB}=2.4\,\text{cm}$, $\overline{AC}=3.2\,\text{cm}$, $\overline{CD}=6\text{cm}$라 할 때, $\triangle ACD$는 무슨 삼각형인지 구하고, 그 이유를 서술하시오.

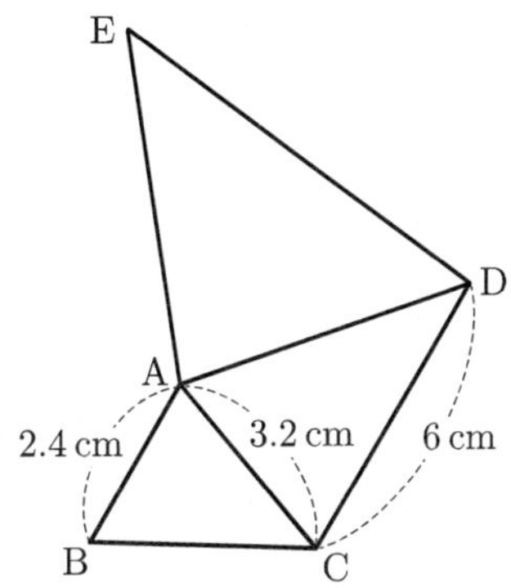

핵심개념 닮은 도형의 닮음비

해 설 도형의 닮음비를 알고, 이를 이용하여 변의 길이를 구하여 삼각형의 모양을 결정할 수 있는지 평가하는 문항이다.

선생님 TIP

위의 문항을 아래와 같이 세부 문항으로 나누어 제시하면, '하' 수준의 난이도로 변경이 가능합니다.

(1) $\overline{AD}$의 길이를 구하시오.

(2) $\triangle ACD$가 어떠한 도형인지 서술하시오.

풀 이

$\triangle ACD$가 어떤 삼각형인지 구하기 위해 $\overline{AD}$의 길이를 알아야 한다. 따라서 $\triangle ABC \backsim \triangle ADE$이고 닮음비가 2 : 5임을 이용하면 $\overline{AB} : \overline{AD} = 2 : 5$이고, $2.4 : \overline{AD} = 2 : 5$이다. 즉, $\overline{AD} = \frac{2.4 \times 5}{2} = 6\text{cm}$이다.

따라서 $\triangle ACD$는 두 변의 길이가 같으므로 이등변삼각형이다.

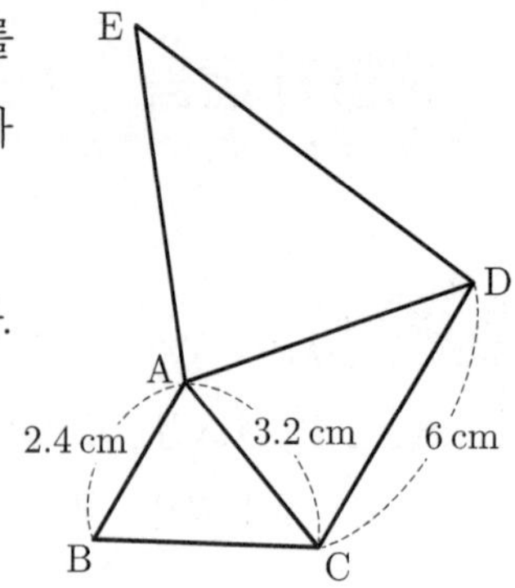

채점기준

채점기준	세부기준	점수
• 문제에서 제공하는 정보를 바르게 이해하고 문제가 요구하는 핵심개념을 이용하여 문제를 옳게 해결하며, 그 과정에서 논리적인 근거를 충분히 제시하여 풀이과정과 표현을 옳게 서술했다.	• $\triangle ABC \backsim \triangle ADE$이고 닮음의 비가 2 : 5임을 이용하여 $\overline{AD}$의 길이를 구하여 $\triangle ACD$이 이등변삼각형이 됨을 타당한 근거를 제시하며 해결하여 서술했다.	4
• 문제에서 제공하는 정보를 바르게 이해하고 문제가 요구하는 핵심개념을 이용하여 논리적으로 해결하였으나 해결 과정에서 표현이 미흡했다.	• $\overline{AD}$의 길이를 구하여 $\triangle ACD$가 이등변삼각형이 됨을 바르게 해결하고 논리적인 근거를 정확히 제시하였으나 수학적으로 표현이 미흡했다.	3
• 문제에서 제공하는 정보를 바르게 이해하고 논리적 근거를 제시하였지만, 해결 과정에서 근거가 부족했다.	• 두 삼각형의 닮음비를 이용하여 $\overline{AD}$의 길이를 옳게 구하고 $\triangle ACD$가 이등변삼각형임을 나타내었으나, 그 과정에서 논리적인 근거를 많이 생략했다.	2
• 문제에서 제공하는 정보를 이해하였으나 해결 과정에서 해결방향만 제시하거나 계산을 하지 않았다. • 답만 옳게 적었다.	• 두 삼각형의 닮음비에 대한 식만 세웠다. • 답만 옳게 적었다.	1
• 무응답 또는 오답을 썼다.	• 무응답 또는 오답을 썼다.	0

채점예시

4점

$\triangle ABC$와 $\triangle ADE$에서

$\overline{AB} : \overline{AD} = 2:5$

$2.4 : \overline{AD} = 2:5$

$\therefore \overline{AD} = 6(cm)$

$\triangle ADC$에서

$\overline{AD} = \overline{CD} = 6(cm)$ 이니까

$\triangle ADC$는 이등변 삼각형.

채점근거

$\triangle ABC \backsim \triangle ADE$이고 닮음비가 2 : 5임을 이용하여 $\overline{AD}$의 길이를 구할 수 있는 비례식을 세워 길이를 구하고, 삼각형의 두 변의 길이가 같으므로 $\triangle ACD$가 이등변삼각형이 됨을 논리적으로 설명하였다.

즉, 문제에서 제공하는 정보를 바르게 이해하고 문제가 요구하는 핵심개념을 이용하여 문제를 옳게 해결하며, 그 과정에서 논리적인 근거를 충분히 제시하여 풀이과정과 표현을 옳게 서술한 경우이다.

3점

이등변 삼각형

$\overline{AB} = \overline{AD}$

$\overline{AD} = 1.2 \times 5 = 6cm$

$\triangle ACD$의 밑변의 길이가 3.2cm이고 나머지 두변의 길이가 각각 6cm이기 때문에 $\triangle ACD$는 두변의 길이가 같은 삼각형인 이등변 삼각형이다.

채점근거

$\overline{AD}$의 길이를 옳게 구하고 두 변의 길이가 같기 때문에 이등변삼각형이라고 하였지만, $\overline{AD}$를 구하는 과정에서 잘못된 표현을 하고 있으며($\overline{AB} = \overline{AD}$는 $\overline{CD} = \overline{AD}$를 잘못 표기한 것으로 판단됨) 어느 변의 길이가 같은지 정확한 표현을 하지 못했다.

즉, 문제에서 제공하는 정보를 바르게 이해하고 문제가 요구하는 핵심개념을 이용하여 논리적으로 해결하였으나 해결 과정에서 표현이 미흡한 경우이다.

채점예시

2점

이등변삼각형

△ABC와
△ADE는
2 : 5로 닮음이므로
$\overline{AD}$는 6cm 이니까

채점근거

두 닮은 도형의 닮음비를 이용하여 $\overline{AD}$의 길이를 올바르게 구하고 $\triangle ACD$가 이등변삼각형이라고 나타내었으나, 과정에서 구한 값들이 왜 그렇게 되는지 그 이유를 논리적으로 설명하지 못하였다.

즉, 문제에서 제공하는 정보를 바르게 이해하고 논리적 근거를 제시하였지만, 해결 과정에서 근거가 부족한 경우이다.

1점

△ACD는 이등변삼각형이다.
왜냐하면 $\overline{CD}$가 6cm인데 $\overline{CD}$와
$\overline{AD}$가 평행하기 때문에 이등변삼각형이
된다.

채점근거

$\triangle ACD$가 이등변삼각형이라고 설명하였으나, 두 변이 평행하기 때문이라는 잘못된 근거를 제시하였다.

즉, 문제에서 제공하는 정보를 이해하였으나 해결 과정을 생략하고 답만 제시한 경우이다.

도형의 닮음

문제 (상 중 **하**)

연아는 같은 색상의 공을 맞추는 핸드폰 게임을 하고 있다. D 위치에 있는 공을 쏘아서 벽면에 맞춘 뒤 B 위치에 있는 공을 맞추려고 한다. $\angle DEF = \angle BEF$일 때 생기는 두 삼각형 $\triangle EAB$와 $\triangle ECD$가 닮음인 이유를 서술하시오.

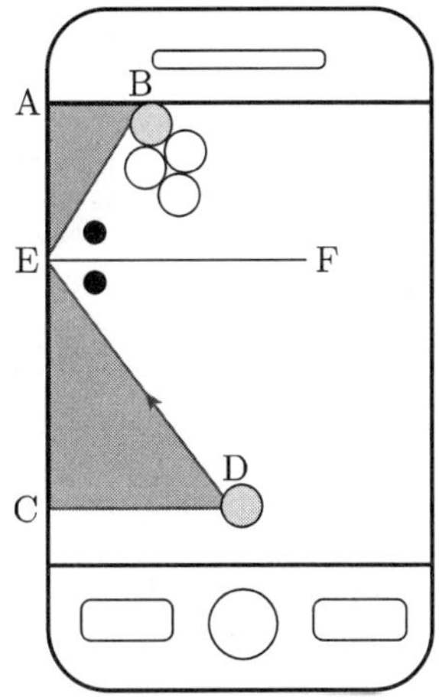

핵심개념 삼각형의 닮음 조건

해설 실생활 소재에서 두 삼각형의 닮음을 삼각형의 닮음 조건을 이용하여 논리적으로 정당화 할 수 있는지 평가하는 문항이다.

선생님 TIP

벽에 두 번 부딪치게 공의 위치를 바꾸어 닮음인 도형을 찾고 그 이유를 서술하는 문항으로 변형하면 난이도를 향상시킬 수 있습니다.

풀 이

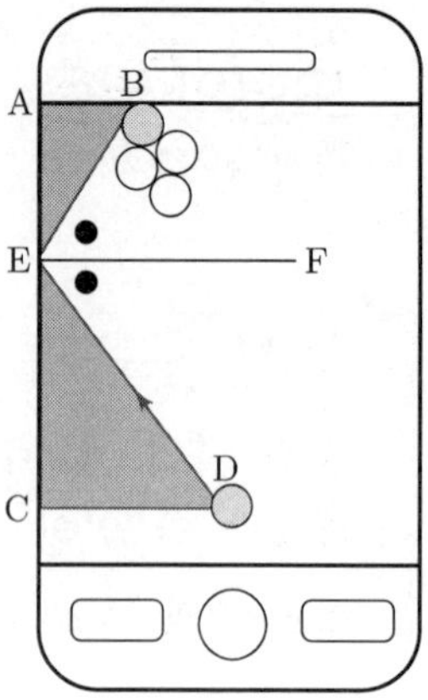

오른쪽 그림과 같이 $\angle AEF = \angle CEF = 90°$이고

$\angle DEF = \angle BEF$이므로,

$\angle AEB = 90° - \angle BEF = 90° - \angle DEF = \angle CED$이고

$\angle BAE = \angle DCE = 90°$

두 삼각형의 두 각이 같으므로

$\therefore \triangle EAB \backsim \triangle ECD$

채점기준

채점기준	세부기준	점수
• 문제에서 제공하는 정보를 바르게 이해하고 정확하게 문제를 해결하였으며, 그 과정에서 논리적인 근거를 충분히 제시하여 올바른 풀이과정과 정확한 표현으로 서술했다.	• $\angle AEB = \angle CED$, $\angle BAE = \angle DCE$임을 논리적으로 보이고, 닮음 조건을 이용하여 바른 표현으로 서술했다.	4
• 문제에서 제공하는 정보를 바르게 이해하고 정확하게 문제를 해결하였으나, 그 과정에서 논리적인 근거가 미흡했다.	• $\angle AEB = \angle CED$임을 보이는 과정에서 논리적 근거를 제시하지 않거나 불충분하지만, 닮음 조건을 알고 닮음인 이유를 설명했다. • 문제를 해결하는 과정에서 잘못된 수학적 표현을 사용했다.	3
• 문제에서 제공하는 정보를 바르게 이해하고 정확하게 문제를 해결하려고 노력하였으나, 그 과정에서 수학적 표현이 미흡했다. • 주어지지 않은 정보를 가정하여 문제를 해결하려고 노력했다.	• 문제를 해결하는 과정에서 등호 혹은 닮음 기호를 수학적으로 잘못 표현했다. • $\overline{CE} = 2\overline{AE}$ 또는 $\overline{CD} = 2\overline{AB}$와 같은 주어지지 않은 정보를 추측하여 문제를 해결했다.	2
• 문제에서 제공하는 정보를 바르게 이해하고 문제를 해결하기 위한 시도를 하였지만, 해결 과정 없이 답만 옳게 적었다.	• 다른 설명은 하지 않고 닮음 조건만을 제시했다.	1
• 무응답 및 오답을 썼다.	• 무응답 및 오답을 썼다.	0

채점예시

4점

$\angle BEF = \angle DEF$ 이고 $\angle FEC + \angle FEA = 90°$ 이므로

① $\angle BEA = 90° - \angle BEF$, $\angle DEC = 90 - \angle DEF$) 같다.

② $\angle EAB = \angle ECD = 90°$

두 각이 같으므로 삼각형 ABE와 삼각형 CDE는 닮음이다

채점근거

$\angle AEB = \angle CED$이고 $\angle BAE = \angle DCE$임을 논리적으로 설명하고, 두 각이 같으므로 닮음이라고 서술하였다.

즉, 문제에서 제공하는 정보를 바르게 이해하고 정확하게 문제를 해결하였으며, 그 과정에서 논리적인 근거를 정확하게 표현한 경우이다.

3점

$\angle BEA = \angle CED$

$\overline{AC}$와 $\overline{AB}$, $\overline{AC}$와 $\overline{CD}$는 수직이므로

$\angle A = \angle C = 90°$

(AA닮음) → $\triangle ABE \backsim \triangle CDE$

채점근거

$\angle AEB = \angle CED$임을 뒷받침해주는 이유를 제시하지 않고 결과만 나타내고 있지만, 두 각이 모두 같음을 근거로 닮음이라고 서술하였다.

즉, 문제에서 제공하는 정보를 바르게 이해하고 정확하게 문제를 해결하였으나, 그 과정에서 논리적인 근거가 미흡한 경우이다.

채점예시

2점

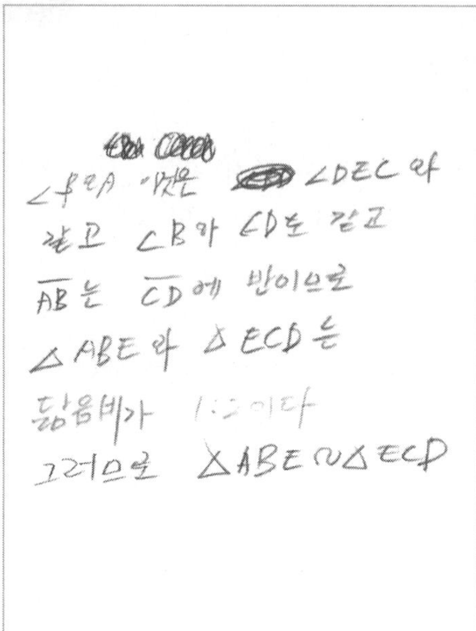

∠BEA 이것은 ∠DEC 와
같고 ∠B가 ∠D도 같고
$\overline{AB}$는 $\overline{CD}$에 반이므로
△ABE와 △ECD는
닮음비가 1:2이다
그러므로 △ABE∽△ECD

채점근거

길이의 정보는 문제에 주어지지 않았음에도 불구하고 $\overline{CD}=2\overline{AB}$라 그림에서 추측하여 닮음비를 구한 뒤 닮음이라고 설명하였다. 닮음 기호를 바르지 못하게 사용하고 있으며, 닮음일 때 닮음비를 구할 수 있는 것이므로 논리에 맞지 않는다.

즉, 문제에서 제공하는 정보를 바르게 이해하고 정확하게 문제를 해결하려고 노력하였으나, 그 과정에서 수학적 표현이 미흡하고 주어지지 않은 정보를 가정하여 문제를 해결한 경우이다.

1점

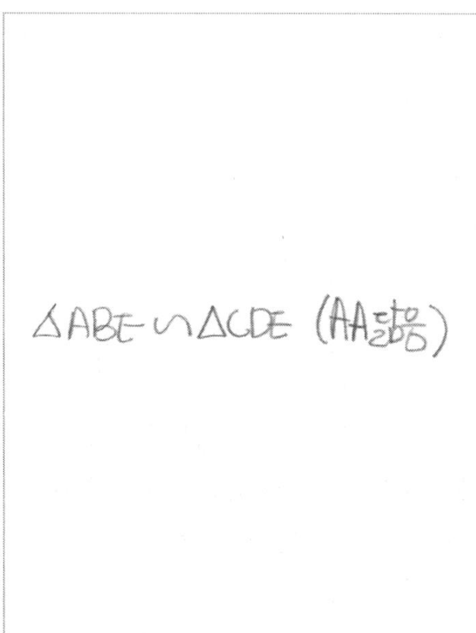

△ABE∽△CDE (AA닮음)

채점근거

다른 설명은 하지 않고 닮음 조건만 제시하여 닮음 기호를 이용하여 나타내었다.

즉, 문제에서 제공하는 정보를 바르게 이해하고 문제를 해결하기 위한 시도를 하였지만, 해결 과정 없이 답만 옳게 적은 경우이다.

닮음의 활용

문 제 (상) (중) (하)

아래 그림과 같이 가로수 길의 폭은 일정하지만 사진을 찍어서 보면 일정해 보이지 않는다. 사진에서 첫 번째 나무와 네 번째 나무 사이 길이는 네 번째 나무와 여섯 번째 나무 사이 길이의 4배였다. 또 첫 번째 나무의 가로수 길 폭은 9m이고 여섯 번째 나무의 가로수 길 폭은 4m가 되었다. 네 번째 가로수 길 폭은 몇 m로 보이는지 평행선 성질을 이용하여 구하고 그 과정을 서술하시오.

핵심개념 삼각형과 평행선

해 설 삼각형과 평행선의 성질을 이용하여 실생활 문제를 해결할 수 있는지 평가하는 문항이다.

선생님 TIP

실제 사진에서 도형의 찾아내서 수학적으로 표현하는 과정이 '하' 수준의 학생들에게는 어렵습니다. 그림에서 도형을 찾아내고 주어진 정보를 문제에 나타냄으로써 해결전략을 찾는 과정을 해보는 활동이 학생들의 추론능력을 길러줄 수 있습니다.

풀 이

$\overline{AB}$와 평행하고 점 D를 지나는 $\overline{DH}$를 그리고 네 번째 나무의 가로수 길 폭을 x라고 두자.

$\square ABHD$는 평행사변형이므로

$\overline{AD} = \overline{EG} = \overline{BH} = 4\text{m}$이다.

첫 번째부터 네 번째 나무 사이의 거리는 네 번째부터 여섯 번째 나무 사이의 거리의 네 배이므로, $1:5 = x-4:9-4$이 성립한다.

즉, $5(x-4) = 5 \rightarrow x = 5$이다.

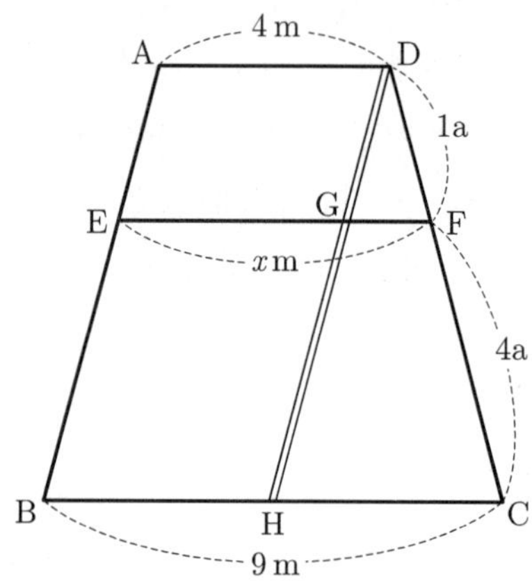

그러므로 구하고자 하는 네 번째 나무의 가로수 길의 폭은 5m이다.

채점기준

채점기준	세부기준	점수
• 문제에서 제공하는 정보를 바르게 이해하고 문제가 요구하는 핵심개념을 이용하여 문제를 옳게 해결하며, 그 과정에서 논리적인 근거를 충분히 제시하여 풀이과정과 표현을 옳게 서술했다.	• 문제에서 주어진 조건에 맞게 보조선을 그어 바르게 나타내고 구하고자 하는 길이를 닮음과 평행선의 성질을 이용하여 논리적으로 닮음비에 대한 식을 세워 옳게 해결했다.	4
• 문제에서 제공하는 정보를 바르게 이해하고 문제가 요구하는 핵심개념을 이용하여 논리적으로 해결하였으나 그 과정에서 계산 실수를 했다.	• 문제에서 주어진 조건에 맞게 보조선을 그어 바르게 나타내고 닮음비의 식을 올바르게 표현하였으나 계산 과정에서 실수로 옳지 않은 답을 했다.	3
• 문제에서 제공하는 정보를 바르게 이해하고 옳게 해결하였지만, 그 과정에서 논리적인 근거를 충분하지 않게 제시하여 서술했다.	• 문제에서 주어진 조건에 맞게 보조선을 그어 해결하려 하였으나, 수학적 표현과 근거가 미흡했다.	2
• 문제의 정보를 이해하였으나 그 과정과 논리적 근거를 제시하지 않고 옳은 답만 적었다.	• 과정 없이 답만 옳게 적었다.	1
• 무응답 또는 오답을 썼다.	• 무응답 또는 오답을 썼다.	0

채점예시

4점

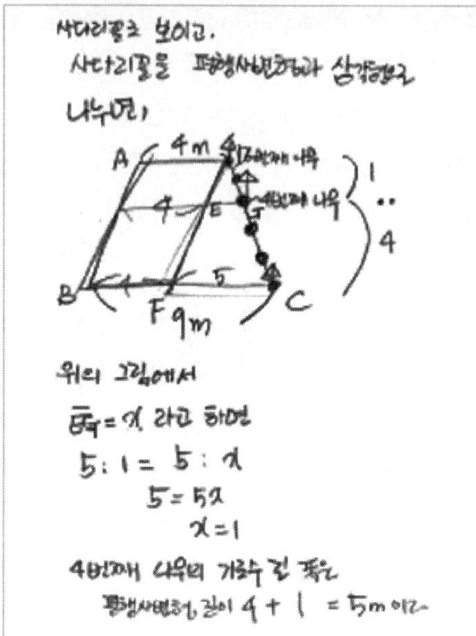

채점근거

문제에서 주어진 조건을 평행선으로 나타내어 평행사변형과 삼각형으로 나누고, 삼각형에서 닮음비로 식을 세워 바르게 네 번째 나무의 가로수 길 폭을 정확히 구하였다.

즉, 문제에서 제공하는 정보를 바르게 이해하고 문제가 요구하는 핵심개념을 이용하여 문제를 옳게 해결하며, 그 과정에서 논리적인 근거를 충분히 제시하여 풀이과정과 표현을 옳게 서술한 경우이다.

3점

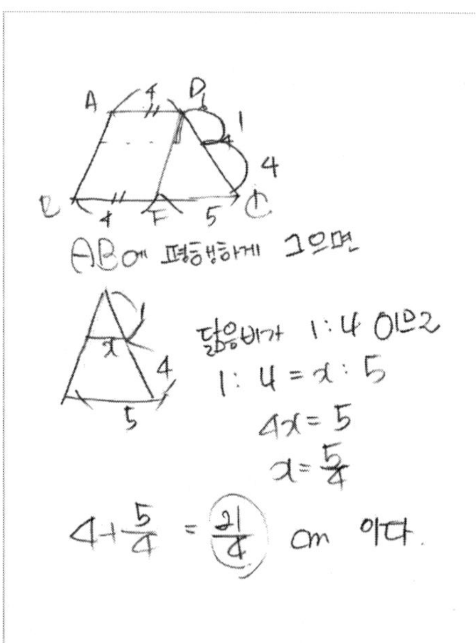

채점근거

문제에서 주어진 조건을 평행선으로 옳게 나타내고 닮음비를 올바르게 표현하였으나 식을 세우는 데 실수가 있어 답을 틀리게 구하였다.

즉, 문제에서 제공하는 정보를 바르게 이해하고 문제가 요구하는 핵심개념을 이용하여 논리적으로 해결하였으나 그 과정에서 계산 실수가 있는 경우이다.

채점예시

2점

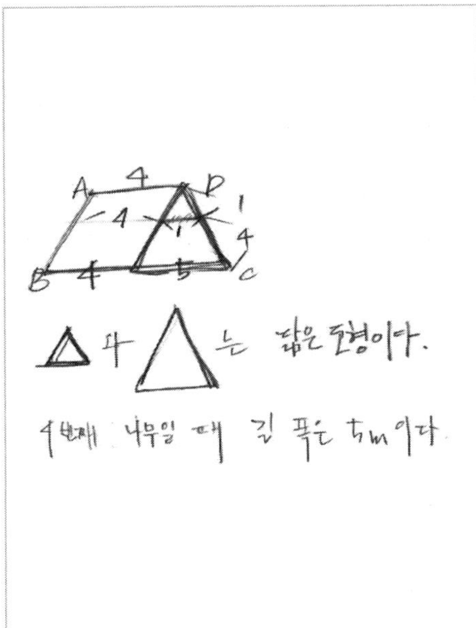

채점근거

문제에서 주어진 조건을 평행선으로 옳게 나타내고 닮음비를 그림에 표현하여 길이를 정확히 구하였으나, 논리적으로 설명하는 부분이 없다.

즉, 문제에서 제공하는 정보를 바르게 이해하고 옳게 해결하였지만, 그 과정에서 논리적인 근거를 충분하지 않게 제시하여 서술한 경우이다.

1점

채점근거

그림으로 나타냈지만, 직관적으로 답을 맞추었을 뿐 어떠한 근거도 제시하고 있지 않다.

즉, 문제의 정보를 이해하여 해결하였으나 그 과정과 논리적 근거를 제시하지 않고 옳은 답만 적은 경우이다.

닮음의 활용

문 제 (상 **중** 하)

$\triangle ABC$에서 $\overline{BC}$의 삼등분점을 각각 D, E라 하고, $\triangle ADC$에서 $\overline{AD}$의 중점을 M이라 하자. 이때 만들어지는 $\square MDEG$의 넓이가 8일 때, $\triangle ABC$의 넓이를 구하고 그 과정과 이유를 서술하시오.

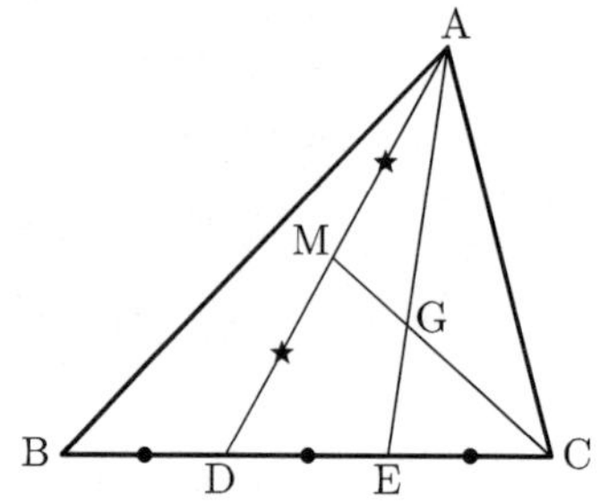

핵심개념 삼각형의 무게중심

해 설 삼각형의 무게중심의 의미를 이해하고 중선의 성질과 연결된 문제를 해결할 수 있는지 평가하는 문항이다.

선생님 TIP

넓이가 같음을 보일 때 합동기호로 잘못 쓰는 학생들이 있습니다. 합동이면 넓이가 같은 것은 맞지만, 넓이가 같다고 하여 합동인 것은 아니라는 점을 유의할 수 있도록 지도가 필요합니다.

풀 이 $\triangle ADC$의 M은 $\overline{AD}$의 중점이므로 $\overline{CM}$은 중선이고, 점 E는 $\overline{CD}$의 중점이다. 따라서 $\triangle ADC$의 두 중선이 만나는 점인 G는 $\triangle ADC$의 무게중심이다.

이때 $\triangle ADC$의 꼭짓점 D에서 $\overline{AC}$로 중선을 그어 만나는 점을 N이라 하자. 조건에서 $\square MDEG$의 넓이가 8이므로 $\triangle DMG$의 넓이는 4이며, $\triangle ADC$의 넓이는

$\triangle DMG$의 넓이의 여섯 배인 24이다. 또한, $\overline{AE}$는 $\triangle ADC$의 중선이므로 $\triangle ADE$의 넓이는 12이며, $\overline{AD}$는 $\triangle ABE$의 중선이므로 $\triangle ABD$의 넓이도 12가 된다. 그러므로 구하고자 하는 $\triangle ABC$의 넓이는 36이다.

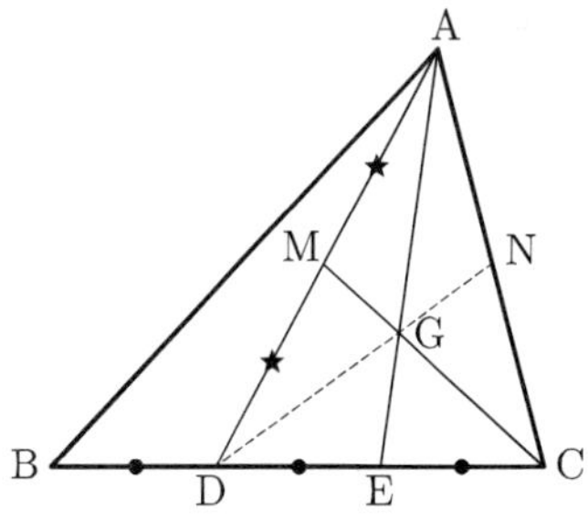

채점기준

채점기준	세부기준	점수
• 문제에서 제공하는 정보를 바르게 이해하고 문제가 요구하는 핵심개념을 이용하여 문제를 옳게 해결하며, 그 과정에서 논리적인 근거를 충분히 제시하여 풀이과정과 표현을 옳게 서술했다.	• 주어진 조건을 이용하여 점 G가 $\triangle ADC$의 무게중심이고 $\overline{AE}$, $\overline{AD}$가 중선이므로 무게중심과 중선의 성질을 이용하여 $\triangle ABC$의 넓이를 논리적으로 충분한 근거를 제시하여 문제를 옳게 해결했다.	4
• 문제에서 제공하는 정보를 바르게 이해하고 문제가 요구하는 핵심개념을 이용하여 논리적으로 해결하였으나 그 과정에서 계산 실수나 기호 사용 등 표현의 실수가 있다.	• 무게중심과 중선의 성질을 이용하여 논리적인 근거를 제시하여 해결하려 하였으나 $\triangle ADC$ (또는 $\triangle ADE$)의 넓이를 잘못 계산하여 $\triangle ABC$의 넓이도 잘못 계산했다. • $\triangle ADC$을 $\triangle ABC$로 기호를 잘못 사용하는 것과 같이 기호 표현에 실수가 있다.	3
• 문제에서 제공하는 정보를 바르게 이해하고 옳게 해결하였지만, 그 과정에서 논리적인 근거를 충분하지 않게 제시했다.	• 중선의 성질이나 무게중심의 언급 없이, $\triangle ADC$의 넓이는 24, $\triangle ABD$의 넓이는 12이므로 $\triangle ABC$의 넓이가 36이라고 서술했다.	2
• 문제의 정보를 이해하여 해결하였으나 그 과정과 논리적 근거를 제시하지 않고 옳은 답만 적었다.	• 옳은 답만 적었다.	1
• 무응답 또는 오답을 썼다.	• 무응답 또는 오답을 썼다.	0

채점예시

4점

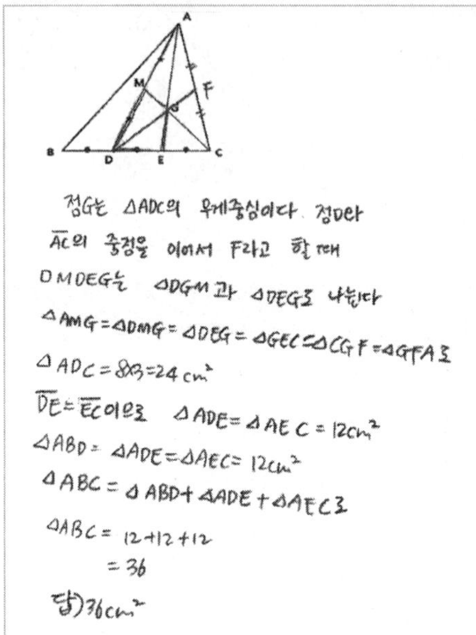
점G는 $\triangle ADC$의 무게중심이다. 점D에서 $\overline{AC}$의 중점을 이어서 F라고 할 때
□MDEG는 $\triangle DGM$과 $\triangle DEG$로 나뉜다
$\triangle AMG = \triangle DMG = \triangle DEG = \triangle GEC = \triangle CGF = \triangle GFA$로
$\triangle ADC = 8 \times 3 = 24cm^2$
$\overline{DE} = \overline{EC}$이므로 $\triangle ADE = \triangle AEC = 12cm^2$
$\triangle ABD = \triangle ADE = \triangle AEC = 12cm^2$
$\triangle ABC = \triangle ABD + \triangle ADE + \triangle AEC$로
$\triangle ABC = 12 + 12 + 12$
$= 36$
답) $36cm^2$

채점근거

주어진 조건을 이용하여 점 G가 $\triangle ADC$의 무게중심이고 $\overline{AE}$, $\overline{AD}$가 중선이므로 무게중심과 중선의 성질을 이용하여 $\triangle ADC$가 넓이가 같은 여섯 개의 삼각형으로 나누어짐을 설명하였다. 이를 활용하여 $\triangle ABC$의 넓이가 36임을 논리적으로 충분한 근거를 제시하여 서술하였다.

즉, 문제에서 제공하는 정보를 바르게 이해하고 문제가 요구하는 핵심개념을 이용하여 문제를 옳게 해결하며, 그 과정에서 논리적인 근거를 충분히 제시하여 풀이과정과 표현을 옳게 서술한 경우이다.

3점

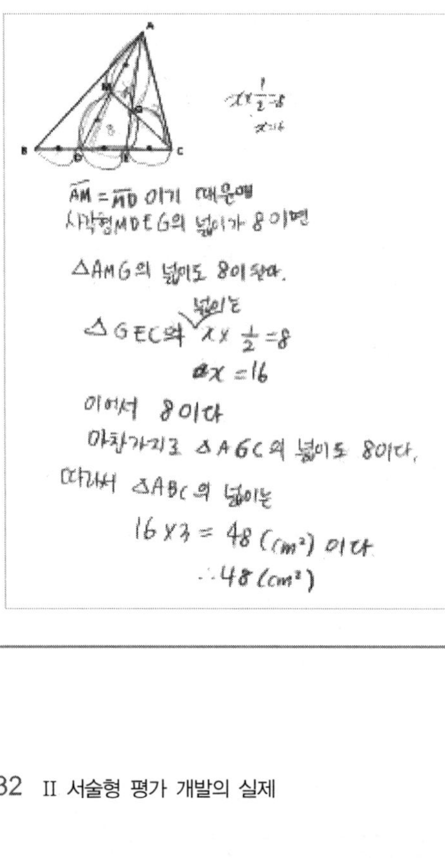
$\overline{AM} = \overline{MD}$ 이기 때문에
사각형MDEG의 넓이가 8이면
$\triangle AMG$의 넓이도 8이 된다.
$\triangle GEC$의 넓이는 $x \times \frac{1}{2} = 8$
$x = 16$
이어서 8이다
마찬가지로 $\triangle AGC$의 넓이도 8이다.
따라서 $\triangle ABC$의 넓이는
$16 \times 3 = 48(cm^2)$이다
$\therefore 48(cm^2)$

채점근거

무게중심과 중선의 성질을 이용하여 논리적인 근거를 제시하여 해결하려 하였으나 $\triangle AMG$의 넓이를 구하는 과정에서 계산 실수를 하여 $\triangle ABC$의 넓이를 잘못 구하였다.

즉, 문제에서 제공하는 정보를 바르게 이해하고 문제가 요구하는 핵심개념을 이용하여 논리적으로 해결하였으나 그 과정에서 계산 실수나 기호 사용 등 표현의 실수가 있는 경우이다.

채점예시

2점

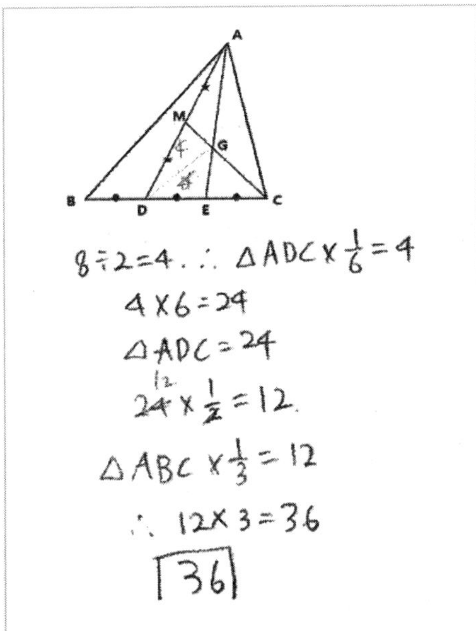

채점근거

중선과 무게중심을 설명하지 않고 암묵적으로 사용하여 $\triangle ADC$의 넓이가 24이고 $\triangle ABD$의 넓이는 $\triangle ADC$의 넓이의 반인 12이므로 $\triangle ABC$의 넓이가 36이라고 식을 세워 구하였다.

즉, 문제에서 제공하는 정보를 바르게 이해하고 옳게 해결하였지만, 그 과정에서 논리적인 근거를 충분하지 않게 제시하여 서술한 경우이다.

1점

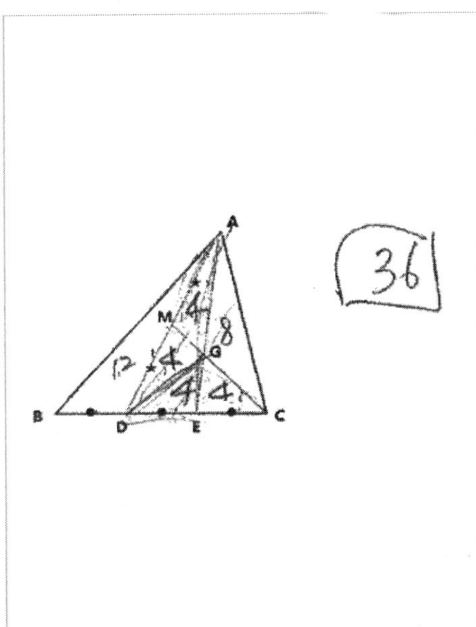

채점근거

그림에 보조선을 그려 생기는 삼각형의 넓이를 나타내어 전체 삼각형의 넓이를 구하였으나, 그 근거를 설명하지 않았다.

즉, 문제의 정보를 이해하여 해결하였으나 그 과정과 논리적 근거를 제시하지 않고 옳은 답만 적은 경우이다.

닮음의 활용

문 제 (상)(중)(하)

어느 피자가게에서 아래 그림과 같이 모양은 같지만 크기가 라지, 스몰로 구분되는 용기에 음료수를 판매하고 있다. 두 용기의 길이의 비가 5 : 4이고 각각 가격이 1600원과 1000원일 때, 두 용기 중 어느 것이 더 경제적일지 구하고 그 이유를 서술하시오.

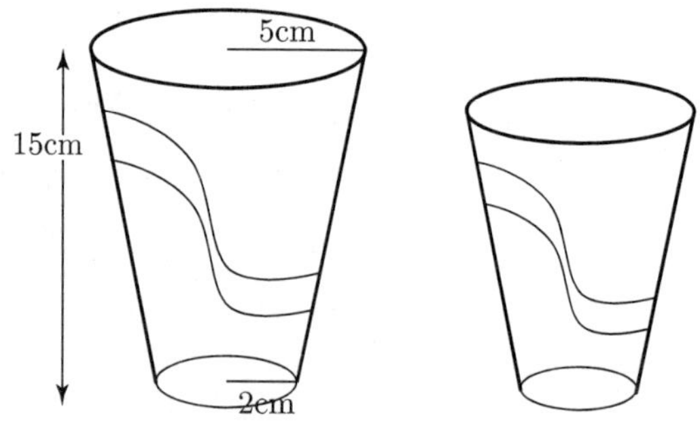

핵심개념 닮은 도형의 부피 비

해 설 닮음인 두 입체도형의 닮음비를 이용하여 부피 비를 구할 수 있고, 단위 가격 비교를 통해 더 경제적인 것을 추론할 수 있는지 평가하는 문항이다.

선생님 TIP

단위 가격의 의미를 어려워하는 학생들이 많습니다. 가격을 부피로 나누었을 때, 1cm^3당 가격을 의미하는 것인지 1원당 얻을 수 있는 부피를 의미하는 것인지 정확히 이해할 수 있도록 도움이 필요합니다.

풀이 1

두 용기는 모양은 같지만 크기가 다르므로 닮은 도형이고 대응하는 길이의 비가 $5:4$이므로, 두 용기의 부피 비는 길이 비의 세제곱인 $5^3:4^3=125:64$이다.

라지 용기와 스몰 용기의 음료수의 가격은 1600원과 1000원이므로, 두 용기의 단위 가격의 비는 $\frac{1600}{125}:\frac{1000}{64}=12.8:15.625$이다.

단위 가격이 작을수록 경제적인 것이므로, 라지 용기가 더 경제적이다.

풀이 2

오른쪽 그림과 같이 큰 용기의 부피를 구하기 위하여 각 모선의 연장선을 그려 원뿔로 나타내면,

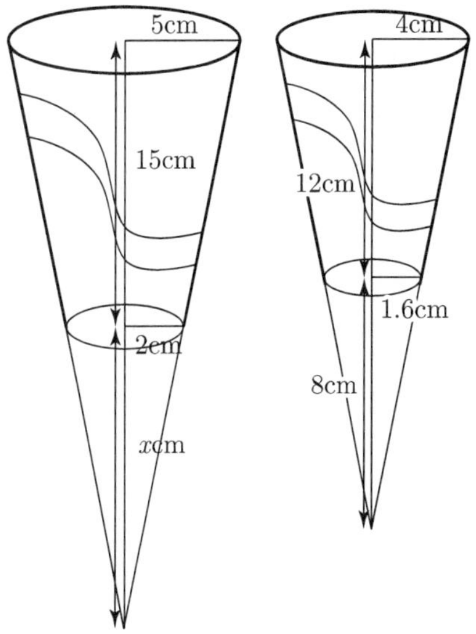

$$5\text{cm}:2\text{cm}=(15+x)\text{cm}:x\,\text{cm}$$
$$2(15+x)=5x$$
$$\therefore x=10\,\text{cm}$$

라지 용기의 부피를 구하면,

$\frac{1}{3}(5^2\pi\times25-2^2\pi\times10)=195\pi\,\text{cm}^3$이다.

두 용기의 길이 비가 $5:4$이므로 스몰 용기의 각각의 길이는 오른쪽 그림과 같고 스몰 용기의 부피는

$$\frac{1}{3}(4^2\pi\times20-1.6^2\pi\times8)=99.84\pi\,\text{cm}^3$$

따라서 두 용기의 부피 비는 $195:99.84=65:33.28$이다.

라지 용기와 스몰 용기의 음료수의 가격은 1600원과 1000원이므로, 각 용기별 단위 가격의 비는 $\frac{1600}{65}:\frac{1000}{33.28}\fallingdotseq24.615:30.048$

단위 가격이 작을수록 경제적인 것이므로, 라지 용기가 더 경제적이다.

채점기준

채점기준	세부기준	점수
• 문제에서 제공하는 정보를 바르게 이해하고 정확하게 문제를 해결하였으며, 그 과정에서 논리적인 근거를 충분히 제시하여 올바른 풀이과정과 정확한 표현으로 서술했다.	• 닮은 도형의 부피의 비를 계산한 후, 단위 가격을 구하여 경제적인 선택을 하는 과정을 정확한 표현으로 서술했다.	4
• 문제에서 제공하는 정보를 바르게 이해하고 정확하게 문제를 해결하였으나, 그 과정에서 논리적인 근거 혹은 표현이 미흡했다.	• 공식으로 부피의 비를 구한 후, 단위 가격을 이용하여 문제를 해결하였지만, 그 이유가 명확히 드러나지 않았다.	3
• 문제를 정확하게 해결하려고 노력하였으나, 그 과정에서 실수가 있어 올바른 답을 구하지 못했다.	• 부피의 비 혹은 단위가격을 구하는 과정에서 실수가 있어 틀린 답을 구했다. • 부피의 비와 단위가격을 구하는 과정에서 올바른 식을 세웠으나, 값을 구하지 못하여 답을 쓰지 않았다.	2
• 문제를 해결하기 위한 시도를 하였지만, 전체적으로 문제에서 요구하는 것을 이해하지 못하고 해결하지 못했다.	• 답만 서술했다. • 답은 제시하였으나, 부피의 비 혹은 단위가격을 구하는 과정을 생략했다.	1
• 무응답 또는 오답을 썼다.	• 무응답 또는 오답을 썼다.	0

채점예시

4점

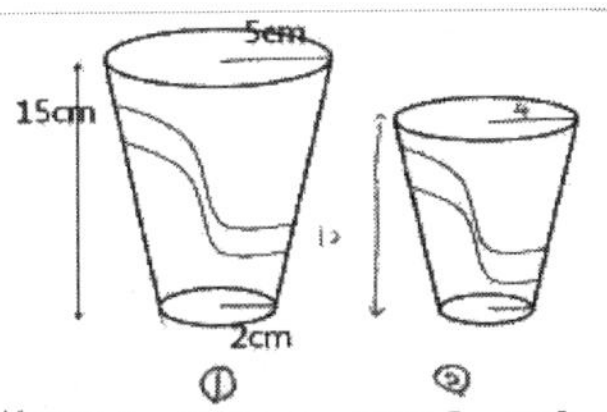

부피비는 길이비의 세제곱이므로
$125 : 64$ 이다.

①컵은 부피 1당
$\frac{1600}{125} = \frac{64}{5}$ 원이고

②컵은 부피 1당
$\frac{1000}{64} = \frac{125}{8}$ 원이다.

① ②
$\frac{512}{40} < \frac{625}{40}$

∴ 라지크기가 더 경제적이다

채점근거

닮은 도형의 부피의 비를 계산한 후, 단위 가격을 구하여 경제적인 선택을 하는 과정을 정확한 표현으로 서술하였다.

즉, 문제에서 제공하는 정보를 바르게 이해하고 정확하게 문제를 해결하였으며, 그 과정에서 논리적인 근거를 충분히 제시하여 올바른 풀이과정과 정확한 표현으로 서술한 경우이다.

3점

$5:4 \rightarrow 25:16 \rightarrow 125:64$ (부피의 비)

가격의 비: $8:5$

$8:5$ $125:64$ $125 \times 5 = 625$

$1000:625$ $1000:512$

가격의 비대로 하면 스몰 크기의 용기에 좀 더 많은 음료수가 들어가거나 라지 크기의 용기에 좀 더 적은 음료수가 들어가야 한다

∴ 부피의 비 $125:64$
라지 크기 용기가 더 경제적

채점근거

닮음 도형임을 설명하지 않고 공식으로 부피의 비를 구한 후, 가격의 비와 부피의 비를 이용하여 라지 크기의 용기가 더 경제적이라고 설명하였으나, 그 이유를 설명하는 데 있어 논리가 부족하다.

즉, 문제에서 제공하는 정보를 바르게 이해하고 정확하게 문제를 해결하였으나, 그 과정에서 논리적인 근거 혹은 표현이 미흡한 경우이다.

채점예시

2점

두 용기의 부피의 비 = 125 : 64

경제적인 것 => 작은 용기

이유 : 1600원을 125로 나눠주고 1000원을 64로 나누면 일정한 부피에 대한 가격이 나오는데 큰 용기는 12.8 작은 용기는 약 15.6이 나오므로 작은 용기가 경제적이다.

채점근거

부피의 비는 닮음비를 이용하여 정확히 구하고 단위가격을 정확히 구하였으나, 단위가격의 의미를 이해하지 못하고 판단 실수가 있어 답이 틀렸다.

즉, 문제를 정확하게 해결하려고 노력하였으나, 그 과정에서 실수가 있어 올바른 답을 구하지 못한 경우이다.

1점

5 : 4가 1600 : 1000일 때

5 : 4는 1600 : 848이므로

큰 것이 경제적이다

채점근거

부피의 비와 가격의 비를 비교한 것이 아니라, 닮음비를 가격의 비와 비교하여 단위가격을 잘못 구하였고 문제해결 과정이 바르지 못하나 우연히 답은 맞았다.

즉, 문제를 해결하기 위한 시도를 하였지만, 전체적으로 문제에서 요구하는 것을 이해하지 못하고 해결 과정은 옳지 않지만 답은 맞은 경우이다.

닮음의 활용

문 제 (상) (중) (하)

민호는 크리스마스트리 밑에 부모님께 드릴 정육면체 모양의 두 선물상자를 놓았다. 두 선물상자의 밑면의 가로의 길이가 3 : 2일 때, 두 선물상자의 부피의 비를 구하고, 그 이유를 설명하시오.

핵심개념 닮은 도형의 부피의 비

해 설 도형의 닮음의 비를 이용하여 부피의 비를 구할 수 있는지 평가하는 문항이다.

선생님 TIP

닮은 도형의 부피의 비만 알고 있으면 쉽게 문제를 해결할 수 있습니다. 닮음 도형의 닮음비를 주고 하나의 도형의 부피를 주었을 때, 다른 하나의 도형의 부피를 구하는 문제로 변형하면 문항의 난이도를 올릴 수 있습니다.

풀 이

민호가 부모님께 드릴 선물상자는 같은 모양이므로 닮은 입체도형이다.

두 선물상자의 밑면의 가로 길이의 비가 3 : 2이므로 부피의 비는 세제곱 관계에 있으므로 $3^3 : 2^3$ 이다.

따라서 민호가 부모님께 드릴 선물상자의 부피의 비는 27 : 8 이다.

채점기준

채점기준	세부기준	점수
• 문제에서 제공하는 정보를 바르게 이해하고 문제가 요구하는 핵심개념을 이용하여 문제를 옳게 해결하며, 그 과정에서 논리적인 근거를 충분히 제시하여 풀이과정과 표현을 옳게 서술했다.	• 선물상자가 닮은 입체도형이고 닮음의 비가 3 : 2이며 부피의 비가 세제곱 관계에 있으므로 27 : 8이 됨을 서술하고 문제 상황에 맞는 답을 서술했다.	4
• 문제에서 제공하는 정보를 바르게 이해하고 문제가 요구하는 핵심개념을 이용하여 논리적으로 해결하였으나 그 과정에서 계산 실수가 있다.	• 선물상자가 닮은 입체도형이고 닮음의 비가 3 : 2이고 부피의 비가 세제곱 관계에 있음을 서술하였으나 세제곱의 계산이 옳지 않아 틀린 답을 서술했다.	3
• 문제에서 제공하는 정보를 바르게 이해하였으나 논리적 근거를 바르게 제시하지 못하여 옳지 않은 답을 서술했다.	• 선물상자의 닮은 입체도형이고 닮음의 비가 3 : 2임은 서술하였지만 부피의 비를 넓이의 비로 착각하는 오류로 인해 옳지 않은 답을 서술했다.	2
• 문제에서 제공하는 정보를 바르게 이해하였으나 논리적 근거와 해결 과정을 서술하지 않고 답만 옳게 적었다.	• 답만 적었다.	1
• 무응답 또는 오답을 썼다.	• 무응답 또는 오답을 썼다.	0

채점예시

4점

$2^3 : y^3 = 3^3 : 2^3 = 27 : 8$

부피의 비는 세제곱을 해야하기 때문이다

채점근거

닮음의 비가 3 : 2이며 부피의 비가 세제곱 관계에 있으므로 27 : 8이 됨을 서술하였다.

즉, 문제에서 제공하는 정보를 바르게 이해하고 문제가 요구하는 핵심개념을 이용하여 옳게 문제를 해결한 경우이다.

3점

닮음비 3 : 2

부피의 비는 $3^3 : 2^3$

$= 9 : 6$

채점근거

선물상자가 닮은 입체도형이고 닮음의 비가 3 : 2이고 부피의 비가 세제곱 관계에 있음을 나타냈으나, 세제곱의 지수계산을 잘못하여 답이 틀렸다.

즉, 문제에서 제공하는 정보를 바르게 이해하고 문제를 해결하려고 노력했으나, 그 과정에서 계산 실수로 답이 틀린 경우이다.

채점예시

2점

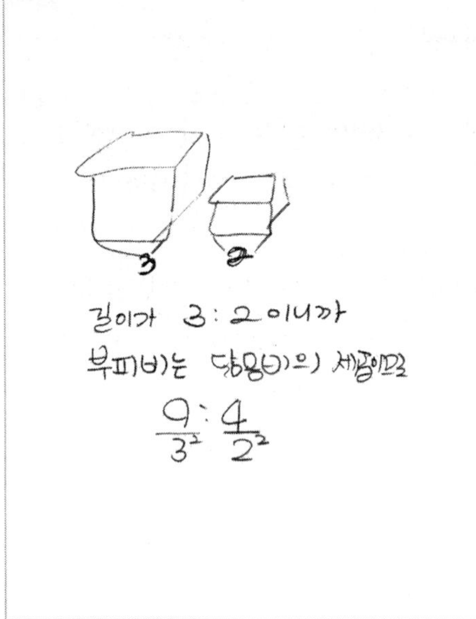

채점근거

닮음의 비가 3 : 2임은 서술하였지만 부피의 비를 넓이의 비로 착각하여 제곱의 비로 계산하였다.

즉, 문제에서 제공하는 정보를 바르게 이해하였으나 논리적 근거가 옳지 않은 경우이다.

1점

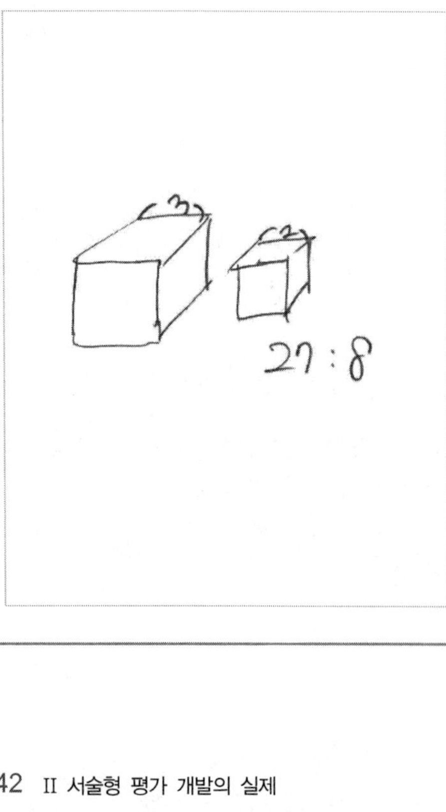

채점근거

문제에서 제공하는 정보를 바르게 이해하였으나 논리적 근거와 해결 과정을 서술하지 못하고 답만 옳게 적은 경우이다.

Ⅲ. 논술형 평가 개발의 실제

01 | 수와 연산

유리수와 근삿값

문 제 상 중 하

축척이 다른 두 개의 지도가 있다. 축척이 1:25000인 지도에서 김포시 통진 도서관과 통진 읍사무소의 거리를 재었더니 5.0cm고 축척이 1:50000인 지도에서 무의도 한방병원과 통진 읍사무소의 거리를 재었더니 4.5cm였다. 축척이 다른 두 개의 지도 중 어느 것이 실제 거리를 알기에 더 정확한지 참값의 범위를 구하고, 그 이유를 논리적으로 설명하시오.
(단, 참값의 범위란 지도상의 거리와 실제 거리를 모두 포함한다.)

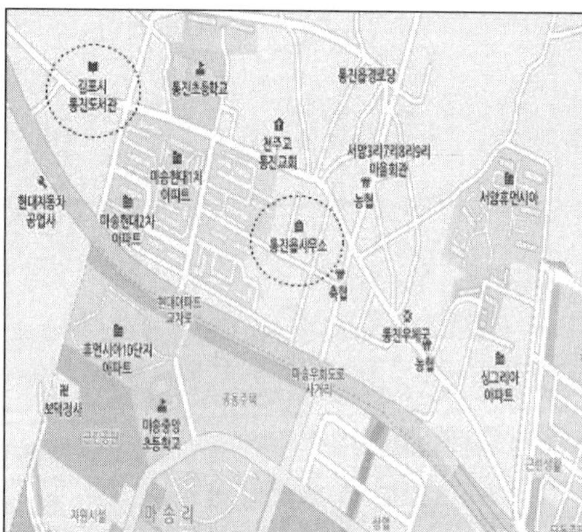	
축척1:25000지도	축척1:50000지도

핵심개념 참값의 범위, 오차의 한계

해 설 참값의 범위와 오차의 한계를 구하고 이를 이용하여 상황을 판단하고 그 근거를 논리적으로 설명할 수 있다.

선생님 TIP

학생들에게 익숙한 지도를 사용하여 흥미를 유발할 수 있으며, 측정값의 소수점을 변형하여 난이도 조정을 할 수 있습니다. 또한 학생들이 지도를 보고 직관적인 판단으로 답을 작성하는 것에 유의합니다.

풀이

① 축척이 1:25000인 지도에서 측정값이 $5.0\,\text{cm}$이므로 오차의 한계는 $0.05\,\text{cm}$이고 측정값에 대한 참값의 범위는 $4.95\,\text{cm} \le$(측정값의 참값)$< 5.05\,\text{cm}$이다. 따라서 축척이 $\frac{1}{25000}$이므로 실제 거리에 대한 참값의 범위는 $(4.95\times25000)\,\text{cm} \le$(실제 거리 참값)$< (5.05\times25000)\,\text{cm}$이다.

따라서 $123750\,\text{cm} \le$(실제 거리 참값)$< 126250\,\text{cm}$이고, 참값 구간의 크기는 $123750-126250=2500\,\text{cm}$이다.

② 축척이 1:50000인 지도에서 측정값이 $4.5\,\text{cm}$이므로 오차의 한계는 $0.05\,\text{cm}$이고 측정값의 참값의 범위는 $4.45\,\text{cm} \le$(측정값의 참값)$< 4.55\,\text{cm}$이다. 따라서 축척이 $\frac{1}{50000}$이므로 실제 거리에 대한 참값의 범위는 $(4.45\times50000)\,\text{cm} \le$(실제 거리 참값)$< (4.55\times50000)\,\text{cm}$이다.

따라서 $222500\,\text{cm} \le$(실제 거리 참값)$< 227500\,\text{cm}$이고, 참값 구간의 크기는 $227500-222500=5000\,\text{cm}$이다.

따라서 축척이 1:25000인 지도의 참값 구간의 크기가 더 작으므로 측정한 거리가 더 정확성이 있다고 할 수 있다.

채점기준

채점기준	세부기준	점수
• 두 지도상 거리 각각의 측정값에 대한 오차의 한계, 각 지도상 거리의 측정값에 대한 참값의 범위, 축척을 이용하여 실제 거리에 대한 참값의 범위까지 총 여섯 개를 모두 구했다. -축척이 1:25000인 지도 ⅰ. 오차의 한계 $0.05\,\text{cm}$ ⅱ. $4.95\,\text{cm} \le$(측정값의 참값)$< 5.05\,\text{cm}$ ⅲ. $(4.95\times25000)\,\text{cm} \le$(실제 거리 참값)$<(5.05\times25000)\,\text{cm}$	• 총 여섯 개 (축척마다 각 세 개씩) ⅰ. 오차의 한계 ⅱ. 측정값의 참값의 범위 ⅲ. 실제 거리의 참값의 범위	4

$123750\,\text{cm} \le (\text{실제 거리 참값}) < 126250\,\text{cm}$ –축척이 1:5000인 지도 i. 오차의 한계 0.05 cm ii. $4.45\,\text{cm} \le (\text{측정값의 참값}) < 4.55\,\text{cm}$ iii. $(4.45 \times 50000)\,\text{cm} \le (\text{실제 거리 참값}) < (4.55 \times 50000)\,\text{cm}$ $222500\,\text{cm} \le (\text{실제 거리 참값}) < 227500\,\text{cm}$ • 위의 구한 값이 모두 맞았으며 계산 과정에 대한 근거를 논리적으로 설명했다. • 참값 구간의 크기를 이용해 지도상의 정확성을 논리적으로 설명했다. • 전반적으로 글쓰기가 매끄럽고 논리적으로 오류가 없다.		
• 두 지도상 거리 각각의 측정값에 대한 오차의 한계, 각 지도상 거리의 측정값에 대한 참값의 범위, 축척을 이용하여 실제 거리에 대한 참값의 범위까지 총 여섯 개 중의 네 개 이상 구했다. • 위의 구한 값이 여섯 개 중의 네 개 이상 맞았으며 계산 과정에 대한 근거를 설명했다. • 판단에 대한 이유를 적었지만 근거가 미흡하다. (예: 참값의 범위와 실제 거리의 차이를 적용시키지 못했다.) • 문제에서 의도하는 답을 구했지만 계산 과정에서 생략이 있고 논리적 설명이 미흡하다.	• 단순한 연산 실수는 했지만 판단 근거가 명확한 경우도 포함한다.	3
• 각 지도상 거리의 측정값에 대한 오차의 한계, 각 지도상 거리의 측정값에 대한 참값의 범위, 축척을 이용하여 실제 거리에 대한 참값의 범위 여섯 개 중의 한 개 이상 구하려는 흔적이 있다. • 위의 구한 값이 한 개 이상 맞았다. • 의견을 제시했으나 판단 근거가 올바르지 않다.	• 참값의 범위를 이용하지 않고 대축척지도와 소축척지도의 특징으로 이유를 적은 경우도 포함한다.	2
• 문제의 내용을 이해했다. • 문제해결을 위해 수학적으로 노력한 흔적이 보이나 그 방법이 적절하지 못하다.		1
• 문제의 조건들을 단순히 옮겨 적었거나 아무것도 적지 않았다.		0

채점예시

4점

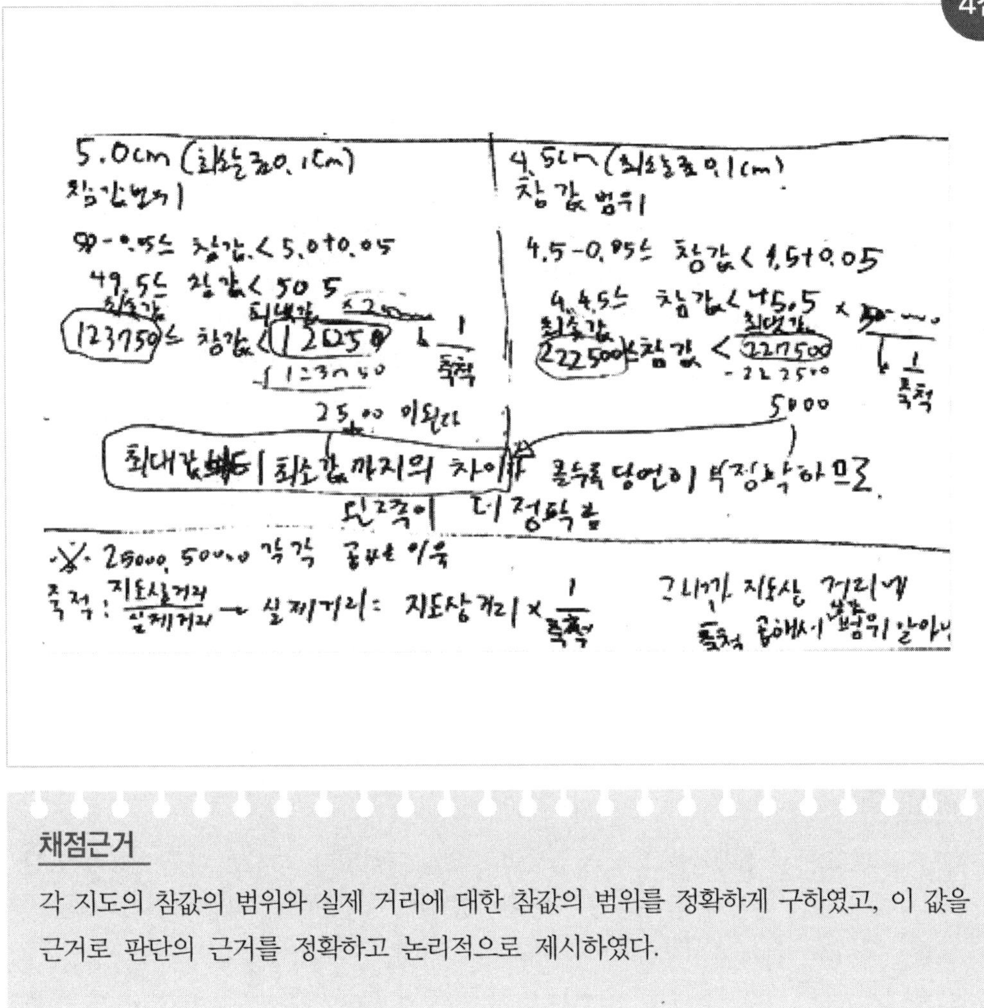
5.0cm (최소눈금 0.1cm)
참값 범위
5.0-0.05 ≤ 참값 < 5.0+0.05
4.95 ≤ 참값 < 5.05
4.5cm (최소눈금 0.1cm)
참값 범위
4.5-0.05 ≤ 참값 < 4.5+0.05
4.45 ≤ 참값 < 4.55
2500 이된다
5000
최대값에서 최소값까지의 차이가 클수록 당연히 부정확하므로
된 측이 더 정확함
축척 : 지도상거리 / 실제거리 → 실제거리 = 지도상거리 × 1/축척

채점근거

각 지도의 참값의 범위와 실제 거리에 대한 참값의 범위를 정확하게 구하였고, 이 값을 근거로 판단의 근거를 정확하고 논리적으로 제시하였다.

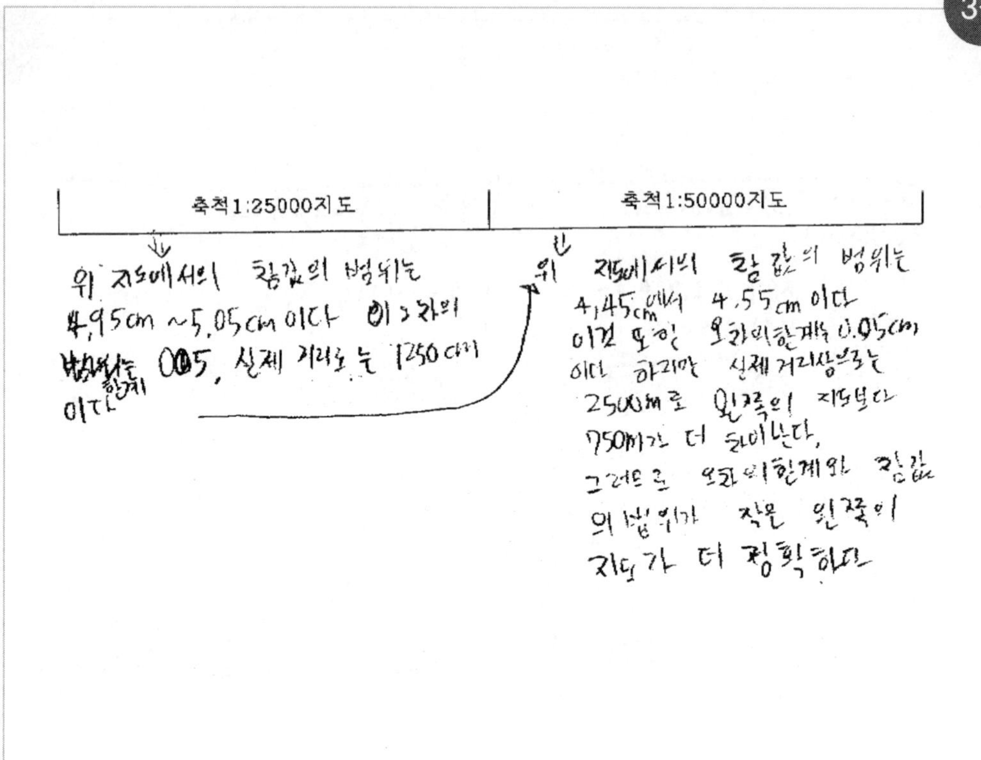

축척1:25000지도	축척1:50000지도
위 지도에서의 참값의 범위는 4.95cm ~5.05cm 이다 오차의 한계는 0.05, 실제 거리로는 1250cm 이다	위 지도에서의 참값의 범위는 4.45cm에서 4.55cm 이다 이것 또한 오차의 한계는 0.05cm 이다 하지만 실제거리상으로는 2500cm로 왼쪽의 지도보다 750cm가 더 차이난다, 그러므로 오차의 한계와 참값의 범위가 작은 왼쪽의 지도가 더 정확하다

3점

채점근거

각 지도의 오차의 한계와 지도상의 참값의 범위는 구하였다. 하지만 이를 이용하여 실제 거리에 대한 참값의 범위를 구하지 못하였으며, 판단근거가 타당하지 않다.

2점

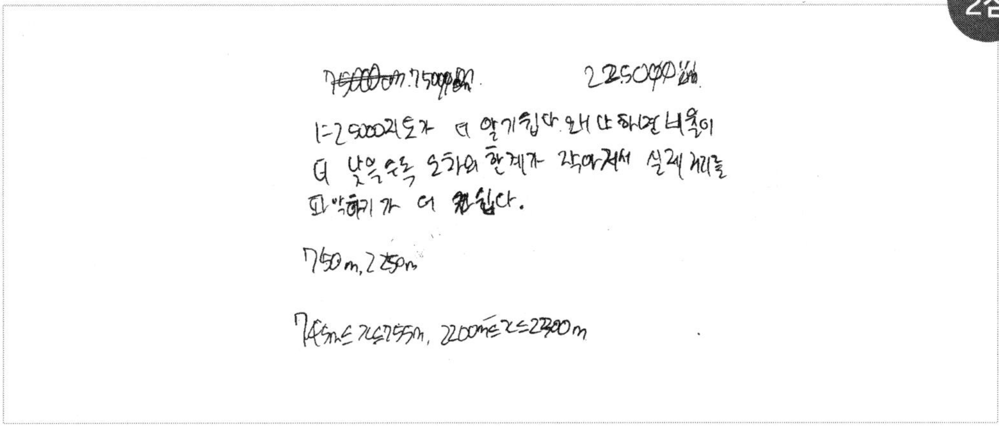

채점근거

각 지도의 실제 거리 참값의 범위는 구하지 않고 대축척지도와 소축척지도의 특징을 이유로 적어 판단하였다.

1점

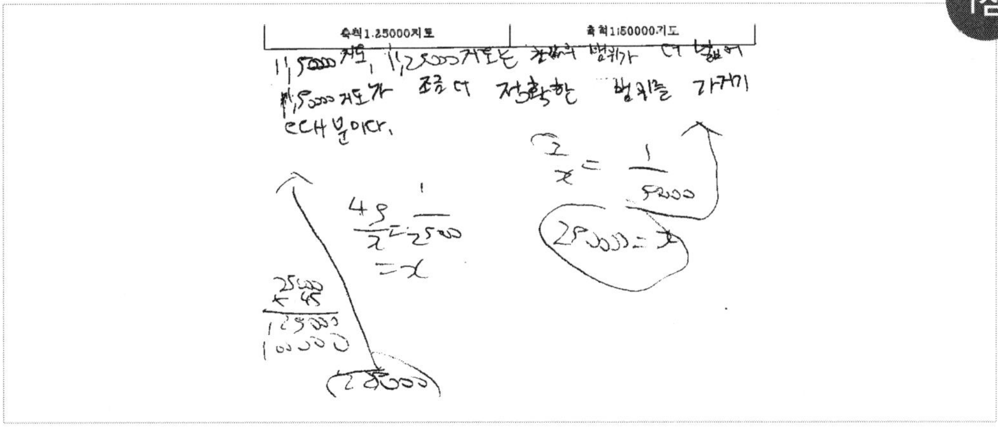

채점근거

문제의 상황에 대한 이해와 그에 관련된 수학적 사고 과정은 엿볼 수 있으나, 주어진 조건들을 충분히 활용하지 못하고 판단하였다.

0점

내 생각으로는 1:50000 지도가 더 실제거리를 알기에
더 정확한 것 같다 왜냐하면 25000 보다는 50000이
더 딱떨어지기 때문이다.
∴ 사거리

채점근거

지도를 보고 직관적으로 판단하여 명확한 근거 없이 나열하였다.

유리수와 근삿값

문 제 (상) (중) (하)

부모님을 모시고 제주도 여행을 가기로 한 김효도, 김사랑 형제는 공항에서 기내 반입 화물 무게가 7kg을 초과하면 반입할 수 없음을 알고 집에서 미리 화물의 무게를 재어보니 7kg이었다. 하지만 공항에서 무게를 재어보니 7.43kg이었다. 할 수 없이 가방에서 몇 개의 물건을 뺀 뒤에야 기내에 반입할 수 있었다.
이와 같은 일이 발생할 수 있는 이유를 최소눈금, 참값의 범위와 근삿값의 개념, 오차의 한계를 이용하여 논리적으로 설명하시오.

핵심개념 참값의 범위, 근삿값, 오차의 한계

해 설 참값의 범위와 오차의 한계를 이용하여 상황을 판단하고 판단 근거를 논리적으로 설명할 수 있다.

선생님 TIP

모둠활동을 통하여 학생들이 직접 위와 같은 상황에서 화물 무게의 측정값을 수정하여 서로 풀어보게 할 수 있습니다. 또한 제시된 무게의 소수점 자릿수를 조정하면 '상' 난이도로 변경할 수 있습니다.

풀 이 측정값들은 근삿값이므로 측정한 저울의 최소단위와 오차의 한계가 중요하다.

① 집에서 측정한 무게가 7kg이므로 무게를 잰 저울의 최소눈금이 1kg이며 오차의 한계가 0.5kg이 되고 따라서 가방 무게의 참값의 범위는 6.5kg $\leq$ 가방 무게의 참값$<$ 7.5kg이 된다.

② 공항에서 측정 무게가 7.43kg이므로 무게를 잰 저울의 최소눈금이 0.01kg이고 오차의 한계가 0.005kg이며 따라서 가방 무게의 참값의 범위는 7.425kg $\leq$ 가방 무게의 참값$<$ 7.435kg이 된다.

실제 가방의 무게가 7.435kg ≤ 가방 무게의 참값< 7.5kg의 경우 집에서의 측정 무게는 7kg이지만, 공항에서의 측정 무게는 7kg 이상이 되므로 몇 개의 물건을 뺀 뒤에 기내에 반입할 수 있다.

채점기준

채점기준	세부기준	점수
• 집과 공항에서 잰 각각의 저울들의 최소눈금, 오차의 한계, 가방 무게의 참값의 범위까지 총 여섯 개를 모두 구했다. -집 i 최소눈금 1kg ii 오차의 한계가 0.5kg iii 6.5kg ≤ 가방 무게의 참값< 7.5kg -공항 i 최소눈금 0.01kg ii 오차의 한계가 0.005kg iii 7.425kg ≤ 가방 무게의 참값< 7.435kg • 위의 구한 값이 모두 맞았으며 계산 과정에 대한 근거를 논리적으로 매끄럽게 설명하였다. • 전반적으로 글쓰기가 매끄럽고 논리적으로 오류가 없다.		4
• 집과 공항에서 잰 저울들의 각각 최소눈금, 오차의 한계, 가방 무게의 참값의 범위까지 총 여섯 개 중 네 개 이상을 구했다. • 위의 구한 값 중 네 개 이상 맞았으며 이유를 설명했지만 논리성이 조금 부족하다. • 집과 공항에서 무게를 잰 저울들의 최소눈금 단위의 차이를 언급하였다. • 문제에서 의도하는 답을 구했으나 계산 과정에서 생략이 있고 논리적인 설명이 미흡하다.	• 단순한 연산 실수는 했지만 판단 근거가 명확한 것은 포함한다.	3
• 집과 공항에서 잰 저울들의 각각 최소눈금, 오차의 한계, 가방 무게의 참값의 범위까지 총 여섯 개 중 한 개 이상 구하려는 흔적이 있다.		2

• 최소눈금과 참값의 범위를 언급하였으나 정확하게 구하지 못했다.		
• 문제의 내용을 이해하였다. • 문제해결을 위해 수학적으로 노력한 흔적은 보이나 그 방법이 적절하지 못하다.		1
• 문제의 조건들을 단순히 옮겨 적었거나 아무것도 적지 않았다.		0

채점예시

4점

집에서 잰 측정값 7kg의 오차의 한계는 측정 계기의 최소 눈금 단위 값의 $\frac{1}{2}$인 0.5kg이다. 참값의 범위는 (근삿값 - 오차의 한계) ≤ 참값 < (근삿값 + 오차의 한계) 이므로 집에서의 화물무게의 참값의 범위는 6.5kg ≤ 무게 < 7.5kg 이다. 하지만 공항에서의 측정값 7.43kg의 오차의 한계는 0.005kg 이고 참값의 범위는 6.995kg ≤ 화물무게 < 7.005kg 이었다. 두 저울의 최소눈금단위가 달랐기 때문에 오차의 한계와 참값의 범위가 달라지고, 참값이 같더라도 측정값이 달라졌다. 위 형제를 예로 들면, 그들의 화물의 무게는 7.5kg 미만이라 집에서는 7kg이라 나왔지만, 7.005kg 이상이었기에 기내반입에서 문제가 생긴 것이다. 근삿값이 어림해서 얻은 값이고, 이것이 측정단위에 의해 달라지므로 이 같은 문제가 생긴다.

채점근거

집과 공항에서 잰 각각의 저울들의 최소눈금, 저울의 최소눈금 오차의 한계, 가방 무게의 참값의 범위를 모두 구하여 이를 근거로 판단의 이유를 논리적이고 매끄럽게 설명하였다.

3점

근삿값은 일반적으로 측정값과 같이 참값에 가까운 값을 그 참값에 대한 근삿값이라고 한다.
집에서 가방의 무게를 쟀던 저울은 1의 자리까지 측정할 수 있는 것이었고, 공항에서 잰 저울은 $\frac{1}{100}$의 자리까지 측정할 수 있었기 때문에 0.43이라는 오차가 생기게 된다. 7.43kg도 근삿값이기 때문에 참값의 범위를 구해 보면 $0.01\times\frac{1}{2}$을 해서 $7.425 \le$ 참값 < 7.435가 된다. 따라서 오차의 한계는 0.005가 된다.
결과적으로 0.43kg의 차이가 있었던 것은 저울의 측정할 수 있는 자릿수가 달랐기 때문이다.

채점근거

문제에서 주어진 상황을 명확하게 이해했다. 하지만 공항에서의 가방 참값의 범위를 구한 반면 집에서의 저울 참값의 범위를 구하지 않았다. 따라서 공항에서의 가방의 참값의 범위와 집에서의 가방의 참값의 범위를 적절히 비교하여 설명하지 못하여 판단에 대한 근거가 부족하다.

2점

여기에서 이와 같은 상황이 발생한 이유는 측정기구의 최소눈금을 생각하지 않아서이다. 집에서는 7kg이 나오고, 공항에서는 7.43kg이 나오게 된다. 집에서 측정기구의 최소눈금은 1kg이어서 나머지 0.43kg은 생략하고 1kg 단위로 표현한 것이다. 그런데 공항에서의 최소눈금은 0.01kg이어서 여기에서는 7.43kg까지 측정할 수 있으므로 측정이 집에서보다 정확하게 나오게 되므로 이런 문제점이 발생하게 된다.

채점근거

문제에서 주어진 상황을 명확하게 이해하여 최소눈금을 이용해 두 저울을 비교하여 설명하였지만, 정확한 참값의 범위를 구하지 못했다.

1점

화물의 무게를 재는 것은 참값이 아닌 측정값이다. 화물의 무게는 저울로 측정한 근삿값이다. 즉, 참값에 가까운 값이라는 것이다. 그러므로 저울에 따라, 또는 눈금에 따라 오차의 절댓값이 어떤 값 이하로 나타내어 지는 그 값을 근삿값에 대한 오차의 한계가 있다. 그로 인해 참값의 범위를 근삿값에 각각 더하고 빼면 참값의 범위를 구할 수 있다. 따라서 김효도, 김사랑 형제와 공항에서 잰 화물의 무게가 다른 이유는 측정값이기 (근삿값) 때문에 오차의 한계의 의해 약간의 차이가 날 수 있다.

채점근거

문제의 내용을 이해하고 수학적으로 글쓰기를 하려 노력했지만, 그 방법이 잘못되었다.

0점

집에 있는 체중계가 고장났겠지...

채점근거

문제에서 제시된 조건들을 활용하지 않고 수학적이지 않는 방법으로 판단하였다.

유리수와 순환소수

문 제 (상) (중) (하)

유한소수는 분수를 기약분수로 나타낼 수 있다. 반대로 어떤 기약분수의 분모를 소인수분해 하였을 때, 분모의 소인수가 2나 5뿐이면 그 분수는 유한소수로 나타낼 수 있다. 예를 들어 $\frac{27}{12}$은 기약분수로 나타내면 $\frac{9}{4}$이고 분모의 4는 2×2이므로 유한소수로 나타낼 수 있다. 그렇다면 기약분수의 분모를 소인수분해 하였을 때, 분모의 소인수가 2나 5뿐이면 그 분수는 왜 유한소수로 나타낼 수 있을까? 그 이유를 논리적으로 설명하고, 유한소수가 될 수 있는 기약분수의 예를 세 개 제시하시오.

핵심개념 유한소수, 기약분수

해 설 유한소수를 구하고 유한소수의 조건에 맞게 이유를 논리적으로 설명할 수 있다.

선생님 TIP

유한소수가 되는 이유를 글쓰기 할 때 정확한 수학용어를 사용하여 설명할 수 있도록 지도합니다. 또한 순환소수의 특징에 대해서도 생각해 볼 수 있습니다. 그리고 채점 시 유한소수를 만들 때 필요한 소인수가 왜 2와 5인지를 정확하게 논리적으로 언급하였는지 점검해야 합니다.

풀 이 분모를 10의 거듭제곱으로 나타낼 수 있는 분수는 유한소수로 나타낼 수 있다.

어떤 기약분수 분모의 소인수가 2나 5뿐이면 분모와 분자에 2나 5를 곱하여 분모를 10의 거듭제곱으로 만들 수 있으므로 기약분수의 분모에 2나 5가 있으면 유한소수로 나타낼 수 있다.

유한소수가 되는 분수의 예: $\frac{1}{2}$, $\frac{1}{5}$, $\frac{13}{10}$ $\left(\frac{1}{2}, \frac{1}{5}, \frac{13}{10}\right.$ 이외의 것 중에서도 분모의 소인수가 2나 5뿐인 기약분수도 정답으로 인정한다.$\left.\right)$

다른 풀이

우선 유한소수는 $\frac{a}{10^n}$(a는 정수, n은 자연수) 꼴이다.
그런데 기약분수의 소인수가 2나 5뿐이라는 것은 $\frac{\mathrm{p}}{2^{\mathrm{a}}5^{\mathrm{b}}}=\frac{\mathrm{p}\times5^{\mathrm{a}}2^{\mathrm{b}}}{2^{\mathrm{a}}5^{\mathrm{b}}\times5^{\mathrm{a}}2^{\mathrm{b}}}=\frac{p\times5^a2^b}{10^a10^b}$ $=\frac{p\times5^a2^b}{10^{a+b}}$(단, a, b는 음이 아닌 정수) 분자와 분모에 2나 5를 적절히 곱하여 $\frac{a}{10^n}$ 꼴로 나타낼 수 있다는 말이므로 유한소수라고 이야기할 수 있다.
예를 들어 $\frac{7}{2\times2\times5}$라면, 분자와 분모에 각각 5를 곱하여 $\frac{7}{2\times2\times5}\times\frac{5}{5}=\frac{35}{100}=$ 0.35가 되므로 유한소수이다.
유한소수가 되는 기약분수의 예: $\frac{1}{2}$, $\frac{1}{5}$, $\frac{13}{10}$ (이외의 것들 중에서도 분모의 소인수가 2나 5뿐인 기약분수도 정답으로 인정한다.

채점기준

채점기준	세부기준	점수
• 문제의 내용을 이해했으며, 세 가지 예를 맞게 들었다. • 분모의 소인수가 2나 5뿐일 때, 분모가 10^n(n은 자연수) 꼴로 나타낼 수 있음을 설명했다. • 유한소수가 되는 이유를 논리적으로 서술했다. • 전반적으로 글쓰기가 매끄럽고 논리적으로 오류가 없다.		4
• 문제의 내용을 이해했으며, 세 가지 예를 맞게 들었다. • 분모의 소인수가 2나 5뿐일 때, 분모가 10^n(n은 자연수) 꼴로 나타낼 수 있음을 설명했다. • 문제에서 의도하는 답을 구했으나 계산 과정에서 생략이 있고 논리적인 설명이 미흡하다.	• 단순한 연산 실수는 했지만 판단 근거가 명확한 것은 포함한다.	3
• 문제의 내용을 이해하고, 유한소수의 조건들을 적절하게 이용하려는 시도가 있었다. • 예를 한 가지 이상 들었고 한 가지 이상 맞았다.		2
• 예를 한 가지 이상 들었고 한 가지 이상 맞았다. • 문제해결을 위해 수학적으로 노력한 흔적은 보이나 그 방법이 적절하지 못하다.		1
• 문제의 조건들을 단순히 옮겨 적었거나 아무것도 적지 않았다.		0

채점예시

4점

유한소수가 될려면 분모가 10, 이나 10의 제곱수가 되어야 한다
10을 소인수분해하면 2×5 / 소인수는 2와 5 이다
그러므로 소인수가 2나 5 뿐이면 2의 제곱수나 5의 제곱수
를 곱하면 10의 제곱수를 만들수 있으므로 분모의 소인수가
2나 5뿐이면 유한소수가 된다

예) $\frac{1}{2}$ $\left(\frac{1\times5}{2\times5}=\frac{5}{10}=0.5\right)$

$\frac{3}{25}$ $\left(\frac{3}{25}=\frac{3}{5^2}=\frac{3\times2^2}{5^2\times2^2}=\frac{12}{100}=0.12\right)$

$\frac{7}{40}$ $\left(\frac{7}{40}=\frac{7}{2^3\times5}=\frac{7\times5^2}{2^3\times5^3}=\frac{175}{1000}=0.175\right)$

채점근거

문제의 내용을 이해하고 세 가지 예를 맞게 들었다. 또한 분모의 소인수가 2나 5뿐일 때, 분모가 10^n(n은 자연수) 꼴로 나타낼 수 있음을 설명하고, 유한소수가 되는 이유를 논리적으로 서술하였다.

3점

분모의 소인수가 2나 5뿐이면 그 분수가 유한소수가 되는 이유는
2나 5뿐일 때는 10^n 의 꼴로 고쳐 표현 할 수 있고 0.××× 등의
유한소수로 나타낼수 있기 때문이다. 그 예로는 $\frac{2}{5}$, $\frac{7}{25}$, $\frac{6}{8}$ 등이
있고 이는 각각 0.4, 0.28, 0.75 인 유한소수가 될수 있다.

채점근거

문제의 내용을 이해하고 세 가지 예를 맞게 들었다. 또한 기약분수의 분모의 소인수가 2나 5뿐일 때, 분모가 10^n(n은 자연수) 꼴로 나타낼 수 있음을 설명하였다. 하지만 유한소수가 되는 이유를 서술하는 과정에서 논리적 설명이 미흡하다.

2점

유한소수를 분수로 나타내어 기약분수로 고치면 분모의 소인수는 2나 5의 거듭제곱으로 이루어져 있기 때문이다.

$\frac{1}{2}$, $\frac{1}{5}$, $\frac{1}{10}$

채점근거

문제의 내용을 이해했으나 유한소수가 될 수 있는 분수 중 기약분수가 아닌 예를 제시하였다. 또한 유한소수의 조건들을 적절하게 이용하여 설명하려는 시도가 있었다.

1점

2×5는 10이다. $2^2\times5^2$은 100이다. 그러므로 지수가 같고 2와 5가 있으면 유한소수이고

0.1은 $\frac{1}{10}$이다. 이 10을 소인수분해하면 $\frac{1}{2\times5}$이다.

0.25는 $\frac{25}{100}$이다 100을 소인수분해하면 $2^2\times5^2$이면 $\frac{25}{2^2\times5^2}=\frac{1}{2^2}$이다.

0.125는 $\frac{125}{1000}$이다 1000은 소인수분해하면 $2^3\times5^3$이다. $\frac{125}{2^3\times5^3}=\frac{1}{8}$이므로 유한소수가 된다

그러므로 2와 5가 있으면 유한소수이고

채점근거

문제해결을 위한 내용의 이해가 부족하지만 수학적으로 글쓰기를 하려고 노력한 흔적이 보인다.

0점

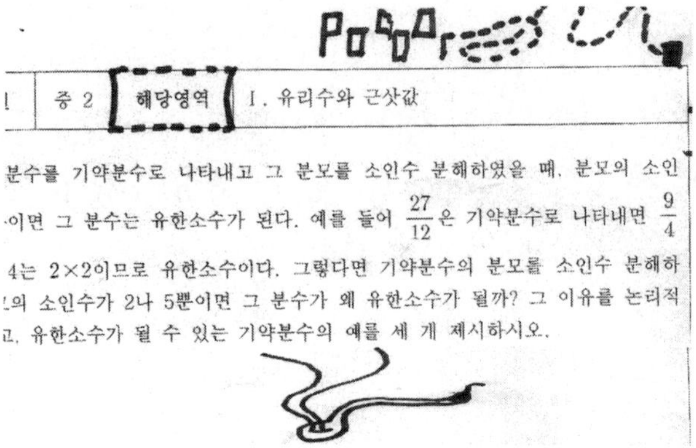

중 2 | 해당영역 | Ⅰ. 유리수와 근삿값

분수를 기약분수로 나타내고 그 분모를 소인수 분해하였을 때, 분모의 소인
이면 그 분수는 유한소수가 된다. 예를 들어 $\frac{27}{12}$은 기약분수로 나타내면 $\frac{9}{4}$
4는 2×2이므로 유한소수이다. 그렇다면 기약분수의 분모를 소인수 분해하
의 소인수가 2나 5뿐이면 그 분수가 왜 유한소수가 될까? 그 이유를 논리적
고, 유한소수가 될 수 있는 기약분수의 예를 세 개 제시하시오.

채점근거

문제의 내용을 이해하려 노력하지 않았다.

02 | 문자와 식

식의 계산

문제 (상 중 하)

인도수학의 곱셈 방법은 특이한데 예를 들면 아래 만화처럼 11 이상 19 이하인 자연수 중에서 11과 17을 곱한다고 가정해 보자. 먼저, 두 자연수 중에서 한 자연수 11과 다른 자연수의 일의 자리 7을 더한 수에 10배를 한다. 그러면 180이 된다. 그 다음 처음 두 자연수의 각각 일의 자리의 수 1과 7을 곱한다. 그러면 7이 된다. 그렇게 만들어진 새로운 두 자연수 180과 7을 더한다. 그렇게 해서 만들어진 187이 처음의 두 자연수 11과 17의 곱이 된다.
아래 그림에서 제시된 예를 제외한 두 자리 자연수의 곱을 인도수학의 곱셈 방법으로 계산하시오. 그리고 그렇게 계산되는 이유를 다항식의 곱셈공식을 이용하여 논리적으로 설명하시오.

핵심개념 곱셈공식

해설 인도수학의 곱셈 방법을 이해하고 원리를 곱셈공식을 사용하여 논리적으로 설명할 수 있다.

선생님 TIP

11 이상 19 이하인 자연수를 선택하지 않은 경우에는 인도수학의 공식이 성립하는지, 성립하지 않는다면 왜 그런지 생각해 보도록 지도합니다. 또한 곱셈공식을 이용한 자신만의 곱셈 방법을 찾도록 하면 동기 유발에 도움이 됩니다.

풀 이

예로 13×13을 계산하면 우선 $13+3$은 16이고 여기에 10을 곱하면 160이다. 여기에 일의 자리끼리 곱한 9를 더하면 답은 169가 된다.

$$13 \times 13 = 169$$

11에서 19까지의 두 자연수를 $10+a$, $10+b$로 표현하고 이 둘을 곱하면 $(10+a)(10+b)$로 나타낼 수 있다. 이를 전개하면 $(10+a)(10+b)=100+10a+10b+ab=10(10+a+b)+ab$가 되며 괄호 안의 $10+a$가 앞의 수이고 여기에 곱하고자 하는 수의 일의 자리인 b를 더한 후 10을 곱하고 일의 자리끼리 곱한 ab를 더하면 답이 되는 것이다.

채점기준

채점기준	세부기준	점수
• 11 이상 19 이하인 두 자연수의 예(17×14, 13×14, 11×19, 12×12, ⋯)를 바르게 들었다. • 제시한 예를 인도수학의 곱셈 방법으로 맞게 계산했다. • $(10+a)(10+b)=10^2+(a+b)\times 10+ab$ (예: $17\times 14=(10+7)(10+4)$ $=100^2+(7+4)\times 10+7\times 4$)를 이용하여 인도수학의 곱셈 방법의 원리를 설명했다. • 전반적으로 글쓰기가 논리적이고 오류가 없다.		4
• 11 이상 19 이하인 두 자연수의 예를 바르게 들었다. • 제시한 예를 인도수학의 곱셈 방법으로 맞게 계산했다. • $(10+a)(10+b)=10^2+(a+b)\times 10+ab$를 이용하여 인도수학의 곱셈 방법의 원리를 설명했다. • 문제에서 의도하는 답을 구했으나 계산 과정에서 생략이 있고 논리적인 설명이 미흡하다.	• 논리적으로 설명은 잘했으나 예를 제시하지 않은 경우도 포함한다. • 단순한 연산 실수는 했지만 판단 근거가 명확한 경우도 포함한다.	3
• 11 이상 19 이하인 두 자연수의 예를 바르게 들었다. • 제시한 예를 인도수학의 곱셈 방법으로 맞게 계산했다. • $(10+a)(10+b)=10^2+(a+b)\times 10+ab$가 아닌 부적절한 곱셈정리를 이용하여 인도수학의 곱셈 방법의 원리를 설명하려고 시도했다.		2
• 문제의 내용을 이해했다. • 문제해결을 위해 수학적으로 노력한 흔적은 보이나 그 방법이 적절하지 못하다.		1
• 문제의 조건들을 단순히 옮겨 적었거나 아무것도 적지 않았다.		0

채점예시

4점

— 예

① 인도수학

11×16 = (11+6)×10 + 1×6 = 17×10 + 6 = 176

② 다항식의 곱셈

11×16 = (10+1)(10+6) = 10×10 + (1+6)×10 + 1×6 = (10+1+6)×10 + 1×6

= 17×10 + 6

= 176

— 이유

11이상 19 이하의 자연수이므로,

(10+a)×(10+b) = (10+a+b)×10 + a×b = 100+10a+10b+ab = 100+(a+b)10+ab = (10+a)(10+b)

채점근거

두 자연수의 예를 바르게 들었고, 제시한 예를 인도수학의 곱셈 방법으로 맞게 계산하였다. 또한 $(10+a)(10+b)=10^2+(a+b)\times10+ab$를 이용한 인도수학 곱셈 방법의 원리를 설명하는 글쓰기가 전반적으로 매끄럽고 논리적이다.

3점

위와 같이 계산되는 예는 11×15의 경우

i) 11×15
11+5=16
10×16=160
1×5=5이므로
165가 나온다.

이렇게 풀수 있는 이유는 다항식의 곱셈을 이용하면 된다. 다항식의 곱셈 중 (x+a)(x+b) = x²+(a+b)x+ab 라는 것을 이용한 것이다. x에 10을 a에는 1을 b에는 5를 대입하면 (10+1)×(10+5) 이다. 10²+(5+1)×10+(1×5) 이므로 간단히 정리하면 100+60+5, 165가 나오는 것이다

채점근거

두 자연수의 예를 바르게 들었고, 제시한 예를 인도수학 곱셈 방법으로 맞게 계산하였다. 또한 $(10+a)(10+b)=10^2+(a+b)\times10+ab$를 이용하여 인도수학 곱셈 방법의 원리를 설명하였으나, 예로 든 숫자에 대해서만 설명했고 일반화된 설명이 부족하다.

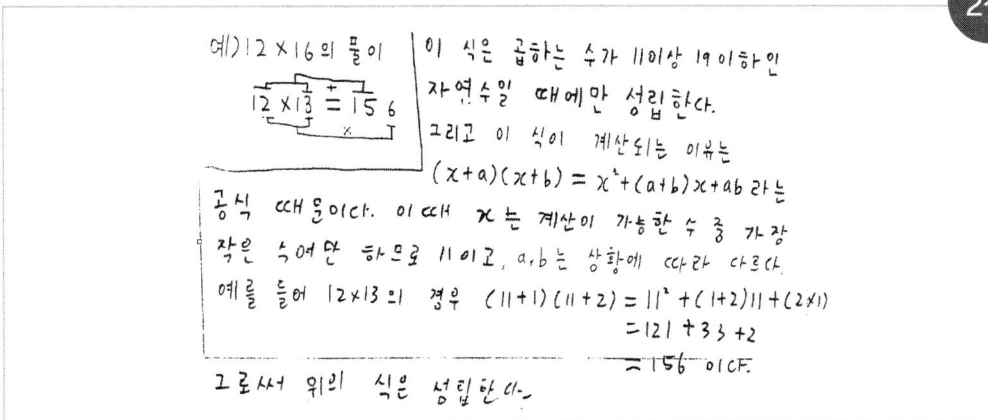

채점근거

제시한 예를 $(10+a)(10+b)=10^2+(a+b)\times10+ab$가 아닌 $(11+a)(11+b)$를 이용하여 인도수학의 곱셈 방법의 원리를 설명하려 시도하였으나 적절하지 못하다.

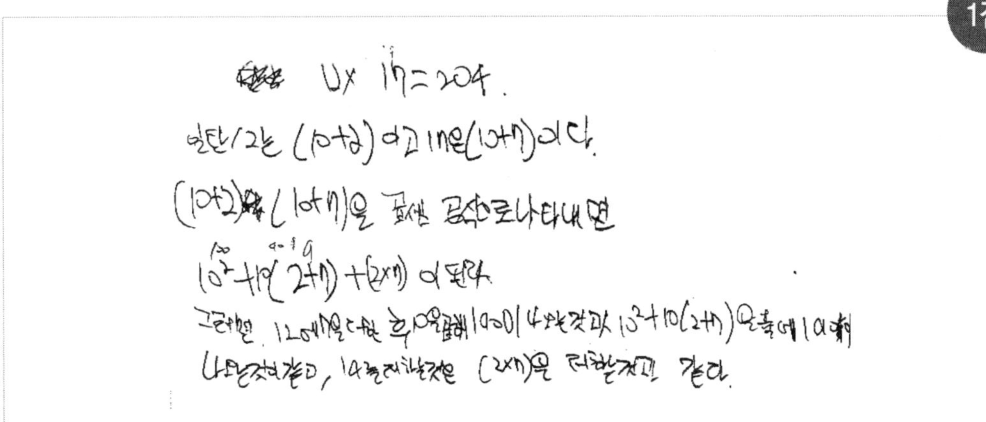

채점근거

문제의 내용을 이해하고, 예를 들었으나 인도수학의 곱셈 방법으로 계산하지 않았고, 인도수학 곱셈 방법의 원리를 $(10+a)(10+b)$으로 설명하였으나 그 방법이 적절하지 못하다.

0점

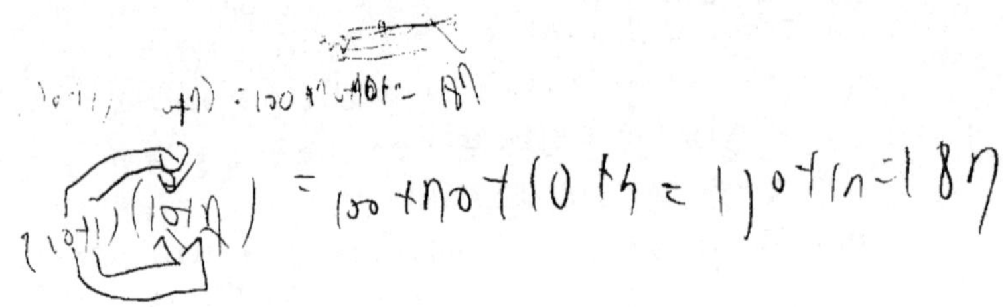

채점근거

문제 내용을 정확히 이해하지 못하고, 제시된 예제를 그대로 옮겨 적었다.

식의 계산

문제 (상 중 하)

소리의 속도인 음속은 $331+0.6a$(m/s)(단, a는 기온)이며 기온에 따라 음속이 달라진다고 한다. 대략적으로 음속을 340 m/s라고 하는 것은 대략 기온이 15℃에서의 음속을 말한다. 들판에서 일하던 농부가 번개가 번쩍이는 것을 보고 난 후 5초 뒤에 천둥소리를 들었다고 하자. 다음날 번개를 맞은 나무를 찾아보니, 나무는 농부가 있던 곳으로부터 약 1745 m 떨어진 곳에 있었다.
이 사건이 일어났을 때의 기온을 구하고 구한 기온의 변화에 따른 천둥소리를 듣는 시간의 변화를 관계식으로 표현하고 논리적으로 설명하시오. (단, 번개가 친 위치는 나무의 위치와 일치한다.)

핵심개념 다항식

해설 주어진 조건에 맞게 방정식을 세우고 이를 이용하여 상황을 판단하여 핀단 근거를 논리적으로 설명할 수 있다.

선생님 TIP

t시간 동안 소리가 움직인 거리의 관계식을 세워 기온을 구하고, 그 식을 이용하여 기온과 천둥소리를 듣는 시간의 관계를 설명할 수 있도록 지도합니다. 그리고 야구장의 함성 등 친숙한 상황으로 변경하여 제공하면 학생들의 동기유발에 도움이 됩니다.

풀이 음속은 $v=331+0.6a$(여기서 v는 음속, a는 기온이다.)이므로 t시간 동안 소리가 움직인 거리를 d라고 하면, $d=(331+0.6a)t$가 된다. 1745 m 떨어진 곳에서 번개가 번쩍인 후 천둥소리를 5초 후에 들었다는 것은 5초 동안 소리가 1745 m 움직였다는 의미로, $1745=(331+0.6a)\times 5$가 되며

$$349 = 331 + 0.6a$$
$$18 = 0.6a$$
$$6a = 180$$
$$a = 30℃$$

따라서 이 사건이 일어났을 때의 기온은 30℃ 이다.

그리고 방정식 $d = (331 + 0.6a)t$를 t에 관하여 풀면 $t = \frac{d}{331 + 0.6a}$ 이다. 거리 d가 일정하면 기온 a와 시간 t는 반비례 관계이다. 따라서 기온 a가 30℃ 보다 낮아지면 t는 5초보다 크므로 듣는 시간이 늦어질 것이고, 기온 a가 30℃ 보다 높아지면 t는 5초보다 작으므로 더 빨리 들을 수 있을 것이다.

채점기준

채점기준	세부기준	점수
• 음속 $v = 331 + 0.6a$를 이용하여 소리가 움직인 거리 $d = (331 + 0.6a)t$라는 관계식을 구했다. • $1745 = (331 + 0.6a) \times 5$를 이용하여 온도 a를 구했다. • 거리 d가 일정할 때, 방정식 $d = (331 + 0.6a)t$가 참이 되기 위해서는 기온과 시간이 반비례 관계임을 설명했다. • 전반적으로 글쓰기가 논리적이고 오류가 없다.		4
• 음속 $v = 331 + 0.6a$를 이용하여 소리가 움직인 거리 $d = (331 + 0.6a)t$를 구했다. • $1745 = (331 + 0.6a) \times 5$를 이용하여 온도 a를 구했다. • 거리 d가 일정할 때, 방정식 $d = (331 + 0.6a)t$가 참이 되기 위해서는 기온과 시간이 반비례 관계임을 설명했다. • 문제에서 의도하는 답을 구했으나 계산 과정에서 생략이 있고 논리적인 설명이 미흡하다.	• 거리 d가 일정할 때, 기온과 시간이 반비례 관계임을 예를 통해 설명했다. • 단순한 연산 실수는 했지만 판단 근거가 명확한 것을 포함한다.	3

• 음속 $v=331+0.6a$를 이용하여 소리가 움직인 거리 $d=(331+0.6a)t$를 구했다. • $1745=(331+0.6a)\times5$를 이용하여 온도 a를 구했다. • 같은 조건에서 온도에 따른 천둥소리를 듣는 데 걸리는 시간의 상관관계를 판단하였으나 논리적으로 설명이 불충분하거나 오류가 있다.		2
• 문제의 내용을 이해했다. • 문제해결을 위해 수학적으로 노력한 흔적은 보이나 그 방법이 적절하지 못하다.		1
• 문제의 조건들을 단순히 옮겨 적었거나 아무것도 적지 않았다.		0

채점예시

4점

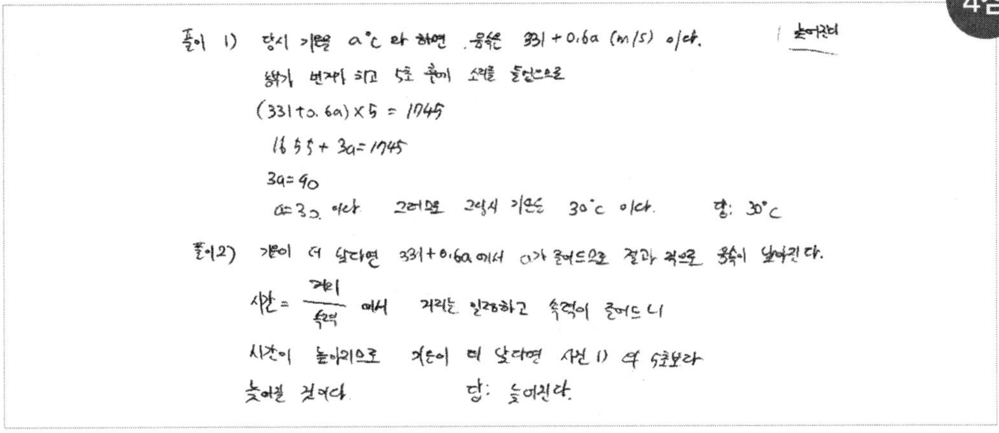
풀이 1) 당시 기온을 a°C 라 하면 음속은 331+0.6a (m/s) 이다.   늦어진다
번개가 번쩍이고 5초 후에 소리를 들었으므로
(331+0.6a)×5 = 1745
1655+3a=1745
3a=90
a=30 이다 그러므로 그당시 기온은 30°C 이다.   답: 30°C
풀이2) 기온이 더 낮다면 331+0.6a 에서 a가 줄어드므로 결과적으로 음속이 느려진다.
시간 = 거리/속력 에서 거리는 일정하고 속력이 줄어드니
시간이 늘어나므로 기온이 더 낮다면 사건 1) 의 5초보다
늦어질 것이다   답: 늦어진다.

채점근거

$1745=(331+0.6a)\times5$를 이용하여 온도 a를 구하였고, 거리 d가 일정할 때, 기온과 시간이 반비례 관계임을 설명하는 글쓰기가 전반적으로 논리적이고 오류가 없다.

3점

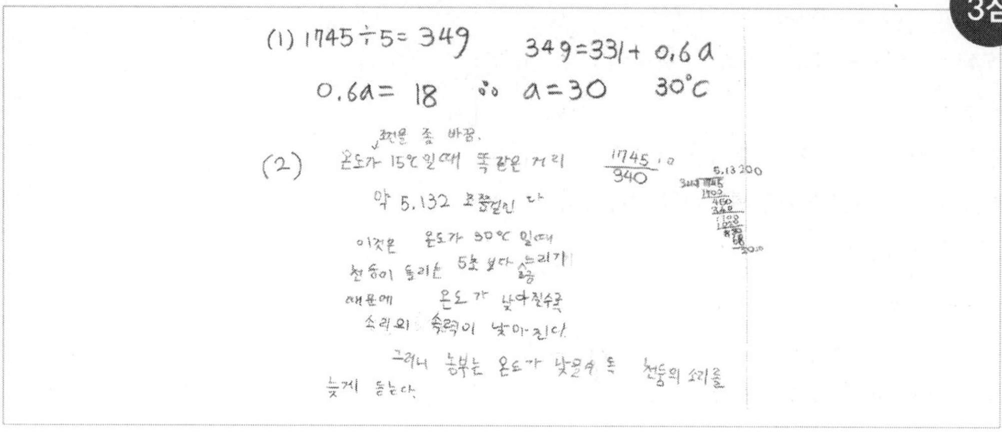
(1) 1745÷5=349 349=331+0.6a
0.6a=18 ∴ a=30 30°C
(2) 온도가 15°C일때 똑같은 거리 1745/340
약 5.132 초 걸린다
이것은 온도가 30°C 일때 천둥이 들리는 5초 보다 느리기 때문에 온도가 낮아질수록 소리의 속력이 낮아진다.
그러니 농부는 온도가 낮을수록 천둥의 소리를 늦게 듣는다.

채점근거

$1745=(331+0.6a)\times5$를 이용하여 온도 a를 구하였고, 거리 d가 일정할 때 기온과 시간이 반비례 관계임을 하나의 예를 들어 설명하였다.

2점

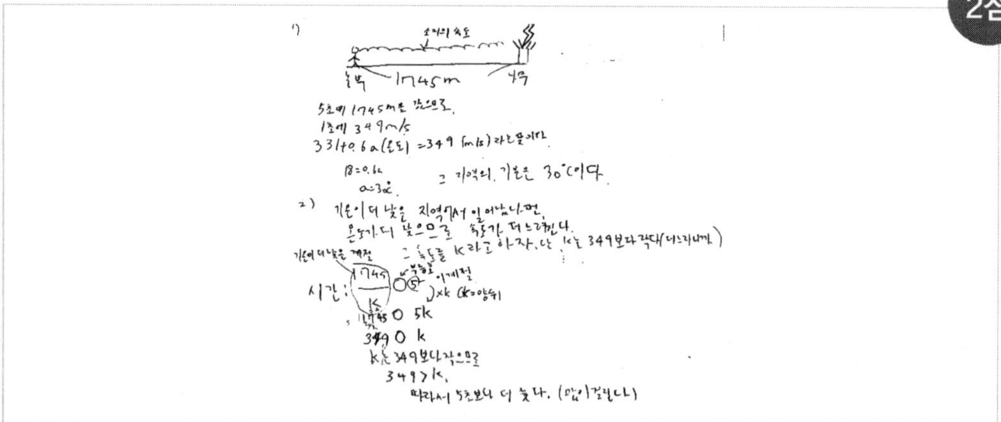

채점근거

$1745=(331+0.6a)\times5$를 이용하여 온도 a를 구하였고, 기온이 낮아지면(온도 변화) 천둥소리를 듣는데 걸리는 시간이 5초보다 더 걸린다고 판단하였으나 논리적으로 오류가 있다.

1점

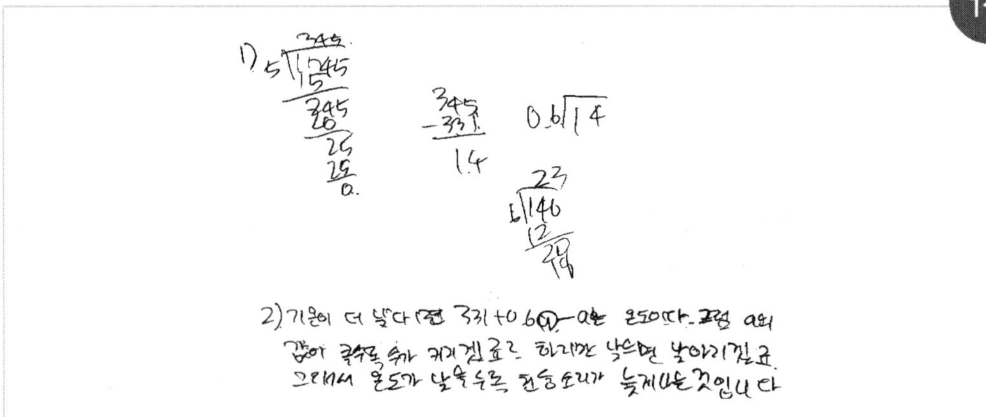

채점근거

문제의 내용을 이해하고 수학적으로 풀이하고 글쓰기 한 노력한 흔적은 보이나 그 방법이 적절하지 못하다.

0점

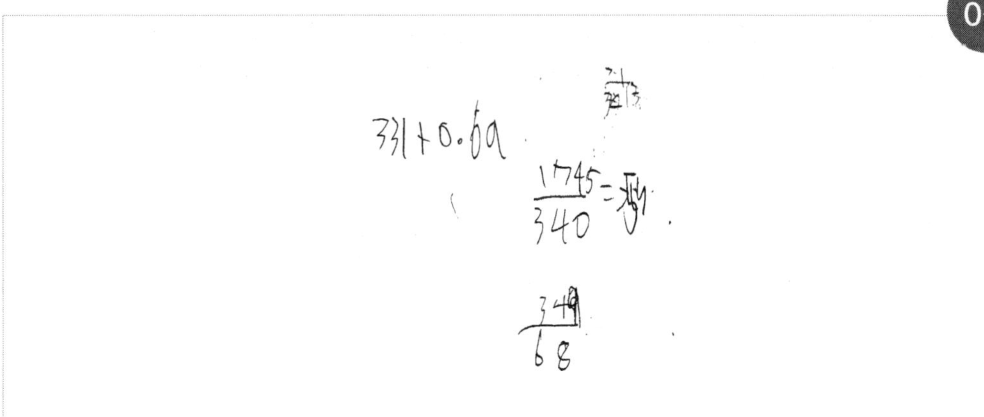

채점근거

문제의 내용을 이해하지 못하고, 주어진 조건만 그대로 옮겨 적었다.

식의 계산

문 제 ⓢ상 ⓢ중 ⓗ하

임의의 네 자리 자연수가 3의 배수가 되기 위한 조건은 각 자릿수의 합이 3의 배수가 되는 것이다. 그 이유를 다항식의 계산을 이용하여 논리적으로 설명하고 3의 배수가 되는 네 자리 자연수를 제시하시오.

핵심개념 다항식

해 설 어떤 자연수가 3의 배수가 되는 조건을 3의 배수의 성질과 곱셈 정리를 이용하여 논리적으로 설명할 수 있다.

선생님 TIP

다항식의 계산을 이용하여 풀이하는 것이 어려운 학생에게 풀이를 위한 도입에 도움이 되도록 하고, 3의 배수뿐만 아니라 어떤 자연수의 배수가 되는 조건의 경우에도 다음과 같은 문제를 적용할 수 있습니다.

풀 이 네 자리 자연수 $abcd$가 3의 배수가 되려면 각 자리 숫자의 합인 $a+b+c+d$가 3의 배수이면 된다. 여기서 네 자리 자연수 $abcd=1000a+100b+10c+d$인데, $1000a+100b+10c+d$를 $999a+99b+9c+a+b+c+d$로 나타낼 수 있다.

따라서

$$1000a+100b+10c+d = 999a+99b+9c+a+b+c+d = 3(333a+33b+3c)+a+b+c+d$$

이다. $a+b+c+d=3k$(k는 자연수)라고 하면

$1000a+100b+10c+d=3(333a+33b+3c+k)$가 되어 3의 배수가 되는 것이다.

3의 배수가 되는 예 : 7125, 7122, 7128, ⋯

채점기준

채점기준	세부기준	점수
• $a+b+c+d$가 3의 배수이면 $abcd$가 3의 배수가 됨을 다항식 계산을 이용하여 논리적으로 설명했다. • 7125와 같은 예를 한 개 이상 들었다. • 전반적으로 글쓰기가 논리적이고 오류가 없다.		4
• $a+b+c+d$가 3의 배수이면 $abcd$가 3의 배수가 됨을 다항식 계산을 이용하여 논리적으로 설명했다. • 7125와 같은 예를 한 가지 이상 들었다. • 문제에서 의도하는 답을 구했으나 계산 과정에서 생략이 있고 논리적인 설명이 미흡하다.	• 단순한 연산 실수는 했지만 판단 근거가 명확한 것을 포함한다.	3
• $a+b+c+d$가 3의 배수이면 $abcd$가 3의 배수가 됨을 구체적인 예(3715, 2331, …)를 들어서 설명하였으나 일반화 시키지 못했다. • 3의 배수가 되는 이유를 다항식 계산을 이용하여 구하려 했으나 구하지 못하고 예를 한 가지 이상 들은 경우도 포함된다.		2
• 문제의 내용을 이해했다. • 문제해결을 위해 수학적으로 노력한 흔적은 보이나 그 방법이 적절하지 못하다.		1
• 문제의 조건들을 단순히 옮겨 적었거나 아무것도 적지 않았다.		0

채점예시

4점

3의 배수가 되려면, 모든 자리 수의 합이 3의 배수가 되어야 한다. ∴ $7+1+2+k$ = 3의 배수
$0 \le k \le 9$ 이고 $k+10$ = 3의 배수. 그러면
$k = 2, 5, 8$ 이다.

임의의 네 자리 자연수 = $\overline{abcd} = 1000a+100b+10c+d$
$1000a+100b+10c+d$
$= (999a+99b+9d + (a+b+c+d)$
→ 이 때, $999a+99b+9c$는 3의 배수이므로
각 자리 수의 합인 $a+b+c+d$만 3의 배수이면
그 네 자리 자연수는 3의 배수이다.

채점근거

7122, 7125, 7128의 예를 제시하였고, $a+b+c+d$가 3의 배수이면 $abcd$가 3의 배수가 됨을 다항식 계산을 이용하여 논리적으로 설명하였다.

3점

2, 5, 8

$\frac{1000a+100b+10c+d}{3} = 333a+\frac{1}{3}a+33b+\frac{1}{3}b+3c+\frac{1}{3}c+\frac{1}{3}d$ = 자연수,

($333a$, $33b$, $3c$: 자연수)

∴ $\frac{1}{3}a+\frac{1}{3}b+\frac{1}{3}c+\frac{1}{3}d$는 자연수,

$\frac{1}{3}(a+b+c+d)$는 자연수,

∴ $a+b+c+d$는 3의 배수

채점근거

7122, 7125, 7128의 예를 제시하였고, $a+b+c+d$가 3의 배수이면 $abcd$가 3의 배수가 됨을 다항식 계산을 이용하여 설명하였지만 논리적인 설명이 부족하다.

2점

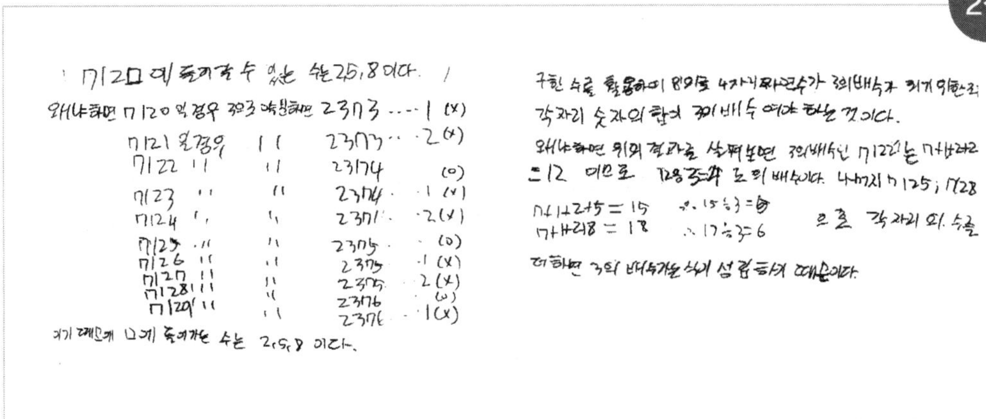

채점근거

7122, 7125, 7128의 예를 제시하였고, $a+b+c+d$가 3의 배수이면 $abcd$가 3의 배수가 됨을 설명하였지만 일반화하지 못했다.

1점

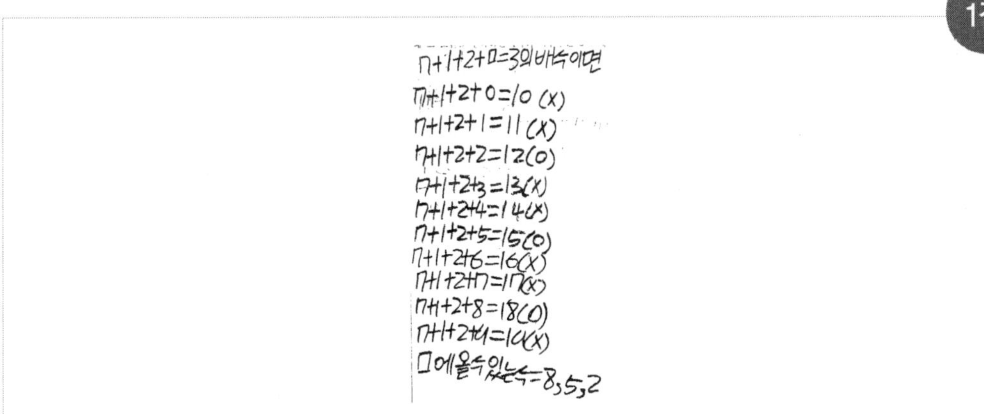

채점근거

문제의 내용을 이해하여 7122, 7125, 7128의 예를 제시하였으나, $a+b+c+d$가 3의 배수이면 $abcd$가 3의 배수가 됨을 해결하지 못하였다.

0점

네 자리 자연수 712□가 3의 배수가 되려면 □에 올 수 있는 수는 무엇인지 모두 구하여라. 구한 수를 활용하여 임의의 4자리 자연수가 3의 배수가 되기 위한 조건을 찾아보고 왜 그 조건을 만족하는 4자리 자연수는 3의 배수인지 그 이유를 논리적으로 설명하시오.

2, 5, 8,

채점근거

빈 칸에 들어가는 알맞은 수를 적었지만, 그 답에 대한 근거가 전혀 명시되지 않았다.

일차부등식

문 제

상 중 하

30점 만점의 수학 수행평가에서 같은 점수를 받은 학생들이 많이 발생하였다. 영희는 수학 수행평가의 점수가 10점대인데 영희와 같은 점수를 받은 학생이 4명 더 있다. 그리고 철수의 점수는 20점대인데 철수와 같은 점수를 받은 학생은 6명 더 있다고 한다. 이때 영희, 철수를 포함하여 수행평가 점수가 같은 12명의 성적을 모두 합하니 212점이다. 단, (조건 1) 수행평가 점수는 자연수이다.

영희와 철수의 점수는 각각 몇 점인지 구하고 과정을 제시하고 만약 (조건 1)이 없다면 어떤 문제점이 발생하는지 논리적으로 설명하시오.

핵심개념 방정식, 부등식

해 설 문제를 해결하기 위해 적절하게 미지수를 설정하고 방정식과 부등식을 세운 후, 수행평가의 점수가 자연수라는 조건을 이용하여 해결할 수 있다.

선생님 TIP

방정식과 부등식의 개념을 연결한 문제이므로 학생들의 개념형성에 도움을 줄 수 있습니다. 또한, 10점대의 점수와 20점대의 점수를 미지수로 표현하는 과정에서 전체를 미지수로 놓는 경우와 $10+x$, $10+y$로 일의 자리만 놓는 경우로 분류할 수 있습니다. 이때 미지수를 세운 근거를 논리적으로 설명한 경우의 풀이에 점수를 부여할 수 있습니다. 방정식을 세운 뒤, 방정식의 근을 직접 대입하여 답을 구한 경우에는 논리적인 설명이 부족하므로 감점을 할 수 있습니다.

풀 이 영희의 점수를 $10+x\,(0 \le x \le 9)$, 철수의 점수를 $20+y\,(0 \le y \le 9)$라고 놓자. 그러면 $5(10+x)+7(20+y)=212$가 된다. 이 식을 간단히 하면 $5x+7y=22$이다. 또한 이 식을 y에 대해 정리하면 $y=\dfrac{22-5x}{7}$가 되는데

$$0 \le \frac{22-5y}{7} \le 9$$

$$0 \le 22 - 5y \le 63$$
$$-22 \le -5y < 41$$
$$-\frac{41}{5} \le y \le \frac{22}{5}$$

이고 $0 \le y \le 9$이므로 $y = 0, 1, 2, 3$ 또는 4이다. 수행평가 점수가 자연수라고 했으므로 식 $5x + 7y = 22$를 만족하는 y값은 1이며 $x = 3$이다. 즉, 영희의 점수는 13점, 철수의 점수는 21점이다. 만약 (조건 1)이 없다면 $5x + 7y = 22$를 만족하는 x, y값이 너무 많아져 답을 구할 수가 없게 된다.

다른 풀이 영희의 점수를 $x\,(10 \le x < 20)$, 철수의 점수를 $y\,(20 \le y < 30)$으로 놓아도 좋다. 그러면 $5x + 7y = 212$이고 $10 \le x = \frac{212 - 7y}{5} < 30$을 풀면 $\frac{62}{7} < y \le \frac{162}{7}$가 되고 $y = 20, 21, 22$ 또는 23이다. 수행평가 점수가 자연수이므로 식 $5x + 7y = 212$를 만족시키는 두 미지수의 값은 $x = 13, y = 21$이다.
만약 (조건 1)이 없다면 $5x + 7y = 212$를 만족하는 x, y값이 너무 많아져 답을 구할 수가 없게 된다.

채점기준

채점기준	세부기준	점수
• 영희의 점수 $10 + x\,(0 \le x \le 9)$와 철수의 점수 $20 + y\,(0 \le y \le 9)$를 미지수를 사용하여 표현했다. • 영희와 철수를 포함한 12명의 총점을 이용한 식 $5x + 7y = 23$을 세웠다. • 두 미지수 사이의 관계식을 한 문자로 정리하고 주어진 조건을 활용하여 부등식을 세우고 답을 정확히 구했다. • (조건 1)이 없을 경우 만족하는 해가 무수히 많아짐을 언급했다. • 전반적으로 글쓰기가 논리적이고 오류가 없다.	• 논리적으로 다르게 푼 풀이도 맞으면 점수를 부여한다.	4
• 영희의 점수 $10 + x\,(0 \le x \le 9)$와 철수의 점수 $20 + y\,(0 \le y \le 9)$를 미지수를 사용하여 표현했다. • 영희와 철수를 포함한 12명의 총점을 이용한 식 $5x + 7y = 23$을 세웠다.	• 자연수라는 조건을 대입하여 문제를 해결하였으나 논리적인 설명이 부족하다.	3

• 두 미지수 사이의 관계식을 한 문자로 정리하고 주어진 조건을 활용하여 부등식을 세우고 답을 구했다. • 문제에서 의도하는 답을 구했으나 계산 과정에서 생략이 있고 논리적인 설명이 미흡하다.	• 단순한 연산 실수는 했지만 판단 근거가 명확한 것을 포함한다.	
• 영희의 점수와 철수의 점수를 미지수를 사용하여 표현했다. • 영희와 철수를 포함한 12명의 총점을 이용한 식을 세웠다. • 두 미지수 사이의 관계식을 이용하여 문제 조건에 맞는 부등식을 세우지 못하였다. 또는 부등식을 올바르게 세우지 못하였다.		2
• 문제의 내용을 이해했다. • 문제해결을 위해 수학적으로 노력한 흔적은 보이나 그 방법이 적절하지 못하다.		1
• 문제의 조건들을 단순히 옮겨 적었거나 아무것도 적지 않았다.		0

채점예시

*

4점

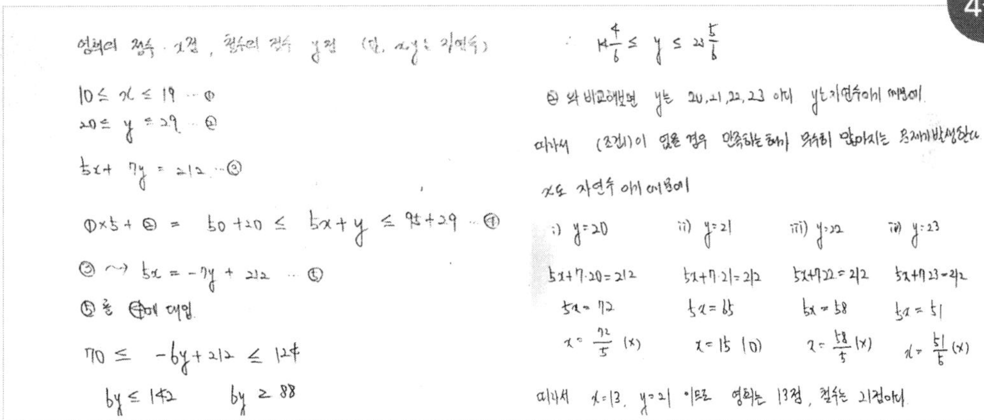
영희의 점수 x점, 철수의 점수 y점 (단, x, y는 자연수)

$10 \le x \le 19$ … ①

$20 \le y \le 29$ … ②

$5x + 7y = 212$ … ③

①×5 + ② = $50+20 \le 5x+y \le 95+29$ … ④

③ → $5x = -7y + 212$ … ⑤

⑤를 ④에 대입

$70 \le -6y + 212 \le 124$

$6y \le 142$ $6y \ge 88$

∴ $14\frac{4}{6} \le y \le 23\frac{5}{6}$

② 와 비교해보면 y는 20, 21, 22, 23 이다 y는 자연수이기 때문에.

따라서 (조건1)이 없을 경우 만족하는 해가 무수히 많아지는 문제가 발생한다

x도 자연수 이기 때문에

i) $y=20$ ii) $y=21$ iii) $y=22$ iv) $y=23$

$5x+7\cdot20=212$ $5x+7\cdot21=212$ $5x+7\cdot22=212$ $5x+7\cdot23=212$

$5x=72$ $5x=65$ $5x=58$ $5x=51$

$x=\frac{72}{5}$ (×) $x=15$ (○) $x=\frac{58}{5}$ (×) $x=\frac{51}{5}$ (×)

따라서 $x=13$, $y=21$ 이므로 영희는 13점, 철수는 21점이다

채점근거

영희의 점수와 철수의 점수를 미지수를 사용하여 표현하였고, 12명의 총점을 이용한 식을 세웠다. 또한, 두 미지수 사이의 관계식을 한 문자로 정리하고 주어진 조건을 활용하여 부등식을 세운 뒤 답을 구하였다. 전반적으로 글쓰기가 논리적이고 오류가 없다.

* 문항 수정으로 인하여 예상 답안을 수록함. (본 검사의 학생의 기존 답안을 참고 및 추가하여 예상 답안을 작성함.)

3점

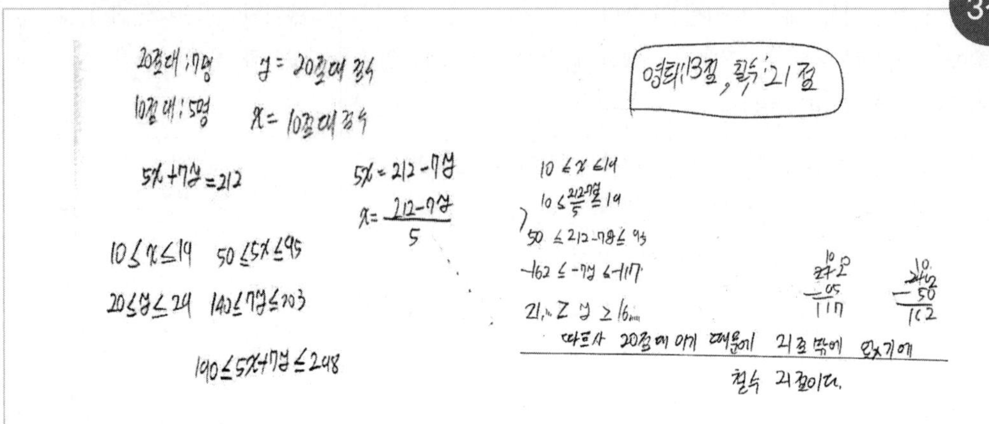

채점근거

영희의 점수와 철수의 점수를 미지수를 사용하여 표현하였고, 12명의 총점을 이용한 식을 세웠다. 또한, 두 미지수 사이의 관계식을 한 문자로 정리하고 주어진 조건을 활용하여 부등식을 세운 뒤 답을 구하였다. 하지만 철수의 점수를 예측할 때, 철수가 21점뿐이라는 것은 근거가 불충분하다.

2점

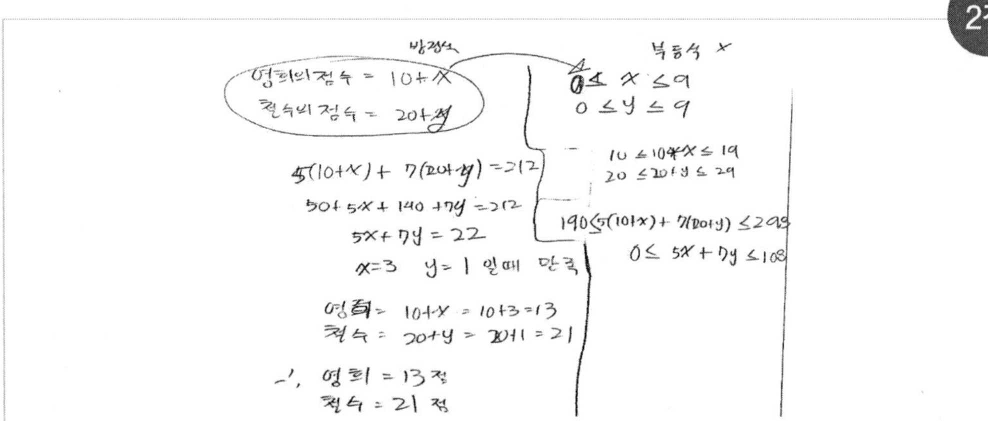

채점근거

영희의 점수와 철수의 점수를 미지수를 사용하여 표현하였고, 12명의 총점을 이용한 식을 세웠다. 하지만 한 문자로 정리하지 못하고 바로 값을 직관적으로 대입하여 계산하였다.

1점

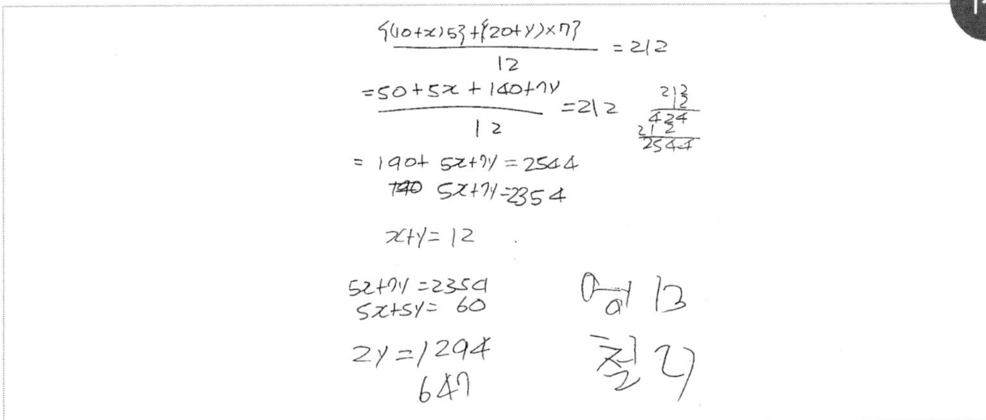

채점근거

문제의 내용을 이해하고 해결하려 노력하였지만 그 방법이 적절하지 못하다.

0점

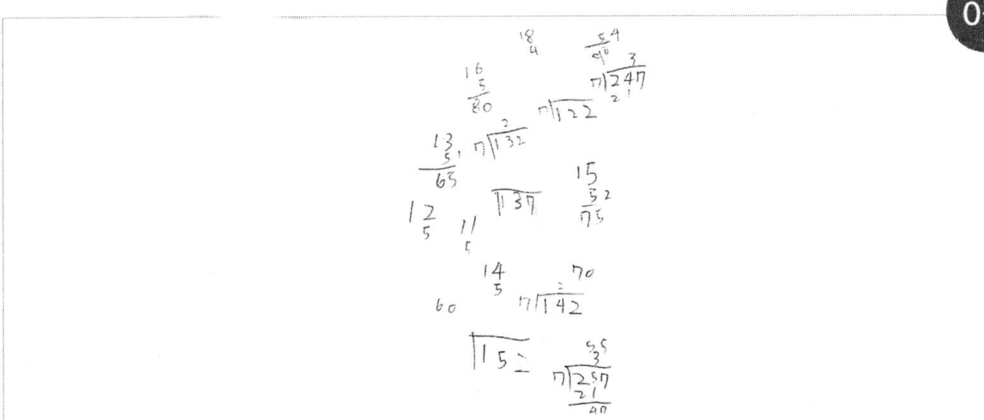

채점근거

풀이에 대한 계산식만 적혀있고 답만 제시되어 있다. 문제의 내용을 이해하지 못하였다.

연립방정식

문 제 (상 **중** 하)

철수는 0에서 9까지로 이루어진 학급 자물쇠의 네 자리 비밀번호를 설정한 후 힌트 세 가지를 주고 학급친구들에게 풀어보게 하였다. (단, 같은 숫자를 모두 사용할 수는 없다.)
(힌트 1) 1717처럼 비밀번호 앞의 두 자리가 뒤의 두 자리에서도 반복된다.
(힌트 2) 비밀번호의 네 자리 수는 3의 배수이다.
(힌트 3) (   )
A : 맨 앞 자릿수는 그 다음 자릿수의 세 배이다.
B : 비밀번호의 네 자리 수는 4의 배수이다.

이때 영희가 한 번에 자물쇠의 비밀번호를 찾아냈다. 영희가 사용한 (힌트3)이 A와 B 중 어떤 것인지 논리적으로 설명하시오.

핵심개념 방정식

해 설 문제에서 주어진 힌트를 방정식으로 표현하고 그 방정식을 풀어서 문제에서 주어진 조건에 맞는 답을 선택할 수 있다.

선생님 TIP

실제로 자물쇠를 사용한 협동 수업을 하면, 학생들의 참여와 흥미 유발에 도움을 주며, 힌트를 통해 학생들은 게임을 한다는 생각으로 수업에 참여하게 됩니다. 그리고 네 자리 비밀번호의 모든 자리가 같은 경우(0000)를 주의하여 문제를 해결한 학생들에게 점수를 부여하며, 그렇지 못한 경우 감점할 수 있습니다.

풀 이 (힌트 3)으로 A를 선택한 경우

비밀번호 네 자리 숫자는 첫 번째 힌트에 의하여 $xyxy$ 형태도 놓을 수 있다.
두 번째 힌트는 3의 배수이므로 각 자리의 숫자의 합이 3의 배수가 되어야 한다.
따라서 연립방정식으로 표현하면

$$\begin{cases} 2x+2y=3\text{의 배수} - \text{두 번째 힌트} \\ x=3y \qquad\qquad\quad - \text{세 번째 힌트} \end{cases}$$ 라고 할 수 있다.

$2x+2y=3, 6, 9, 12, 15, 18\cdots$ 이지만 x, y 10 미만의 자연수와 0이므로 ($0 \le x$, $y \le 9$)

$2x+2y$가 될 수 있는 것은 0, 6, 12, 18, 24 $\cdots$이다. 여기서 $x+y$는 0, 3, 6, 9, 12, 15, 18만 가능하다. 마지막 힌트인 맨 앞자리 수는 그 다음 자릿수의 3배라는 것 때문에 $x+y=3y+y=4y$가 되어 다시 0, 3, 6, 9, 12, 15, 18 중에서 4의 배수가 되어야 한다. 만일 $4y=0$이라면 $y=0, x=0$이 되고 이는 문제에서 주어진 조건에 적합하지 않다. 따라서 $4y=12$, $y=3$이고 $x=9$가 된다. 즉, 구하고자 하는 비밀번호 9393을 한 번에 구할 수 있다.

(힌트 3)으로 B를 선택한 경우
$x+y$는 0, 3, 6, 9, 12, 15, 18까지는 구할 수 있지만 비밀번호가 될 수 있는 것은 1212, 2424, 3636, 4848로 4가지가 가능하므로 한 번에 구하기가 힘들다.

따라서 (힌트 3)으로 A를 선택하는 것이 한 번에 비밀번호를 알아낼 수 있는 방법이다.

채점기준

채점기준	세부기준	점수
• 문제에서 주어진 (힌트 3)을 A로 선택하고 조건을 이용하여 $\begin{cases} 2x+2y=3\text{의 배수} \\ x=3y \end{cases}$ 로 표현했다. • 세 개의 수식을 이용하여 비밀번호를 찾는 풀이과정을 제시했고 비밀번호가 맞았다. • 비밀번호가 0000이 될 수 없는 이유도 밝혔다. • (힌트 3)으로 B를 선택했을 경우 1212, 2424, 3636, 4848의 4가지 경우가 나옴을 설명했다. • 전반적으로 글쓰기가 논리적이고 오류가 없다.	• 논리적으로 다르게 푼 풀이도 맞으면 점수를 부여한다.	4
• 문제에서 주어진 (힌트 3)을 A로 선택하고 조건을 이용하여 수식으로 표현했다.	• 비밀번호가 0000이 될 수 없는 이유를 밝히지는 못했다.	3

• 세 개의 수식을 이용하여 비밀번호를 찾는 풀이과정을 제시했다. • (힌트 3)으로 B를 선택했을 경우에 대한 설명이 미흡하다. • 문제에서 의도하는 답을 구했으나 계산 과정에서 생략이 있고 논리적인 설명이 미흡하다.	• 단순한 연산 실수는 했지만 판단 근거가 명확한 것을 포함한다.	
• 문제에서 주어진 힌트들을 수식으로 표현했다. • 세 개의 수식을 이용하여 문제를 해결하려는 흔적이 있다.		2
• 문제의 내용을 이해했다. • 문제해결을 위해 수학적으로 노력한 흔적은 보이나 그 방법이 적절하지 못하다.		1
• 문제의 조건들을 단순히 옮겨 적었거나 아무것도 적지 않았다.		0

채점예시

4점 *

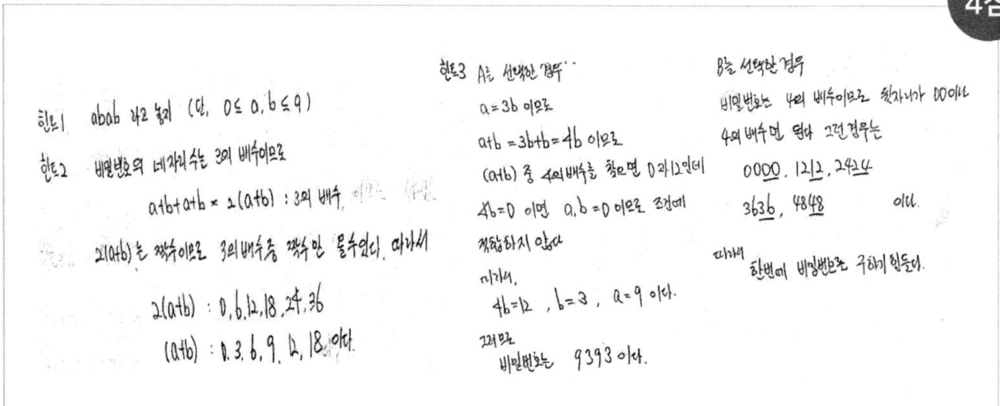
힌트1 abab 라고 놓자 (단, 0≤a,b≤9)
힌트2 비밀번호의 네자리 수는 3의 배수이므로
a+b+a+b = 2(a+b) : 3의 배수
2(a+b)는 짝수이므로 3의배수중 짝수만 올수있다. 따라서
2(a+b) : 0, 6, 12, 18, 24, 36
(a+b) : 0, 3, 6, 9, 12, 18 이다.
힌트3 A를 선택한 경우
a=3b 이므로
a+b = 3b+b = 4b 이므로
(a+b) 중 4의배수를 찾으면 0과 12인데
4b=0 이면 a, b=0 이므로 조건에 적합하지 않다
따라서,
4b=12, b=3, a=9 이다.
그러므로
비밀번호는 9393 이다.
B를 선택한 경우
비밀번호는 4의 배수이므로 뒷자리가 00이나 4의 배수면 된다 그런경우는
0000, 1212, 2424, 3636, 4848 이다.
따라서 한번에 비밀번호를 구하기 힘들다.

채점근거

문제에서 주어진 세 개의 힌트를 수식으로 표현하였고, 이를 이용한 풀이과정을 제시하였다. 또한 비밀번호가 0000이 될 수 없는 이유를 제시하였다.

* 문항 수정으로 인하여 예상 답안을 수록함. (본 검사의 학생의 기존 답안을 참고 및 추가하여 예상 답안을 작성함.)

3점

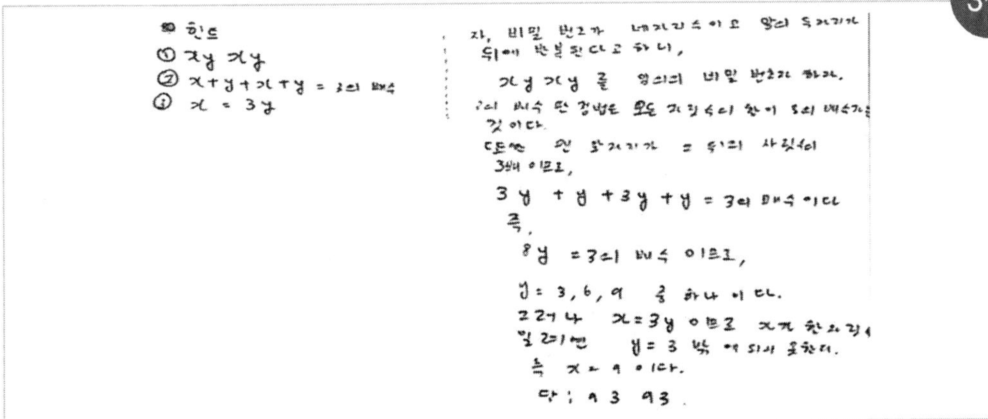
힌트
① xyxy
② x+y+x+y = 3의 배수
③ x = 3y

자, 비밀 번호가 네자리수이고 앞의 두자리가 뒤에 반복된다고 하니,
xyxy 를 영희의 비밀 번호라 하자.
3의 배수 판정법은 모든 자리수의 합이 3의 배수가 될 것이다.
또한 앞 두자리가 = 뒤의 자릿수의 3배 이므로,
3y + y + 3y + y = 3의 배수 이다
즉,
8y = 3의 배수 이므로,
y = 3, 6, 9 중 하나 이다.
그러나 x = 3y 이므로 x가 한자리 일려면 y = 3 밖에 되지 못한다.
즉 x = 9 이다.
답 : 9393.

채점근거

문제에서 주어진 세 개의 힌트를 수식으로 표현하였고, 이를 이용한 풀이과정을 제시하였다. 하지만 비밀번호가 0000이 될 수 없는 이유를 제시하지 못하였다.

2점

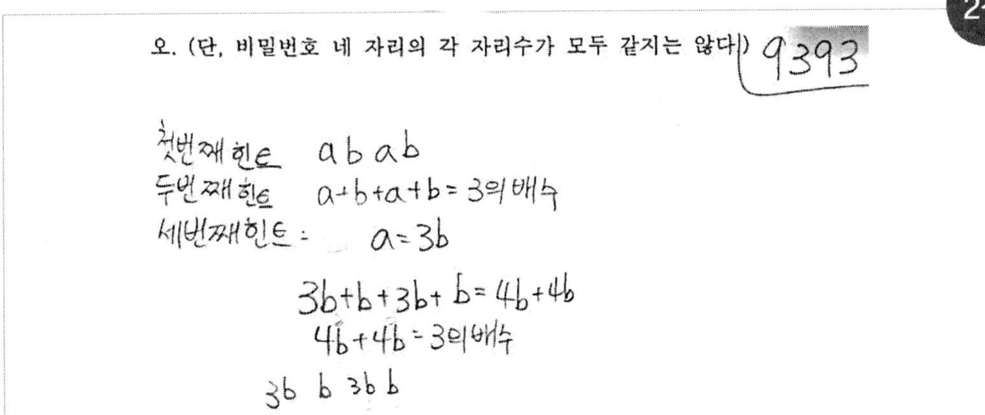
오. (단, 비밀번호 네 자리의 각 자리수가 모두 같지는 않다) 9393

첫번째 힌트 abab
두번째 힌트 a+b+a+b = 3의 배수
세번째 힌트 : a=3b
3b+b+3b+b = 4b+4b
4b+4b = 3의 배수
3b b 3b b

채점근거

문제에서 주어진 세 개의 힌트를 수식으로 표현하였고, 이를 이용하여 해결하려고 노력하였다. 정답을 구하는 과정이 생략되었다.

1점

x y x y = 영희

112 = 2x+2y = 3의 배수

x=3y

9393

채점근거

문제의 내용을 이해하였다. 수학적으로 노력한 흔적이 보이지만 주어지지 않은 조건(각 자릿수의 합은 112이다.)을 이용하여 문제를 해결하였다.

0점

□□□□

i) 두자리가 반복이된다.

ii) 네자리수가 3의배수

iii) 3a, a

모든조건을 만족하는 수 → 9393

채점근거

문제의 조건들을 단순히 옮겨 적었다. 그리고 이를 이용한 해결 과정이 전혀 보이지 않는다.

일차방정식의 활용

문제 상 중 하

대기의 온도는 지면에서 멀어질수록 낮아진다. 실제로 지면으로부터 1km 멀어질 때마다 6.5℃씩 낮아진다고 한다. 순물질인 증류수의 어는점은 0℃이다. 그러나 증류수에 소금을 넣을수록 혼합물인 소금물의 어는점은 순물질인 증류수의 어는점보다 낮아진다.
증류수에 소금을 혼합하여 어는점이 -13℃인 소금물을 만들었다. 이 소금물과 증류수를 각각 컵에 담아 온도가 13℃인 지면과 수직으로 250m/(분)의 속도로 올라가는 헬륨가스 풍선에 매달아 올렸다. 소금물과 증류수가 얼기 시작하기까지 걸리는 시간의 차이가 얼마인지를 구하고 이유를 논리적으로 설명하시오.

핵심개념 연립방정식

해 석 기온을 구하는 식을 세울 수 있고 이 식을 활용하여 걸리는 시간을 논리적으로 구할 수 있다.

선생님 TIP

온도가 다른 두 지점을 설정하여 학생들이 판단하고 근거를 논리적으로 설명하도록 할 수 있습니다. 물과 증류수의 어는점을 이용하여 각각의 시간을 구한 뒤, 이를 비교하여 답을 구한 경우와 처음부터 각각의 어는점 차이를 이용하여 구한 경우가 있습니다. 근거가 타당하고 설명이 논리적이라면 풀이를 인정하지만 미흡하다면 감점이 필요합니다. 또한 수식을 사용하지 않고 각 단계를 직접 그려서 규칙을 찾은 경우, 근거가 명확해야 풀이를 인정할 수 있습니다.

풀 이 (1) 미지수를 지면으로부터 수직으로 떨어진 곳의 높이로 둔 경우
지면으로부터 수직으로 $x$km 떨어진 곳의 기온은 $(13-6.5x)$℃이다.
증류수가 얼기 시작하기까지 걸리는 시간을 구해보자.
증류수의 어는점이 0℃이므로 방정식 $13-6.5x=0$의 해를 구하면 $x=2$이고 지면으로부터 올라가는 속도가 250m/(분)이므로 증류수가 얼기까지 걸리는 시

간은 $\frac{2\,\text{km}}{250\,\text{m}} = 8$분이다.

어는점이 -13℃ 인 소금물이 얼기까지 걸리는 시간을 구해보자.

위와 같이 방정식 $13 - 6.5x = -13$의 해를 구하면 $x = 4$이고 지면으로부터 올라가는 속도가 $250\,\text{m}/$(분)이므로 소금물이 얼기까지 걸리는 시간은 $\frac{4\,\text{km}}{250\,\text{m}} = 16$분이다.

따라서 소금물이 얼기까지 걸리는 시간은 증류수가 얼기까지 걸리는 시간보다 8분 더 걸린다.

(2) 미지수를 시간으로 둔 경우

y분 후 지면으로부터 $0.25y\,\text{km}$ 떨어진 지점의 온도는 $13 - 6.5 \times 0.25y$ ℃이다. 증류수가 얼기까지 걸리는 시간은 $13 - 6.5 \times 0.25y = 0$이므로 $y = 8$(분)이고 소금물이 얼기까지 걸리는 시간은 $13 - 6.5 \times 0.25y = -13$이므로 $y = 16$(분)이다. 즉, 8분의 차이가 난다.

다른 풀이 증류수가 얼기 시작하는 지점의 높이와 소금물이 얼기 시작하는 지점의 높이 차가 $2\,\text{km}$이고 두 액체가 지면으로부터 올라가는 속도가 $250\,\text{m}/$(분)이므로 $\frac{2\,\text{km}}{250\,\text{m}} = 8$분이라고 답할 수도 있다.

채점기준

채점기준	세부기준	점수
• 지면에서 수직으로 $x$km 떨어진 곳의 기온을 구하는 식($(13-6.5x)$℃)을 구했다. 또는 y분 후 지면에서 $0.25y$km 떨어진 지점의 온도를 구하는 식($13-6.5\times0.25y$℃)을 구했다. • 구한 식과 증류수, 소금물의 어는점의 온도를 이용하여 두 액체가 각각 얼기 시작하는 곳의 높이 또는 얼기까지 걸리는 시간을 구했다. • 계산에 오류가 없다. • 전반적으로 글쓰기가 논리적이고 오류가 없다.		4
• 지면에서 수직으로 $x$km 떨어진 곳의 기온을 구하는 식($(13-6.5x)$℃)을 구했다. 또는 y분 후 지면에서 $0.25y$km 떨어진 지점의 온도를 구하는 식($13-6.5\times0.25y$℃)을 구했다. • 구한 식과 증류수, 소금물의 어는점의 온도를 이용하여 두 액체가 각각 얼기 시작하는 곳의 높이 또는 얼기까지 걸리는 시간을 구했다. • 문제에서 의도하는 답을 구했으나 계산 과정에서 생략이 있고 논리적인 설명이 미흡하다.	• 단순한 연산 실수는 했지만 판단 근거가 명확한 것을 포함한다.	3
• 지면에서 수직으로 $x$km 떨어진 곳의 기온을 구하는 식($(13-6.5x)$℃)을 구했다. 또는 y분 후 지면으로부터 $0.25y$km 떨어진 지점의 온도를 구하는 식($13-6.5\times0.25y$℃)을 구했다. • 구한 식과 증류수, 소금물의 어는점의 온도를 이용하여 두 액체가 각각 얼기 시작하는 곳의 높이 또는 얼기까지 걸리는 시간을 구했다.		2
• 문제의 내용을 이해했다. • 문제해결을 위해 수학적으로 노력한 흔적은 보이나 그 방법이 적절하지 못하다.		1
• 문제의 조건들을 단순히 옮겨 적었거나 아무것도 적지 않았다.		0

채점예시

4점

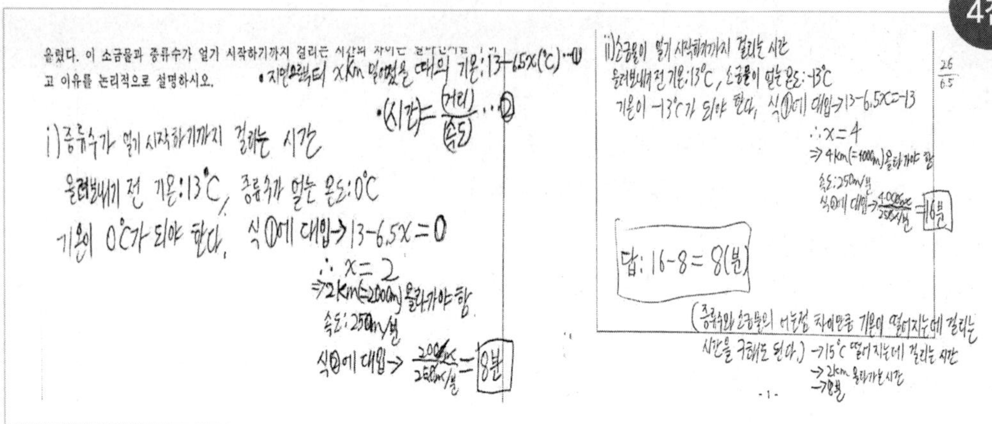

채점근거

지면으로부터 떨어진 곳의 기온을 구하는 식을 세우고, 이를 이용하여 각각의 어는점 시간을 구하였다. 계산에 오류가 없으며 글쓰기가 논리적이다.

3점

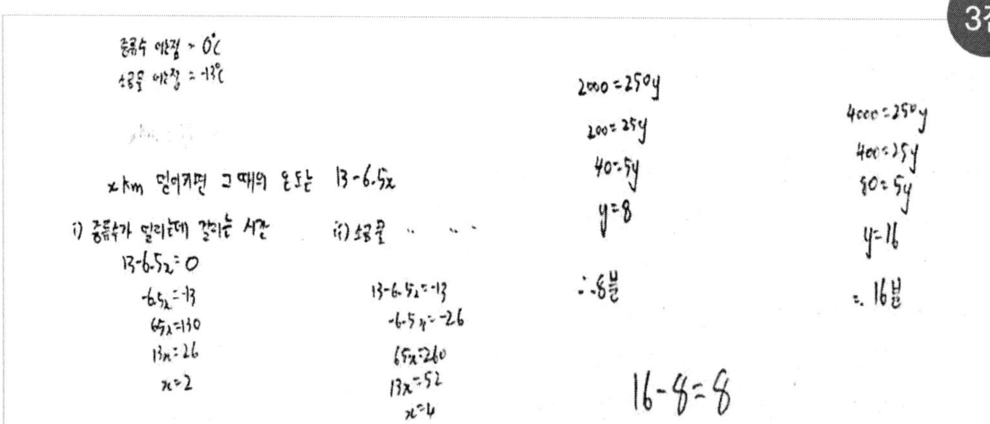

채점근거

지면으로부터 떨어진 곳의 기온을 구하는 식을 세우고, 이를 이용하여 각각의 어는점 시간을 구하였다. 계산에 오류가 없지만 y에 대한 설명이 전혀 없이 수식을 이용하여 계산하였다.

2점

4분마다 1km
증유수
13°→ 0
낮아져야 하는 온도=13°C
$6.5y = 13°$ $y, x = km$
$y = 2$
$2 \times 4 = 8$
8분

4분마다 1km
소금물
우선 13°→ -13°가 되려면
-13   0   13
$|13| + |-13| = 26$
$6.5 \times x = 26$
$x = 4$
$4 \times 4 = 16$
16분

채점근거

낮아져야 하는 온도를 구하고, 이를 이용하여 각각의 어는점 시간을 구하였다. 하지만 시간 차에 대한 설명이 없다.

1점

13°에서 -13°까지 갈려면 26°가 걸린다.
$26 \div 6.5 = 4$
4km를 올라가야 한다.
1km에 4분이 걸리므로
16분이 걸린다.

채점근거

문제해결을 위해 수학적으로 노력하였지만 문제에서 원하는 시간차를 구하지 못하였다.

0점

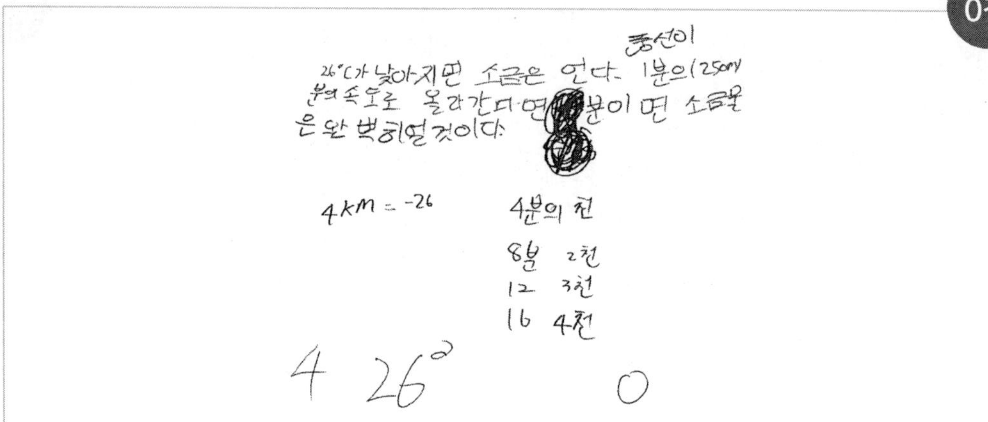
26°C가 낮아지면 소금은 언다. 풍선이 1분의 250m/분의 속도로 올라간다면 8분이면 소금물은 완벽히 얼것이다.

4km = -26

4분의 천

8분 2천

12 3천

16 4천

4 26° 0

채점근거

문제의 조건을 옮겨 적었다. 하지만 이를 이용하여 아무런 결과를 얻지 못하였다.

03 | 함수

일차함수의 활용

문제 (상) (중) (하)

현재 A가게의 월 매출액은 500만원이고 B가게의 월 매출액은 300만원이다. B가게의 월 매출액이 3만원 증가하면 A가게의 월 매출액은 2만원 증가한다고 한다. 이런 추세가 계속된다고 할 때, B가게의 월 매출액이 얼마일 때부터 A가게의 월 매출액보다 많아지는지 주어진 B가게의 월 매출액을 x, A가게의 월 매출액을 y로 놓고 일차함수 $y=x$를 이용하여 논리적으로 설명하시오.

핵심개념 일차함수

해설 두 가게의 월 매출액 사이의 관계식을 찾고 그 함수의 그래프와 함수 $y=x$의 그래프의 교점을 구하여 B가게의 월 매출액이 A가게의 월 매출액을 초과하는 시점을 구할 수 있다.

선생님 TIP

B가게의 월 매출액을 x, A가게의 월 매출액을 y라고 하는 조건을 제외한다면 학생들이 다양한 방법으로 문제를 해결할 수 있습니다. 또한, 정확한 값을 구한 경우(903만원)와 초과(900만원 초과)한 경우로 나누었을 때, 적절한 근거와 이유를 제시하였다면 두 가지 경우 모두 정답으로 인정할 수 있습니다.

풀이 주어진 B가게의 월 매출액을 x, A가게의 월 매출액을 y라고 한다면 두 가게의 월 매출액 관계를 일차함수 그래프를 이용해 나타낼 수 있다. 두 가게의 월 매출액 증가 비율이 $\frac{2}{3}$이고 A가게의 월 매출액이 500만원일 때, B가게의 월 매출액이 300만원이므로 일차함수는 기울기가 $\frac{2}{3}$이고 (300, 500)이라는 점을 지나는 것을 알 수 있다. 따라서 $y=\frac{2}{3}x+b$의 형태인데 점 (300, 500)을 지나므로 $y=\frac{2}{3}x+300$이다.

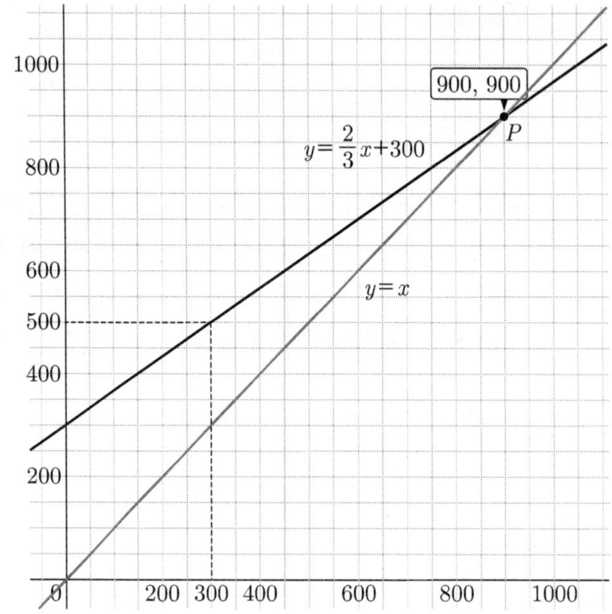

그림에서 $y=x$라는 그래프가 A가게와 B가게의 월 매출액이 같을 때를 표시하는 직선이므로 점 P에서부터 B가게의 월 매출액이 A가게의 월 매출액을 추월한다. 따라서 교점의 x좌표가 구하는 답이 된다.

$x=\frac{2}{3}x+300$이므로 $x=900$이다.

따라서 B가게의 월 매출액이 903만원이 되면서부터 A가게의 월 매출액을 추월하기 시작하는 것이다.

채점기준

채점기준	세부기준	점수
• 문제의 내용을 이해했으며, 두 가게의 월 매출액을 일차함수로 표현했다. • $y=x$라는 직선의 의미를 이해하고 두 함수의 교점의 좌표를 구했다. • B가게의 월 매출액이 많아지기 시작하는 정확한 금액을 구했다. • 문제를 해결하기 위해 논리적으로 계산하였으며 그 이유가 타당하다. • 전반적으로 글쓰기가 논리적이고 오류가 없다.	• 900만원 초과라고 답한 것도 인정한다.	4
• 문제의 내용을 이해했으며, 두 가게의 월 매출액을 일차함수로 표현했다. • $y=x$라는 직선의 의미를 이해하고 두 함수의 교점의 좌표를 구했다. • B가게의 월 매출액이 많아지기 시작하는 정확한 금액을 구하지 못했다. • 문제에서 의도하는 답을 구했으나 계산 과정에서 생략이 있고 논리적인 설명이 미흡하다.	• 단순한 연산 실수는 했지만 판단 근거가 명확한 것을 포함한다.	3
• 문제의 내용을 이해하였으며, 두 가게의 월 매출액을 일차함수로 표현했다. • $y=x$라는 직선의 의미를 이해하지 못했다. • B가게의 월 매출액이 많아지기 시작하는 정확한 금액을 구하지 못했다. • 타당한 근거를 제시하지 못했다.		2
• 문제의 내용을 이해했다. • 문제해결을 위해 수학적으로 노력한 흔적은 보이나 그 방법이 적절하지 못하다.		1
• 문제의 조건들을 단순히 옮겨 적었거나 아무것도 적지 않았다.		0

채점예시

4점[**]

B가게의 매출액 x, A가게의 매출액 y 이다

$y=x$를 이용하기 위해 x의 y의 관계를 알아보자.

A가게의 월 매출액 500 → 502 → 504 … 이런추세가 계속된다.

B가게의 월 매출액 300 → 303 → 306

(단위 : 만원)

따라서 두가게의 매출액 증가율은 $\frac{2}{3}$ 이다. 이를 일차함수로 나타낸다면

$y=\frac{2}{3}x+b$ 이다. A가게 매출액이 500 만원이고, B 가게 매출액이 300만원 이므로 (300, 500)을 지난다. 따라서 $500=\frac{2}{3}\times300+b$

$b=300$ 이다. $y=\frac{2}{3}x+300$.

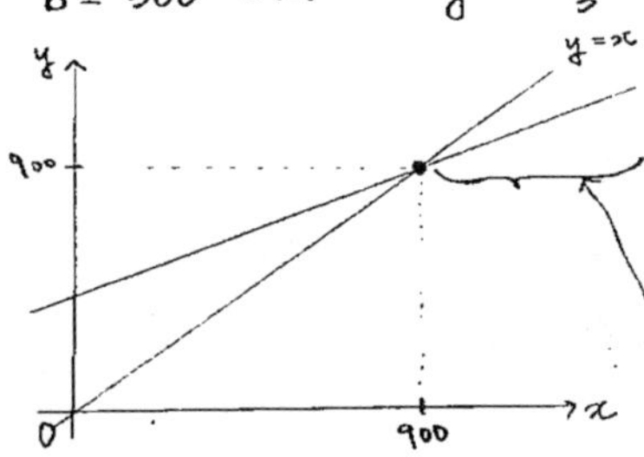

$y=x$ 그래프와 비교하여 두 가게의 매출액이 같아질 때를 찾는다

$y=\frac{2}{3}x+300$

$x=\frac{2}{3}x+300$

$\frac{1}{3}x=300$, $x=900$, $y=900$.

따라서 B 가게의 매출액이 900만원 초과일 때 A 가게 매출액을 추월한다.
(혹은 903만원)

채점근거

두 가게의 월 매출액의 관계를 정확히 이해하여 일차함수로 표현하였고 두 함수의 교점의 좌표를 구하였다. B가게의 월 매출액이 많아지기 시작하는 정확한 금액을 구하였으며 그 이유가 타당하다. 전반적으로 글쓰기가 논리적이고 오류가 없다.

** 학생들 답안 중 해당 점수에 속하는 답안이 존재하지 않아 예상 답안을 수록함

3점 **

B가게 매출액이 3만원 증가 → A가게 매출액이 2만원 증가 이므로
(x) (y)

일차함수의 기울기는 $\frac{2}{3}$

따라서 $y = \frac{2}{3}x + □$. 500만원과 300만원을 각각 대입하면 □는 300

그러므로 $y = \frac{2}{3}x + 300$ 이다

x와 y가 같아지는 곳을 찾기위해 y 대신 x를 대입하면 그때 x는 900이다.

따라서 y도 900.

그러므로 x가 900보다 크면 y는 900보다 작다.

채점근거

두 가게의 월 매출액을 일차함수로 표현하였고 두 함수의 교점의 좌표를 구하였다. 하지만 논리적인 설명이 미흡하고 계산 과정의 생략이 많으며 정확한 금액을 구하지 못하였다.

** 학생들 답안 중 해당 점수에 속하는 답안이 존재하지 않아 예상 답안을 수록함

2점

$y=500+2x$ ... ①

$y=300+3x$ ... ②

①, ②를 비교하여 $300+3x > 500+2x$로 식을 세울수있다

$\Rightarrow x>200$

그렇다면 $200 \times 3 = 600$ 즉, 600만원 초과부터 A가게보다 매출액이 높아진다.

채점근거

$y=x$라는 직선의 의미를 이해하지 못하여 두 가게의 월 매출액을 각각의 일차함수로 표현하였다. 또한 B가게의 월 매출액이 많아지기 시작하는 정확한 금액을 구하지 못하였으며 월 매출액이 높아지는 지점을 잘못 구하였다.

1점

y=x를 이용하여 구하고 논리적으로 설명하시오. x=월

A가게 월 매출액

y=5000000+20000x

B가게 월 매출액 20000) 5000000

y=3000000+30000x

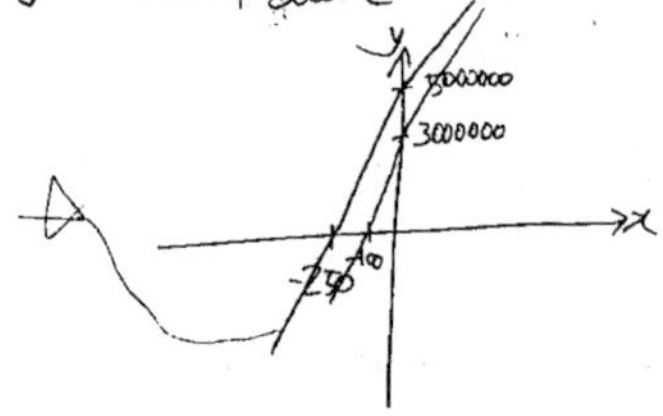

채점근거

수학적인 노력으로 두 가게의 월 매출액을 각각의 일차함수로 표현하였다.

0점

A가게의 월매출액은 500만원, B가게의 월매출액은 300만원.

그때 B가게에서 매출액을 3만원 증가시키면 A가게에서는 2만원을 증가시킨다고한다. B가게의 매출액이 얼마를 할때 A가게의 매출액보다 많아질까면 우선 A가게의 매출을 따라잡으려면 A가게 증가한 매출액보다 두배를 올리면 A가게의 매출액보다 더높게 나올것이다. 하지만 그렇게하면 물건의 값을 ~~20~~,3이-5,6천원 정도 인상시켜야한다.

채점근거

수학적인 노력 없이 문제의 주어진 조건을 그대로 기록하였다.

일차함수의 활용

문 제 (상 중 하)

요골의 길이를 이용하여 그 사람의 키를 예측할 수 있다. 팔을 팔꿈치를 기준으로 2부분으로 나누었을 때, 팔꿈치 아랫부분을 요골이라고 한다. 사람의 키를 y라 하고 그 사람의 요골의 길이를 x라고 할 때, 남자는 $y=80.4+3.65x$라는 관계식이 성립하고 여자는 $y=73.5+3.87x$라는 관계식이 성립한다고 한다. 그렇다면 요골이 남자의 것인지 여자의 것인지 모르더라도 그 사람의 키를 예측할 수 있는 요골의 길이는 얼마인지 구하고 논리적으로 설명하시오.

핵심개념 일차함수

해 설 문제 상황을 이해하고 일차함수를 이용하여 논리적으로 설명할 수 있다.

선생님 TIP

활동 수업(예: 자신의 키를 이용하여 각자의 요골의 길이를 구하시오.)을 통해 학생들의 흥미를 유발할 수 있습니다. 주어진 일차함수를 이용하여 방정식을 세워 각각의 x, y값을 구할 때, 대입법과 가감법을 사용하여 구할 수 있습니다. 논리적인 설명을 통해 방법을 선택하여 값을 구하였다면 풀이를 인정합니다. 또한, 일차 방정식과 일차 함수와의 연결을 학생들이 파악할 수 있는지 살펴볼 수 있습니다.

풀 이 요골이 남자의 것인지 여자의 것인지 모르더라도 그 사람의 키를 예측할 수 있다는 말은 남자의 키와 요골, 여자의 키와 요골에 대한 어떤 관계식에 대입해도 키가 같은 요골의 길이를 구하면 된다. 그러므로 남자의 키를 예측하는 식인 $y=80.4+3.65x$과 여자의 키를 예측하는 식인 $y=73.5+3.88x$의 y값이 같아지는 x를 구하면 된다.

$80.4+3.65x=73.5+3.88x$

$0.23x=6.9$

$\therefore x=30$

따라서 요골의 길이가 30cm이면 남자와 여자의 구분 없이 키를 예측할 수 있다.

채점기준

채점기준	세부기준	점수
• 식 $80.4+3.65x=73.5+3.88x$을 세웠으며 이에 대한 근거를 제시했다. • 문제에서 요구하는 요골의 길이를 정확하게 계산했다. • 계산 과정에 대한 근거를 논리적으로 매끄럽게 설명했다. • 전반적으로 글쓰기가 논리적이고 오류가 없다.	• 두 식을 연립방정식의 가감법을 이용하여 문제를 해결한 경우를 포한한다.	4
• 식 $80.4+3.65x=73.5+3.88x$을 세웠으며 이에 대한 근거를 제시했다. • 계산 과정에 대한 근거제시에서 약간의 오류가 있다. • 문제에서 의도하는 답을 구했으나 계산 과정에서 생략이 있고 논리적인 설명이 미흡하다.	• 단순한 연산 실수는 했지만 판단 근거가 명확한 것을 포함한다.	3
• 식 $80.4+3.65x=73.5+3.88x$을 세웠다. • 요골의 길이를 정확하게 구하지 못했다. • 계산 과정에 대한 근거가 제시되지 않았다. • 글쓰기가 논리적이지 못하다.		2
• 문제의 내용을 이해했다. • 문제해결을 위해 수학적으로 노력한 흔적은 보이나 그 방법이 적절하지 못하다.		1
• 문제의 조건들을 단순히 옮겨 적었거나 아무것도 적지 않았다.		0

채점예시

4점

(남자) $y = 80.4 + 3.65x$
(여자) $y = 73.5 + 3.88x$

요골이 남자인 것인지 여자의 것인지 모르더라도 그 사람의 키를 예측한다는 것은 남녀의 요골 그래프의 교점을 구하는 것과 같다.

$80.4 + 3.65x = 73.5 + 3.88x$

$0.23x = 6.9$ $\quad$ $23x = 690$

$\therefore x = 30$

따라서, 요골의 길이가 30일 때 남녀 구별 없이 키를 구할 수 있다.

채점근거

근거와 함께 문제 상황에 대한 식을 세워 요골의 길이를 구했다. 계산 과정에 대한 근거를 논리적으로 제시했으며 글쓰기도 오류가 없다.

3점

남자는 $y=80.4+3.65x$

여자는 $y=73.5+3.88x$

남자나 여자인지 몰라도 되는 사람의 키는 두 그래프의 연장선의 교점이라고 할 수 있다.

두 그래프의 교점을 구하려면 두 식의 연립방정식을 풀면 된다.

$y=80.4+3.65x$
남: $y-3.65x=80.4$
$10y-36.5x=804$

여: $y=73.5+3.88x$
$y-3.88x=73.5$
$10y-38.8x=735$

$10y-36.5x=804$
$10y-38.8x=735$

$2.3x=69$

$x=30$ cm
$y=189.9$ cm

189.9 cm

채점근거

근거와 함께 문제 상황에 대한 식을 세워 요골의 길이를 구했다. 계산 과정에 대한 근거를 논리적으로 제시하였지만 미흡하며 요골의 길이보다 남자와 여자가 같을 때의 키를 구하였다.

2점

$x = \frac{345}{12}$

$y = 80.4 + 3.65x$

$y = 73.5 + 3.88x$

$80.4 + 3.65x = 73.5 + 3.88x$

$= 6.9 = 0.24x$

$= 690 = 24x$

$= 345 = 12x$

$x = \frac{345}{12}$ 요골의 길이

채점근거

논리적인 근거 없이 문제 상황에 대한 식을 세워 요골의 길이를 구했다. 계산 과정에서 오류가 있어 요골의 정확한 길이를 구하지 못했다.

1점

(남자의 키를 알 수 있는 식과 여자의 키를 알 수 있는 식의 평균)

$= \frac{(80.4 + 3.65x) + (73.5 + 3.88x)}{2} = \frac{153.9 + 7.53x}{2}$

= (요골이 남자의 것인지 여자의 것인지 몰라도 그 사람의 키를 알 수 있는 식)

채점근거

문제의 내용을 이해하지 못하였으며 계산 과정에 대한 근거가 제시되어 있지 않으며 방법이 적절하지 않다.

0점

관계식이 성립한다고 한다. 그렇다면 요골이 남자의 것
사람의 키를 예측할 수 있는 요골의 길이는 얼마인지

$73.5+3.88x \le y \le 80.4+3.65x$

채점근거

문제의 주어진 조건을 단순히 옮겨 적었고 더 이상 풀이를 진행하지 못하였다.

일차함수의 활용

문 제 (상) (중) (하)

현재 A도시의 인구가 B도시 인구의 2배이다. 최근 A도시의 인구는 매년 1만 5천 명씩 증가하고 B도시의 인구는 매년 2만 명씩 증가하고 있다. 이와 같은 추세가 계속된다면 언젠가는 B도시의 인구가 A도시보다 더 많아질 것이다. 그 이유를 일차함수 그래프를 사용하여 논리적으로 설명하시오.

핵심개념 일차함수

해 설 문제 상황을 일차함수로 나타낼 수 있고 논리적으로 설명할 수 있다.

선생님 TIP

일차함수 그래프 이외의 다양한 표현 방법을 함께 생각해 볼 수 있습니다. 표를 통해 규칙성을 찾아볼 수 있으며, 직접 대입하여 계산할 수도 있을 것입니다. 또한, 학생들이 함수 그래프를 그릴 때, 현재의 시점을 0으로 생각하고 그리는 경우가 많습니다. 이 경우 문제에서 요구하는 것은 B도시의 인구가 많아지는 이유를 그래프를 통해 설명하는 것이므로 설명이 논리적이라면 풀이를 인정할 수 있습니다.

풀 이 기간을 x값으로 두고 인구를 y라고 하면 다음과 같이 두 도시의 인구 증가를 일차함수 그래프로 나타낼 수 있다.
평행하지 않은 두 직선은 언젠가 만나게 되고 B도시의 인구 증가 기울기가 A도시의 인구 일정 기간에 대한 인구수의 변화율보다 크므로 언젠가는 만나는 점부터 B도시의 인구가 많아지는 것이다.

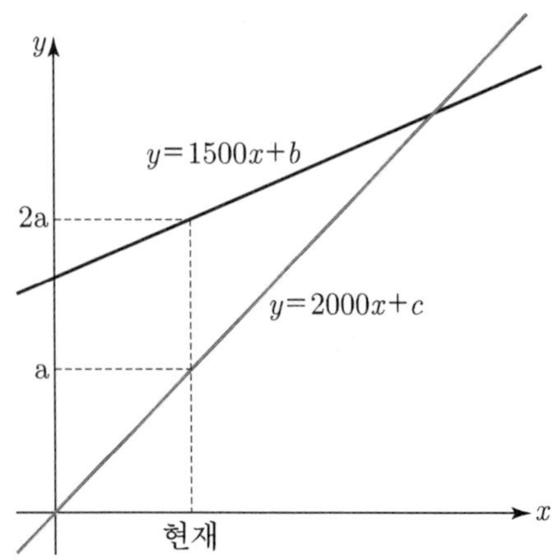

채점기준

채점기준	세부기준	점수
• 문제의 내용을 이해하였으며, 두 도시의 인구 증가를 일차함수로 표현했다. • 두 함수의 기울기가 다르므로 언젠가 만나고 만나는 교점이 두 도시의 인구가 같아지는 점임을 설명했다. • 문제를 해결하기 위해 논리적으로 서술하였으며, 그 이유가 타당하다. • 전반적으로 글쓰기가 논리적이고 오류가 없다.		4
• 문제의 내용을 이해하였으며, 두 도시의 인구 증가를 일차함수로 표현했다. • 일차함수의 기울기를 이용하여 설명하지 못했다. • 문제에서 의도하는 답을 구했으나 계산 과정에서 생략이 있고 논리적인 설명이 미흡하다.	• 단순한 연산 실수는 했지만 판단 근거가 명확한 것을 포함한다.	3
• 문제의 내용을 이해하였으며, 두 도시의 인구 증가를 일차함수로 표현하였지만 자신의 판단을 전개하지 못했다. • 문제를 해결하기 위한 설명이 논리적이지 못하다.		2
• 문제의 내용을 이해했다. • 문제해결을 위해 수학적으로 노력한 흔적은 보이나 그 방법이 적절하지 못하다.		1
• 문제의 조건들을 단순히 옮겨 적었거나 아무것도 적지 않았다.		0

채점예시

4점

현재. A도시 인구수를 2m, B도시 인구 수를 m으로 놓자. (m은 양의 정수)

매년 A도시 인구는 15000명씩 증가,

B도시 인구는 20000명씩 증가한다.

현재로 부터 지난 연의 수를 x라고 하자. (x는 음이 아닌 정수)

x년 후 A의 인구수 $= 2m + 15000x$ 가 된다.

x년 후 B의 인구수 $= m + 20000x$ 가 된다.

이는 함수로 나타낼 수 있다.

A의 경우 $y = 15000x + 2m$,

B의 경우 $y = 20000x + m$

두 직선은 기울기가 다르므로 언젠가 한 점에서 만난다.

예)

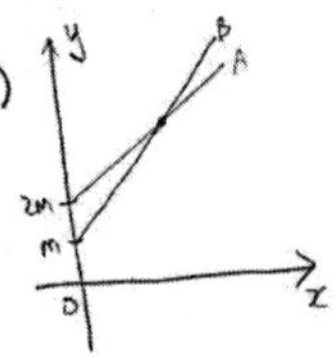

B의 증가량이 A보다 더 크다.

따라서 두 직선이 한 점에서 만난 후 B의 값이 그 지점에서 부터 A 값을 앞지를 것이다.

∴ m의 값 (처음 시작한 인구 수)과 관계 없이 어느 시점에 B도시 인구 수가 A도시 인구 수를 넘을 것이다.

채점근거

문제의 내용을 이해하였으며, 두 도시의 인구 증가를 일차함수로 표현하였다. 글쓰기가 논리적이고 기울기가 다르다는 논리를 사용하여 타당한 근거를 제시하였다.

3점

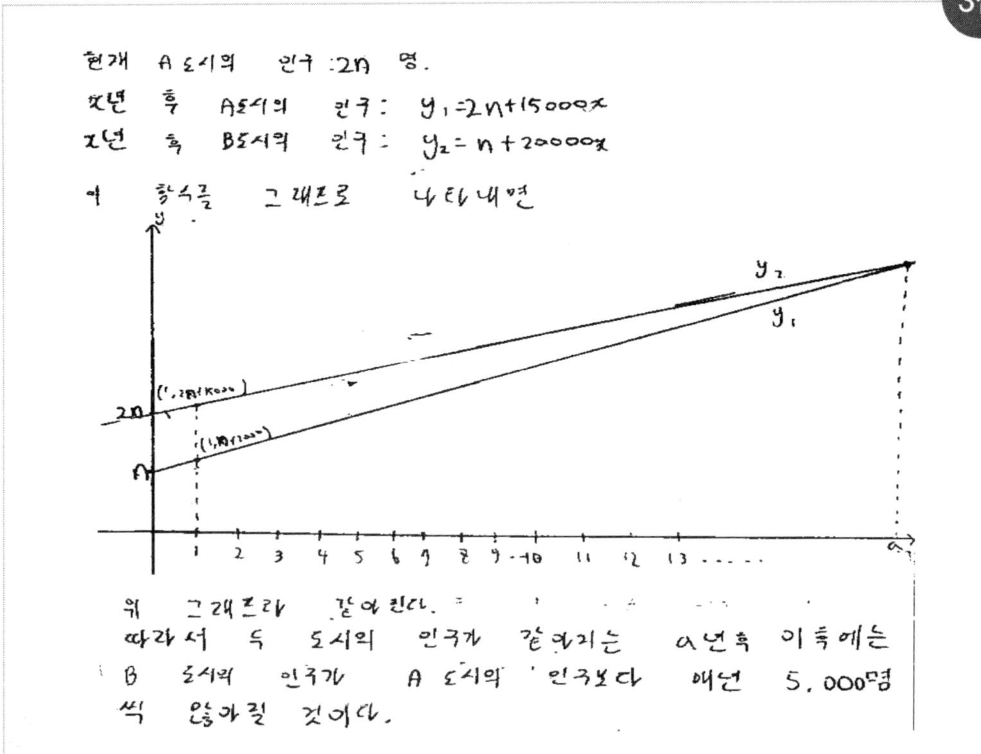

현재 A 도시의 인구 : 2n 명.
x년 후 A도시의 인구 : $y_1=2n+15000x$
x년 후 B도시의 인구 : $y_2=n+20000x$
이 함수를 그래프로 나타내면

위 그래프와 같아진다.
따라서 두 도시의 인구가 같아지는 a년 후 이후에는 B 도시의 인구가 A 도시의 인구보다 매년 5,000명씩 앞질러질 것이다.

채점근거

문제의 내용을 이해하였으며, 두 도시의 인구 증가를 일차함수로 표현하였다. 하지만 기울기가 다르다는 논리를 사용하지 못하였고 글쓰기가 논리적이지 못하다.

2점

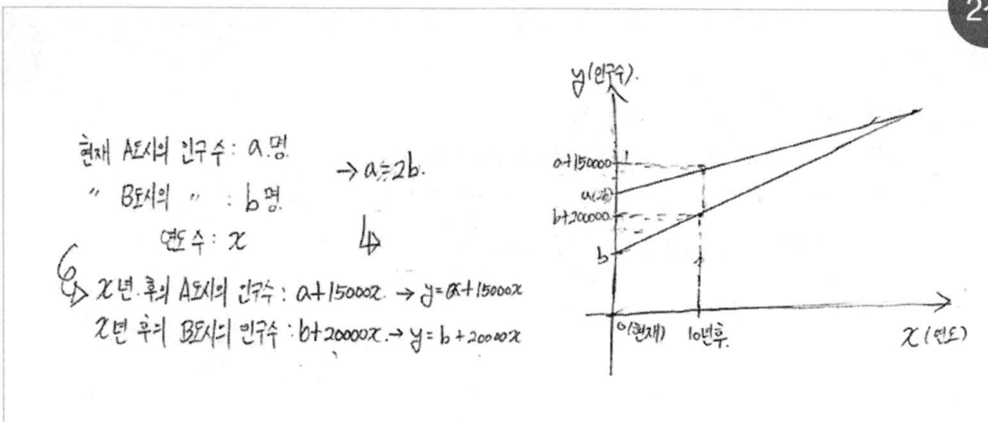

채점근거

문제의 내용을 이해하였으며, 두 도시의 인구 증가를 일차함수로 표현하였다. 하지만 더 이상 자신의 판단을 진행하지 못하였다.

1점

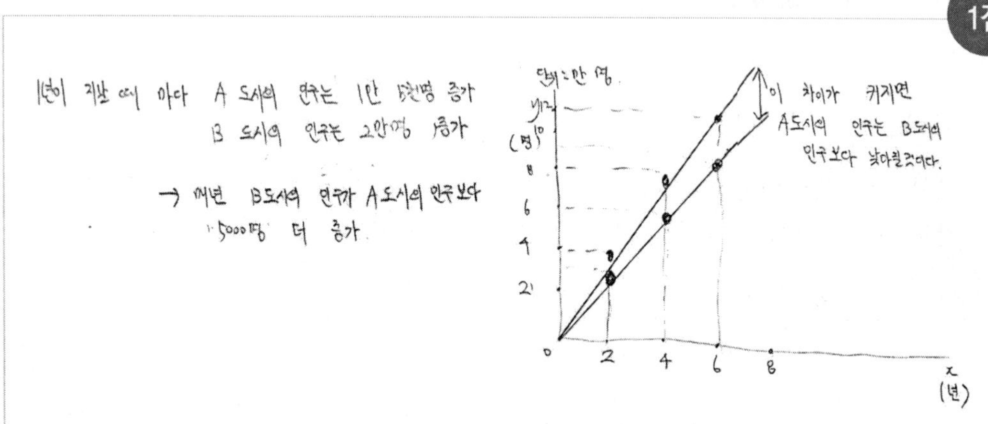

채점근거

문제의 내용을 이해하고 노력한 흔적은 보이나 일차함수를 잘못 구하였다.

0점

A도시 : $2y=15000x$ ⇒ A도시 : $y=7500x$

B도시 : $y=20000x$ ⇒ B도시 : $y=20000x$

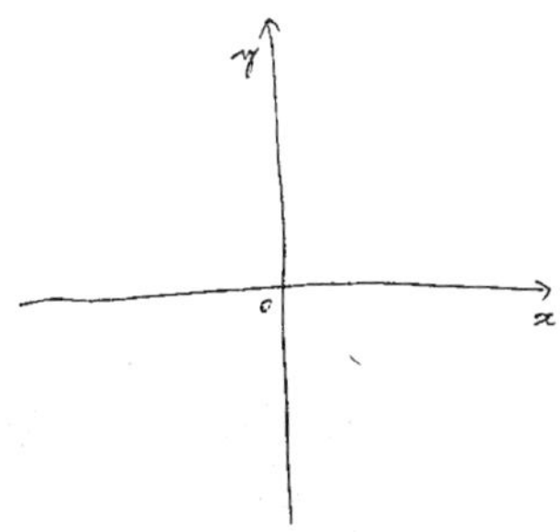

채점근거

문제의 조건들을 옮겼으나 잘못된 방법으로 제시하였다.

04 | 확률과 통계

확률의 계산

문 제 (상) (중) (하)

어버이날 부모님과 함께 공원에 갔더니 2단계로 구성된 게임을 하여 당첨제비가 나오면 부모님께 효도 선물을 드리는 이벤트가 진행 중이었다. 1단계는 동전이나 주사위를 선택하여 동전의 앞면이 나오거나 주사위를 던져 3의 배수 이외의 눈이 나오면 2단계에서는 파란색 주머니에서 제비를 뽑아야하고 1단계에서 동전의 뒷면이 나오거나 주사위를 던져 3의 배수의 눈이 나오면 노란색 주머니에서 제비를 뽑는 이벤트이다. 파란색 주머니에는 5개의 제비 중 3개가 당첨제비이고 노란색 주머니는 5개의 제비 중 2개가 당첨제비이다. 1단계에서 동전과 주사위 중 어느 것에 도전하는 것이 당첨확률을 높일 수 있는지 선택하고 이유를 논리적으로 설명하시오.

핵심개념 확률, 확률의 계산

해 설 확률을 이용하여 자신의 판단과 그 이유를 논리적으로 설명할 수 있다.

선생님 TIP

처음 학생들이 위의 문제를 접하면 복잡하게 주어진 조건으로 인해 많은 어려움을 느낄 것입니다. 단계별로 정리하여 문제를 제시한다면, 학생들의 이해를 도울 수 있을 것입니다. 또한, 확률의 곱셈공식과 덧셈 공식을 정확히 이해하여 사용하는지 점검할 수 있습니다.

*동전 또는 주사위 대신 윷을 사용하면 난이도를 높일 수 있습니다.

풀 이 1단계에서 동전에 도전할 경우

첫 번째, 만약 동전의 앞면이 나오고 파란색 주머니에서 뽑았을 경우는 당첨확률이

$\frac{1}{2}\times\frac{3}{5}=\frac{3}{10}$ 이며

두 번째, 만약 동전의 뒷면이 나오고 노란색 주머니에서 뽑았을 경우는 당첨확률이 $\frac{1}{2}\times\frac{2}{5}=\frac{2}{10}$ 이다. 따라서 1단계에서 동전을 선택하여 도전하면 당첨확률은 $\frac{3}{10}+\frac{2}{10}=\frac{1}{2}$ 이다.

1단계에서 주사위에 도전할 경우

첫 번째, 만약 주사위를 던져 3의 배수 이외의 눈이 나오고 파란색 주머니에서 뽑았을 경우는 당첨확률이 $\frac{2}{3}\times\frac{3}{5}=\frac{6}{15}$ 이며

두 번째, 만약 주사위를 던져 3의 배수의 눈이 나오고 노란색 주머니에서 뽑았을 경우는 당첨확률이 $\frac{1}{3}\times\frac{2}{5}=\frac{2}{15}$ 이다. 따라서 1단계에서 주사위를 선택하여 도전하면 당첨확률은 $\frac{6}{15}+\frac{2}{15}=\frac{8}{15}$ 이다.

따라서 $\frac{1}{2}<\frac{8}{15}$ 이므로 1단계에서 주사위를 선택하여 도전하는 것이 당첨확률이 높다.

채점기준

채점기준	세부기준	점수
• 문제의 내용을 이해하였으며, 주사위와 동전을 선택한 경우의 수를 나누어 확률을 각각 구했다. • 구한 확률이 모두 정확하다. • 문제를 해결하기 위해 논리적으로 설명하였으며, 그 이유가 타당하다. • 전반적으로 글쓰기가 매끄럽고 논리적으로 오류가 없다.		4
• 문제의 내용을 이해하였으며, 주사위와 동전을 선택한 경우의 수를 나누어 확률을 각각 구했다. • 문제를 해결하기 위해 논리적으로 설명하였으나, 그 이유가 부족하다. • 문제에서 의도하는 답을 구했으나 계산 과정에서 생략이 있고 논리적 설명이 미흡하다.	• 단순한 연산 실수는 했지만 판단 근거가 명확한 것은 포함한다.	3
• 문제의 내용을 이해하였으나 부분적인 확률만 계산했다. • 확률의 곱셈공식과 덧셈 공식을 사용하지 못했다. • 기본적인 확률만 계산했다. • 문제를 해결하기 위해 계산하였으나 논리성과 타당성이 떨어진다.	• 주사위가 동전보다 파란색 주머니를 선택할 확률이 직관적으로 동전과 주사위를 선택하여 설명한 것도 포함한다.	2
• 문제의 내용을 이해했다. • 문제해결을 위해 수학적으로 노력한 흔적이 보이나 그 방법이 적절하지 못하다.		1
• 문제의 조건들을 단순히 옮겨 적었거나 아무것도 적지 않았다.		0

채점예시

4점*

주사위와 동전을 선택할수 있으므로 각각의 경우를 나누어 확률을 구해보자

당첨확률.

x. 파란색 $\frac{3}{5}$

노란색 $\frac{2}{5}$

i) 주사위

- 3의 배수 이외의 눈 (파란색) ①
- 3의 배수의 눈 (노란색) ②

ii) 동전

- 앞면 (파란색) ③
- 뒷면 (노란색) ④

① $\frac{4}{6} \times \frac{3}{5} = \frac{6}{15}$ (1, 2, 4, 5 6개중 4개) 파란색

② $\frac{2}{6} \times \frac{2}{5} = \frac{2}{15}$ (3, 6) 노란색

③ $\frac{1}{2} \times \frac{3}{5} = \frac{3}{10}$ 동전 앞 파란색

④ $\frac{1}{2} \times \frac{2}{5} = \frac{1}{5}$ 동전 뒤 노란색

주사위를 선택했을때 당첨될 확률은

①+② $= \frac{6}{15} + \frac{2}{15} = \frac{8}{15} = \frac{16}{30}$

동전을 선택했을 때 당첨될 확률은

③+④ $= \frac{3}{10} + \frac{1}{5} = \frac{5}{10} = \frac{1}{2} = \frac{15}{30}$

따라서 주사위를 선택하여 도전하는 것이 당첨확률이 높다. $\left(\frac{16}{30} > \frac{15}{30}\right)$

채점근거

문제의 내용을 이해하였으며, 주사위와 동전의 경우를 나누어 각각의 확률을 구하였다. 문제를 해결하기 위해 논리적으로 계산하였으며, 그 이유가 타당하고 전반적으로 글쓰기가 매끄럽고 논리적으로 오류가 없다.

* 문항 수정으로 인하여 예상 답안을 수록함. (본 검사의 학생의 기존 답안을 참고 및 추가하여 예상 답안을 작성함.)

3점 *

주사위 < 3의배수 x: $\frac{4}{6}\times\frac{3}{5}=\frac{6}{15}$ / 3의배수 O: $\frac{2}{6}\times\frac{2}{5}=\frac{2}{15}$ > $\frac{6}{15}+\frac{2}{15}=\frac{8}{15}$ 이다

동전 < 앞: $\frac{1}{2}\times\frac{3}{5}=\frac{3}{10}$ / 뒤: $\frac{1}{2}\times\frac{2}{5}+\frac{1}{5}$ > $\frac{3}{10}+\frac{1}{5}=\frac{1}{2}$ 이다

따라서 둘을 비교해보면 주사위를 선택해야 한다

채점근거

문제의 내용을 이해하였으며, 경우의 수를 나누어 확률을 각각 구하였다. 하지만 구한 확률의 이유가 타당하지 못하며 설명 및 근거가 부족하다. 계산 과정의 생략이 심하다.

* 문항 수정으로 인하여 예상 답안을 수록함.

2점 *

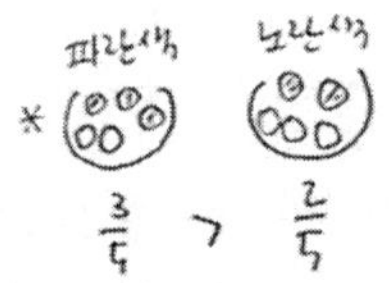

주사위를 이용하였을 때 파란색주머니가 나올확률 $\frac{4}{6}=\frac{2}{3}$

동전을 이용하였을 때 파란색주머니가 나올확률 $\frac{1}{2}$ 이므로

당첨확률이 높은 파란색 주머니가 나올확률은 주사위가 더 높다. 따라서 주사위.

채점근거

확률의 곱셈공식과 덧셈 공식을 사용하지 못하였고, 부분적인 확률만 구하였다. 주사위가 동전보다 파란색 주머니를 선택할 확률이 높다는 판단으로 문제의 답을 결정하였다.

* 문항 수정으로 인하여 예상 답안을 수록함.

1점 *

동전을 선택한다 동전은 확률이 50% 이므로 주사위보다 확률이 높다 주머니를 선택하기 전에 동전과 주사위를 선택해야 하므로 동전을 먼저 선택해야 할것이다

채점근거

문제의 내용을 이해하였고 학생의 사고과정을 어느 정도 엿볼 수 있었지만 잘못된 방법으로 판단을 내렸다.

* 문항 수정으로 인하여 예상 답안을 수록함.

0점 *

2의 배수 3. 6
3의 배수 x 1. 2, 4. 5

동전 앞 $\frac{1}{2}$
동전 뒤 $\frac{1}{2}$

채점근거

그림으로 문제의 조건들을 단순히 옮겨 적었거나 아무것도 적지 않았다.

* 문항 수정으로 인하여 예상 답안을 수록함.

확률의 계산

문제 (상 중 하)

한 예능 프로그램에서 소개되었던 '복불복 코너'는 많은 재미를 주었다. 복불복(福不福)이란 '복(福)이거나 복이 아니거나'라는 말을 의미한다.
그렇다면 복불복 게임에 참여할 때, 참여하는 순서에 따라 확률은 어떻게 달라지는 걸까? 가령 속이 보이지 않고 겉모습은 똑같은 세 개의 상자 안에 하나는 무료영화 표, 다른 두 개에는 아무것도 없는 상태에서 선영이와 미정이가 복불복으로 하나씩 고르기로 하였다. 먼저 선영이가 고르고 나머지 두 개 중에서 미정이가 고르려고 한다. 영화 표가 들어있는 상자를 고를 확률이 누가 더 높은지 논리적으로 설명하시오.

핵심개념 확률, 확률의 계산

해설 실제 생활에서 일어날 수 있는 문제 상황을 확률을 이용하여 판단할 수 있다.

선생님 TIP

복불복 게임에 참여하는 인원수를 늘리면 난이도를 '상'으로 조절할 수 있습니다. 또한, 이 문제는 주머니에 색이 다른 공을 꺼내는 비복원추출과도 유사하므로 관련 문제로 출제 가능합니다. 채점 시 선영이가 고른 경우와 고르지 못한 경우를 나누어 논리적으로 자세히 설명한다면 추가점수를 줄 수 있습니다.

풀이 세 개의 상자 중에 영화 표가 한 상자에 들어있으므로 선영이가 영화 표를 고를 확률은 $\frac{1}{3}$이다.
미정이가 영화 표를 고르는 사건은 선영이가 영화 표를 고르지 못하고 미정이가 영화 표를 고르는 사건이 연속적으로 발생하면 된다. 여기서 처음 선영이가 영화 표를 고르지 못하면 미정이가 영화 표를 고를 확률은 나머지 두 개의 상자 중 하나를 고르면 되므로 $\frac{1}{2}$이다.

따라서 선영이가 영화 표를 고르지 못할 확률 $\frac{2}{3}$와 바로 이어서 미정이가 영화 표를 고를 확률인 $\frac{1}{2}$이 곱해지면 된다.

따라서 미정이가 영화 표를 고를 확률도 $\frac{2}{3}\times\frac{1}{2}=\frac{1}{3}$이므로 선영이와 동일하다.

채점기준

<table>
<tr><th>채점기준</th><th>세부기준</th><th>점수</th></tr>
<tr><td>• 선영이와 미정이의 게임 순서를 고려하여 각 사람이 영화 표가 있는 상자를 고를 확률을 정확히 구했다.
• 계산상의 실수가 없다.
• 두 사람의 확률은 같다고 답했다.
• 전반적으로 글쓰기가 매끄럽고 논리적으로 오류가 없다.</td><td></td><td>4</td></tr>
<tr><td>• 선영이와 미정이의 게임 순서를 고려하여 각 사람이 영화 표가 있는 상자를 고를 확률을 정확히 구했다.
• 두 사람의 확률은 같다고 답했다.
• 판단의 근거에 대한 설명이 불충분하다.
• 문제에서 의도하는 답을 구했지만 계산 과정에서 생략이 있고 논리적 설명이 미흡하다.</td><td>• 단순한 연산 실수는 했지만, 판단 근거가 명확한 것은 포함한다.</td><td>3</td></tr>
<tr><td>• 선영이와 미정이의 게임 순서를 모두 고려했다.
• 둘의 확률이 같다고 답했다.
• 판단 근거를 설명하지 않고 계산만 했다.</td><td></td><td>2</td></tr>
<tr><td>• 선영이의 확률만 정확히 답했다.
• 문제해결을 위해 수학적으로 노력한 흔적이 보이나 그 방법이 적절하지 못하다.</td><td></td><td>1</td></tr>
<tr><td>• 문제의 조건들을 단순히 옮겨 적었거나 아무것도 적지 않다.</td><td></td><td>0</td></tr>
</table>

채점예시

4점

선영: 3개 중의 1개를 고르는 것이므로 $\frac{1}{3}$ 이 된다

미정: ① 선영이가 티켓을 뽑았을 때: 티켓이 없으므로 확률은 0이다

② 〃 〃 뽑지 못했을 때: (선영이가 못뽑을 확률) ×(미정이가 뽑을 확률)

$\frac{2}{3} \times \frac{1}{2} = \frac{1}{3}$

$0 + \frac{1}{3} = \frac{1}{3}$

결국 영화티켓을 뽑을 확률은 둘이 같다.

채점근거

선영이가 영화 표를 고른 경우와 그렇지 않은 경우를 나누어 생각하였다. 선영이의 확률을 정확히 구하였고 계산상 실수가 없다. 또한, 두 사람의 확률이 같다고 답하였으며 게임의 순서를 고려하였고, 전반적으로 설명이 매끄럽다.

3점

확률은 같다.

선영이가 영화티켓을 뽑을 확률은 $\frac{1}{3}$이다

그리고 미정이가 영화티켓을 뽑을 확률은 $\frac{2}{3} \times \frac{1}{2} = \frac{1}{3}$ 이다

그러므로 선영이와 미정이가 영화 티켓을 뽑을 확률은

각각 $\frac{1}{3}$로 같다

채점근거

선영이의 확률을 정확히 구하였고, 선영이와 미정이의 게임 순서를 모두 고려하였지만, 선영이가 먼저 영화 표를 고른 경우를 고려하지 않았다.

2점

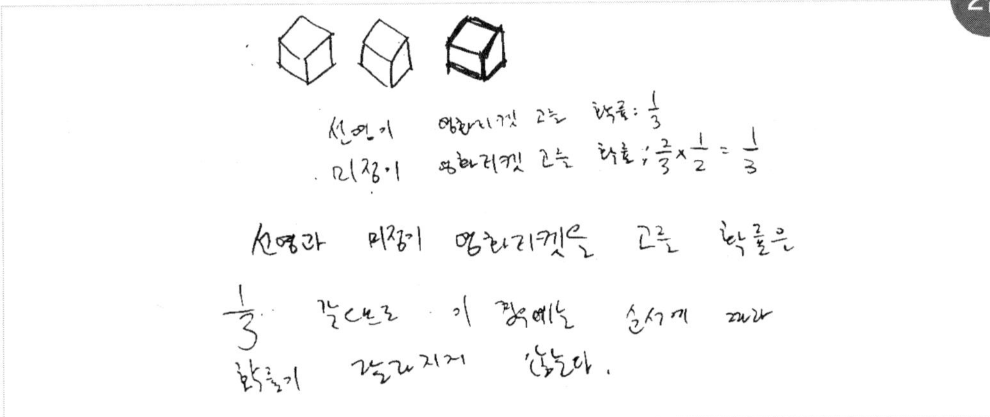

채점근거

선영이가 영화 표를 고른 경우와 그렇지 않은 경우를 나누어 생각하지 못하였다. 또한, 선영이와 미정이의 게임 순서를 고려하는 문제풀이를 하였지만 설명이 이를 뒷받침하지 못한다.

1점

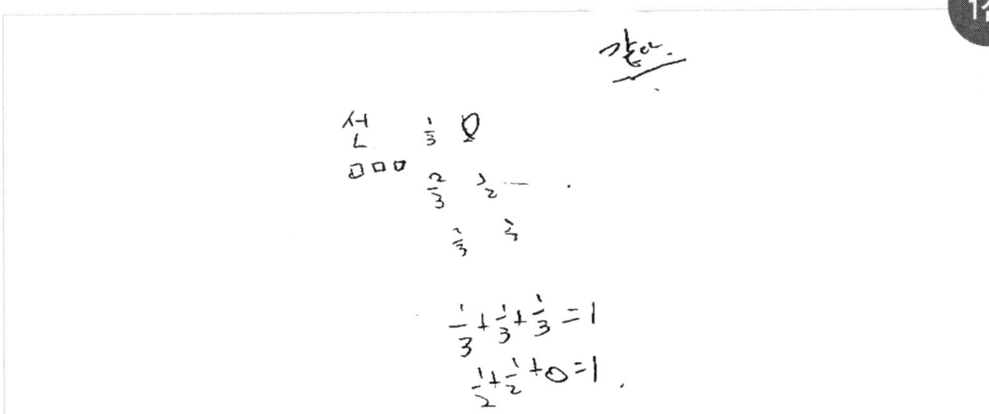

채점근거

선영이의 확률을 정확히 답하였고 구체적인 설명 없이 확률을 계산한 흔적이 있다.

0점

하였다. 먼저 선영이가 고르고 나머지 두 개 중에서 미정이가 고르려고 한다. 영화티
들어있는 상자를 고를 확률이 누가 더 높은지 논리적으로 설명하시오.

먼저 뽑는 선영이와 4중에 뽑는 미정이 4 확률이 같다

채점근거

문제에 대한 이해를 파악할 수 있는 근거가 전혀 제시되지 않았다.

확률의 계산

문 제 ㊤ ㊥ ㊦(하)

A, B, C 3명의 학생이 한 번의 가위 바위 보를 하여 이긴 사람에게만 아이스크림을 주고 비기면 아무에게도 주지 않는다고 한다. A학생이 아이스크림을 먹을 확률과 먹지 못할 확률 중 무엇이 더 큰지 판단하고 근거를 논리적으로 설명하시오.

핵심개념 확률, 확률의 계산

해 설 경우의 수와 확률을 이용하여 문제 상황을 해결하고 판단의 근거를 논리적으로 설명할 수 있다.

선생님 TIP

인원수를 증가시키면 난이도 '상'으로 변경 가능합니다. 인원수에 변화를 주거나 A만 먹는 경우, A만 못 먹는 경우 등 문제의 조건을 변형하여 난이도를 조절할 수 있습니다.

풀 이 우선 A, B, C 3명이 가위 바위 보를 할 때, 나올 수 있는 전체 경우의 수는 A가 3가지, B가 3가지, C가 3가지이므로 총 $3 \times 3 \times 3 = 27$가지이다.

그 중 A가 승리하는 경우는 아래와 같다.

〈표 1〉

	A	B	C	비고
1	가위	보	보	A혼자 승리
2	바위	가위	가위	
3	보	바위	바위	
4	가위	가위	보	A, B가 승리
5	바위	바위	가위	
6	보	보	바위	
7	가위	보	가위	A, C가 승리
8	바위	가위	바위	
9	보	바위	보	

따라서 아이스크림을 A가 먹을 경우의 수는 총 9가지이고, 아이스크림을 A가 먹지 못할 경우의 수는 18가지이다. 이를 통해 아이스크림을 A가 먹을 확률은 $\frac{9}{27}=\frac{1}{3}$이고 먹지 못할 확률은 $\frac{18}{27}=\frac{2}{3}$이므로 먹지 못할 확률이 더 크다.

채점기준

채점기준	세부기준	점수
• 문제를 이해하고 전체 경우의 수를 구했다. (A, B, C가 낼 수 있는 경우의 수는 각각 3가지이므로 $3\times3\times3=27$가지) • A가 승리하는 경우의 수를 모두 찾았다. • A가 아이스크림을 먹을 확률과 먹지 못할 확률을 정확히 구했다. −A가 아이스크림을 먹을 확률$=\frac{9}{27}=\frac{1}{3}$ −A가 아이스크림을 먹지 못할 확률$=1-\frac{9}{27}=\frac{18}{27}=\frac{2}{3}$ • 근거를 논리적으로 설명했다. • 전반적으로 글쓰기가 매끄럽고 논리적으로 오류가 없다.	• 먹지 못하는 경우의 수=지는 경우+비기는 경우를 내는 경우를 구해도 인정한다.	4
• 문제를 이해하고 전체 경우의 수를 구했다. • A가 승리하는 경우의 수를 모두 찾았다. • 확률을 정확히 구했으나 논리적 근거가 미흡하다. • 문제에서 의도하는 답을 구했지만, 계산 과정에서 생략이 있고 논리적 설명이 미흡하다.	• 단순한 연산 실수는 했지만 판단 근거가 명확한 것은 포함한다.	3
• 문제를 이해하고 전체 경우의 수를 구했다. • A가 승리하는 경우의 수를 일부만 찾았다. • 아이스크림을 먹을 확률과 먹지 못할 확률을 정확히 구하지 못했다. • 의견을 제시했으나 판단 근거가 올바르지 않다.		2
• 문제를 이해하고 경우의 수를 구하려고 했다. • 문제해결을 위해 수학적으로 노력한 흔적이 보이나 그 방법이 적절하지 못하다.		1
• 문제의 조건들을 단순히 옮겨 적었거나 아무것도 적지 않았다.		0

채점예시

4점

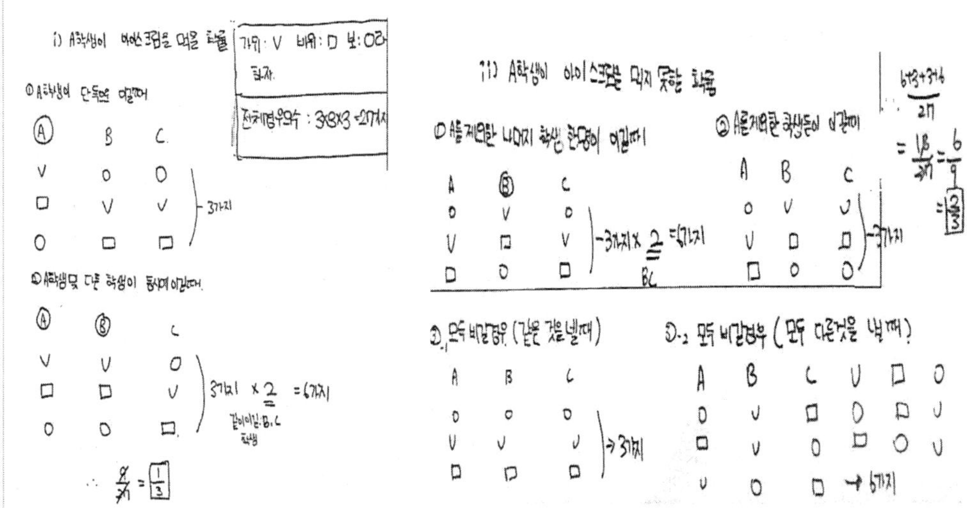

채점근거

전체 경우의 수를 구하고 A가 승리하는 경우의 수를 모두 찾았다. 또한, 아이스크림을 먹을 확률과 먹지 못할 확률을 정확히 구했으며 자신의 판단에 대한 근거를 논리적으로 설명하였다.

3점

가위바위 보에서 나올 수 있는 총 가짓수는 1명당 3가지 (가위, 바위, 보) 이므로 27가지의 조합이 가능하다.

① 먹을 확률

a. A 만 이길 확률

= 총 3가지

b. A와 또 다른 사람이 이길 확률

= 총 6가지

(A,B) (A,B) (A,B) (A,C) (A,C) (A,C).

가위 바위 보 / 가위 바위 보

보 가위 주먹 / 보 가위 바위.

C C C / B B B.

↳ 그러므로 A가 먹을 확률 = $\frac{3+6}{27} = \boxed{\frac{1}{3}}$

② 먹지 못할 확률

a. A만 먹지 못할 경우

= 총 3가지. (B,C)가 3가지 경우로 승리 가능.

b. A 와 또 다른 사람이 질 경우

C C C B B B.

(A,B) (A,B) (A,B). (A,C) (A,C) (A,C).

= 총 6가지

c. 모두 먹지 못할 경우

= 모두 다른 것을 낸 경우

A → 3가지

B → 2가지 3×2×1 = 6가지.

C → 1가지

→ A가 먹지 못할 확률은 $\frac{3+6+6}{27} = \boxed{\frac{5}{9}}$

※ 즉

A가 먹는다 < A가 먹지 못한다 가 된다.

채점근거

전체 경우의 수를 구하고 A가 승리하는 경우의 수를 모두 찾았다. 하지만 아이스크림을 먹지 못할 확률을 잘못 구했으며 글쓰기가 매끄럽지 못하다.

2점

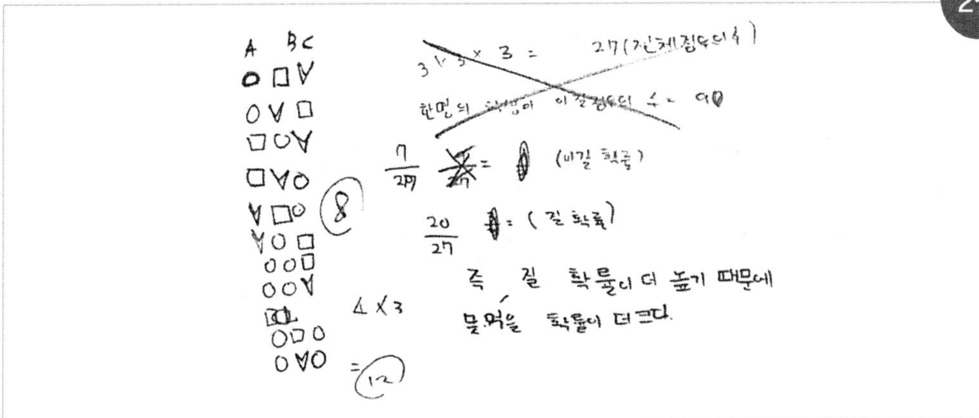

채점근거

전체 경우의 수를 구했지만 A가 승리하는 경우의 수를 일부만 찾았다. 또한, 아이스크림을 먹을 확률과 먹지 못할 확률을 정확히 구하지 못했고 근거가 합리적이지 않다.

1점

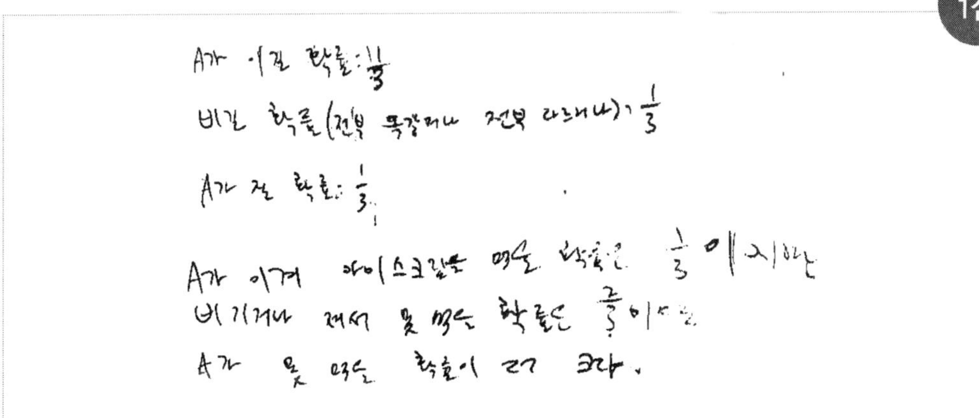

채점근거

문제를 이해하고 확률을 구하려 했지만 잘못 구했다. 또한, 전체 경우의 수를 구하지 못했고 설명이 미흡하다.

0점

중 무엇이 더 큰지 판단하고 근거를 논리적으로 설명하시오.

(A가 가위나 외보를 이길 확률)는

채점근거

구해야 하는 내용을 적었지만 더 이상 진행하지 못하였다.

05 | 기하

삼각형의 성질

문 제 상 중 하

합동인 두 정사각형이 있다. 아래 그림과 같이 한 정사각형의 두 대각선의 교점을 점 O라 하고 다른 정사각형의 한 꼭짓점을 점 O에 고정시킨다. 두 정사각형이 겹쳐진 부분을 S라 하고, 한 꼭짓점을 점 O에 고정시킨 정사각형을 점 O를 중심으로 하여 한 바퀴 회전시킬 때, S의 모양은 여러 가지로 변하지만 그 넓이는 항상 일정하다. 그 이유를 논리적으로 설명하시오.

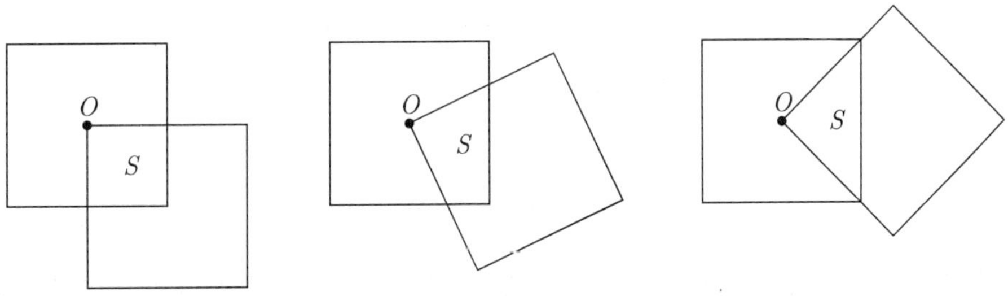

핵심개념 삼각형의 합동조건

해 설 삼각형의 합동조건을 이용해서 넓이가 일정함을 논리적으로 설명할 수 있다.

선생님 TIP

증명 과정에서 정확한 기호 사용과 점 O를 중심으로 회전시킬 때 변하는 어떠한 모양의 S도 넓이가 항상 일정함을 설명할 수 있도록 중점적으로 지도합니다.

풀 이 움직이지 않는 정사각형의 두 대각선을 긋는다.

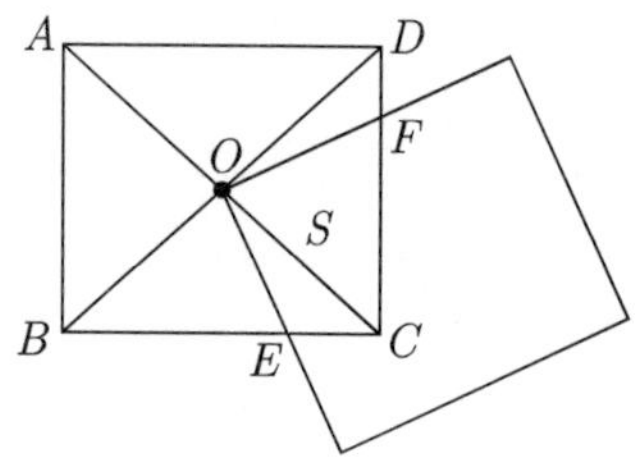

$\square ABCD$는 정사각형이므로 $\overline{OC} = \overline{OD}$, $\angle DOC = 90°$이다.

$\triangle OEC$와 $\triangle OFD$에서 $\angle EOC = 90° - \angle FOC = \angle FOD$

$\overline{OC} = \overline{OD}$,

$\angle OCE = \angle ODF = 45°$

따라서 $\triangle OEC \equiv \triangle OFD$($ASA$합동)이다.

이러한 원리에 따라 한 꼭짓점을 점 O에 고정시킨 정사각형을 점 O를 중심으로 하여 한 바퀴 회전시켜도 항상 $\triangle OEC \equiv \triangle OFD$($ASA$합동)가 성립한다. 따라서 S의 넓이는 항상 $\frac{1}{4}\square ABCD$로 일정하다.

채점기준

채점기준	세부기준	점수
• 삼각형의 합동을 이용하여 S가 주어진 정사각형의 넓이의 $\frac{1}{4}$로 일정하다는 사실을 알아냈다. • 도형에 적절한 기호를 부여했다. • S의 모양은 변하지만 그 넓이는 항상 일정함을 논리적으로 설명했다. • 전반적으로 글쓰기가 매끄럽고 논리적으로 오류가 없다.		4
• 삼각형의 합동을 이용하여 S가 주어진 정사각형의 넓이의 $\frac{1}{4}$로 일정하다는 사실을 알아냈다. • 도형에 적절한 기호를 부여했다. • 근거를 제시하였지만 논리적으로 다소 부족하다. • 문제에서 의도하는 답을 구했지만, 계산 과정에서 생략이 있고 논리적인 설명이 미흡하다.	• 단순한 연산 실수는 했지만 판단 근거가 명확한 것은 포함한다.	3

• S의 값을 구하지는 못했지만 그 값이 일정하다는 것을 설명했다. • 설명이나 수학적 표현이 미흡하다.	• S의 값은 구하였지만, 그 값이 일정하다는 것은 설명하지 못한 경우도 포함한다.	2
• 문제의 내용을 이해했다. • 문제해결을 위해 수학적으로 노력한 흔적이 보이나 그 방법이 적절하지 못하다.		1
• 문제의 조건들을 단순히 옮겨 적었거나 아무것도 적지 않았다.		0

채점예시

4점

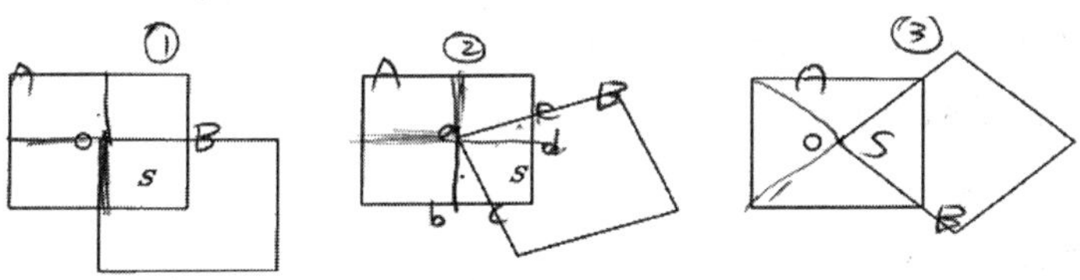

① 에서 사각형 A를 4등분하면 S는 A를 4등분한 것중 1개이기 때문에 A의 $\frac{1}{4}$이다.

② 에서 ①과 마찬가지로 A를 4등분한다.

$\angle bad = 90° = \angle eac$

$\angle bac + \angle dac = 90°$

$\angle ead + \angle dac = 90°$

$\therefore \angle bac = \angle ead$ …①

$\overline{ab} = \overline{ad}$ …②

$\angle abc = \angle ade = 90°$ …③

①, ②, ③에 의해 $\triangle aed \equiv \triangle acb$

→ S = 사각형 A의 $\frac{1}{4}$

③ 에서 대각선을 그으면 4등분이 된다.

→ S = 사각형 A의 $\frac{1}{4}$

채점근거

도형에 적절한 기호를 부여했으며 삼각형의 합동을 이용하여 S의 넓이가 주어진 정사각형의 넓이의 $\frac{1}{4}$로 일정하다는 사실을 논리적으로 설명하였고, 전반적으로 글쓰기가 매끄럽다.

3점

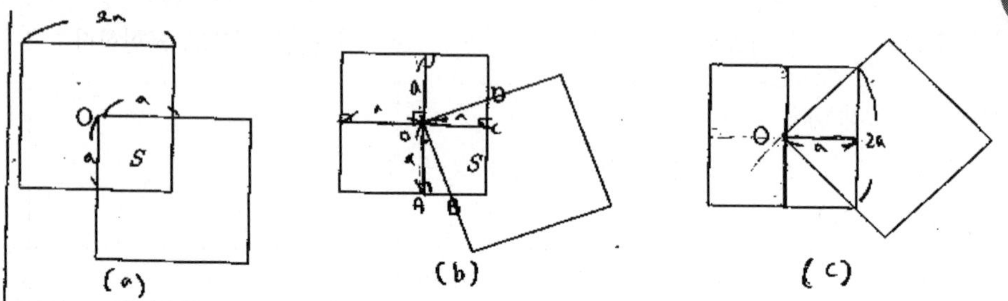

정사각형의 한 변의 길이를 $2a$ 라고 하자.
그림 (a)에서 S의 넓이는 정사각형의 넓이의 $\frac{1}{4}$이므로 a^2이다.
그림 (b)에 위처럼 보조선을 긋는다.
그러면 $\triangle OCD$와 $\triangle OAB$는 RHA 합동이다.
$\triangle OCD \equiv \triangle OAB$이므로 두 삼각형의 넓이는 같다.
따라서 S의 넓이는 정사각형의 넓이의 $\frac{1}{4}$이므로 a^2이다.
그림 (c)에도 위처럼 보조선을 긋는다.
그러면 $S = 2a \times a \times \frac{1}{2}$
$= a^2$
위의 논리에 따라 S의 모양은 여러가지로 변하지만 그 넓이는 같다.

채점근거

도형에 적절한 기호를 부여하여 S가 주어진 정사각형의 넓이의 $\frac{1}{4}$로 일정하다는 사실을 알아냈지만 삼각형의 합동을 명확하게 설명하지 못하였다.

2점

점O는 두 대각선의 교점으로 정사각형의
한 가운데 점이 된다. 정사각형은 네변의
길이가 같아서 점O를 중심으로 만들어지는
도형은 크기가 정사각형의 $\frac{1}{4}$이 된다.

두 사각형은 합동이므로 S가 빠져나간
만큼 두 사각형의 크기는 같다.
따라서 S의 넓이는 항상 같다.
(원래 크기의 $\frac{1}{4}$로)

채점근거

S의 값은 구하였지만, 그 값이 일정하다는 설명이나 수학적 표현이 미흡하다.

1점

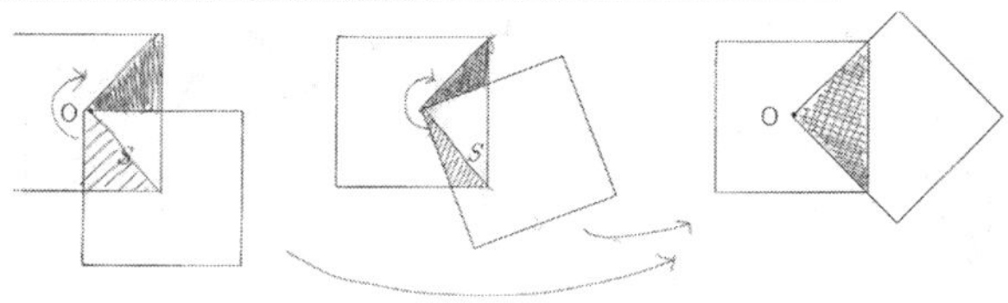

위에 그림과 같이,
첫번째 그림의 S는 정사각형인데, 이 정사각형의 넓은 큰정사각형의 $\frac{1}{4}$이므로 3번째 그림의 S같이 된다.
2번째 그림의 겹친부분의 S의 어느 한 삼각형과 진한부분과 합동이라
3번째 그림과 같이 표현이 가능하다.

채점근거

문제를 해결하려는 노력은 볼 수 있으나, 판단 근거가 논리적이지 못하다.

0점

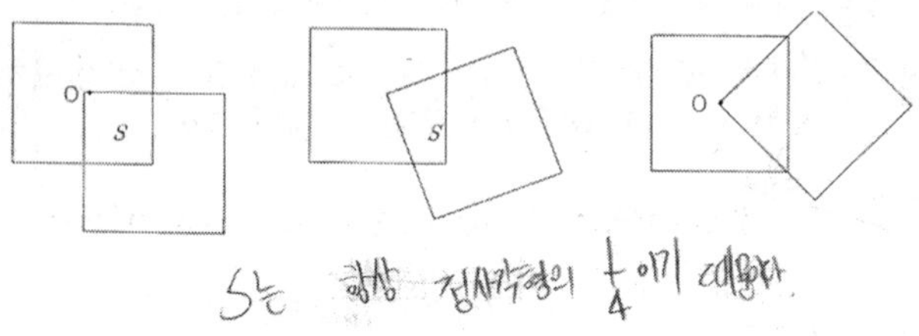

채점근거

S의 넓이가 항상 $\frac{1}{4}$임을 적었지만 그 근거를 전혀 명시하지 않았다.

삼각형의 성질

문 제 (상 중 하)

스케치북에 그린 삼각형을 노란색 색종이로 채우려고 합동인 삼각형을 앞면이 파란색, 뒷면이 노란색인 색종이에 그렸다. 하지만 실수로 파란색 면에 합동인 삼각형을 그려서 노란색 삼각형은 스케치북에 그린 그림과 좌우가 뒤바뀐 모양이 되어 버렸다. 오려낸 색종이를 세 조각으로 나누어서 노란색 면이 보이도록 스케치북의 삼각형을 채우려면 어떻게 해야 할지 논리적으로 설명하시오.

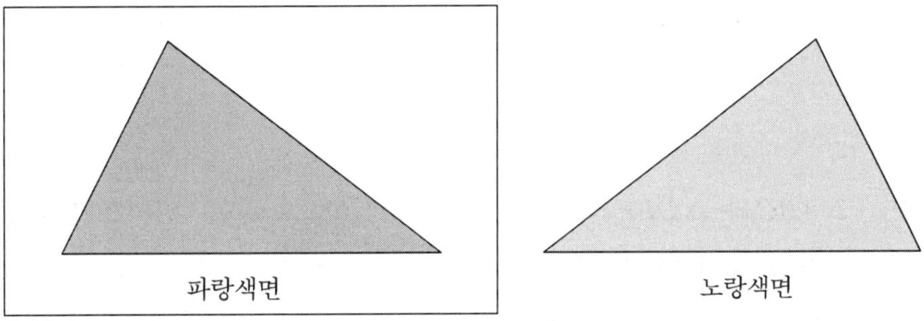

핵심개념 삼각형의 외심, 삼각형의 내심

해 설 삼각형의 외심과 내심의 성질을 이용하여 합동인 도형을 찾을 수 있다.

선생님 TIP

내심을 이용하여 문제를 해결할 때, 내심을 중심으로 어떻게 세 조각을 나누는지 유의하여 지도하고 실제 색종이를 이용하여 활동을 하면 학생들의 흥미를 유발할 수 있습니다.

풀 이

스케치북에 그려진 삼각형의 각 꼭짓점을 A, B, C라 하고, 색종이를 오려 만든 삼각형의 각 꼭짓점을 D, E, F라고 하자.

$\triangle ABC$와 $\triangle DEF$의 외심을 각각 O, O'이라고 하면 외심 O'에 의해 나누어진 $\triangle DEF$의 삼각형 세 조각은 각각 이등변삼각형이므로 적당히 회전시키면 외심 O에 의해 나누어진 $\triangle ABC$의 각 부분에 들어맞는다.

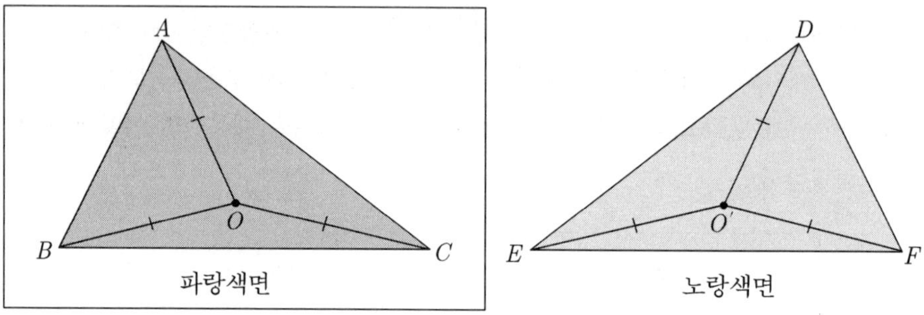

다른 풀이

$\triangle ABC$와 $\triangle DEF$의 내심을 각각 I, I'이라고 하면 내심 I'에 의해 나누어진 $\triangle DEF$의 사각형 세 조각은 각각 합동인 두 삼각형을 합친 모양이므로 적당히 회전시키면 내심 I에 의해 나누어진 $\triangle ABC$의 각 부분에 들어맞는다.

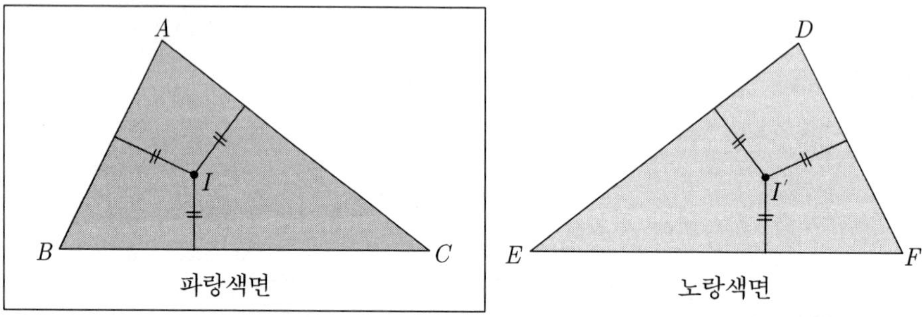

채점기준

채점기준	세부기준	점수
• 삼각형의 외심의 성질(혹은 내심의 성질)을 이용하여 문제 상황을 해결하는 방법을 제시했다. • 두 삼각형의 외심(혹은 내심)을 찾았다. • 기호를 이용한 수학적 표현이 적절하다. • 제시한 방법을 논리적으로 잘 설명했다. • 전반적으로 글쓰기가 매끄럽고 논리적으로 오류가 없다.		4
• 삼각형의 외심의 성질(혹은 내심의 성질)을 이용하여 문제 상황을 해결하는 방법을 제시했다. • 두 삼각형의 외심(혹은 내심)을 찾았다. • 기호를 이용한 수학적 표현이 미흡하다. • 제시한 방법을 설명하였으나 논리성이 다소 부족하다. • 문제에서 의도하는 답을 구했으나 계산 과정에서 생략이 있고 논리적 설명이 미흡하다.	• 삼각형에 꼭짓점이나 외심(혹은 내심)에 기호를 부여하는 등 설명에 있어서 수학적 표현이 미흡하다.	3
• 문제를 해결할 방법(외심 혹은 내심)을 제시하였지만 논리적인 설명을 하지 못했다.		2
• 문제의 내용을 이해했다. • 문제해결을 위해 수학적으로 노력한 흔적이 보이거나 그 방법이 적절하지 못하다.		1
• 문제의 조건들을 단순히 옮겨 적었거나 아무것도 적지 않았다.		0

![채점예시]

채점예시

4점

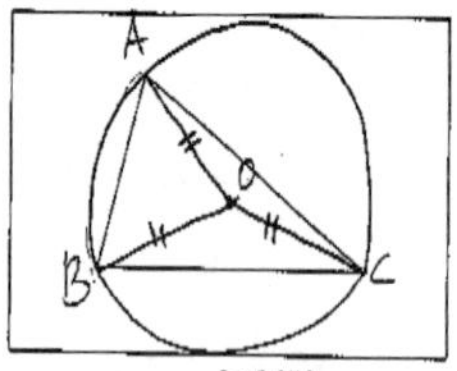

[스케치북]

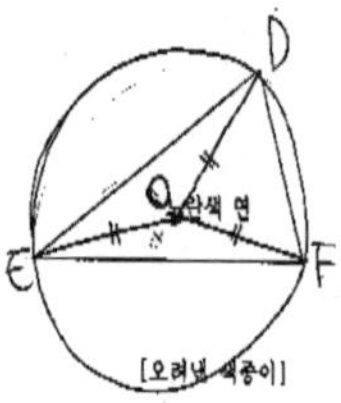

[오려낸 색종이]

$\triangle ABC$의 외심 O를 그린다.
$\overline{AO}=\overline{CO}=\overline{BO}$가 된다.
$\triangle AOB$, $\triangle AOC$, $\triangle BOC$
모두 이등변 삼각형이 된다.

한편, $\triangle DEF$의 외심 O도 그린다.
$\overline{DO}=\overline{EO}=\overline{FO}$가 된다
$\triangle DOE$, $\triangle EOF$, $\triangle DOF$
모두 이등변삼각형이 된다.

이때, $\triangle ABC$를 뒤집으면 $\triangle DFE$와 정확히 합동이다.
따라서 $\overline{AC}=\overline{DE}$, $\overline{AB}=\overline{DF}$, $\overline{BC}=\overline{FE}$이고,
$\overline{AO}=\overline{DO}=\overline{BO}=\overline{EO}=\overline{CO}=\overline{FO}$이다.

이에 착안하여 이등변삼각형 $AOC \equiv EOD$
" $AOB \equiv DOF$
" $BOC \equiv EOF$

따라서 $\triangle EOD$를 돌려서 $\triangle AOC$와 맞붙게 하고,
$\triangle DOF$를 돌려서 $\triangle AOB$와 맞붙게 하고,
$\triangle EOF$를 $\triangle BOC$에 붙이면 $\triangle ABC$가 놓이게 된다.

채점근거

문제를 해결하기 위해 두 삼각형의 외심을 찾아 그 성질을 기호를 이용하여 표현하였고, 전반적으로 글쓰기가 매끄럽고 논리적으로 오류가 없다.

3점

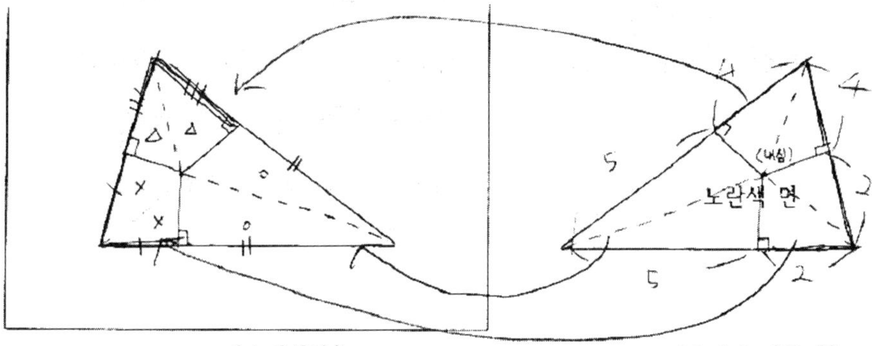

[스케치북] [오려낸 색종이]

삼각형종이의 내심을 찾고 각변에 수선을 그린다. 이렇게 분배해 3가지 사각형이 나온다

위에 화살표처럼 두겹치 않고 들어 맞추면 똑같이 된다. 이유는 돌려서 맞추면

→ 아랫변의 길이가 17cm, 옆에 변은 6cm, 위에 있는 변은 9cm로 합동이다 (임의로 지정)

채점근거

문제를 해결하기 위해 두 삼각형의 내심을 찾아 그 성질을 이용하여 설명하였지만, 기호를 사용한 수학의 표현이 미흡하다.

2점

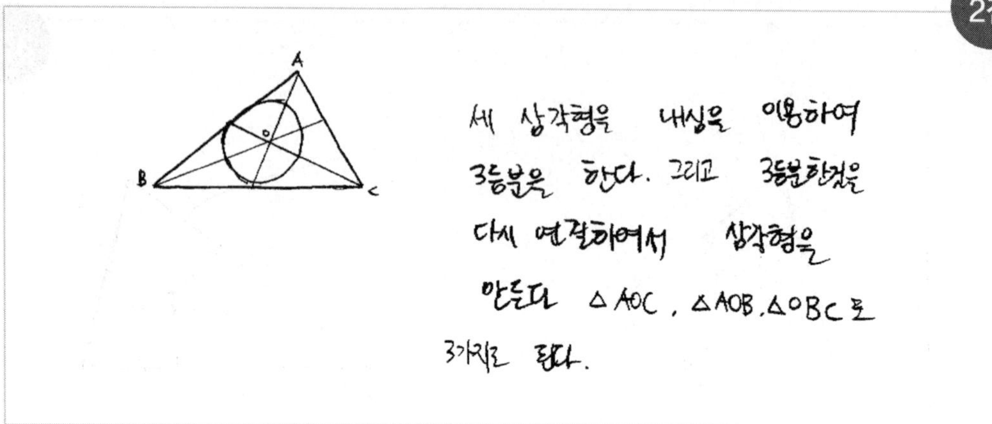

채점근거

문제를 해결할 방법으로 내심을 제시하였지만, 그 성질을 적절히 이용하지 못했다.

1점

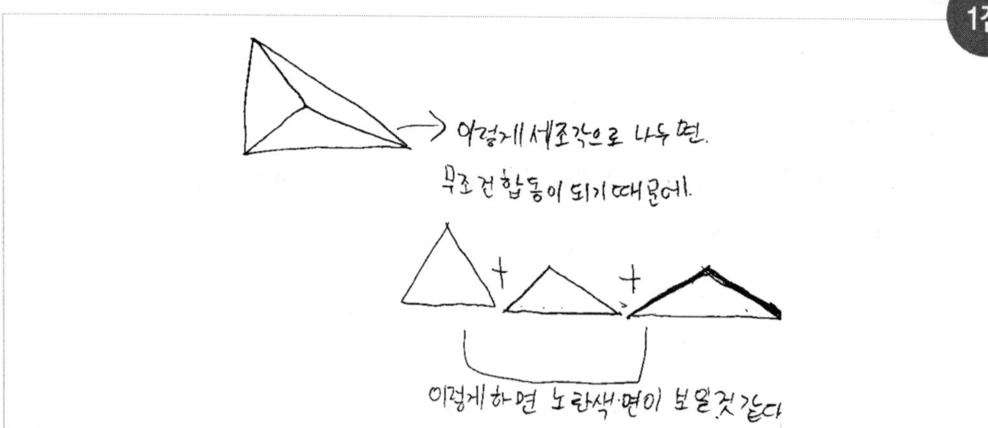

채점근거

문제해결을 위한 방법을 제시했으나 수학지식을 활용하지 못했다.

0점

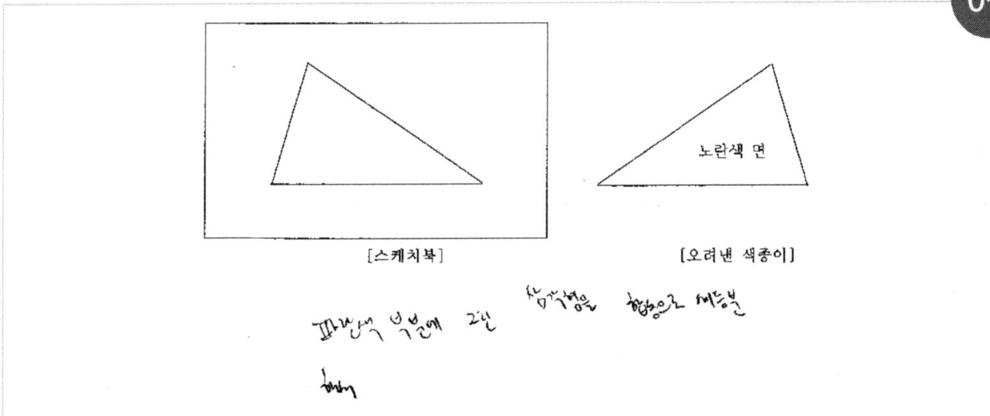

채점근거

스케치북의 삼각형을 오려내어 세 조각으로 나누는 방법을 명확하게 제시하지 못하였고, 글쓰기 또한 마무리하지 못하였다.

삼각형의 성질

문 제 상 중 하

다음 세 질문에 대하여 각각 그림을 그려서 간단히 답하시오.

(1) 고정된 한 점을 지나는 원은 몇 개인가?

(2) 고정된 두 점을 지나는 원은 몇 개인가?

(3) 고정된 세 점을 지나는 원은 몇 개인가?

(4) 삼각형의 외접원은 반드시 존재하는지 위에서 답한 바와 연결하여 설명하시오.

핵심개념 삼각형의 외심, 삼각형의 외접원

해 설 문제해결을 통해 삼각형의 외접원이 반드시 존재함을 알 수 있다.

선생님 TIP

삼각형의 외접원을 학습하고, 이것이 반드시 존재함을 알 수 있음을 (1), (2), (3)을 통하여 단계별 활동수업으로 활용할 수 있습니다. 채점 시 학생의 다양한 생각을 뒷받침할 수 있는 근거를 발견하여 논리적인지 판단해야 합니다. 논리적인 설명 없이 판단만 한 경우 감점할 수 있습니다.

풀 이

(1) 고정된 한 점을 지나는 원은 무수히 많다. (한 점을 지나는 원을 두 개 이상 그렸다.)

(2) 고정된 두 점을 지나는 원은 무수히 많다. (두 점을 지나는 원을 두 개 이상 그렸다.)

(3) 고정된 세 점을 두 가지 경우로 나눌 수 있다.

i. 세 점이 한 직선 위에 있는 경우에는 그 세 점을 지나는 원은 존재하지 않는다.

ii. 한 직선 위에 있는 두 점과 그 직선 밖에 있는 한 점이 있는 경우 그 세 점을 지나는 원은 단 한 개 존재한다.

(4) 삼각형이 주어지면 세 점은 한 직선 위에 있지 않으므로 세 점을 지나는 원은 반드시 존재한다. (또는 단 한 개 존재한다.) 그리고 이 원은 주어진 삼각형에 외접한다.

채점기준

채점기준	세부기준	점수
• (1)~(3)까지 모두 맞는 답을 제시했다. • (4)의 답을 삼각형의 외접원이 반드시 존재한다고 답했고, (3)과 연결해 논리적으로 설명했다. • 전반적으로 글쓰기가 매끄럽고 논리적으로 오류가 없다.		4
• (1)~(3)까지 모두 맞는 답을 제시했다. • (4)의 답을 삼각형의 외접원이 반드시 존재한다고 답했고 (3)과 연결해 설명했지만 논리성의 다소 부족하다. • 문제에서 의도하는 답을 구했지만 계산 과정에서 생략된 것이 있고 논리석 실명이 미흡하다.	• (1)~(3)까지 세 개 중 일부가 맞고 (4)의 근거를 논리적으로 설명한 경우도 포함한다.	3
• (1)~(3)까지 모두 맞는 답을 제시했다. • 삼각형의 외접원 존재의 판단에 대한 논리성이 다소 부족하다.	• (1)~(3)까지 모두 틀리고 (4)의 근거를 논리적으로 설명한 경우 포함한다. • (1)~(3)까지 세 개 중 일부가 맞고 (4)의 판단 근거의 논리성이 다소 부족한 경우도 포함한다.	2
• 문제의 내용을 이해했다. • 문제해결을 위해 수학적으로 노력한 흔적이 보이나 그 방법이 적절하지 못하다.		1
• 문제의 조건들을 단순히 옮겨 적었거나 아무것도 적지 않았다.		0

채점예시

4점

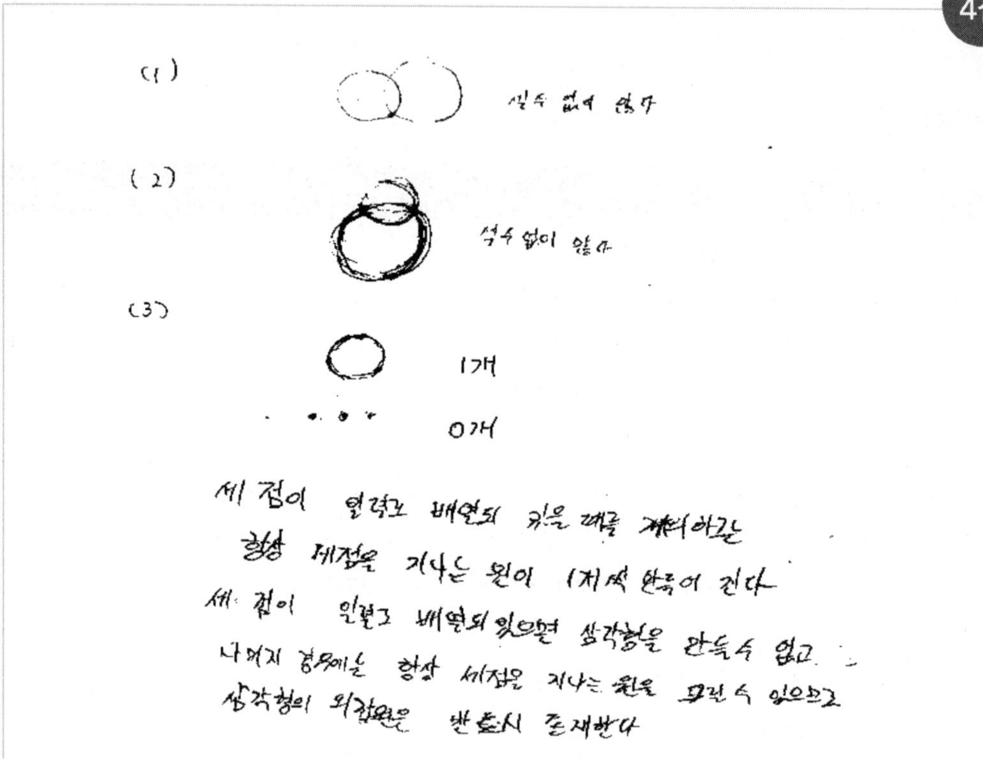
(1) 셀수 없이 많다

(2) 셀수 없이 많다

(3) 1개

0개

세 점이 일렬로 배열되 있을 때를 제외하고는 항상 세점을 지나는 원이 1개씩 만들어 진다
세 점이 일렬로 배열되 있으면 삼각형을 만들 수 없고 나머지 경우에는 항상 세점을 지나는 원을 그릴 수 있으므로 삼각형의 외접원은 반드시 존재한다

채점근거

(1)~(3)을 모두 그림과 함께 설명하였고, (4)를 (3)과 연계하여 삼각형의 외접원이 반드시 존재하는 점을 논리적으로 설명하였다.

3점

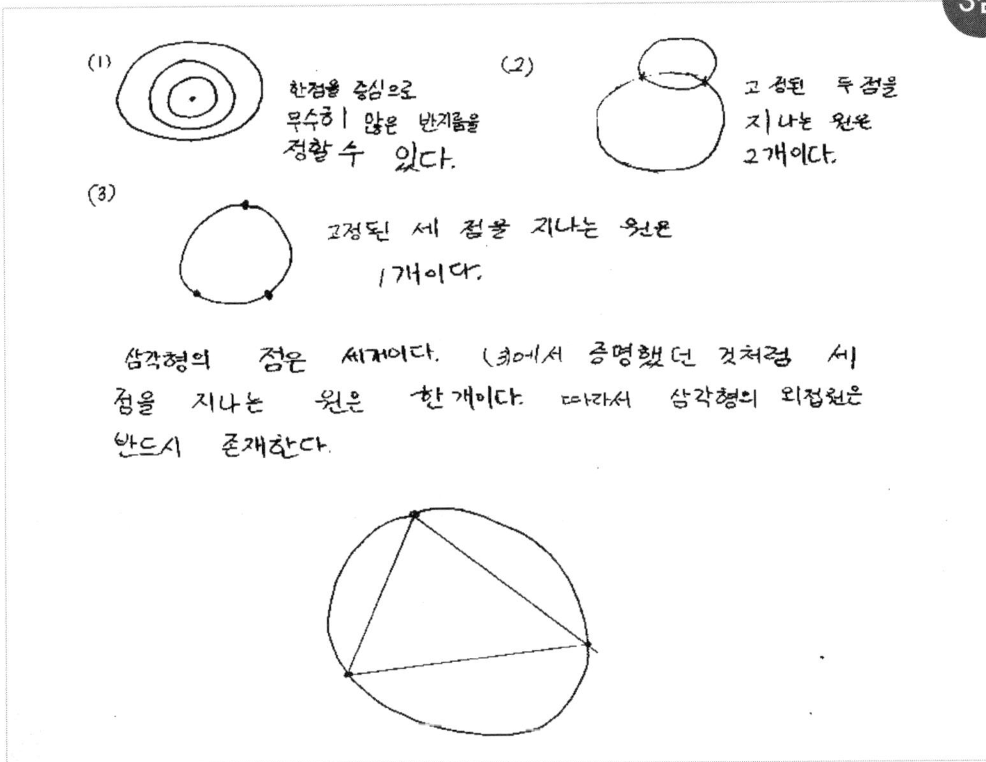
(1) 한점을 중심으로 무수히 많은 반지름을 정할 수 있다.

(2) 고정된 두 점을 지나는 원은 2개이다.

(3) 고정된 세 점을 지나는 원은 1개이다.

삼각형의 점은 세개이다. (3)에서 증명했던 것처럼 세 점을 지나는 원은 한개이다. 따라서 삼각형의 외접원은 반드시 존재한다.

채점근거

(1)~(3) 모두 그림과 함께 바르게 설명하지 못하였지만, (4)를 (3)과 연계하여 삼각형의 외접원이 반드시 존재하는 점을 논리적으로 설명하였다.

2점

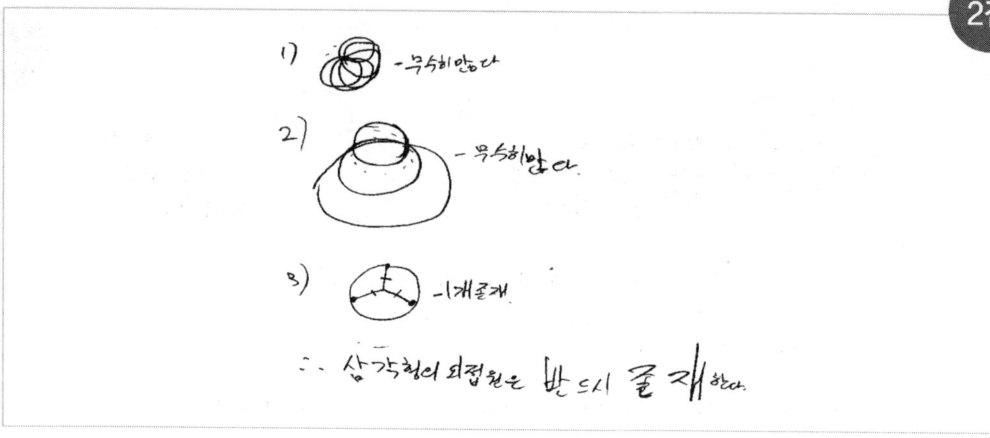

채점근거

(1)~(3) 모두 바르게 설명하지 못하였고, (4)에서 삼각형의 외접원 존재의 판단에 대한 논리성이 다소 부족하다.

1점

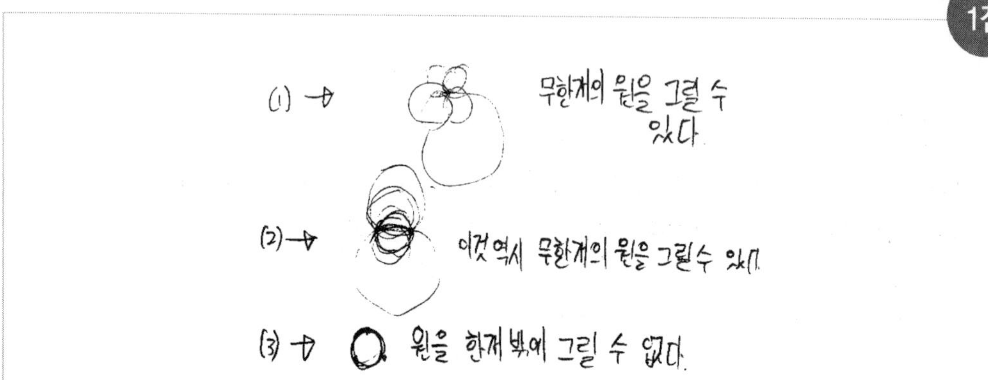

채점근거

(1)~(3) 중 일부가 맞았고, (4)에 삼각형의 외접원이 존재하는 것에 대해 답하지 않았다.

0점

다음 세 질문에 대하여 각각 그림을 그려서 간단히 답하라
(1) 고정된 한 점을 지나는 원은 몇 개인가?
(2) 고정된 두 점을 지나는 원은 몇 개인가? 하개.
(3) 고정된 세 점을 지나는 원은 몇 개인가? 1개

그리고 삼각형의 외접원은 반드시 존재하는지를 위에서 답한 바와 연결 지어 설명하시오.

채점근거

(2)와 (3)을 답한 근거(그림)가 없으며, 올바르지 못하다.

닮음의 활용

문 제 (상 중 하)

화장실에서 분명히 두루마리 화장지가 조금 남아 있는 것을 확인했음에도 불구하고, 그 남은 길이가 생각보다 너무 짧아서 당황했던 경험이 있을 것이다. 새 두루마리 화장지의 밑면의 반지름의 길이가 $\frac{1}{2}$로 줄었을 때 남아있는 두루마리 화장지의 총 길이는 처음 길이의 $\frac{1}{2}$이 되는지 판단하고 그 근거를 논리적으로 설명하시오. (단, 화장지는 원통형이며 두께는 일정하다.)

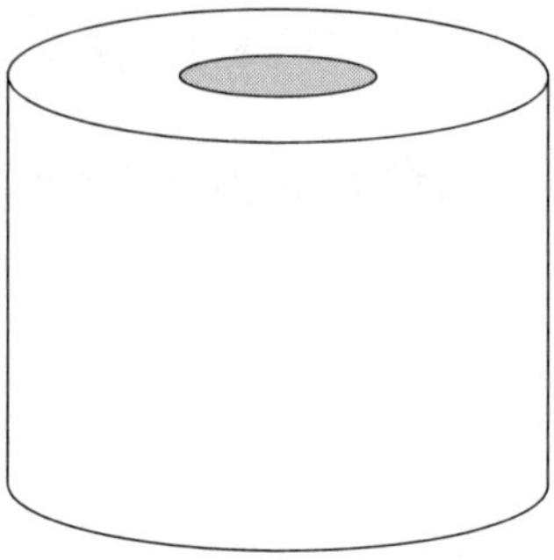

핵심개념 도형의 닮음비와 넓이의 비, 부피의 비

해 설 도형의 닮음비와 넓이의 비 혹은 부피의 비를 이해하고 이를 바탕으로 논리적으로 판단할 수 있다.

선생님 TIP

화장지의 길이는 화장지의 밑면의 넓이와 같다는 사실을 알려주면 도입에 도움을 줄 수 있고, 구체적인 수치를 제시하면 문제의 난이도를 조정할 수 있습니다. 채점 시 도형의 닮음비와 넓이의 비를 정확히 이해하고 문제 상황에 적용하였는지 확인해야 합니다.

풀 이 두루마리 화장지는 밑면이 원이므로 닮았고 닮음비는 2:1이다. 화장지의 길이는 휴지심의 중심을 중심으로 갖는 동심원들의 원주를 모두 더한 것이다. 동심원들의 원주가 겹쳐져서 결국 화장지의 밑면의 넓이와 같다고 생각할 수 있다. 따라서 두 화장지 길이의 비는 두 화장지 밑면의 넓이의 비다.

닮음비가 2:1이므로 넓이의 비는 4:1이다. 가운데 휴지심의 넓이를 a(단, $a > 0$)라고 하면 두 밑면의 넓이에서 a만큼 빼주어야 하므로 $4k-a:k-a$(단, $k>0$)가 된다. 따라서 화장지 밑면의 반지름의 길이가 반으로 줄었을 때 화장지의 길이는 처음 길이의 $\frac{k-a}{4k-a}$가 된다. 만약 $\frac{k-a}{4k-a}=\frac{1}{2}$이라면 $2(k-a)=4k-a$이고 $2k=-a$가 되므로 k 또는 a가 음수가 되므로 모순이다.

채점기준

채점기준	세부기준	점수
• 처음 길이의 $\frac{1}{2}$이 아니라고 판단했다. • 화장지 길이의 비가 밑넓이의 비와 같음을 추론했다. • 도형의 닮음비(2 : 1)와 넓이의 비(4 : 1)를 이용하여 자신의 판단을 논리적으로 뒷받침했다. • 전반적으로 글쓰기가 매끄럽고 논리적으로 오류가 없다.	• 넓이의 비가 아닌 부피의 비를 이용한 경우를 포함한다.	4
• 처음 길이의 $\frac{1}{2}$이 아니라고 판단했다. • 화장지 길이의 비가 밑넓이의 비와 같음을 추론했다. • 도형의 닮음비(2 : 1)와 넓이의 비(4 : 1)를 이용하여 자신의 판단을 뒷받침하였으나 논리성이 다소 부족하다. • 문제에서 의도하는 답을 구했으나 계산 과정에서 생략이 있고 논리적 설명이 미흡하다.	• 화장지 안의 심지를 고려하지 않은 경우를 포함한다. • 단순한 연산 실수는 했지만 판단 근거가 명확한 것은 포함한다.	3
• 화장지 길이의 비가 밑넓이의 비와 같음을 추론했다. • 처음 길이의 $\frac{1}{2}$이 아니라고 판단했으나 도형의 닮음비와 넓이의 비를 이용하여 자신의 판단을 뒷받침하지 못했다.		2
• 도형의 닮음을 이용하려고 노력했다. • 문제해결을 위해 수학적으로 노력한 흔적은 보이나 그 방법이 적절하지 못하다.		1
• 문제의 조건들을 단순히 옮겨 적었거나 아무것도 적지 않았다.		0

채점예시

4점

화장지의 길이는

밑면의 겉넓이와 같다

새 화장지의 반지름을 r_1,

빈 원통의 반지름을 r_2 라 하면

처음 길이는 $r_1^2\pi - r_2^2\pi$ 이고

반이 남으면 $\frac{r_1^2}{2}\pi - \frac{r_2^2\pi}{r}$

빈 원통을 무시하면 그러므로 반이 아니다.

r이라 하면 양의 비는 1 : 4

길이의 비를 1 : 2 라 하면

$1 - r' : 4 - r' = 1 : 2$

$2 - 2r' = 4 - r'$

$r' = -2$

$\therefore X$

$k - r' : 4 - r' = 1 : 2$ $\quad r'k < 0$

$r' = -2k$ $\quad \therefore X$

채점근거

화장지 길이의 비와 밑넓이의 비가 같음을 알고, 이를 이용하여 처음 길이의 $\frac{1}{2}$이 아니라는 판단을 일반화하여 논리적으로 매끄럽게 설명하였다.

3점

구멍을 뺀 전체 휴지의 지름을 2 이라 하면, 반을 쓴 뒤의 휴지의 지름은 1이다.
이 때 비는 1:2, 그리고 높이는 같으므로 넓이의 비는 1:4이다.
그러므로 휴지 지름이 처음의 반이 되면 남아있는 휴지는 처음의 $\frac{1}{4}$ 이다.

그러므로 반지름의 길이가 반이 됐을 때 남아 있는 휴지의 길이는 전체의 반이 되지 않는다.

채점근거

화장지 길이의 비와 밑넓이의 비가 같음을 알고, 이를 이용하여 처음 길이의 $\frac{1}{2}$이 아니라는 판단을 뒷받침하였지만 논리성이 다소 부족하다.

2점

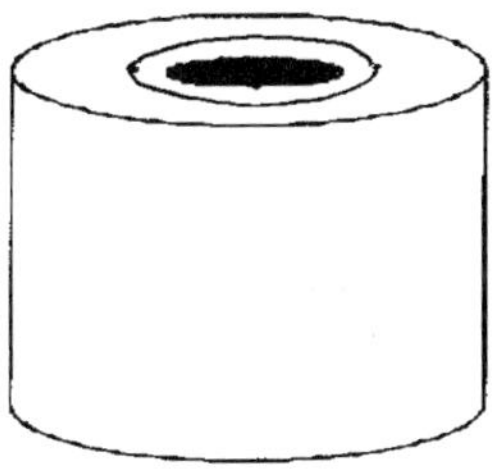

그렇지 않다/ 길이의 비 = 밑넓이의 비
저 가운데의 구멍으로 인하여 반지름의 길이가 반으로 줄어도 화장지의 총길이가 반이 안된다.

채점근거

화장지 길이의 비와 밑넓이의 비가 같음을 알고, 처음 길이의 $\frac{1}{2}$이 아니라고 판단하였으나 도형의 닮음비와 넓이의 비를 제시하지 못하였다.

1점

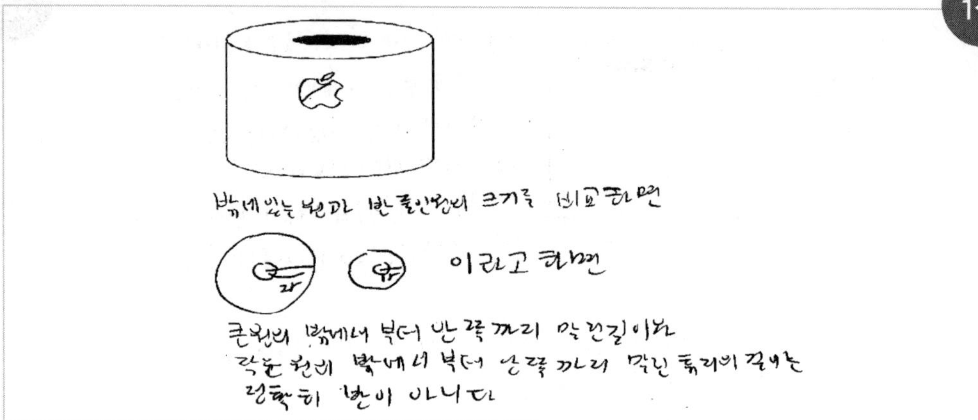

채점근거

문제해결을 위해 수학적으로 노력한 흔적은 보이지만 그 방법이 적절하지 못하다.

0점

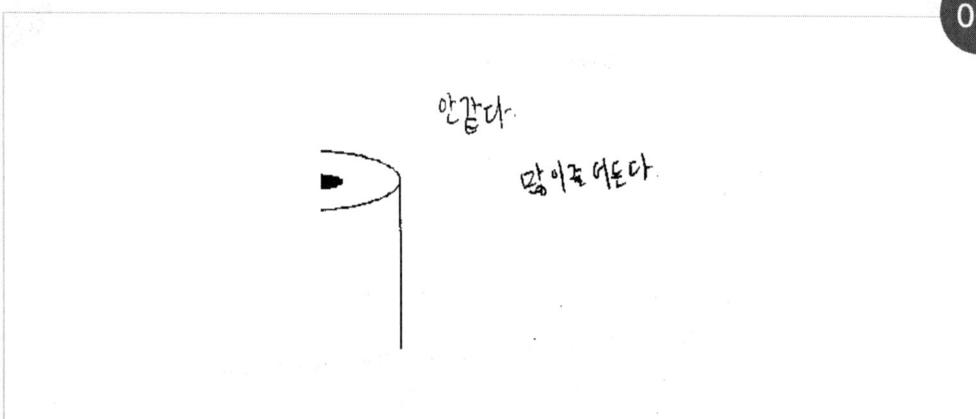

채점근거

명확한 근거 없이 단순히 판단하여 적었다.

닮음의 활용

문 제

상 중 하

어느 구름 한 점 없는 맑은 날 낮에 철수는 1m짜리 봉을 가지고 운동을 하던 중 문득 공원에 수직으로 솟아있는 나무의 높이가 궁금해졌다. 철수가 나무의 대략적인 높이를 알 수 있는 방법을 논리적으로 설명하시오. (단, 철수가 가진 것은 1m짜리 줄자와 1m짜리 운동용 봉을 가지고 있다.)

핵심개념 삼각형의 닮음조건

해 설 삼각형의 닮음조건을 이용하여 나무의 높이를 구하고 이를 논리적으로 설명할 수 있다.

선생님 TIP

보조선을 그어 두 삼각형의 닮음을 설명할 때 기호를 사용하여 표현하도록 지도할 수 있고, 실제 활동의 문제해결을 통해 학생들의 흥미를 유발할 수 있습니다.

풀 이

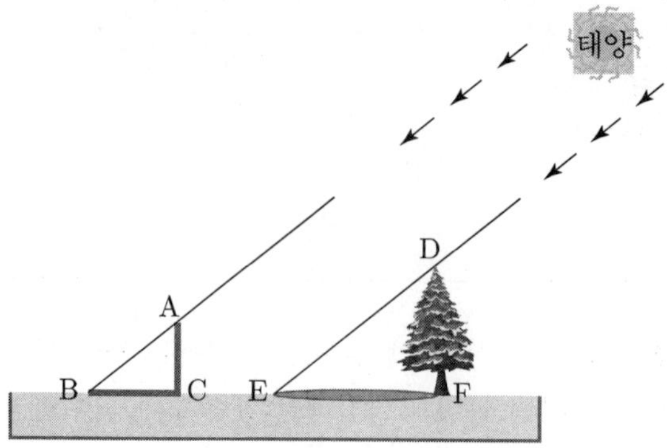

위의 그림과 같이 막대와 나무에 태양이 보내는 빛은 직선으로 비추므로(평행) 직각삼각형 ABC와 직각삼각형 DEF는 서로 닮은꼴이다(AA 닮음: (동위각), $\angle C = \angle F = 90°$, $\angle B = \angle E$). 따라서 막대기의 그림자 길이인 $\overline{BC}$의 길이를 줄자로 측정하고 나무의 그림자 길이인 $\overline{EF}$를 측정하여 닮음비를 이용하면 나무의 대략적인 높이를 측정할 수 있다.

채점기준

채점기준	세부기준	점수
• 문제를 이해하고 그림자의 길이를 이용하여 나무의 높이를 측정하였다. (나무의 주변에 막대를 수직으로 세우는 방법을 이용) • 나무의 높이를 구하기 위해 봉과 나무에 의해 만들어지는 그림자와 봉과 나무가 만드는 직각삼각형이 서로 닮음임을 이용하였다. 또한 닮음조건을 명확하게 언급했다. (AA닮음 : $\angle B = \angle E$(동위각), $\angle C = \angle F = 90°$) • 제시한 근거가 논리적이며 그림 및 다양한 방법으로 올바르게 설명했다. • 전반적으로 글쓰기가 매끄럽고 논리적으로 오류가 없다.		4
• 문제를 이해하고 그림자의 길이를 이용하여 나무의 높이를 측정했다. (나무의 주변에 막대를 수직으로 세우는 방법) • 나무의 높이를 구하기 위해 봉과 나무에 의해 만들어지는 그림자와 봉과 나무가 만드는 직각삼각형이 서로 닮음임을 사용했다. • 제시한 근거가 논리적이지 못하고 설명이 체계적이지 못하다. • 문제에서 의도하는 답은 구했으나 계산 과정에서 생략이 있고 논리적 설명이 미흡하다.	• 닮음을 언급하였지만 닮음조건이 구체적으로 제시되지 않은 경우를 포함한다. • 단순한 연산 실수는 했지만 판단 근거가 명확한 것은 포함한다.	3
• 문제를 이해하고 그림자의 길이를 이용하여 나무의 높이를 측정했다. • 구체적 근거가 없이 봉과 나무에 의해 만들어지는 그림자와 봉과 나무가 만드는 직각삼각형이 서로 닮음인 것에 대한 언급만 했다. • 제시한 근거가 논리적이지 못하고 설명이 체계적이지 못하다.		2
• 문제의 내용을 이해했다. • 문제해결을 위해 수학적으로 노력한 흔적은 보이나 그 방법이 적절하지 못하다.		1
• 문제의 조건들을 단순히 옮겨 적었거나 아무것도 적지 않았다.		0

채점예시

같은 날에 나무 옆에 운동용 봉을 세우고 그림자의 길이를 측정한다.

나무의 그림자의 길이를 측정한다.

운동용 봉의 그림자와 나무의 그림자의 그림자의 비를 측정한다.

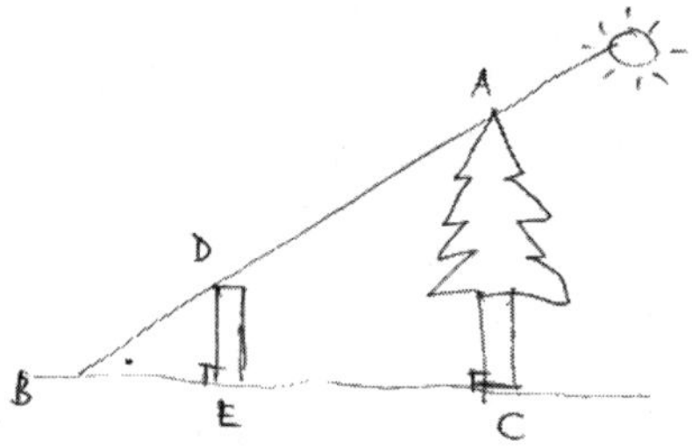

$\triangle ABC$와 $\triangle DBE$에서

$\angle B$는 공통

$\angle BED = \angle ECA = 90°$

$\triangle ABC \sim \triangle DBE$ (AA 닮음)

∴ 나무의 높이 : 봉의 높이 = 나무의 그림자의 길이 : 봉의 그림자의 길이 이므로 나무의 높이를 계산할 수 있다.

채점근거

나무의 높이를 구하기 위해 봉과 나무에 의해 만들어지는 그림자와 봉과 나무가 만드는 직각삼각형의 닮음꼴을(AA닮음) 이용하여 구하였고, 전반적으로 글쓰기가 매끄럽고 논리적이다.

3점

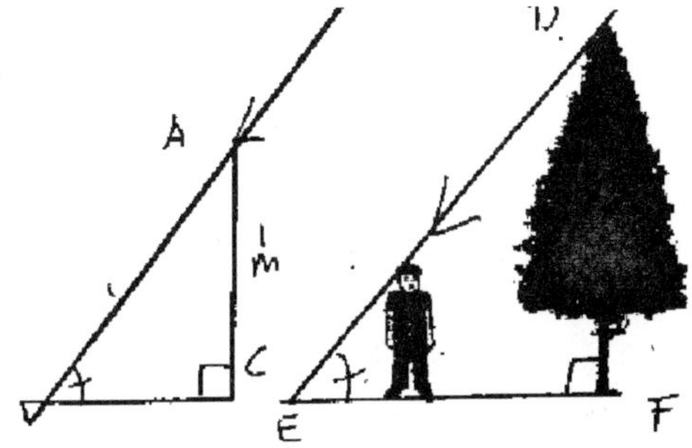

철수가 나무의 대략적인 높이를 알 수 있는 방법은 우선
에 태양빛은 평행하게 들어오는 것과 그림자의 닮음비를 구
하면 된다. 우선 △ABC와 △DEF가 그림자와 태양빛이 평행하게
그리는 것을 통해 AA닮음이라는 것을 알수 있다. 즉 이 것을
이용해서 철수는 BC의 길이와 EF의 길이를 1m짜리 줄자로
측정하면 된다. 이를 통해 철수는 대략적인 나무의 높이를
알수 있게 된다.

채점근거

그림자의 길이를 이용하여 나무의 높이를 측정을 성명하는 과정에서 그 근거가 부족하고 누락된 부분이 많이 있다.

2점

운동용 봉을 땅에 세워두고 줄자로 그림자의 길이를 잰다.
그리고 줄자로 나무의 그림자 길이를 잰다.
그리고 운동용 봉과 그림자의 비와 같이 나무의 그림자와 높이를 관계 지어서 높이를 대략적으로 알아낼수 있다.

채점근거

문제를 이해하고 그림자의 길이를 이용하여 나무의 높이를 측정하는 방법만 제시하고 구체적인 설명을 명시하지 않았다.

1점

방법1. 집에가서 자를 더 가져온다.
방법2 1m 씩 나무를 자른다.
방법3 : 그림자 길이를 잰다.

채점근거

문제의 내용을 이해하고 방법을 제시하였지만, 적절하지 못하다.

0점

채점근거

보조선을 그었지만 이를 이용하여 설명하려고 노력한 흔적을 찾아볼 수 없다.

닮음의 활용

문 제 ⓢ ⓩ **하**

어머니가 수박을 사러 나가자 어머니를 도와드리려고 민철이는 따라나섰다. 최근 핵가족이 늘어나면서 과일 가게에서는 수박을 반으로 잘라서 판매하는 경우가 많이 있다. 이 과일 가게에는 반통짜리 수박이 두 가지가 있는데 하나는 지름의 길이가 20cm이고 2,000원이다. 다른 하나는 지름이 40cm이고 9,000원이다. 민철이와 민철이 어머니는 두 가지 수박 중에서 어느 것을 사는 것이 더욱 경제적일지 고민에 빠졌다.

민철이 어머니 : 가격이 더 저렴하니까 지름의 길이가 20cm인 수박 반통을 사는 것이 더 이익일 것 같다.

민철이 : 지름의 길이가 40cm인 수박 반통이 더욱 경제적인 것 같다.

누구의 의견에 동의하는지 쓰고 왜 그렇게 판단했는지 논리적으로 설명하시오. (단, 수박은 구 모양이고 정확히 절반을 판다고 가정하자.)

핵심개념 도형의 부피의 비

해 설 닮은 입체도형의 부피의 비를 사용하여 문제 상황에 대한 판단을 할 수 있다.

선생님 TIP

수박의 부피비와 수박의 가격의 비를 비교하는 것을 중점에 두고 평가하며 어머니를 도와드리는 민철이의 행동을 통해 인성교육이 가능합니다. 또한, 평가 시 닮음비와 부피의 비를 정확히 이해하고 판단의 근거로 사용하였는지 점검해야 합니다. 원기둥 모양의 통조림, 직육면체 용기에 담긴 식품 등 다양한 상황으로 제시하여 난이도를 조절할 수 있습니다.

풀 이 민철이의 의견에 동의한다. 왜냐하면 두 수박(구)의 반지름 길이의 비는 $1:2$이므로 수박 부피의 비는 $1^3:2^3$이 된다. 그리고 2000원짜리 수박과 9000원짜리 수박 가격의 비는 $2:9$가 된다.

따라서 4000원짜리 수박의 가격은 2000원짜리 수박의 가격에 4.5배이다. 하지만 4000원짜리 수박의 부피는 2000원짜리 수박의 부피에 8배이다. 즉, 수박의 부피가 8배 늘어났으나 가격은 그에 비해 4.5배만 늘어났으므로 $40cm$의 수박을 사는 것이 더 경제적이다.

채점기준

채점기준	세부기준	점수
• 민철이의 의견에 동의했다. • 도형의 닮음비를 이용하여 수박 부피 비를 구했다. 두 수박의 반지름 길이의 비-$1:2$ 두 수박 부피의 비-$1^3:2^3$ 2000원짜리 수박과 9000원짜리 수박의 가격의 비-$2:9$ • 판단 근거를 수학적으로 표현했으며 오류가 없다. • 전반적으로 글쓰기가 매끄럽고 논리적으로 오류가 없다.		4
• 민철이의 의견에 동의했다. • 도형의 닮음비를 이용하여 수박 부피의 비를 구했다. • 수박 부피의 비와 가격의 비를 구하였지만 연관시켜 판단 근거를 설명하지 못했다. • 문제에서 의도하는 답을 구했지만 계산 과정에서 생략이 있고 논리적 설명이 미흡하다.	• 단순한 연산 실수는 했지만 판단 근거가 명확한 것은 포함한다.	3
• 민철이의 의견에 동의했다. • 수박 부피의 비와 가격의 비 중 하나를 구했다. • 판단 근거가 부족하다.		2
• 문제의 내용을 이해했다. • 문제해결을 위해 수학적으로 노력한 흔적은 보이나 그 방법이 적절하지 못하다.		1
• 문제의 조건들을 단순히 옮겨 적었거나 아무것도 적지 않았다.		0

채점예시

4점

답) 민철이

이유) 부피의 비 = $a^3 : b^3$ (닮음비의^3)

닮음비가 1:2 니까 부피의 비는 1:8

식을 세우면 1:8 = 2000 : x, x=16000

반지름이 40cm인 수박의 원가는 16000인데 9000원으로 파므로 민철이가 옳다

채점근거

문제해결을 위해 구의 닮음비를 이용한 수박 부피의 비와 가격의 비를 비교하여 판단하고 이를 근거로 전반적으로 매끄럽고 논리적인 글쓰기를 하였다.

3점

$\frac{4}{3}\pi \times 1000 \times \frac{1}{2}$ $\frac{4}{3}\pi \times 8000 \times \frac{1}{2}$

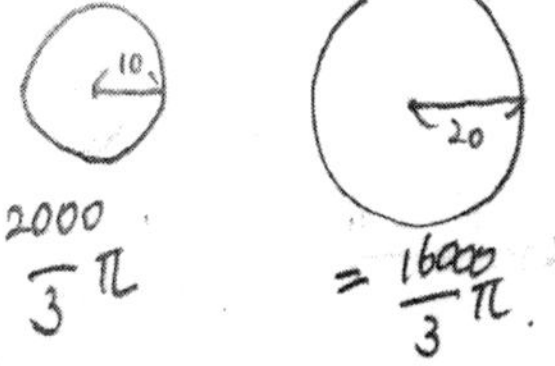

$= \frac{2000}{3}\pi$ $= \frac{16000}{3}\pi$

2000원 : $\frac{2000}{3}\pi = x : \frac{16000}{3}\pi$

x=16000원 이니까 민철이가 옳다.

채점근거

문제해결을 위해 구의 닮음비를 이용한 수박 부피의 비와 가격의 비를 구하였으나, 두 가지를 연관시켜 판단의 근거로 설명하지 못하였다.

2점

40cm 짜리 수박을 사는 것이 더 이익이다. 왜냐하면 두 수박은 부피의 비를 봤을 때 1 : 8 이므로 지름이 40cm 인 수박을 사는 것이 더 이득이다.

채점근거

수박의 부피의 비를 이용하여 민철이 의견에 동의 하였지만, 이는 판단의 근거로 미흡하다.

1점

• 민철이 어머니에게 동의한다. 왜냐하면 지름 20cm 인 것이 2000원이고 지름 40cm 인 것이 9000원이다. 2배 큰데 4배 이상이 비싸기 때문에 민철이 어머니께 동의한다.

채점근거

문제의 내용을 이해하고 수학적으로 노력한 흔적은 보이지만, 적절하지 못한 방법으로 풀이하여 잘못된 판단을 하였다.

0점

수박은 오래두면 맛이 없어지기 때문에 작은 것을 사서 빨리 먹어야 한다.
그러므로 민철이 어머니의 의견에 동의한다.

채점근거

판단에 대한 근거가 수학적으로 노력한 흔적을 찾아볼 수 없으며 문제에 대한 직관적인 생각을 적었다.

찾아보기

[연구진]

노선숙 이화여자대학교 수학교육과 교수 (책임연구원)
김민경 이화여자대학교 초등교육과 교수 (공동연구원)
김구연 서강대학교 교육대학원 수학교육전공 교수 (공동연구원)
김래영 이화여자대학교 수학교육과 교수 (공동연구원)

[개발진]

고정숙 서강대학교 교육대학원 석사과정
권해란 이화여자대학교 수학교육과 졸업
김기영 이화여자대학교 대학원 석사과정
김도희 이화여자대학교 대학원 박사과정수료, 용인 청덕고등학교 교사
김민연 이화여자대학교 대학원 박사과정, 인천 하늘고등학교 교사
김서영 이화여자대학교 대학원 석사과정, 서울 청계초등학교 교사
박미영 이화여자대학교 대학원 박사, 한양대학교 강의교수
박석순 서강대학교 교육대학원 석사, 김포 통진고등학교 교사
박지원 이화여자대학교 대학원 석사
이민희 이화여자대학교 대학원 박사과정수료
이상아 이화여자대학교 수학교육과 졸업, 전북여자고등학교 기간제 교사
이선비 서강대학교 교육대학원 석사, 서울 상문고등학교 강사
이아름 서강대학교 교육대학원 석사,
미국 뉴저지주 Abraham Clark High School 교사
이일웅 서강대학교 교육대학원 석사
이지영 이화여자대학교 대학원 석사, 서울 천일초등학교 교사
이현희 이화여자대학교 대학원 박사과정
전지훈 이화여자대학교 대학원 박사과정, 인천 논곡중학교 교사
정빛나 이화여자대학교 교육대학원 석사, 서울 예일여자고등학교 교사
조미경 이화여자대학교 대학원 박사과정
주유리 이화여자대학교 대학원 석사과정수료, 서울 신중초등학교 교사
최나경 이화여자대학교 대학원 석사과정, 서울 언북초등학교 교사
홍지연 이화여자대학교 대학원 박사, 서울 동구로초등학교 교사

[협력진]

권기석 전 교육과학기술부 수학교육(정책)팀장
김건석 서울 가주초등학교 교사
김명혜 천안 동성중학교 교사
김수진 서울 가락중학교 교사
김연정 서울 양정중학교 교사
김지영 서울 숭의여자중학교 교사
남지연 서울 숭의여자중학교 교사
문미혜 서울 마전중학교 교사
박윤근 서울 양정고등학교 교사
박종관 김포 금파중학교 교사
박지원 전 서울 상일여자중학교 기간제 교사
박혜진 서울 신중초등학교 교사
신진모 서울 천일초등학교 교사
이보은 인천 대인고등학교 교사
이석현 광명 소하고등학교 교사
이성경 수원 수일중학교 교사
이순정 서울 언북초등학교 교사
이영철 서울 예일여자중학교 교사
이현희 전 서울 마포중학교 강사
임명택 서울 동구로초등학교 교사
임정숙 용인 보라고등학교 교사
장영훈 서울 예일여자중학교 교사
전지훈 인천 논곡중학교 교사
정혜진 안양예술고등학교 기간제 교사
최병윤 서울시 성북교육지원청 장학사
최은지 서울 잠실초등학교 교사
하영임 서울 언북초등학교 교사
홍유미 서울 신도중학교 교사
황의정 서울 동구로초등학교 교사
황혜림 서울 청계초등학교 교사

※ 이 책은 2011년도 정부(교육과학기술부)의 재원으로 한국연구재단의 지원을 받아 연구되었음(NRF-2011-32A-B00216).

수학과
서술형 · 논술형
평가의 실제
: 중학교 2학년

지은이 노선숙, 김래영, 김구연, 김민경
고정숙, 권해란, 김기영, 김도희, 김민연
박미영, 박석순, 박지원, 이민희, 이선비
이아름, 이일웅, 이현희, 전지훈, 정빛나
펴낸이 박문규
펴낸곳 경문사
펴낸날 2013년 10월 30일 1판 1쇄
등 록 1979년 11월 9일 제313-1979-23호
주 소 121-818, 서울특별시 마포구 와우산로 174
전 화 (02)332-2004 팩스 (02)336-5193
이메일 kyungmoon@kyungmoon.com

값 16,000원

ISBN 978-89-6105-695-3